Galliker • Tramstadt

Hans-Rudolf Galliker

Tramstadt

Öffentlicher Nahverkehr
und Stadtentwicklung
am Beispiel Zürichs

CHRONOS

Die Publikation des vorliegenden Buches wurde ermöglicht dank der freundlichen Unterstützung durch folgende Unternehmen und Institutionen:

Electrowatt Engineering AG, Zürich; Ernst Göhner Stiftung, Zürich; Kummler + Matter, Zürich; Schindler Waggon AG, Pratteln; Tiefbauamt der Stadt Zürich; Verein Tram-Museum Zürich; Verkehrsbetriebe Zürich.

Umschlagbild: Baugeschichtliches Archiv der Stadt Zürich (BAZ)

© 1997 Chronos Verlag, Zürich
ISBN 3-905312-02-6

Vorwort

Wer in der Stadt Zürich einen Tramzug besteigt, um sicher und pünktlich seinen Bestimmungsort zu erreichen, denkt in der Regel kaum über die Wirkung eines Tramnetzes auf die Stadtentwicklung nach. Der Verfasser des vorliegenden Buches «Tramstadt», Dr. Hans-Rudolf Galliker, hat sich in verdienstvoller Weise die Mühe genommen, die spannende Entwicklung des öffentlichen Verkehrs in der Stadt Zürich darzustellen. Das Buch schildert die Planung und den Bau des privaten Pferdetrams im Jahre 1881 und spannt den geschichtlichen Bogen bis zum aktuellen Projekt der Tramverlängerung zum Messegelände «Messe Zürich» 1996/97. Interessant ist die Tatsache, dass bereits das private Pferdetram auf Initiative der damaligen Gemeinde Riesbach zur Steigerung ihrer Standortgunst erstellt wurde. Mit der Gründung der Elektrischen Strassenbahn Zürich AG im Jahre 1894 und mit der denkwürdigen Abstimmung vom 28. Juni 1896, welche zur Kommunalisierung des öffentlichen Verkehrs führte, hat eine neue Ära für das Zürcher Tram begonnen.

Dr. H.-R. Galliker schildert mit grosser Sachkenntnis den wachsenden Erfolg des Zürcher Trams und die auch immer wieder spürbaren, bedrohlichen Widerstände gegen einen fortschrittlichen Ausbau des städtischen Tramnetzes oder gegen die Erneuerung des benötigten Rollmaterials. Dem Verfasser dieses Buches gelingt der Nachweis, dass der kontinuierliche Ausbau des öffentlichen Verkehrsnetzes auch einen nachhaltigen, positiven Einfluss auf die Stadtentwicklung und auf die städtische Lebensqualität hatte. Das Tram gilt heute über alle sozialen und politischen Gruppierungen hinweg als modernes und umweltfreundliches Verkehrsmittel.

Worin liegt die Bedeutung dieses Buches? Erstens wird mit dieser geschichtlichen Aufarbeitung die direkte Abhängigkeit und Beeinflussung der baulichen und wirtschaftlichen Stadtentwicklung durch den Bau des Zürcher Trams glaubhaft und mit vielen Beispielen in Erinnerung gerufen. Zweitens wird mit der Entwicklung Zürichs zur Tramstadt der Wertewandel unserer Gesellschaft in den vergangenen hundert Jahren deutlich. Drittens beweist die Geschichte des Zürcher Trams, dass eine gute Idee und der konsequente Glaube an den öffentlichen Verkehr trotz allen entstandenen Schwierigkeiten erfolgreich waren. Das Tram als öffentliches, umweltgerechtes Verkehrsmittel hat für die Sicherstellung der Mobilität und für eine prosperierende Stadtentwicklung sowohl in Zürich als auch in vielen anderen Städten der Welt eine überzeugende Zukunft.

Stadtrat Dr. Thomas Wagner,
Vorsteher des Departementes der Industriellen Betriebe

Pferdetram auf der Münsterbrücke und Projektstudie des «Cobra», das ab 1999 in Zürich verkehren wird. Seit über hundert Jahren prägt das Tram das Bild der Stadt Zürich und wird auch in Zukunft ein stadtgestaltender Faktor bleiben. (BAZ/Schindler)

Inhaltsverzeichnis

I. Einleitung	9
Gesichter der Tramstadt	11
Die Erreichbarkeit als stadtstrukturierender Faktor	16
I. Ein Luxustram für eine Luxusplanung	21
Vom Pferdetram und seinen Alternativen	21
Der schwierige Weg des Zürcher Trams	27
Das Tram und die Grossstadt	39
Anspruch und Realität im Widerspruch	50
III. Die Modellierung eines öffentlichen Massenverkehrsmittels	57
Die Entwicklungsjahre der elektrischen Strassenbahn	58
Entwicklungslinien der Stadt Zürich von 1890 bis 1914	68
Das Tram als Aufgabe des öffentlichen Lebens	75
Die publizistische Formatierung des Trams zum Städtebauer	85
Zürich wird Tramstadt	94
Die Instrumentalisierung der Privatwirtschaft	101
Der Wandel zum Massenverkehrsmittel	116
IV. Die Tramstadt auf dem Höhepunkt	125
Zürich zwischen 1890 und 1940	126
Die Stadt als Organismus	138
Die Planung wird umgesetzt	148
Das Billet und die Gartenstadt	158
Der Massenverkehr befördert Menschenmassen	167
V. Die fünfziger Jahre beginnen 1920	175
Planung aus der Windschutzscheibenperspektive	176
Autobusse im Aufwind, Strassenbahnen im Abwind	187

VI. Vom Versuch urbaner Mobilitätsbefriedigung	197
Entwicklungslinien von Stadt und Agglomeration Zürich ab 1945	198
Das Tram als städtebaulicher Störfaktor	204
Tramrenaissance zur Sicherung städtischer Mobilität	226
VII. Anmerkungen	247
VIII. Bibliographie	257

I. Einleitung

«Von Zeit zu Zeit fuhr mit viel Geläute ein Strassenbahnwagen vorbei, der Sonne entgegen, Tiefenbrunnen zu. […] Meng, indem er stramm und leutselig fürbass, dem Bellevue zustrebte, erlebte wie immer, wenn er gut in Form war, den morgendlichen Gang als eine Art Eroberungszug, als eine Besitzergreifung.»[1] Der Industrielle Meng, der um die Jahrhundertwende im vornehmen Zürcher Vorort Enge ein erfolgreiches Sanitärunternehmen betrieb, nahm die Strassenbahn, die vor seiner herrschaftlichen Villa im äusseren Seefeld vorbeifuhr, als Teil seines täglichen Morgenrituals war. Das Geläute der Strassenbahnwagen gehörte zu Mengs Tagesanfang wie das stramme Morgenturnen oder der tägliche Besuch des Wintergartens, wo dann und wann eine Nelke welkte. Es ist der Zürcher Alltag, den Kurt Guggenheim in seinem grossen Zürich-Roman «Alles in Allem» schildert. Das Pferdetram war 1890 Teil dieses Alltags. Allerdings wurde es nicht unbedingt als Verkehrsmittel wahrgenommen. Tramfahren gehörte, anders als das Tramgeläute, nicht zum Alltag des Industriellen Meng. Die Wege zwischen Wohn- und Arbeitsort legte der erfolgreiche Industrielle 1890 zu Fuss zurück. Das Tram war um 1890 ein Luxusprodukt; eines das man in der Freizeit benutzte, als Vergnügen oder um zu repräsentieren, und eines, das selbst wohlhabende Leute wie Guggenheims Industrieller Meng nicht als Alltagsverkehrsmittel in ihr Leben integrierten.
Etwa zwanzig Jahre später hatte sich das Verhältnis der Zürcherinnen und Zürcher zu ihrem Tram grundlegend geändert: In Guggenheims «Alles in Allem» flaniert die Köchin des Industriellen Meng mit dessen Gattin der Bahnhofstrasse entlang. «Mit ihren zwei Bündeln Spargeln, dem Pfund zartem Spinat, den Frau Meng immer bei Gemüsegärtner Wettstein aus Wiedikon kaufte, der seinen Stand gerade unter den Fenstern von Madam Bariffis Schönheitssalon hatte, dem Dutzend frischen Landeiern, die aus Uitikon am Albis stammten, den zarten Kefen und der Kresse, bestieg dann Frieda das Tram, während Frau Meng sich in den kleinen Mahagoniesalon der Konditorei Sprüngli setzte und bei einem Sherry ein trockenes Biskuit zu sich nahm.»[2] Guggenheim beobachtet den Alltag in Zürich genau. Die Veränderungen und Wandlungen der Stadt beschreibt er subtil. Dass Köchin Frieda das Tram besteigt, wäre zwei Jahrzehnte zuvor nicht denkbar gewesen. Das Zürcher Tram, längst elektrisch betrieben und in städtischem Besitz, ist kein Luxusverkehrsmittel mehr. Es ist ein Verkehrsmittel für alle, ein Massenverkehrsmittel geworden.
Heute, gut hundert Jahre nachdem Meng vom gemütlichen Glockengebimmel des Pferdetrams in den Morgen begleitet wurde, gibt es das Zürcher Tram noch immer. Es hat zahlreiche Anfeindungen überstanden, hat sich nicht unter den Boden verbannen lassen und ist wieder zu einem zentralen Pfeiler

im urbanen Mobilitätsangebot geworden. Die Tramstadt Zürich zeigt ein erstaunliches Beharrungsvermögen, und das Lieblingsverkehrsmittel dieser Stadt schickt sich an, als Stadtbahn in die Agglomeration vorzudringen.

Um 1890 machte sich Zürich auf, Tramstadt zu werden, um 1920 ist die Tramstadt gebaut, fast gleichzeitig wird ihr Abstieg vorbereitet. In den fünfziger Jahren erlebt sie ihren Tiefpunkt. Heute gilt sie wieder etwas; das Zürcher Tram ist zum Identifikationssymbol der Stadt geworden, die Tramstadt erlebt eine Renaissance, allerdings unter vollständig anderen Rahmenbedingungen. Darum geht es in diesem Buch und um die Frage, welche Zielsetzungen und Hoffnungen Politik, Wirtschaft und Gesellschaft mit einem Verkehrsmittel verbanden, das die Strukturen der Städte irreversibel und tiefgreifend veränderte, und wie sie es anstellten, ein Luxusprodukt zu einem Massenverkehrsmittel zu modellieren, um eine Fussgängerstadt in eine Tramstadt umzubauen. Die vorliegende Arbeit fragt nach dem technischen Entwicklungsstand der öffentlichen Nahverkehrsmittel und nach den städtischen Problemen, welche die Stadtbehörden veranlassten, dieses teure Instrument zu deren Lösung einzuführen, auszubauen, zurückzubinden und wieder massiv zu fördern.

Strassenbahnen waren die ersten leistungsfähigen städtischen Verkehrsmittel. Erst sie erlaubten das weite Ausgreifen der industriellen Grossstadt in das Umland hinaus. Die Strassenbahn ist ein typisches Produkt der industriellen Grossstadt und ohne diese nicht denkbar, öffentlicher Nahverkehr und Stadtwachstum bedingen einander.[3] Gleichzeitig erlaubte die Strassenbahn, neue Konzeptionen für die Organisation des städtischen Raumes zu planen und umzusetzen. Dank dem Tram war es möglich, den städtischen Raum in separate Bereiche für Wohnen, Arbeiten, Konsum und Freizeit aufzuteilen und der städtischen Bevölkerung ein günstiges Verkehrsmittel zur Verfügung zu stellen, um die verschiedenen Bereiche erreichen zu können. Mit der Strassenbahn hielt das in den Städten Einzug, was der Congrès International d'Architecture Moderne CIAM 1928 in seiner vierten von insgesamt fünf städtebaulichen Thesen, die er an seinem Gründungskongress auf Schloss La Sarraz verabschiedete, als Diktatur des Verkehrs bezeichnete.[4] Diese wachsende Diktatur – sie war keineswegs negativ gemeint – empfanden die Exponenten des CIAM in den zwanziger Jahren als eine neue Entwicklung. Das war sie nicht. Neu waren die Verkehrsmittel, mit denen sich Städtebauer der Moderne zu befassen hatten und mit deren Hilfe sie den urbanen Raum neu organisieren wollten. In den zwanziger Jahren deutete bereits der motorisierte Individualverkehr seine Möglichkeiten zur Neumodellierung der Stadt und zur Beherrschung des Raumes an. Diese Möglichkeiten flossen in die Stadtkonzeptionen des CIAM ein.[5]

Der Wunsch nach Mobilität sei ein Urbedürfnis, schreibt etwa der Verkehrsplaner Heinrich Brändli, und einer seiner Vorgänger auf dem ETH-Lehrstuhl für Verkehrsplanung, Kurt Leibbrand, schrieb noch 1980 euphorisch: «Der Mensch ist das Mass aller Dinge! Nehmen wir diesen Ausspruch von Protagoras ruhig als Ausgangspunkt. Eben dieser Mensch verlangt von Jahr zu Jahr mehr Verkehr. Er kann gar nicht anders handeln, wenn seine Bedürfnisse bei zunehmender Bevölkerungsdichte, steigender Lebenshaltung oder fortschreitender Arbeitsteilung befriedigt werden sollen.»[6] Es ist hier nicht die

Frage zu stellen, ob der Mensch anders handeln könnte; Tatsache ist, dass er es bis heute nicht tut. Zu fragen ist allerdings, ob Mobilität tatsächlich einem Urbedürfnis des Menschen entspricht. Diese Arbeit erlaubt sich, das «Urbedürfnis» zumindest in Anführungszeichen zu setzen. Sie geht von der These aus, dass das Bedürfnis nach Mobilität ein Produkt des Modernisierungsprozesses im 19. und 20. Jahrhundert war und dieses Bedürfnis gezielt geschaffen wurde. Das urbane Mobilitätsbedürfnis hielt mit dem Bau von Strassenbahnen in den Städten Einzug.

«Die weltumspannende Zwangsvorstellung der Mobilität ist der wirksamste Stadtgestalter», schrieb 1984 Hanspeter Rebsamen in seinem Überblick über Stadt und Städtebau in der Schweiz im Inventar der neueren Schweizer Architektur INSA.[7] Dieser Stadtgestalter nahm in der zweiten Hälfte des 19. Jahrhunderts seine Arbeit mit der Integration der Strassenbahn in die städtischen Entwicklungskonzepte auf. Die vorliegende Arbeit unternimmt den Versuch aufzuzeigen, wie der «Stadtgestalter Strassenbahn» in den Städten eingeführt wurde und wie er den städtischen Raum fundamental umgestaltete. Gegenstand der Untersuchung ist die Stadt Zürich. «Stadt» wird dabei als Verdichtungsraum im Sinne Wolfgang Gaebes definiert.[8] Als Verdichtungsraum gilt ein städtischer Raum mit mindestens einer halben Million Einwohnerinnen und Einwohner, der aus mehreren politisch-administrativen Raumeinheiten gebildet wird und somit stets über die Fläche einer Stadt im administrativen Sinn hinausreicht. Die Grenzen des Verdichtungsraums sind nicht starr, sondern passen sich dem wachsenden urbanen Siedlungsraum an. Bis zum Ersten Weltkrieg besteht der Verdichtungsraum Zürich aus der Altstadt und den elf 1894 eingemeindeten Vororten, nach dem Ersten Weltkrieg dehnt sich die Stadt in den zweiten, 1934 eingemeindeten Vorortsgürtel aus, nach dem Zweiten Weltkrieg umfasst der Verdichtungsraum die rasch wachsende Agglomeration Zürich.

Gesichter der Tramstadt

Die Tramstadt kannte in ihrer mehr als hundertjährigen Geschichte viele Gesichter. Das erste Gesicht war ein ausgesprochenes «Luxusgesicht»; das Mobilitätsbedürfnis, das die Strassenbahnen befriedigten, war dasjenige einer schmalen Oberschicht. Mit dem Durchbruch der elektrischen Strassenbahn am Ausgang des 19. Jahrhunderts verschwand der Luxuscharakter der Strassenbahn. Städtebauer und Behörden modellierten in diesen Zeitraum das Luxusverkehrsmittel zu einem Massenverkehrsmittel um. In der Zwischenkriegszeit setzte sich das Massenverkehrsmittel Strassenbahn durch. In der Nachkriegszeit wäre die Tramstadt zeitweilig am liebsten «gesichtslos» geworden. Im Bemühen, das ansteigende individuelle Mobilitätsbedürfnis durch den Ausbau des Strassennetzes zu befriedigen, versuchte man, das Tram entweder abzuschaffen oder es unter die Erde zu verbannen. In den siebziger Jahren gewann die Tramstadt wieder an Selbstbewusstsein. Planer und Behörden erkannten, dass das urbane Mobilitätsbedürfnis nur durch den Ausbau des öffentlichen Verkehrs befriedigt werden konnte.

Ein Luxusverkehrsmittel für eine Luxusplanung (1881–1894)

1876 veröffentlichte der deutsche Hochschulprofessor für Ingenieurwissenschaften Reinhard Baumeister das erste umfassende Werk deutscher Sprache, das sich mit Städtebau befasste. Es trug den Titel «Stadt-Erweiterungen in technischer, baupolizeilicher und wirthschaftlicher Beziehung» und begann mit dem Satz: «Zwei Aufgaben liegen bei einer Stadterweiterung vor: neue Wohnungen zu schaffen und den Verkehr zu erleichtern.»[9] Mit letzterem meinte Baumeister vorab den Bau breiter und gerader Strassen, die genügend Raum für Pferde- und Dampfstrassenbahnen boten, die bei-

Bilder der Tramstadt: Aufbau, Ausbau, Höhepunkt und zeitweiliger Niedergang der Tramstadt am Beispiel Bellevue. Das Bellevue 1884 mit dem Pferdetram, 1894 mit einem Motorwagen der Elektrischen Strassenbahn Zürich (ESZ), 1926 beherrscht von Strassenbahnen und 1969 dominiert vom Autoverkehr. (Archiv VHS/BAZ)

den in dieser Zeit am meisten verbreiteten Nah- und Regionalverkehrsmittel. Wenn diese Verkehrsmittel mithalfen, Raum für neue Wohnungen zu erschliessen, so waren dies allerdings nicht Wohnungen für breite Bevölkerungsschichten. Pferde- und Dampfstrassenbahnen waren Luxusverkehrsmittel für die obere Mittelschicht und die Oberschicht. Nur diese konnten sich Tramfahren leisten, und an ihren Bedürfnissen orientierte sich die Linienführung.

Die Planung einer Pferdebahn begann in Zürich in den 1860er Jahren, wurde in den siebziger Jahren intensiviert und 1881/82 mit dem Bau des Zürcher Pferdetrams abgeschlossen. Treibende Kraft bei der Planung war die Gemeinde Riesbach, die sich durch eine Strassenbahn eine Steigerung ihrer Standortgunst erhoffte. Die Linienführung orientierte sich an den Interessen der Wirtschaft und der wohlhabenden Bevölkerungsschichten. Die Pferdebahnlinien umschlossen das Stadtzentrum und führten in die wohlhabenden Gemeinden Riesbach und Enge und zum Zentralfriedhof der Stadt am äussersten Ende von Aussersihl. Die lange Planungsphase war das Resultat verkehrspolitischer Machtkämpfe zwischen Bund, Kanton Zürich und Stadt Zürich, an deren Ende die Schaffung eines bipolaren Konstruktes stand, die private Zürcher Strassenbahn AG als Unternehmerin auf der einen Seite und der Strassenbahnverband als Vertreter kommunaler Interessen auf der anderen Seite. Mit diesem Konstrukt war eine Weiterentwicklung des öffentlichen Nahverkehrssystems nicht möglich.

Die Modellierung eines Massenverkehrsmittels (1894–1914)

Die neunziger Jahre waren die Gründerepoche der elektrischen Strassenbahn in Europa. Zwischen 1890 und 1900 verdrängten elektrische Trams die Pferde- und Dampfstrassenbahnen aus praktisch allen Städten Europas und der USA. Voraussetzung dazu war die Entwicklung der Strassenbahn zu einem leistungsfähigen, pannenfrei funktionierenden Fahrzeug in den USA. Die ersten elektrischen Strassenbahnen in grösseren Schweizer Städten fuhren ab 1894 in Genf und Zürich. Der Durchbruch der elektrischen Strassenbahn erfolgte in der Periode des grössten Bevölkerungswachstums in den Städten des industrialisierten Europas. Vor allem in den Unterschichtquartieren verschlechterten sich die Lebensverhältnisse dramatisch; als Gefahrenherd für Krankheitsepidemien und ständiger Hort sozialer Unruhen erschütterten sie den Glauben des liberalen Bürgertums an die stadtgestalterische Kraft der freien Marktwirtschaft nachhaltig. Die Grossstadtfaszination machte weitverbreiteter Grossstadtkritik Platz, die sich bis zu offener Feindschaft steigern konnte. Als Hauptübel wurde die Verdichtung in den Unterschichtquartieren betrachtet. Diese Verdichtung im Stadtinnern in ein Breitenwachstum umzupolen und an der städtischen Peripherie neues Wohnbauland zu erschliessen, um gleichzeitig die Entwicklung der Innenstädte zur Dienstleistungscity zu fördern, wurde zum erklärten Ziel einer erstarkenden Stadtreformbewegung. Um dieses Ziel zu erreichen, musste die Strassenbahn vom Luxus- zum Massenverkehrsmittel umgeformt werden. Dies war ein komplexer Prozess, der auf verschiedenen, interdependenten Ebenen zeitgleich oder in zeitlicher Abhängigkeit erfolgte. Die Modellierung zum «Massenverkehrsmittel Strassenbahn» geschah durch die Integration des Trams in die vorherrschenden Städtebautheorien, durch eine intensive publizistische Offensive in Zeitungen und Fachzeitschriften mit dem Ziel, die Abneigung breiter Teile der Bevölkerung gegen die elektrische Strassenbahn abzubauen, durch die Übernahme der privaten Strassenbahnen durch die öffentliche Hand in weiten Teilen Europas, durch den Ausbau des Liniennetzes und die Realisierung einer Tarifpolitik, die Tramfahren breiten Bevölkerungsschichten ermöglichte. In Zürich dauerte der Wandel vom Luxus- zum Massenverkehrsmittel rund zwanzig Jahre.

Auf dem Höhepunkt der Tramstadt (1914–1945)

Die Ansätze dezentraler Stadtentwicklung und die Trennung städtischer Funktionen wurden nach der Jahrhundertwende in gesamtstädtische Entwicklungskonzepte eingebettet und zum dominierenden Leitmotiv kommunaler und regionaler Entwicklungsplanung erhoben. Nach der Modellierung der Strassenbahn zum Massenverkehrsmittel war es möglich, den Umbau der Innenstadt zur Weltstadtcity zu forcieren und den Wohnungsbau aus dem Innern der Stadt an die Peripherie zu verdrängen.

Mit dem Ausbau von Strassen- und Vorortsbahnen wurde die Agglomerationsbildung forciert. Das schweizerische Strassenbahnnetz erreichte seine grösste Ausdehnung, die Fahrgastzahlen stiegen in vorher nicht denkbare Höhen. In Zürich verschmolzen die Strassenbahn-, Wohnungs- und Grünraumpolitik zu einer Einheit. Die Wohnungspolitik nahm nach dem Ersten Weltkrieg die erste Stelle auf der kommunalpolitischen Traktandenliste ein. In Zürich brach während des Ersten Weltkriegs der Wohnungsbau vollständig zusammen, nach dem Ersten Weltkrieg herrschte Wohnungsnot und Wohnungselend in einem Ausmass, wie es bislang unbekannt gewesen war. Nach einer ersten Phase der Wohnbauförderung durch kommunalen Wohnungsbau lancierte die Stadtregierung in einer zweiten Phase eine für Schweizer Verhältnisse beispiellose Forcierung des gemeinnützigen Wohnungsbaus. Dabei liess sie sich von einer auf die Bedürfnisse der bürgerlich-industriellen Werte reduzierten Gartenstadtidee leiten. Teil dieses Leitbildes war neben der Schaffung neuer, gesunder und lichtdurchfluteter Wohnungen die Sicherung breiter Grüngürtel als Naherholungsgebiete. Der Ausbau des Strassenbahnnetzes galt der Umsetzung dieses Leitbildes. Ein wesentlicher Teil dieser Umsetzung betraf jedoch die Tarifgestaltung. «Günstige Tarife» wurden zu einem Leitprinzip städtischer Verkehrspolitik erhoben; sämtliche Anstrengungen, die Fahrpreise in wirtschaftlich schwierigen Zeiten anzuheben, wurden erfolgreich bekämpft.

Die fünfziger Jahre beginnen 1920 (1920–1950)

Auf dem Höhepunkt der Tramstadt setzte die Vorbereitung ihres Niedergangs ein. Dieser Prozess war wie der Umbau der Strassenbahn zum Massenverkehrsmittel ein komplexer, auf verschiedenen Ebenen ablaufender Vorgang. Im Zentrum dieses Vorgangs stand der Aufstieg des Automobils und dessen Neudefinition von einem Feindbild zum Wunschtraum breiter Bevölkerungsschichten. Parallel dazu wurde die Zukunftsträchtigkeit des «Städtebauers Strassenbahn» zunehmend angezweifelt. Die Möglichkeiten des motorisierten Individualverkehrs wurden zu einem zentralen Bestandteil städtischer Entwicklungsplanung, und die Strassen und Plätze wurden nach den Bedürfnissen des motorisierten Verkehrs umgebaut. Städtebauer und Behörden beschritten in diesem Prozess keine grundsätzlich neuen Wege. Sie übertrugen die stadtplanerischen Leitbilder, die ihnen die Strassenbahn eröffnet hatte, lediglich auf die Möglichkeiten des Automobils.

Vom Versuch urbaner Mobilitätsbefriedigung (ab 1950)

Die Nachkriegszeit war geprägt vom unaufhaltsamen Aufstieg des Automobils, vom scheinbar grenzenlosen Ausgreifen der Städte in ihr Umland und vom ungeheuren Anstieg des allgemeinen Verkehrsvolumens. Die städtische Verkehrsplanung und Verkehrspolitik der Nachkriegszeit bis in die jüngste Zeit ist vom Versuch geprägt, das ansteigende Mobilitätsbedürfnis zu befriedigen. Die Rezepte, die man dafür entwickelte, waren einem permanenten Wandel unterworfen. In den fünfziger Jahren entwickelten die Verkehrsplaner den Ansatz der nachfrageorientierten Planung. Man war überzeugt, sowohl die individuellen wie auch die kollektiven Verkehrsbedürfnisse durch den Ausbau der Verkehrsinfrastruktur befriedigen zu können. Während man daranging, den massiven Ausbau des Strassennetzes zu planen, sollte dem öffentlichen Verkehr eine zweite Ebene unter der Erde zugewiesen werden. In Zürich entstand das Projekt einer Tiefbahn. In den sechziger Jahren reifte die Überzeugung, dass der Ausbau des Strassennetzes nach Massgabe des Verkehrs zur Stadtzerstörung führen werde. Trotzdem wurde am massiven Ausbau der Verkehrsinfrastruktur festgehalten. Und nochmals unternahm man einen Anlauf, den öffentlichen Verkehr in die zweite Ebene zu verlegen, diesmal mit einem U-Bahn-Projekt. Die Verwerfung der U-Bahn-Vorlage zu Beginn der siebziger Jahre führte zur Renaissance der Tramstadt und zum Ausbau und zur Modernisierung von Tram und Bus; das Tram befreite sich vom verstaubten Image und wurde als zukunftsgerichtetes Verkehrsmittel wahrgenommen. Heute bereitet sich die Strassenbahn darauf vor, ein regionales Verkehrsmittel zu werden. Überall in der Schweiz und im Ausland entstehen neue Stadtbahnprojekte – die Tramstadt hat eine Zukunft.

Die Erreichbarkeit als stadtstrukturierender Faktor

Mit dem Wachstum der Städte befassen sich zahlreiche Theorien und theoretische Ansätze. Für die vorliegende Arbeit am fruchtbarsten erwies sich die Theorie des städtischen Bodenmarktes, welche die Anordnung der verschiedenen Nutzungen im städtischen Raum über die Grundrente respektive den Bodenpreis erklärt und den Wert eines Standortes von dessen Erreichbarkeit abhängig macht. Die Grundlagen der Theorie des städtischen Bodenmarktes wurden in den zwanziger Jahren von R. N. Haigh gelegt und in den sechziger Jahren durch William Alonso entscheidend weiterentwickelt. Beide stützen sich dabei auf den ersten Theoretiker der Raumwirtschaft, Johann Heinrich von Thünen, und dessen Grundlagenwerk «Der isolierte Staat in Beziehung auf Landwirtschaft und Nationalökonomie».[10] Generell postuliert die Theorie des städtischen Bodenmarktes, dass die Verteilung der Grundstücknutzungen über den Bodenpreis respektive die Grundrente als kapitalisierbarer Ertrag des Bodens entschieden und die Höhe der Grundrente durch die Erreichbarkeit eines Standortes definiert wird. Leicht nachvollziehbar ist der Zusammenhang zwischen der Grundrente und der Bodennutzung anhand der Entwicklung des Stadtzentrums. Das Zentrum einer Stadt liegt dort, wo die verschiedenen Verkehrswege zusammenlaufen; es ist der Ort höchster Erreichbarkeit. Im Stadtzentrum ist die Grundrente am höchsten und fällt exponentiell gegen aussen ab, ein Sachverhalt, der vielfach belegt und recht eigentlich trivial ist.[11] Auf gute Erreichbarkeit sind vor allem spezialisierte und exklusive Dienstleistungsunternehmen angewiesen. Sie sind deshalb bereit, die höchsten Preise für eine zentrale Lage zu bezahlen. Entsprechend konzentrieren sich mit fortschreitender Modernisierung der Wirtschaft Finanzinstitute, Versicherungen, Warenhäuser und exklusive Gewerbebetriebe im Stadtzentrum. Die übrigen Teilnehmer am städtischen Markt ordnen sich so im Raum an, dass ihre Standortwahl einer Optimierung der finanziellen Möglichkeiten und der Erreichbarkeit des städtischen Zentrums entspricht. Industriebetriebe mit einem grossen Flächenbedarf lassen sich daher an der Peripherie der Städte, aber mit gutem Zugang zum Schienennetz nieder. Sie profitieren dadurch von verhältnismässig günstigen Bodenpreisen, sichern sich aber den leichten Zugang zu den zentralen Diensten, die in einer Grossstadt konzentriert sind, und zu den internationalen Märkten.

Haushaltungen orientieren sich gemäss der Theorie des städtischen Bodenmarktes an anderen Kriterien als Wirtschaftsunternehmen.[12] Für sie sind zwei Merkmale wichtig: die Grösse und Annehmlichkeit des Wohnsitzes und die Erreichbarkeit des Arbeitsplatzes. Die Gewichtung dieser beiden Kriterien ist abhängig von der finanziellen Situation der Wohnungssuchenden. Für wohlhabende Personen war bereits zu Beginn des Industrialisierungsprozesses die Distanz zwischen Wohn- und Arbeitsort ein untergeordnetes Kriterium, verfügten sie doch über die Mittel, auch grössere Distanzen täglich überbrücken zu können. Das entscheidende Kriterium war daher die Grösse eines Hauses oder einer Wohnung: Wohlhabende leisteten sich eine Villa mit grossem Umschwung ausserhalb der Stadt. Für Familien mit geringem Einkommen war im Industrialisierungsprozess die Nähe zum Arbeitsplatz ein wichtiges Kriterium. Ausgaben für Verkehrsmittel konnten sie sich nicht leisten, die Distanz zwischen ihrem Wohnort und dem Arbeitsort wurde daher durch die Strecke definiert, die sie täglich zu Fuss zurücklegen konnten. Sie suchten deshalb Wohnungen in unmittelbarer Nähe zum Arbeitsplatz. Nun konzentrierten sich die Arbeitsplätze aber mehrheitlich im Stadtzentrum, und hier ist der Boden am teuersten. Dieses Dilemma wurde in der industriellen Grossstadt dadurch aufgehoben, dass auf kleinem Raum möglichst viele, dafür kleine Wohnungen untergebracht wurden. Dadurch entstanden die typischen Unterschichtquartiere in unmittelbarer Citynähe; in Zürich waren dies Aussersihl und das Niederdorf. Diese theoretisch logischen Abläufe sind in der Realität komplexer. Als generelles Erklärungsmuster ist die Theorie des städtischen Bodenmarktes aber durchaus tauglich.

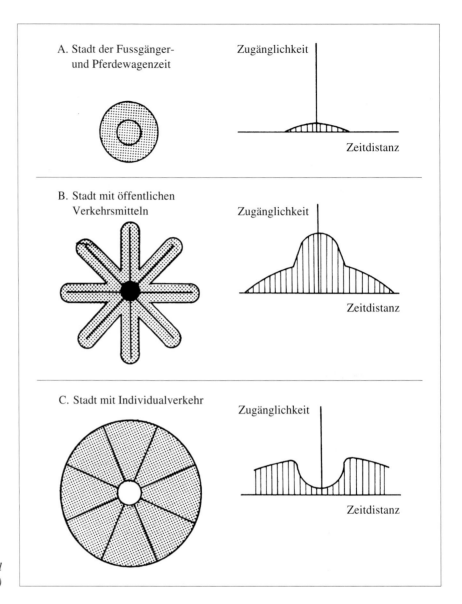

Modelle der Fussgänger-, Tram- und Autostadt. (Lichtenberger 1986)

Die Erreichbarkeit als Resultat ökonomischer Macht und staatlicher Planung

Der Grad der Erreichbarkeit eines Standortes ist nichts Zufälliges, sondern abhängig von der Anlage der Verkehrswege, und diese erfolgt aufgrund bestimmter Kriterien, die im Spannungsfeld ökonomischer Macht und staatlicher Planung festgelegt werden.[13] Die vorliegende Arbeit basiert weitgehend auf dieser von Jürgen Friedrichs 1977 formulierten These. Der Bau der Verkehrswege folgt bestimmten gesellschaftlichen Kriterien, die Standorte zu Gunst- oder Ungunstlagen machen. Die Anordnung der verschiedenen Nutzungen entlang der Verkehrswege ist somit Ausdruck kollektiver Wertvorstellungen der städtischen Gesellschaft und ihrer Entscheidungsträger. Eine Neuorientierung beim Bau von Verkehrswegen, die mindestens partiell zu einer neuen Anordnung der städtischen Funktionen führt, sind damit gleichsam Indikatoren für einen Wandel kollektiver Wertvorstellungen. Anhand der Einführung der Strassenbahn in den Städten, ihrem Ausbau und ihrer unterschiedlichen kollektiven Bewertung in den letzten 120 Jahren lässt sich dieser Wandel exemplarisch aufzeigen. In dem Masse, wie das Tram zum günstigen Massenverkehrsmittel modelliert wurde, verlor die Nähe zum Arbeitsplatz als zentrales Element bei der Wohnungssuche für die Unter- und Mittelschichtbevölkerung an Bedeutung. Es wurde möglich, Wohnraum an der städtischen Peripherie für breite Bevölkerungsschichten zu erschliessen. Das Wohnideal, das die Oberschicht bereits zu Beginn des Industrialisierungsprozesses für sich definiert hatte, wurde auf die ganze Bevölkerung übertragen und durch die Anlage neuer Verkehrswege und eine massive Reduktion der Transportkosten umgesetzt. Das Bemühen, die Erreichbarkeit von Standorten durch die Förderung individueller und kollektiver Transportmittel in der Nachkriegszeit zu erhöhen oder zu bewahren, und die Gewichtung der verschiedenen Transportmittel in der Stadtplanung blieben bis in die jüngste Zeit zentrale Indikatoren für gesamtgesellschaftliche Leitvorstellungen der Stadt- und Raumentwicklung.

Stadtstrukturmodelle

Die Modelle, welche die Struktur der Stadt mit der Entwicklung der Transporttechnologie verbinden, sind in der Regel relativ trivial. Sie unterscheiden die Stadt der Fussgänger und Pferdewagen, die Stadt der öffentlichen Verkehrsmittel und die Stadt mit Individualverkehr.[14]
Solange kein leistungsfähiges Verkehrsmittel zur Verfügung stand, musste die Bevölkerung alle städtischen Distanzen zu Fuss oder mit Pferd und Wagen zurücklegen. Die Stadt entwickelte sich deshalb innerhalb eines kleinen Radius tendenziell gleichmässig und kreisförmig. Mit der Einführung der Strassenbahn begann sich die Stadt entlang der Strassenbahnlinien auszudehnen, und da die Strassenbahnlinien in aller Regel von der Stadtmitte radial gegen die Peripherie geführt wurden, entwickelte sich ein sternförmiges Wachstum. Mit der Verbreitung des Autos schliesslich wurde jeder Punkt der Fläche tendenziell gleich gut erreichbar, was wiederum zu einem kreisförmigen Wachstum führte, allerdings auf einer anscheinend grenzenlosen Fläche.

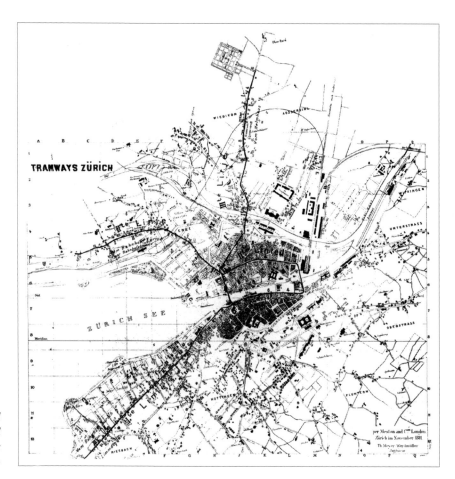

Netzplan der Firma Meston and Comp., London, 1881. Das Pferdetram verband die wohlhabenden Vororte Riesbach und Enge mit dem Geschäftszentrum der Stadt und dem Bahnhof. (BAZ)

II. Ein Luxustram für eine Luxusplanung

Zürich, 3. Oktober 1882. Ein Tramkorso von sechs Wagen und sechs Pferden fährt nach Riesbach, in die Enge und nach Aussersihl. Überall wird die illustre Gästeschar von den Gemeindepräsidenten begrüsst und zu einem feierlichen Umtrunk eingeladen. Der Anlass ist bedeutend: das Zürcher Tram wird eingeweiht. Als letzter ergreift Zürichs Stadtpräsident Römer beim Bankett im Hotel National das Wort. Launig soll seine Rede gewesen sein, humorvoll und gespickt mit Spitzen gegen die Kantonsregierung, welche die Gründung des Zürcher Pferdetrams nicht eben erleichtert hat. Die Gäste, so berichtet die Züricher Post, sollen sich blendend amüsiert haben.[1]
Das Liniennetz umfasst 8,3 Kilometer, umschliesst in einer Ringlinie das Stadtzentrum und führt nach Riesbach, in die Enge und zum Zentralfriedhof nach Aussersihl. Die Eröffnung des Zürcher Pferdetrams scheint vor allem für Riesbach ein Grossereignis gewesen zu sein. «Erstaunt waren die Festteilnehmer, als sie nach Riesbach kamen, wo fast alle Häuser bis zum Tiefenbrunnen hinaus beflaggt und alle Fenster mit Neugierigen besetzt waren. Die Riesbacher müssen aber auch das meiste Interesse an der neuen Schöpfung haben, wenn man nur bedenkt, wie weit sie vom Bahnhof entfernt sind.»[2] Diese Aussage traf nur teilweise zu. Nicht alle Riesbacher lebten weit vom Bahnhof entfernt. An der Grenze zu Zürich hatten sich Handwerker und Gewerbetreibende niedergelassen; die wohlhabenden Riesbacher allerdings wohnten weiter entfernt an den sanft abfallenden Hängen zum Zürichsee. Sie waren es, die «das meiste Interesse an der neuen Schöpfung» bekundeten.
Die frühen Strassenbahnen waren keine Massenverkehrsmittel im heutigen Sinn. Es waren Luxusverkehrsmittel für Bevölkerungsschichten, die sich Tramfahren leisten konnten. Nach deren Bedürfnissen planten die privaten Tramgesellschaften den Bau der Strassenbahnlinien, nach deren finanziellen Möglichkeiten richtete sich die Tarifpolitik, nach deren Bedürfnissen orientierte sich der Fahrplan. Frühe Strassenbahnen waren ein Instrument des wohlhabenden, liberalen Bürgertums, um seine Interessen im städtischen Raum zu wahren. Dafür wurden sie entwickelt und eingesetzt, in Zürich genauso wie anderswo, und überall mit Erfolg.

Vom Pferdetram und seinen Alternativen

Bereits zwanzig Jahre vor Zürich, am 19. Juni 1862, hatte in Genf das Unternehmen Ch. Burn & Cie. die erste Pferdetramlinie der Schweiz eröffnet. Genf war nach Paris, Liverpool und London die vierte europäische Stadt mit einer Strassenbahn, hier fuhr am 19. Juni 1862 das erste Pferdetram vom Place Neuve nach Carouge. Damals entstanden auch in Zürich die ersten Tramprojekte. Realisiert werden konnte das Zürcher Tram aber erst zwanzig Jahre später. Trotz dieser langen Planungsphase waren sich die Zürcher bis kurz vor Betriebsbeginn nicht sicher, welche Antriebsart für ihr Tram wohl die richtige sei. Zehn Monate vor der Betriebsaufnahme des Pferdetrams und sechs Monate vor dem ersten Spatenstich diskutierten die Ingenieure im Zürcher Ingenieur- und Architektenverein noch ausführlich über das «richtige» Zürcher Tram und sprachen einem Druckluftantrieb das Wort, worauf der designierte Direktor der Zürcher Strassenbahn AG, Peter Emil Huber-Werdmüller, festhielt: «Die Frage, ob man Pferde- oder Maschinenbetrieb anwenden will, muss natürlich vorher entschieden werden; eine nachträgliche Änderung wird nicht stattfinden.»[3] Man entschied sich für den Pferdebetrieb. Die Zürcher hätten als Alternative auf dampf-, gas- oder druckluftbetriebene Trams ausweichen können.

Das Pferdetram: von New York über Paris und Genf nach Zürich

In den wachsenden Städten Europas lösten Strassenbahnen ab der Mitte des 19. Jahrhunderts die wenig leistungsfähigen Pferdeomnibusse ab. Die Erfindung des modernen Omnibusbetriebes wird Blaise Pascal zugeschrieben: 1662 nahmen in Paris seine Carosses à cinq sous, Omnibusse für minderbemittelte Personen, den Betrieb auf. Pascal betrieb während fünfzehn Jahren städtische Linien und verschiedene Vorortslinien.[4] Der erste Omnibusbetrieb der Schweiz entstand, wie später die erste Strassenbahn, in Genf. Ab 1833 verband ein regelmässiger Busbetrieb das Genfer Zentrum mit dem 2,5 Kilometer entfernten Carouge. Das Unternehmen war erfolgreich und fand Nachahmer; schon bald verbanden verschiedene Omnibusunternehmen mit regelmässigen Linien die Genfer Vororte mit der Kernstadt. 1855 schlossen sich diese Unternehmen zur Compagnie générale des omnibus de Genève zusammen, eine Namensgebung die unmissverständlich auf das Pariser Vorbild verwies, die Compagnie Général des Omnibus. Die Orientierung Genfs an Paris dürfte auch massgeblich den Entscheid beeinflusst haben, 1862 den Busbetrieb auf Strassenbahnbetrieb umzustellen, fuhr in Paris doch die erste europäische Pferdebahn.[5] Ebenfalls recht erfolgreich scheint das erste Basler Busunternehmen gewirtschaftet zu haben. Hier eröffnete 1881 ein sogenannter Tramomnibus das Zeitalter des öffentlichen Nahverkehrs. Das Busunternehmen hatte bis 1895 Bestand. In diesem Jahr nahm die Basler Regierung die erste staatliche Strassenbahn der Schweiz in Betrieb und entzog dem privaten Busunternehmen dadurch die wirtschaftliche Basis.[6] Weniger erfolgreich waren Busprojekte in Zürich und Bern. In Zürich versuchten sich seit den ausgehenden sechziger Jahren verschiedene Unternehmer erfolglos in diesem Gewerbe, und auch in Bern verkehrten ab 1871 kurzlebige Busse.[7]
Der Leistungsfähigkeit der Omnibusse waren enge Grenzen gesetzt. Bei Regen und Schnee blieben sie auf den schlechten und zumeist ungepflasterten Stadtstrassen stecken; die Kapazitäten der schwerfälligen Gefährte

Genfer Pferdetram 1862 auf der Place Neuve. Genf war die erste Tramstadt der Schweiz. (Archiv VHS)

waren sehr beschränkt. Einen Ausweg bot die Kombination von Rad und Schiene, womit sich die Betriebssicherheit und die Beförderungskapazitäten erhöhen und der Reibungsverlust reduzieren liessen. Die erste öffentliche Strassenbahn der Welt fuhr 1832 in New York.[8] Zunächst von der New York and Harlem Railroad Company zum Personentransport zwischen dem Harlem River Hafen und dem Bahnhof eingerichtet, wurde sie bald zum allgemeinen Personentransport in New York eingesetzt. 1834 folgte eine zweite Strassenbahnlinie in New York. Den frühen Strassenbahnen war keine lange Lebenszeit beschieden. Getreu dem Vorbild der «grossen Schwester» Eisenbahn nachgebildet, waren die Schienen auf dem Strassengrund verlegt worden. Für den Fuhrwerks- und Droschkenverkehr bildeten die städtischen Schienenstränge ernsthafte Hindernisse, was insbesondere in Gewerbekreisen Proteststürme gegen das neuartige Verkehrsmittel auslöste. Der Durchbruch gelang 1852 dem französischen Ingenieur Loubat beim Bau einer neuen New Yorker Pferdebahn. Loubat verlegte erstmals die Schienen im Strassenfundament, so wie das heute noch praktiziert wird. In den amerikanischen Städten verbreitete sich das Pferdetram darauf rasch und erwies sich für die Erschliessung von Wohngebieten der oberen Mittelschicht als sehr geeignet. Europa folgte mit einem Abstand von etwa zehn bis fünfzehn Jahren. Zwar baute Loubat schon 1854 in Paris die erste europäische Pferdestrassenbahn, doch erfolgte ihr eigentlicher Durchbruch erst in den siebziger Jahren. Als zu grosses Hindernis für den übrigen Verkehr wurde das Pferdetram in den historisch gewachsenen Städten Europas mit ihren verwinkelten Gassen und engen Strassen noch lange betrachtet, zu gering scheint der Bedarf gewesen zu sein.

In Europa erlebte das Strassenbahnwesen in den siebziger und achtziger Jahren des 19. Jahrhunderts eine erste Boomperiode. In diesem Zeitraum entstand in praktisch jeder grösseren Stadt Europas ein Pferdetramnetz, wobei die Unternehmen fast ausnahmslos privatwirtschaftlich organisiert waren. Die erste Pferdetramlinie der Schweiz wurde am 19. Juni 1862 vom Unternehmen Ch. Burn & Cie. zwischen Genf und Carouge eröffnet, ein Jahr später eröffnete ein Konkurrenzunternehmen eine Linie zwischen Rive und Chêne. Beide Strecken waren etwa 2,5 Kilometer lang und liessen sich entsprechend leicht auch zu Fuss zurücklegen. Genf war nach Paris, Liverpool und London die vierte europäische Stadt mit einer Strassenbahn. In der Schweiz fuhren Pferdebahnen ausser in Genf und Zürich ab 1877 in Biel und ab 1894 in Neuenburg. Hinzu kommen verschiedene, unbedeutende Hotelzubringer.[9]

Dampf, Gas und Druckluft als Alternativen zum Pferd

Pferdetrams waren langsam, ihre Beförderungskapazität beschränkt, Steigungen boten fast unüberwindbare Hindernisse, und die Streckenlänge war auf 8 bis 10 Kilometer limitiert. Diese Distanz vermochten die Pferde in einer Stunde zu bewältigen, danach brauchten sie eine Pause.[10] Schon früh suchten städtische Behörden und Tramunternehmer deshalb nach leistungsfähigeren Antriebsarten. Vor der elektrischen Kraft standen als Alternativen Dampf, Druckluft und Gas zu Verfügung. In der Schweiz erlangte einzig das Dampftram zeitweilig einige Bedeutung. Dampftrams fuhren in Genf, Neuenburg und Bern und auf zahlreichen Überlandlinien, Lufttrams ausschliesslich in Bern. Versuche mit Gastrams fanden einzig in Neuenburg statt. Als der Erfolg ausblieb, entschied man sich auch in Neuenburg für ein Pferdetram. Ein Gastram nahm nirgends in der Schweiz den regelmässigen Linienbetrieb auf.[11]
Auf etwas grössere Resonanz stiessen die mit Druckluft betriebenen Strassenbahnen. In Bern verkehrte ein solches Tram von 1890 bis 1902 zwischen dem Bärengraben und dem städtischen Friedhof und durchquerte die zentralen Geschäftsbezirke der Stadt. Entwickelt wurde dieses Tram vom französischen Ingenieur Mékarski, der von 1878 bis 1913 in seinen eigenen Verkehrsbetrieben in Nantes Drucklufttrams einsetzte. Das Drucklufttram funktionierte ähnlich wie Dampfstrassenbahnen. Anstelle von Feuerung und Kessel verfügte es aber über Speichergefässe. Diese wurden mit Druckluft gefüllt, die in einer stationären Kompressoranlage produziert wurde. Als absolut emissionsfreies Verkehrsmittel stiess diese Technologie in zahlreichen Städten und Regionen auf Interesse, konnte sich aber nie auf breiter Ebene durchsetzen. Geprüft wurde es in der Region Vevey–Montreux genauso wie in Zürich. Die Region Vevey–Montreux und Zürich sind gute Beispiele für die Erfolglosigkeit des Drucklufttrams in der Schweiz. Man begeisterte sich für die Technologie, schwärmte vom emissionsfreien Betrieb, rückte aber am Schluss wieder von diesem System ab. In Zürich waren die Kosten und die verkehrstechnischen Grenzen für den negativen Entscheid ausschlaggebend.[12] Die Produktion komprimierter Luft war kostspielig und die Reichweite des Lufttrams durch das Fassungsvermögen der Speichergefässe begrenzt. Das Drucklufttram bewältigte eine Strecke, die in etwa derjenigen des Pferdetrams entsprach, wegen der Energieproduk-

Berner Lufttram 1890 in der oberen Kramgasse mit Blick auf den Zeitglockenturm. In Bern verkehrte das einzige mit Druckluft betriebene Tram der Schweiz. (Archiv VHS)

Genfer Dampftram der Tramways Suisses in der Rue Molard. Genf baute zwischen 1877 und 1900 das umfangreichste Dampftramnetz der Schweiz auf. (Archiv VHS)

tion war sein Betrieb aber deutlich teurer.[13] In der aufstrebenden Tourismusregion Vevey–Montreux spielten diese Faktoren keine Rolle. Die Kosten für die Energieproduktion waren hier kein Thema, und die geplante Strecke hätte das Drucklufttram leicht bewältigt. Aber der technologische Fortschritt verhinderte den Einsatz eines Drucklufttrams. In den 1880er Jahren gelang Werner von Siemens die Konstruktion der ersten zuverlässigen elektrischen Schienenfahrzeuge. Diese Errungenschaft wollten die Tourismusförderer in Montreux ihren Feriengästen präsentieren. Die Idee des Drucklufttrams verschwand in der Versenkung; sie war technologisch überholt.

Eine wesentlich grössere Bedeutung als Gas- oder Drucklufttrams erhielt das Dampftram. Seine grösste Verbreitung fand das Dampftram in den USA, wo es zur Erschliessung neuer Siedlungsflächen eingesetzt wurde. In den historisch gewachsenen Städten Europas stiess es seiner Emissionen wegen stets auf heftigen Widerstand. Über das grösste Dampftramnetz verfügte in der Schweiz die Region Genf. Die beiden Genfer Tramgesellschaften, die seit 1862 und 1863 Pferdetramlinien betreiben, rentierten schlecht, was die Unternehmen darauf zurückführten, dass sie die Innenstadt nicht durchqueren durften. 1876 schlossen sich die beiden Unternehmen zur Compagnie des Tramways de Genève zusammen, gaben sich aber noch im selben Jahr den neuen Namen Compagnie Générale des Tramways Suisses. Die Namensänderung wurde vorgenommen, weil die Gesellschaft beabsichtigte, in allen grösseren Schweizer Städten Trambahnen zu realisieren. Tatsächlich erhielt sie aber nur 1877 für die Pferdebahn Bözingen–Biel–Nidau den Zuschlag, Projekte in Bern, Basel und Zürich scheiterten. 1877 eröffneten die Tramways Suisses die erste Dampfstrassenbahn von Carouge nach Chêne-Bougeries.[14]

Die Tramways Suisses bauten ihr Dampftramnetz ab 1877 zielgerichtet aus. Bis 1892 schafften sie insgesamt acht Dampftramzüge an, die auf längeren Distanzen eingesetzt wurden. 1889 erhielten die Tramways Suisses mit dem regionalen Strassenbahnunternehmen Société de Chemins de fer à voie étroite Konkurrenz. Die Voie étroite baute innerhalb kurzer Zeit ein dichtes regionales Dampftramnetz auf, das praktisch jede Gemeinde der Region anpeilte. Die Liste der meist kleinen Ortschaften, welche die Voie étroite in ihr Netz einband, ist erstaunlich: Saconnex, Lancy, St-Georges, St-Julien, Ferney usw. Insgesamt verlegte das Unternehmen 75 Kilometer Schienen. Während Städte wie Zürich, Bern oder Basel ihre Linien auf die Innenstädte konzentrierten, baute Genf ein flächendeckendes, regionales Schienenverkehrsnetz auf.[15] Die Voie étroite rechnete damit, dass sich die meist ländlichen und kleinen Gemeinden in rasch wachsende Vororte für Pendler verwandeln würden, sobald sie durch Dampftrams erschlossen waren. Die Rechnung ging nicht auf, die Orte wuchsen langsamer als erwartet. 1900, als sich die Elektrifizierung des Streckennetzes aufdrängte, fusionierte das Unternehmen mit den Tramways Suisses, und schon bald wurden erste Linien aufgehoben.

Ein weiteres Beispiel für die Bedeutung der Dampfstrassenbahnen bietet die Tramgeschichte Berns. In Bern eröffnete die Berner Tramway Gesellschaft BTG am 17. Mai 1894 eine Dampftramstrecke vom Länggassequartier nach Grosswabern.[16] Die Aufgabenteilung zwischen Druckluft- und Dampftram war typisch: während das Dampftram die weniger dicht überbauten Gebiete bediente, verkehrte das saubere Drucklufttram auf Berns Hauptverkehrsachse. Das Berner Dampftram hatte nicht nur die Aufgabe, periphere Wohnquartiere an das Tramnetz anzuschliessen; es sollte ebenfalls mithelfen, den Berner Hausberg Gurten als Naherholungsgebiet zu erschliessen.

Dampftrams erreichten in der Schweiz als regionale Verkehrsmittel einige Bedeutung. Sie verkürzten die Reisezeit zwischen peripheren Gebieten und städtischen Zentren und regten die Bautätigkeit in den erschlossenen Gebieten an. Diese Wirkung ist für Bern wie für Genf nachgewiesen. Als städ-

«Das kann man uns doch unmöglich zumuthen.» Bevor der Kutscher das Tram erstmals an der Gemüsebrücke vorbeiführen konnte, war eine langwierige und schwierige Planungsphase zu bewältigen. (Archiv VHS)

tische Verkehrsmittel im engeren Sinn aber konnten sie sich nicht durchsetzen. Der Lärm, Gestank und Rauch, den die Dampftramzüge verursachten, lösten in dicht überbauten Quartieren regelmässig Proteste aus.

Der schwierige Weg des Zürcher Trams

Als sich die Zürcher 1881 für einen bestimmten Tramantrieb entschieden hatten und das Pferdetram im Oktober 1881 eingeweiht wurde, feierten Zürich, Riesbach, Enge und Aussersihl diesen Anlass zwar gebührend, aber überschwenglich waren die Feierlichkeiten nicht. Dazu bestand auch wenig Grund. Das Zürcher Pferdetram hatte eine überaus lange, von Krämergeist und Kompetenzgerangel geprägte Planungsphase hinter sich. Dass es 1882 soweit war, hatte mit politischen Zufällen und der kommenden Landesausstellung zu tun. 1879 erfüllte der Bund verkehrspolitische Forderungen Zürichs, und 1882 wurde die Gotthardlinie eröffnet, mit der Zürich seine Position als schweizerisches Verkehrszentrum und seine Stellung als führendes Wirtschaftszentrum festigte. Die Gotthardlinie war auch der äussere Anlass für die erste Schweizerische Landesausstellung, die ein Jahr später in Zürich ihre Tore öffnen und dem Land den Weg aus der langanhaltenden Wirtschaftskrise, der «Grossen Depression», weisen sollte. An diesem Anlass wollte sich Zürich als wirtschaftlich prosperierende Grossstadt zeigen, und dazu zählte auch ein modernes und funktionsfähiges Nahverkehrssystem. Das Pferdetram sollte die Schaulustigen vom Ausstellungsgelände auf dem Platzspitz zur Kunstausstellung am See befördern.[17] Zürich hätte sich gewaltig blamiert, wäre das Tram auf den Ausstellungstermin nicht fertiggestellt worden. Die Landesausstellung diente als Katalysator für ein Projekt, das schon lange der Verwirklichung harrte, aber stets wieder an verkehrspolitischen Machtfragen und kommunalem Krämergeist gescheitert war.

Ein Dampftram durch die Bahnhofstrasse

1847 entstand auf dem heutigen Platzspitz das erste Zürcher Bahnhofsprovisorium. In den fünfziger Jahren entschied sich, dass der Bahnhof nicht an den Paradeplatz verlegt wurde, und 1865 errichtete Alfred Eschers «Hausarchitekt» Jakob Friedrich Wanner am heutigen Standort den prachtvollen Neubau. Der Entscheid, den Bahnhof an seiner damals peripheren Lagen zu belassen und das Provisorium auf dem Platzspitz durch einen repräsentativen Bau zu ersetzen, machte offensichtlich, dass zwischen den Endstationen der beiden wichtigsten überregionalen Verkehrsmittel des 19. Jahrhunderts, der Eisenbahn und der Schiffahrt, eine Lücke klaffte, die Durchreisende und Transitgüter überbrücken mussten, solange weder die links- noch die rechtsufrige Seebahn gebaut war. Diese Lücke liess den Wunsch nach einer Verbindungsbahn laut werden. Zudem mussten die im äusseren Seefeld wohnenden Industriellen erkennen, dass die Distanz zwischen ihrem Wohnsitz und dem Bahnhof erheblich bleiben würde. Für die wohlhabenden Zürcher Bürger, die ihren Wohnsitz mit Bedacht an den flach abfallenden Hängen des Zürichbergs oder am Ufer des Sees gewählt hatten, war dieser Umstand ärgerlich. So waren es die Schweizerische Nordostbahn und die reichen Riesbacher, die auf eine regelmässige Verkehrsverbindung zwischen dem Bahnhof und dem See sowie der Gemeinde Riesbach drängten.
Der Wunsch blieb nicht ungehört, zumal der Präsident der Schweizerischen Nordostbahn, Alfred Escher, gleichzeitig den Regierungsrat präsidierte. 1862 liess der Regierungsrat die Möglichkeiten einer Verbindungsbahn prüfen. Zu diesem Zweck beabsichtigte er, die Vertreter der Nordostbahn sowie der Behörden der Stadt Zürich, der Enge und von Riesbach zu einer Konferenz einzuladen, und er gab verschiedene Expertisen in Auftrag.[18] Der Regierungs-

Der neue Bahnhof in Zürich wurde 1865 von Jakob Friedrich Wanner im Auftrag der Schweizerischen Nordostbahn erstellt. Seit sich die Nordostbahn zum Bau des Bahnhofs am äussersten Rand der Stadt entschieden hatte, drängte sie auf eine direkte Schienenverbindung an den See. (BAZ)

rat war nicht die einzige Instanz, die auf die Begehren der Nordostbahn und der Gemeinde Riesbach reagierte. Auch verschiedene Unternehmer erkannten, dass Strassenbahnbetriebe ein gewinnträchtiges Potential aufwiesen. Zu ihnen zählte unter anderen der Unternehmer Edmund Scharpe, der dem Regierungsrat ein eigenwilliges Transportsystem vorschlug, in dem er die Vorteile der Schienenverkehrsmittel und der Pferdefuhrwerke vereinigt sah: «Ich habe drei Schienen anstatt zweien. Die beiden äusseren sind flach, die mittlere hat eine Rinne von einem halben Zoll Breite, in welcher sich ein leitendes Rad [...] bewegt. [...] Es ist klar, dass die nach diesem Systeme angewandten Wagen, wenn sie am Ende der Fahrbahn angekommen sind, die Schienen verlassen, mit Vorspann von einem oder zwei Pferden ihren Lauf fortsetzen und die Waren nach einem mehr oder weniger von der Bahn entlegenen Punkte liefern können.»[19]

Die Kantonsregierung beauftragte 1863 den kantonalen Strasseninspektor J. Wild und den Kantonsingenieur K. Wetli sowie Professor Carl Culmann vom Polytechnikum, die verschiedenen Projekte zu sichten und Gutachten darüber vorzulegen. Wild und Wetli prüften verschiedene Varianten von Normalbahnverbindungen oder Strassenbahnen durch die Bahnhofstrasse und ihre Weiterführung nach Riesbach. Zentraler Diskussionspunkt waren die Ziele, welche eine solche Bahn zu erfüllen habe: Eine Pferdebahn oder einen Pferdeomnibus erachteten sie nur dann für sinnvoll, wenn sich der Betrieb ausschliesslich am Personentransport im Nahverkehr orientieren würde. Sollte die Bahn für den Güter- wie für den Personenverkehr geeignet sein, so war für Wild und Wetli nur eine normalspurige (Dampf-)Eisenbahn realistisch. Zum gleichen Schluss kamen die beiden Experten für den Fall, dass diese Bahn in das Fernbahnnetz integriert werden müsse. Die beiden letzten Varianten wurden von Wild und Wetli implizit favorisiert.[20] Solche Möglichkeiten zog Professor Carl Culmann nicht in Betracht. Culmanns

Gutachten diskutierte zwar ausführlich die Vor- und Nachteile einer damals projektierten Dampfstrassenbahn zwischen Zürich und Küsnacht, riet aber explizit von diesem Projekt ab, da es keinerlei Aussicht auf Rendite sah. Nicht überdimensionierte Nah- und Regionalverkehrsprojekte sollten angegangen werden, sondern bescheidene und gewinnträchtige Unternehmen: «Es bilde sich also eine Gesellschaft, welche die Hauptstrassen Zürichs durchfährt, und die billiger transportiert und weiter und öfter fährt als die jetzigen Gasthaus-Omnibus, ich bin überzeugt, sie wird gute Geschäfte machen; sie lege dann, wenn dies der Fall ist, Schienen in die lebhafteren Strassen, und dehne endlich das so entstehende Netz nach allen Seiten aus.»[21] Culmann empfahl den staatlichen Instanzen weitestgehende Zurückhaltung bei der Regelung des Verkehrswesens und war überzeugt, dass allein der Markt für die sinnvolle Ausgestaltung eines öffentlichen Nahverkehrsnetzes sorgen werde.

Der erste Bericht Arnold Bürklis

1864 forderte der Regierungsrat auch die Stadtregierung auf, zu den verschiedenen Projekten Stellung zu nehmen. Dieser entsandte daraufhin Stadtingenieur Arnold Bürkli auf Erkundungsreisen durch die Grossstädte Europas, um die Strassenbahnfrage zu prüfen, und schrieb gleichzeitig der Kantonsregierung: «So viel wir wissen, wird beabsichtigt, die Pferdebahnen, für die Ihnen Concessionsbegehren vorliegen, vollständig oder zum weitaus grössten Theile auf städtischen Strassen zu legen. Wir zweifeln nun nicht daran, dass Sie unsere Ansicht theilen, es könne die Bewilligung zu solchen Pferdebahnanlagen [...] nicht ohne Mitwirkung und Zustimmung der städtischen Behörden erfolgen.»[22] Dass sich der Kanton genau dies sehr gut vorstellen konnte, sollte sich zehn Jahre später zeigen.
1865 legte Bürkli seinen Bericht vor. In den meisten Punkten deckte er sich mit dem Gutachten Culmanns, allerdings plädierte Bürkli für eine starke Rolle der Behörden. Während die Berichte Bürklis und Culmanns eine gewisse geistige Nähe verrieten, setzte sich Bürkli in einen schroffen Gegensatz zu Wild und Wetli. Bürkli zerpflückte deren Ideen nach allen Regeln der Kunst, indem er vorrechnete, dass sich eine Verbindungsbahn, die sowohl den Bedürfnissen des öffentlichen Nahverkehrs als auch denjenigen des Fern- und des Güterverkehrs genügen sollte, niemals rentieren könne. Gleichzeitig nahm er die Gelegenheit war, seine projektierte Bahnhofstrasse vor Verschandelung zu schützen. In dieser habe eine Dampfeisenbahn nichts zu suchen: «Die Bahnhofstrasse [...] ist in Verbindung mit dem neuen Bahnhof- und Kratzquartier in der Absicht angelegt, mit der Zeit eine Hauptverkehrsader der Stadt anzugeben. Doch soll sie nicht bloss eine Verkehrsstrasse, sondern auch eine von lustwandelndem und fahrendem Publicum gerne benutzte Strasse sein. [...] Die Anlage eines Geleises in dieser Strasse [würde] deren eigentliche Bestimmung vernichten.»[23] Bürkli empfahl für den Güter- und Personenverkehr zwei verschiedene Lösungsansätze. Für den Güterverkehr empfahl er 1865 Geleise entlang der Löwen- und Thalgasse zu verlegen und für den Personenverkehr einen Omnibus-

Ansicht von Riesbach um 1900. Es waren die Villenbesitzer im äusseren Seefeld und entlang der flach abfallenden Hänge von Riesbach, die in den siebziger Jahren mit Nachdruck eine Verbindung zum Bahnhof forderten. (BAZ)

dienst zwischen den Hafenanlagen und dem Bahnhof einzurichten. «Zeigt es sich mit der Zeit, dass die Omnibus nicht mehr genügen, so wird der Verkehr so bedeutend sein, dass er die Kosten einer Perambulatorbahn lohnt. Diese wird ohne sehr grosse Nachtheile in die Bahnhofstrasse gelegt werden können. […] Bis dahin wird ohne Zweifel auch der Quai nach Enge erstellt sein, und die Möglichkeit der Fortsetzung dieser Bahn nach jener Richtung wird die kleinen Nachtheile derselben für den gewöhnlichen Verkehr noch vollends überwiegen.»[24] Realisiert wurde in den sechzehn folgenden Jahren weder eine Dampfeisenbahn noch ein Pferdetram durch die Bahnhofstrasse noch eine Güterbahn durch die Löwenstrasse. Die politischen Wirren im Kanton Zürich, in deren Zentrum der Sturz Alfred Eschers und die Machtübernahme der Demokraten standen, liessen verkehrspolitische Anliegen in den Hintergrund rücken. Ernst mit einem öffentlichen Nahverkehrsmittel im Raum Zürich war es nach 1865 einzig noch der Gemeinde Riesbach. Zwischen 1867 und 1877 versuchte Riesbach insgesamt dreimal, mit Omnibusbetrieben eine regelmässige Verbindung zum Bahnhof herzustellen (1867, 1869/70, 1877). Allen drei Unternehmen war nur eine kurze Lebensdauer beschieden, obwohl sich Riesbach mindestens an den ersten beiden Unternehmen finanziell beteiligte.[25] Der letzte Versuch wurde bereits bei der Betriebsaufnahme mit Hohn überschüttet. Kritisiert wurde der lockere Fahrplan: Alle 1 1/4 Stunden fuhr zwischen 7 Uhr vormittags und 17 Uhr abends ein Bus vom Bahnhof nach Riesbach. «Es leuchtet darum ein, dass nur eine ganz beschränkte Zahl von Personen den Omnibus werden benützten können. Man kann sich gefallen lassen, 1/4 oder auch 1/2 Stunde Zeit unthätig zu verlieren oder beim Schoppen abzusitzen, wenn es sich um eine Fahrdistanz handelt, die ohne übermässigen Kraft- und Zeitverbrauch zu Fuss nicht zurückgelegt werden kann. Daher ist wohl zu befürchten, auch diese Omnibuslinie werde das Los ihrer Vorgängerinnen theilen und wegen Mangel an Betheiligung wieder eingehen.»[26] Die Neue Zürcher Zeitung, die den dritten und letzten Busversuch mit Spott bedachte, sollte mit ihrer Prophezeiung recht behalten. Das Unternehmen stellte noch im selben Jahr den Betrieb wieder ein.

Ärger mit Bundesbern

Auftrieb erhielten Strassenbahnprojekte erst wieder Mitte der siebziger Jahre. Diese Periode war überhaupt eine der beiden grossen Etappen im schweizerischen Eisenbahnbau. 1871 hatte der Bau am Gotthard begonnen und einen Schub im Streckenbau der verschiedenen privaten Bahngesellschaften ausgelöst. Gleichzeitig entstanden eine ganze Reihe touristischer Bahnen, beispielsweise die Uetlibergbahn in Zürich. Am 22. Oktober 1872 erhielt sie die Konzession, am 12. Mai 1875 nahm sie den Betrieb auf.[27] Diese Boomperiode färbte auch auf den Strassenbahnbau ab: Genf baute sein Netz kräftig aus, Biel errichtete ein Pferdetram nach Nidau, in Zürich wurde die Strassenbahnfrage wieder intensiv diskutiert. Gestellt wurde sie von der Gemeinde Riesbach, eine verbindliche Antwort darauf war erst möglich, als sich der Kanton Zürich und der Bund bei der Vergabe von Konzessionen auf einen gemeinsamen Modus geeinigt hatten. In einer Zeit, in der die Strassenbahngesellschaften privatwirtschaftliche Unternehmen waren, hatte der Staat nur eine Möglichkeit, seine Vorstellungen über die Entwicklung des öffentlichen Nahverkehrs durchzusetzen: indem er sie in der Konzession verankerte. Es war deshalb entscheidend, welche staatliche Ebene bei der Konzessionierung von Strassenbahnen die Entscheidungsbefugnis besass. Der Kanton und die Stadt Zürich rangen jahrelang heftig mit dem Bund um dieses Recht. Dass sie es dem Bund schlussendlich abtrotzten, war auch für die übrigen Kantone und Gemeinden ein entscheidender Erfolg.

Dieser Kampf stand im Zusammenhang mit dem Eisenbahngesetz von 1872. Davor wäre der Machtkampf zwischen Zürich und Bern unnötig gewesen. Das Eisenbahngesetz von 1852 hatte das Recht zur Konzessionierung von Eisenbahnen noch den Kantonen übertragen. Dem Bund blieb lediglich ein Genehmigungsrecht vorbehalten, aber dieses war kaum durchsetzbar. 1862 und 1863 konzessionierten die Genfer Behörden ihre beiden Strassenbahnunternehmen, ohne bei den Bundesbehörden eine Genehmigung einzuholen. Sie definierten Tramways einfach als schienengebundene Omnibusse und nicht als Eisenbahnen. Rückwirkend wollten sie trotzdem eine bundesrätliche Bewilligung erwirken, da diese Genehmigung den Tramunternehmen massive Zollvergünstigungen bei der Einfuhr von Schienen und Baumaterialien eingebracht hätte. Dieser Vorgang löste in Bern einen längeren Diskurs über das Wesen von Strassenbahnen und Tramways und über die Zuständigkeiten der verschiedenen Staatsebenen aus, der 1865 unentschieden abgebrochen wurde.[28]

Am 22. Oktober 1872 trat das neue Eisenbahngesetz in Kraft und entzog den Kantonen das Recht, eigenständig Bahnkonzessionen zu vergeben. Der Bund hatte die Frage, wer für welche Bahnen zuständig sei, vorerst zu seinen Gunsten entschieden: er definierte alle schienengebundenen Verkehrsmittel als Eisenbahnen und unterstellte sie seiner Oberhoheit. Eine einvernehmliche Absprache mit den betroffenen Kantonen oder Gemeinden erachtete er als unnötig und vergab Konzessionen weitgehend nach eigenem Gutdünken. Das geschah beispielsweise bei der Konzessionsvergabe für die Dampfstrassenbahn Zürich–Höngg. Im Dezember 1874 reichten die Winterthurer Unternehmer Gebrüder Brunner ein Konzessionsgesuch für eine Dampfomnibusbahn von Zürich nach Höngg ein und erhielten die Betriebsbewilligung der eidgenössischen Räte während der Frühjahrssession 1875. Es war geplant, die Bahn, ausgehend von einem Kopfbahnhof am Hirschengraben, nach Unterstrass, von dort nach Wipkingen und weiter über die Waid nach Höngg zu führen.[29] Das Projekt kam trotz gültiger Konzession nicht zustande; den Unternehmern gelang es nicht, die Finanzierung zu sichern. Die Konzession hatte das Unternehmen gegen den ausdrücklichen Willen der Stadt Zürich erhalten, wie Arnold Bürkli und Peter Emil Huber-Werdmüller im zweiten Tramway-Bericht von 1877 bitter vermerkten: «Die hier in Zürich gemachte Erfahrung zeigt [...], dass die Bundesbehörden, auf den Buchstaben des Eisenbahngesetzes gestützt, die Lokalbehörden, auch wenn sie Eigenthümer der beanspruchten Strasse sind, als ernstlich zu berücksichtigende Contrahenten nicht kennen und nicht kennen wollen.»[30] Diese Praxis waren weder der Kanton noch die Stadt Zürich bereit hinzunehmen. Tatsächlich waren die Schweizer Gemeinden deutlich schlechter gestellt als die des umliegenden Auslands. In Deutschland wurde keine Konzession gegen den Willen der kommunalen Behörde vergeben, und in England oder Belgien erwarben in der Regel die Gemeinden die Konzessionen, um sie an private Betreiber zu verpachten.[31] In der Schweiz hatten sie nicht einmal ein festgeschriebenes Mitspracherecht.

«Das kann man uns doch unmöglich zumuthen»

Am 31. Oktober 1876 reichte Riesbach zusammen mit der Compagnie Générale des Tramways Suisses ein Gesuch für eine Strassenbahn zwischen Tiefenbrunnen und dem Hauptbahnhof ein.[32] Zeitgleich projektierten die Gebrüder Brunner in Winterthur ein Tram nach Töss. Kurz vor der Konzessionierung stand ein Strassenbahnprojekt für eine Verbindung zwischen Zürich und Rapperswil.[33] Diese Ballung von Strassenbahnprojekten zwang die Zürcher Regierung, beim Bundesrat vorstellig zu werden, wollte sie ernsthaft bei der Strassenbahnkonzessionierung mitreden. 1876 schrieb sie an den Bundesrat: «Das kann man doch unmöglich dem Kanton oder der Gemeinde zumuthen, dass sie jedem beliebigen Privaten ihre öffentlichen Verkehrswege [...] überlasse.»[34] Parallel wurde die Zürcher Gemeindekommission aktiv, die mit einem inhaltlich gleichlautenden Schreiben den Regierungsrat unterstützte.[35] In der Gemeindekommission hatten sich Zürich und seine Aussengemeinden zusammengeschlossen, um überkommunale Fragen zu diskutieren. Die Stadt Zürich stellte vier Mitglieder, die Aussengemeinden je eines. Eine kohärente überkommunale Politik konnte die Gemeindekommission nicht betreiben, sie verfügte über keinerlei Entscheidungsbefugnis und diente vorab als Diskussionsforum.[36] Das Schrei-

ben der Gemeindekommission, das an sämtliche Mitglieder der Bundesversammlung versandt wurde, war das Resultat des zweiten Tramway-Berichts, den Arnold Bürkli zusammen mit Peter Emil Huber-Werdmüller verfasst und 1877 abgeliefert hatte.
Weder der Bundesrat noch die Bundesversammlung teilten die Ansicht des Regierungsrates und der Gemeindekommission.[37] Es sei leicht möglich, dass Strassenbahnnetze viele Kilometer umfassten und mehrere Kantone miteinander verbinden würden, argumentierte die Landesregierung. Es seien deshalb zweifelsfrei auch die Strassenbahnen dem Eisenbahngesetz zu unterstellen. Die Debatte wurde ausserordentlich heftig geführt und zog sich in die Länge, bis schliesslich die Gemeinde Riesbach um einen raschen Entscheid bat. Dieser lag mit der Botschaft des Bundesrates betreffend die Konzessionierung von Strassenbahnen am 21. Dezember 1881 vor.[38] Der Entscheid des Bundesrates war formal ein Kompromiss, übertrug de facto die Kompetenzen über die Ausgestaltung der Nahverkehrspolitik aber wieder den Kantonen und Gemeinden. Der Bundesrat behielt sich zwar das Recht vor, die Konzessionen zu vergeben, allerdings erst dann, wenn die Strassenbahnunternehmen mit «den Behörden oder Korporationen, welchen das Verfügungsrecht über die in Anspruch zu nehmenden Strassen zusteht, über die gegenseitigen Rechte und Pflichten während des Baues und Betriebes sich geeinigt haben».[39] Diese Praxis verfolgte der Bundesrat seit 1879, mit dem Bundesbeschluss wurde sie verbindlich. Gesetzeskraft erhielt der Beschluss allerdings erst 1899, als er ins neugeschaffene «Bundesgesetz über den Bau und Betrieb der schweizerischen Nebenbahnen» aufgenommen wurde.[40]

Kanton versus Gemeindekommission

Mit seinem Bundesbeschluss von 1881 hatte sich der Bundesrat weitgehend aus der kommunalen Verkehrspolitik verabschiedet. Zu Ende war der Kompetenzkonflikt damit aber noch lange nicht, auf unterer Staatsebene ging er in unverminderter Härte weiter.
Bürkli und Huber-Werdmüller empfahlen in ihrem Bericht, nicht ein Privatunternehmen mit dem Bau der Strecken zu betrauen, sondern diese auf Kosten der Gemeinden zu erstellen und nur den Betrieb zu verpachten. Diese Haltung hatte Bürkli bereits 1865 eingenommen und damit verkehrspolitische Weitsicht bewiesen: «Sie [die Strassenbahnen] eignen sich nicht zur freien Überlassung an die Privatspeculation, sondern sollen in den Händen der Behörden bleiben, welche ein Interesse haben, ihre Nachteile möglichst zu vermindern.»[41] Als Nachteile betrachtete Bürkli etwa die übermässige Beanspruchung des Strassenraums und die Behinderung des übrigen Verkehrs. Im zweiten Bericht konkretisierten Bürkli und Huber-Werdmüller ihre Befürchtungen bei der Konzessionierung privatwirtschaftlicher Trambetriebe: Eine private Strassenbahn schade einer der Allgemeinheit zuträglichen Stadtentwicklung. Zunächst gründe ein privater Konzessionär eine Gesellschaft, erstelle dann die Bahn, unterhalte sie und die Strasse so schlecht als möglich und betreibe sie so, dass er anfänglich zwar scheinbare Erfolge aufweise, jedoch die wirklichen Bedürfnisse des öffentlichen Verkehrs nicht

Gebäudenutzung im Wandel der Zeit. Das von der Zürcher Strassenbahn AG an der Seefeldstrasse 175 erstellte Stall- und Remisengebäude diente in den fünfziger Jahren als Motorrad- und Velowerkstatt. 1960 wurde das Haus abgebrochen. (BAZ)

berücksichtige und bald einmal in die Verlustzone rutsche. Es folge die Erhöhung der Taxen, und damit werde die Strassenbahn für die Entwicklung der Städte nutzlos: «Im Gegensatz zu diesem Verfahren kann die richtige Entwicklung nur in der Weise gefunden werden, dass die Lokalbehörden […] selbstthätig eingreifen und dazu vom Staate mit den nöthigen Vollmachten, d. h. mit einer Concession, versehen werden.»[42] Was Bürkli und Huber-Werdmüller verlangten, war nichts weniger als eine radikale Neuorientierung in der Strassenbahnpolitik. Die kommunalen Strassenbahnbetriebe, die Bürkli und Huber-Werdmüller vorschwebten, setzten sich erst ab Mitte der neunziger Jahre durch.

Bürkli und Huber versuchten, die in der Gemeindekommission zusammengeschlossenen Gemeinden auf ihren Ansatz zu verpflichten und im Namen der Gemeindekommission ein Konzessionsgesuch zu stellen. Vorerst stellte sich die Gemeindekommission auf den Standpunkt Bürklis. Sie bildete eine Subkommission, und diese beschloss am 10. Mai 1880, beim Bundesrat eine Konzession für die Erstellung einer Strassenbahn in Zürich und Umgebung einzureichen und bei sämtlichen Gemeinden die entsprechende Bewilligung zu diesem Schritt einzuholen.[43] Oberstrass, Unterstrass und Wiedikon verweigerten ihre Einwilligung, womit Bürklis Projekt eigentlich als gescheitert hätte abgeschrieben werden müssen. Trotzdem wurde es weiterverfolgt; torpediert wurde es von anderer Seite: der Regierungsrat bremste den Tatendrang der Zürcher Gemeindepolitik.

Die Gemeindekommission wollte eine sogenannte Generalkonzession für das gesamte Gemeindegebiet erwerben, das sie vertrat, was der Regierungsrat ablehnte. Es müsse ein konkretes Projekt mit klar definierter Linienführung vorgelegt werden. Und wenn die Gemeindekommission schon als Konzessionsnehmerin auftreten wolle, dann müsse sie von den Gemeindebehörden auch mit den entsprechenden Kompetenzen versehen werden. Ein Gremium, das nicht befugt sei, Entscheidungen zu treffen, könne für den Regierungsrat kein Gesprächspartner sein.

Am 26. Februar 1881 lud der Liberale Stadt-Verein zu einer Versammlung im Zunfthaus zur Waage ein, an der die Strassenbahnfrage zur Debatte stand. Der Zunfthaussaal soll nicht genügend Raum für die interessierten Zuhörerinnen und Zuhörer geboten haben, berichtet die Züricher Post.[44] Bürkli schilderte zunächst die Entwicklungsgeschichte der Zürcher Tramway, bezichtigte den Regierungsrat dann der Obstruktion und war sich der Sympathien von Vertretern aus Riesbach und der Enge sicher. Schliesslich ergriff Regierungsrat Halter das Wort: «Lassen Sie mich ganz offen sprechen. Den Hauptgrund gegen die Genehmigung der Vorschläge [der Gemeindekommission] fand die Regierung in dem Übergewichte, welches die Stadt über die Ausgemeinden geltend zu machen oder machen zu wollen versuchte. Man hat allseitig die Schwierigkeit der Sache zugegeben.»[45]

Der Wink mit dem Zaunpfahl wirkte. Wie hätten sich auch Gemeinden dem Machtbereich Zürichs in einem als zentral empfundenen Sektor wie demjenigen der Verkehrspolitik unterstellen wollen, vor allem, wenn durch ihre Gebiete noch keine Strassenbahnlinie geplant war. Gemeinden wie Hottingen, Hirslanden und Fluntern verabschiedeten sich von der Idee eines zentralen, verkehrspolitischen Organs; das Modell Bürkli/Huber-Werdmüller war gescheitert.

Zürichs wackliges Strassenbahnkonstrukt

Am 5. Mai 1881 schlossen sich lediglich die vier Gemeinden Zürich, Enge, Riesbach und Aussersihl zum Strassenbahnverband zusammen.[46] Als Geschäftsleitung setzte der Verband eine fünfköpfige Strassenbahnkommission mit Zürichs Stadtingenieur Arnold Bürkli an der Spitze ein. In seinen Statuten hielt der Strassenbahnverband als Zielsetzung seiner Politik fest:

> «1. möglichst bald die Erstellung von Strassenbahnen zu erzielen, als deren Anfangs- und Endpunkte in Aussicht genommen werden: der Bahnhof Zürich einerseits und anderseits der Tiefenbrunnen in Riesbach, die ‹Geduld› in Enge und der städtische Centralfriedhof in Aussersihl;
> 2. nach Erstellung der Bahn dem Konzessionsinhaber gegenüber die Rechte und Interessen der Gemeinden gemäss Inhalt der Konzessionen und allfälliger Verträge gemeinsam zu wahren;
> 3. eine allfällige Ausdehnung des Netzes vorzubereiten.»

Nach seiner konstituierenden Sitzung schrieb der Strassenbahnverband die Erstellung und den Betrieb des Strassenbahnnetzes in schweizerischen und ausländischen Zeitungen aus. Insgesamt reichten sieben Unternehmen Offerten ein. In die engere Evaluation kamen zwei Projekte, und zwar dasjenige des Londoner Unternehmens Meston & Co. und dasjenige des Frankfurter Unternehmens Erlanger & Söhne. Beide Projekte wiesen zahlreiche Parallelen auf. Das fachlich fundiertere scheint das Frankfurter Projekt gewesen zu sein, das günstigere und politisch vorteilhaftere stammte von Meston. Meston erhielt schliesslich den Zuschlag. Die Strassenbahnkommission hielt in ihrem ersten Geschäftsbericht fest: «Es muss an diesem Orte anerkannt werden, dass die Verhandlungen mit Herrn Buri und die Diskussion des von ihm aufgestellten Projektes, obgleich dasselbe nicht zur Ausführung gelangte, der Kommission von grossem Werte waren und den Antrag veranlassten, die in diesem Projekt liegende Arbeit in billiger Weise zu entschädigen.»[47]

Das Londoner Unternehmen baute mit einem projektierten Aufwand von 845'000 Franken günstig und willigte ein, mehr als die Hälfte der Finanzierung selbst zu übernehmen. Die übrigen 400'000 Franken musste der Strassenbahnverband organisieren. Dies allerdings scheint durchaus im Sinne der Behörden gewesen zu sein. Durch eine massgebliche finanzielle Beteiligung schweizerischer Geldgeber glaubten sie sich eine genügend grosse Einflussnahme auf die Geschäftspolitik des Unternehmens sichern zu können. Zur Finanzierung des Unternehmens bildete sich ein Initiativkomitee unter der Leitung der Schweizerischen Kreditanstalt. Am 26. Oktober 1881 schlossen Meston & Co. und der Strassenbahnverband den Vertrag ab, am 29. Oktober einigte sich auch das Finanzierungskomitee mit dem Londoner Unternehmen über die nötigen Modalitäten. Es wurde vereinbart, die Rechte von Meston & Co. einer neu zu gründenden Aktiengesellschaft, der Zürcher Strassenbahn AG, zu übertragen. In der Folge bildete sich mit Unterstützung der Strassenbahnkommission ein Initiativkomitee, das mit der Schweizerischen Kreditanstalt in Verhandlungen trat. Am 31. Januar 1882 erhielt Meston die Konzession, worauf die Zürcher Strassenbahn AG gegründet wurde.[48] Das erforderliche Aktienkapital wurde bei weitem überzeichnet. Das Londoner Unternehmen musste deshalb seinen vertraglich vereinbarten Beitrag nicht einbringen. Es reichte lediglich das Konzessionsgesuch ein, leitete die Bauarbeiten und zog sich anschliessend aus dem Unternehmen zurück.[49] Die Vorgehensweise bei der Finanzierung hatte zur Folge, dass die Schweizerische Kreditanstalt während der ganzen Zeit des Bestehens der Zürcher Strassenbahn AG eine wichtige Rolle in deren Verwaltungsrat spielte. Am 16. Mai 1882 erfolgte der erste Spatenstich, bereits am 5. September konnte die Linie Tiefenbrunnen–Bahnhof–Paradeplatz in Betrieb genommen werden, am 28. September folgte der Rest des innerstädtischen Kernnetzes (Bahnhof–Paradeplatz–Münsterbrücke–Limmatquai–Bahnhof) sowie die Verbindungen nach Riesbach, der Enge und dem Friedhof Sihlfeld.[50] Das Liniennetz blieb abgesehen von kleinen baulichen Veränderungen während der ganzen Lebensdauer der Zürcher Strassenbahn AG unverändert.

Behörden und Bevölkerung begegneten dem neuartigen Verkehrsmittel zunächst überaus misstrauisch. So verlangte die Stadt Zürich, die Gesellschaft habe überall dort Bahnwärter aufzustellen, wo Kollisionen mit dem Privatverkehr möglich seien (eine Anordnung, die nie vollzogen wurde). Nach einem ersten Unfall kurz nach der Betriebsaufnahme verfügte der Zürcher Polizeivorstand kurzerhand die Betriebseinstellung, die Stunden später durch den Regierungsrat wieder aufgehoben wurde.[51] Das Salzen in den Wintermonaten wurde untersagt, weil Salz die Baumbestände schädige; mit Rücksicht auf Kirchenbesucher durfte das Tram am Sonntag zu Gottesdienstzeiten die Glocke nicht betätigen und deshalb nur im Schrittempo fahren; schliesslich störten sich die Behörden immer wieder daran, dass die Strassenbahngesellschaft die Strassen zu schlecht vom Pferdekot säubere.[52] Die Gemeinden und die Strassenbahnkommission überboten sich zeitweilig im Erlass von Verfügungen und Verboten und gerieten sich regelmässig in die Haare, wenn es um die Frage ging, wer welches Verbot erlassen oder aufheben dürfe. Erst nach einigen Jahren wurde das Misstrauen dem neuen Verkehrsmittel gegenüber kleiner.

Ein schwacher Verband und Kompetenzgerangel

Zeit seines Bestehens blieb umstritten, welche Kompetenzen der Strassenbahnverband gegenüber dem Kanton und gegenüber Gemeinden, die ihm nicht angeschlossen waren, beanspruchen konnte, und selbst innerhalb des Verbandes blieben die Rechte umstritten. Alle an der Strassenbahnpolitik beteiligten Instanzen verfolgten unterschiedliche Ziele: Der Strassenbahnverband verstand sich als das einzige für die Weiterentwicklung des öffentlichen Personennahverkehrs zuständige Organ, und zwar ausdrücklich auch für Gemeinden, die nicht Mitglieder des Strassenbahnverbands waren. Diese bestritten diesen Anspruch vollends, und die Strassenbahngemeinden partiell, wenn es darum ging, sich ein Minimum an verkehrspolitischer Autonomie zu wahren. Der Zürcher Regierungsrat seinerseits war stets und offensichtlich darum bemüht, die verkehrspolitischen Kompetenzen so weit als möglich bei sich zu bündeln, und verstand es ausgezeichnet, die übrigen Behörden und Institutionen gegeneinander auszuspielen. Und schliesslich verfolgte die Zürcher Strassenbahn AG als Privatunternehmen eine gewinnorientierte Politik und war an einem Ausbau des Netzes so lange nicht interessiert, als ein Betriebsgewinn nicht garantiert war. Diese Haltung führte zwar immer wieder zu heftigen Disputen, war aber bei einem Unternehmen nachvollziehbar, das auf keinerlei Unterstützung durch die öffentliche Hand zählen konnte. Der Ausbau des Streckennetzes war ein wirtschaftliches Risiko. Pferdebahnen waren teuer: pro Tramwagen waren laut dem amerikanischen Verkehrshistoriker McKay fünf bis sieben Pferde nötig, um einen durchgängigen Betrieb zu gewährleisten, und die Pferde konnten im Durchschnitt nur etwa vier oder fünf Jahre eingesetzt werden.[53] In Zürich war das Verhältnis von Pferden zu Wagen für das Unternehmen besser – und für die Tiere schlechter. Die Zürcher Strassenbahn AG startete 1882 mit 20 Wagen und 81 Pferden, kaufte 1883 im Hinblick auf die Landesausstellung 50 Pferde und 10 Wagen dazu, reduzierte den Bestand nach der Ausstellung aber wieder um 20 Stück, so dass sich das Verhältnis über die gesamte Pferdebahnzeit bei etwa drei bis vier Pferden pro Tramwagen einpendelte.[54] Allerdings musste sich die Zürcher Strassenbahn AG deshalb stets vorhalten lassen, sie schinde ihre Pferde zu Tode. Trotzdem waren auch in Zürich die Pferde ein derart hoher Kostenfaktor, dass ein Ausbau des Liniennetzes risikoreich blieb, zumal die Distanzen in Zürich und Umgebung nirgends so gross waren, dass sie zu Fuss nicht zu bewältigen waren. Für das Luxusverkehrsmittel versprachen allein die verkehrsreichsten Gegenden Rendite abzuwerfen, und diese wurden bereits mit dem Stammnetz von 1881 erschlossen.

Das hinderte allerdings weder die einzelnen Gemeinden noch den Strassenbahnverband, eine kontinuierliche Ausweitung des Tramnetzes zu fordern und sich bei der Verfolgung dieser Ziele gegenseitig auszuspielen. Dass unter solchen Umständen im Grossraum Zürich keine kohärente Verkehrspolitik möglich war, versteht sich von selbst.[55] Eine eigene Strassenbahnlinie hätten praktisch alle Gemeinden gerne gehabt. Und so entspann sich bis zur ersten Eingemeindung von 1893 ein dauernder Kleinkrieg um Linien und Konzessionen. Projektiert und wieder sistiert wurden Dampfstrassenbahnen und Zahnradbahnen nach Hottingen, Hirslanden, Fluntern und Oberstrass, Pferdetramlinien nach Wollishofen, Wiedikon und Wipkingen; ausgelotet wurden Möglichkeiten von Trams mit Druckluft oder elektrische Trams mit unterirdischer Stromzufuhr; die einzelnen Gemeinden versuchten ihre Ziele das eine Mal mit einem Beitrittsgesuch an den Strassenbahnverband, das andere Mal auf eigene Faust, das dritte Mal in Kooperation mit der Zürcher Strassenbahn AG und ein weiteres Mal mit anderen Unternehmern anzugehen. 1889 schrieb der Strassenbahnverband, der dauernden Blockadepolitik der Zürcher Strassenbahn AG überdrüssig, gar von sich aus einen öffentlichen Wettbewerb für verschiedene Streckenprojekte aus; verlegt wurde jedoch bis 1894 kaum 1 Meter Schiene.[56]

Das Tram und die Grossstadt

Dass Zürich seit den 1860er Jahren um ein Tram stritt und es 1881 dank der Bildung eines halbherzigen und wackligen Konstruktes auch realisierte, ist kein Zufall. Seit 1850 verzeichnete Zürich rasch ansteigende Bevölkerungszahlen und seit den 1880er Jahren die Phase des grössten Bevölkerungswachstums. In diesen Jahren setzte der Wandel zur modernen Grossstadt ein. Mit dem Tram verschaffte sich Zürich ein Instrument, das diesen Wandel symbolisierte und beschleunigte – und den Anspruch, eine moderne

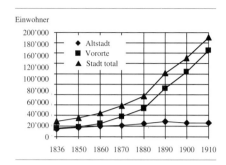

Bevölkerungswachstum in der Stadt Zürich 1836 bis 1910. Die Altstadt entspricht dem heutigen Kreis 1. Die Vororte umfassen die elf Gemeinden Aussersihl, Enge (inklusive Leimbach), Fluntern, Hirslanden, Hottingen, Oberstrass, Riesbach, Unterstrass, Wiedikon, Wipkingen und Wollishofen, die 1893 eingemeindet wurden. (Grafik: Galliker. Quelle: Jahrbuch Zürich 1995)

Grossstadt zu sein, erhob Zürich bereits um 1880. 1881 hielt Aussersihls Gemeindeingenieur Julius Weber vor Mitgliedern des Zürcher Ingenieur- und Architektenvereins fest: «Während mit Rücksicht auf den Personenverkehr Kleinstädte sich durch ausschliesslichen Fussgängerverkehr characterisieren, tritt bei Mittelstädten der Wagen-(Droschken-)Verkehr hinzu, der Übergang von der Mittel- zur Grossstadt markiert sich durch die Einführung der Tramways und bei Weltstädten endlich tritt die sogenannte Stadtbahn hinzu.»[57] Zürich wäre um 1880 gerne ein Grossstadt gewesen; statistisch war sie es nicht. In Zürich und seinen 1893 mit ihm wirtschaftlich und sozial eng verflochtenen Vororten lebten 1880 78'399 Einwohnerinnen und Einwohner; es lag damit noch um knapp 12'000 Einwohnerinnen und Einwohner unter dem statistischen Wert zur Grossstadt. Und diese Einwohnerinnen und Einwohner lebten in einem leicht überschaubaren Raum. Kaum eine Zürcherin, kaum ein Zürcher, der nicht bequem zu Fuss von seiner Wohnung an die zentralen Orte gelangen konnte, kaum einmal wurde die sogenannte Wohnbarkeitsgrenze überschritten, welche die Geographie als eine maximale zeitliche Distanz zwischen Wohn- und Arbeitsort von einer halben Stunde definiert. Zürich war um 1880 noch eine Fussgängerstadt mit einem Radius, der 3 bis 4 Kilometer nirgends übertraf.[58]

Wenn auch Zürich um 1880 weder statistisch noch räumlich dem Bild einer Grossstadt entsprach, so wies es doch bereits die zentralen Merkmale industrieller Grossstädte auf: ein starkes Bevölkerungswachstum und die Organisation der Nachfrager nach städtischem Boden nach wirtschaftlichen Kriterien. Mit der Einführung des Trams reagierte das liberale Bürgertum auf diese beiden Erscheinungen.

Verspätetes Schweizer Städtewachstum

London kam 1850 auf eine Bevölkerungszahl von 2,7 Millionen, Paris auf eine Million und New York auf 626'000. Um 1890 lebten in England und Wales nach Angaben des zeitgenössischen Statistikers Adna F. Weber bereits 60 Prozent der Bevölkerung in urbanen Verhältnissen, in Belgien und den Niederlanden waren es 35 Prozent, in Deutschland, Frankreich und den USA 25 bis 30 Prozent.[59] Der Urbanisierungsgrad der Schweiz war zu diesem Zeitpunkt um einiges tiefer als derjenige dieser Staaten: 1850 zählten fünf von sechs Ortschaften weniger als tausend Einwohnerinnen und Einwohner. Nur gerade 6,4 Prozent der Bevölkerung lebten 1850 in Städten mit mehr als 10'000 Einwohnern, eine Grossstadt hatte die Schweiz vor 1893 noch nicht.[60]

Der tiefe Verstädterungsgrad der Schweiz deckt sich mit einer starken Rückständigkeit beim Bau der Eisenbahnen. Während die meisten industrialisierten Staaten weitläufige Eisenbahnnetze bauten, entstanden in der Schweiz vor 1850 lediglich zwei kleinere Eisenbahnstrecken. 1844 wurde Basel an das benachbarte St-Louis angeschlossen, 1847 eröffnete die Nordbahn die 23 Kilometer lange Strecke zwischen Zürich und Baden. Der Bau eines umfassenden Eisenbahnnetzes war erst nach der Gründung des Bundesstaates von 1848 und der Verankerung der Freiheit von Handel und Transport in der Bundesverfassung möglich.[61] Erst mit dem Bau der Eisenbahnen nach 1850 setzte auch in der Schweiz das Wachstum der Städte ein. Es verlief nicht gleichförmig, sondern synchron mit den langfristigen Zyklen des wirtschaftlichen Wachstums. Mit den langfristigen wirtschaftlichen Aufschwungphasen der 1850er, 1870er und 1890er Jahre einher ging ein intensives Städtewachstum, in den Kontraktionsphasen dazwischen herrschte relative Stagnation.[62] Die verschiedenen Aufschwungphasen waren geprägt von unterschiedlichen Charakteristika: Zunächst wuchsen die Städte ausgesprochen dezentral, wobei die mittleren Städte das grösste relative Wachstum aufwiesen. Erst nach 1890 konzentrierte sich das Bevölkerungswachstum auf die grossen Städte und erreichte um die Jahrhundertwende seinen Höhepunkt.[63] 1893 überschritt Zürich dank der Eingemeindung des ersten Vorortsgürtels als erste Stadt die Schwelle zur Grossstadt, 1899 folgte Basel, 1900 Genf. 1910 hatte Zürich seine Bevölkerungszahl innerhalb der heutigen politischen Grenzen auf 215'488 gesteigert, Genf die seine auf 115'243, und Basel hatte mit 132'276 Einwohnerinnen und Einwohnern die Genfer Metropole überholt. Zwischen 1850 und 1910 versechsfachte sich der Anteil der städtischen Bevölkerung in der Schweiz bei einer durchschnittlichen jährlichen Bevölkerungsrate von 3,09 Prozent. Die Schweiz passte ihre räumlichen Strukturen nach dem Eisenbahnbau denjenigen der umliegenden Staaten an.[64]

Die Bedeutung verbesserter Verkehrsverbindungen für das Wachstum der Städte wurde in verschiedenen Raumwirtschafts- und Standorttheorien eingehend begründet, ausgehend von Johann Heinrich von Thünen um 1820 zu den Nationalökonomen Alfred Weber und Walter Isard und den Geographen Walter Christaller und Werner Lösch.[65] Diesen Überlegungen ist gemeinsam, dass sie die Anziehungskraft und Bedeutung eines Ortes über seine Erreichbarkeit erklären und die Städte in einem flächendeckenden Verkehrsnetz die Orte der grössten Erreichbarkeit und der besten Kommunikation sind.

Der amerikanische Geograph Peter Haggett beschrieb die Auswirkungen verbesserter Kommunikation zwischen Städten als «städtische Implosionen».[66] Verkehrstechnologische Innovationen verbinden in aller Regel zunächst Paare grosser Städte, zwischen denen bereits erhebliche Verkehrsströme von Gütern bestehen. Durch die neuen Verkehrstechnologien werden die Verbindungen zwischen den Stadtpaaren erleichtert, wobei ein Kreislauf erhöhter Kontakte und vermehrter Ströme in Kraft gesetzt wird. Grössere Städte rücken näher zusammen, während kleinere Zentren relativ entlegener werden.

Der Raumwirtschafter Gunnar Myrdal hat diesen Vorgang in einem polarisationstheoretischen Ansatz begründet und als zirkulär-kumulativen Prozess beschrieben: In einem marktwirtschaftlichen System sind die Variablen so miteinander verbunden, dass die Veränderung einer Variablen die Veränderung einer anderen Variablen in gleicher Richtung bewirkt. Diese Veränderung erhöht durch eine Rückkopplung wiederum die Intensität der ersten Veränderung und setzt so einen kumulativen Prozess in Gang. Dieser Prozess kann durch jede Veränderung interdependenter ökonomischer Faktoren, wie Nachfrage, Einkommen oder Investitionen, ausgelöst werden, sofern eine genügend grosse Intensität und zeitliche Kontinuität besteht. Positive Veränderungen bewirken einen kumulativen Wachstumsprozess, negative Veränderungen einen kumulativen Schrumpfungsprozess.[67]

Der Bau der Eisenbahn leitete einen kumulativen Wachstumsprozess ein. Gleichzeitig sorgte er für einen Ressourcenabzug aus den Gebieten, die abseits der Eisenbahnstrecken lagen oder die in den Windschatten der grossen Zentren gerieten.

Die Auswirkungen, die der Anschluss einer Stadt an das Eisenbahnnetz für die wirtschaftliche Positionierung und auf das Bevölkerungswachstum hatte, waren um so grösser, je früher eine Stadt an das Eisenbahnnetz angebunden und in den internationalen Markt integriert wurde.[68] Der Bau des schweizerischen Eisenbahnnetzes kann durchaus als Wettstreit der verschiedenen Städte und Regionen um die wirtschaftliche Vorherrschaft betrachtet werden. Zürich schuf sich in diesem Wettstreit die beste Ausgangslage. Zürich stellte den Kontakt zu den zentralen ausländischen Märkten dank der geschickten und rücksichtslosen Politik Alfred Eschers einige Jahre vor seinen Konkurrenten im schweizerischen Städtesystem her. Dieser Vorsprung sollte sich als entscheidend für die wirtschaftliche Vormachtstellung in der Schweiz erweisen. Durch den Entscheid, als erste Alpentransversale die Gotthardbahn zu bauen, ein Entscheid, der nebst dem Druck ausländischer Interessen auf Druck des Zürcher Kapitals um Alfred Escher erfolgte, wurde die zentrale Lage Zürichs im schweizerischen Verkehrsnetz weiter erhöht.[69] Zürich entwickelte folgerichtig auch die grösste Anziehungskraft auf Männer und Frauen, die sich hier bessere Aussicht auf Arbeit versprachen, und entwickelte sich rasch zur grössten Stadt der Schweiz.

Strukturen der modernen Grossstadt

Zürich entwickelte eine erhebliche Anziehungskraft für Unternehmen, die auf rasche Informationen, ein leistungsfähiges Kommunikations- und Verkehrsnetz und qualifizierte Arbeitskräfte angewiesen waren, und diese liessen sich in erster Linie dort nieder, wo sie die neuen Kommunikationsmöglichkeiten am besten nutzen konnten, in der Umgebung des Bahnhofs. Die Gegend um den Bahnhof als das neue Verkehrszentrum der Stadt entwickelte sich rasch zum wirtschaftlichen Brennpunkt Zürichs. Die Vorderseite des Bahnhofs wurde mit der Bahnhofstrasse als der zentralen Achse zur Zürcher Renommiermeile umgestaltet, die Rückseite als Industriequartier angelegt.[70]

1836 zählten Zürich und seine elf Vororte noch bescheidene 29'282 Einwohnerinnen und Einwohner, 1850 waren es 35'466, 1880 58'657. Die Periode des grössten Bevölkerungswachstums lag in den Jahren 1880 bis 1910, als Zürich die Bevölkerungszahl um rund 110'000 Einwohnerinnen und Einwohner erhöhte. Dieses Wachstum war das Resultat einer immensen Zuwanderungswelle; die Zahl der jährlichen Geburten lag bis in die neunziger Jahre hinter derjenigen der Todesfälle zurück.

Nach welchen Kriterien verteilte sich die Bevölkerung im städtischen Raum? In einer Stadt wie Zürich, deren räumliche Dimension sich um 1880 noch leicht zu Fuss durchmessen liess, waren Gunst- oder Ungunstlagen entscheidende Kriterien. Die reiche Bevölkerung, die einstmals die Altstadt als Wohnsitz bevorzugt hatte, zog an die Ufer des Zürichsees und in zweiter Linie an die südexponierten Hänge des Zürichbergs. Die Enge entwickelte sich zur sogenannten Millionenvorstadt, gefolgt von den ebenfalls begehrten Wohnstandorten Riesbach, Hottingen und Fluntern.

Für die Arbeiter stand billiger Wohnraum im Vordergrund, und da billige Wohnungen kleine Wohnungen sind, wurden sie in diejenigen Quartiere verwiesen, wo kleine Wohnungen in dichter Überbauung entstanden.[71] Das war zunächst die vom Bürgertum verlassene Altstadt, in der die einst stolzen Häuser in eine Vielzahl kleiner Zellen aufgeteilt wurden. Die rechtsufrige Altstadt, im Windschatten des Bahnhofs gelegen, erlebte einen raschen sozialen Abstieg. Das einstige Nobelviertel Zürichs entwickelte sich zum Armenhaus. 1836 lebten in der Zürcher Altstadt 14'243 Männer und Frauen, 1880 waren es bereits 25'102.[72]

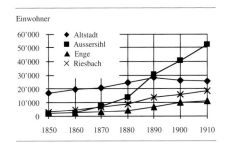

Bevölkerungswachstum in den vier Zürcher Gemeinden, die sich 1881 zum Strassenbahnverband zusammenschlossen. (Grafik: Galliker. Quelle: Jahrbuch Zürich 1995)

Nach 1870 entwickelte sich Aussersihl zum Sammelbecken der sozialen Unterschichten und zum typischen Arbeiterquartier. Die Lage dieses Vororts war in den 1850er und 1860er Jahre gezielt zu einer Ungunstlage im urbanen Raum modelliert worden. Schon die erste Eisenbahnlinie nach Baden hatte die Gemeinde in zwei Teile zerschnitten, nach 1850 kamen weitere Schienenstränge durch das Gemeindegebiet dazu. Die Erschliessung des Vorbahnhofgeländes als Industriequartier, die Ansiedlung zahlreicher Bahnnebenbetriebe und emissionsträchtiger Infrastrukturbauten wie das Gaswerk, der Schlachthof und Kehrichtdeponien zementierten den Charakter Aussersihls. 1850 zählte diese Gemeinde noch 1881 Einwohnerinnen und Einwohner, 1870 waren es bereits 7483, zehn Jahre später 14'017 und 1910 52'089.

Hatte die soziale Struktur eines Quartiers oder Vororts einmal einen bestimmten Charakter angenommen, erwies sich dieser als ausserordentlich konsistent und konstant. Bruno Fritzsche hat die zunehmende Ausdifferenzierung der Sozialräume anhand der Steueraufkommen in Zürich und seinen elf Aussengemeinden, dem nachmaligen Gross-Zürich, untersucht und als vergleichbare Grösse die Pro-Kopf-Steuerbeträge je Gemeinde als Abweichungen vom Gesamtdurchschnitt dargestellt.[73] 1838 lag die Kernstadt mit einem Pro-Kopf-Steuerertrag von 318 Prozent des Durchschnitts mit grossem Abstand an der Spitze aller Gemeinden. 1886 hatte sie die Spitzenposition an die Enge abgetreten, lag mit 192 Prozent aber nur knapp hinter der reichsten Zürcher Gemeinde. Von 1838 bis 1886 stieg die Enge von 149 Prozent auf 207 Prozent, während arme Gemeinden wie Aussersihl im gleichen Zeitraum von 62 auf 12 Prozent oder Wiedikon von 41 Prozent des Durchschnittswertes auf 16 Prozent absanken.

Benjamin Fritschi-Zinggeler, Gemeinderat in Aussersihl und Vorkämpfer für die Stadtvereinigung von 1893, skizzierte 1887 das Profil der einzelnen Gemeinden folgendermassen: «Unterstrass: Industriebezirk mit entsprechender Bevölkerung, dazu Antheil an der Gelehrtenbevölkerung von: Fluntern: Theils in nächster Nachbarschaft, theils Sitz von wissenschaftlichen Anstalten und wohlthätigen Instituten. Professoren und Studentenbevölkerung, Pensionate. Hottingen: beeinflusst von Fluntern, dabei, wegen landschaftlich schöner Lage, wohlhabendere Bevölkerung. Hirslanden: Landwirtschaftliche Bevölkerung. Riesbach: Landschaftlich schöne und bequeme Lage. Wohlhabende, dabei industrielle Bevölkerung. Enge: Landschaftlich sehr schöne Lage; ausgesprochene Vorzüge als eleganter Wohnbezirk (Villenquartier), reiche Bevölkerung, ‹Millionenvorstadt›. Wiedikon: Landwirtschaft, dabei Gewerbebetrieb, wegen unbequemer Verbindung mit der Stadt wenig wohlhabende Bevölkerung. Aussersihl: Industriebezirk (Industriequartier, grossartige Verkehrsanstalten), dito Militäranstalten, viel Gewerbebetrieb (hauptsächlich Baugewerbe) sehr zahlreiche Bevölkerung, aber hauptsächlich der (hand-)arbeitenden Klasse angehörig und in manchen Quartieren bis zum Proletariat herabsinkend.»[74]

Als Gründe, weshalb sich die städtische Sozialtopographie gerade so und nicht anders ausgebildet hat, führt Fritzsche eine komplexe Kombination von ökonomischen und ausserökonomischen Pull- und Pushfaktoren an. Dazu zählen wirtschaftliche Zwänge genauso wie gesellschaftliche Konventionen, die Tatsache, dass Nachbarschaften dazu tendieren, Zuwanderer von ähnlichem sozialem oder ethnischem Prinzip anzuziehen wie diejenige der Abdrängung unerwünschter Minderheiten.[75]

Das Tram als Instrument liberaler Stadtplanung

Die Herausbildung der Sozialtopographie war gemäss dieser These kein zufälliger Prozess, sondern ein teils bewusster, teils unbewusster Planungsprozess.[76] Der Bau der Pferdestrassenbahn in Zürich gehörte zum bewussten Teil dieses Planungsprozesses. Eine weitverbreitete These besagt, dass dem Liberalismus der Planungsgedanke grundsätzlich fremd sei. Im Widerspruch dazu steht die Tatsache, dass gerade im Zeitalter des Liberalismus bis ins Detail geplante Stadtquartiere und Prachtstrassen entstanden und die radikalsten Eingriffe in die organisch gewachsene Stadtstruktur im 19. Jahrhundert anzutreffen sind. Die Eingriffe orientierten sich allerdings nicht an einem irgendwie definierten Gesamtwohl, sondern an den Interessen der Wirtschaft und der wohlhabenden Bevölkerung.[77] Sie dienten in erster Linie der Hygiene und der Gefahrenabwehr, der Standortsicherung privilegierter Quartiere und der Verbesserung der Bedingungen für die Bodenverwertung.[78] Mit wissenschaftlich-technischen Massnahmen wie dem Ausbau der Kanalisation und der Wasserversorgung, mit breiten Strassen, die oberirdisch genügend Raum für den anschwellenden Verkehr, unterirdisch aber ebensoviel Platz für alle Arten von Röhren und Leitungen boten, wollte man das Chaos in den viel zu schnell wachsenden Städten in den Griff bekommen.[79] Als rechtliche Mittel dienten vorab Bauordnungen und Baulinienpläne, mit denen minimale baupolizeiliche Anforderungen durchgesetzt und das vorherrschende Ordnungsdenken durch die gleichmässige Ausrichtung von Häuserzeilen zwar visualisiert wurden, die mit ihrer weitgehenden Beschränkung auf den Baugrund und mit ihrer vorwiegend ordnungspolitischen Zielrichtung aber nur wenig zur Lösung der anstehenden Probleme beitragen konnten. In der liberalen Stadt des ausgehenden 19. Jahrhunderts hatten öffentliche Verwaltungen und private Grundeigentümer zu einem informellen Übereinkommen gefunden: Die Verwaltung verfügte über den Grund und Boden für die primäre städtische Infrastruktur, wie zur Anlage eines Verkehrsnetzes, zum Bau der Kanalisation, für Wasserversorgung, Gas- oder Elektrizitätsleitungen. Die Grundstücke aber, die durch diese städtische Infrastruktur bebaubar wurden, standen zur freien Verfügung ihrer Besitzer. 1875 hielt der Zürcher Ingenieur- und Architektenverein in seinen Thesen zur Stadterweiterung fest: «Aufgabe der Baupolizei ist die Wahrung notwendiger Interessen der Hausbewohner, der Nachbarn und der Gesamtheit gegenüber dem Bauherrn. Solche Interessen sind Feuersicherheit, Verkehrsfreiheit, Gesundheit. Dagegen sind alle ästhetischen Vorschriften verwerflich.»[80]

Es gab Ausnahmen: Wo repräsentative Bauten von der Prosperität einer Stadt zeugten oder wo privilegierte Standorte vor Umnutzung geschützt werden sollten, wurde der Hochbau durchaus reglementiert, zuweilen bis ins kleinste Detail. Der radikale Stadtumbau von Paris durch Hausmann (1853–1870) und die prachtvollen Boulevards wurden in ganz Westeuropa als blendendes Vorbild einer gelungenen Stadtsanierung aufgefasst und in verschiedenen Städten in kleinerem Massstab nachgeahmt.[81]

Arnold Bürkli (1833–1894), Zürichs erster Stadtingenieur. Bürkli war Vordenker in der Zürcher Verkehrspolitik und Spiritus rector des Zürcher Pferdetrams. (BAZ)

Bürklis Stadtumbau (1862–1882)

In Zürich werden diese städtebaulichen Ansätze exemplarisch sichtbar und personifiziert durch den ersten Zürcher Stadtingenieur, Arnold Bürkli. Bürkli war die wohl wichtigste Stimme in der schweizerischen städtebaulichen Diskussion des 19. Jahrhunderts. Oftmals durch die Stadtregierung selbst auf Forschungsreisen durch die Grossstädte Europas geschickt, entwickelte er sich zur international anerkannten Kapazität in Fragen der Stadtentwicklung. Seine Ansichten, weitgehend kongruent mit denjenigen seines deutschen Zeitgenossen Reinhard Baumeister, flossen in dessen Fachbuch «Stadt-Erweiterungen in technischer, baupolizeilicher und wirthschaftlicher Beziehung» ein, das 1876 erschien und als erstes deutschsprachiges Buch über Städtebau mit einem umfassenden Ansatz gilt.[82]

Der Einfluss Bürklis auf den schweizerischen Städtebau war zuvorderst in seiner Heimatstadt Zürich sichtbar. Hier war Bürkli nicht nur als Planer und Bauingenieur tätig, er nahm auch über die Politik auf die Stadtentwicklung Einfluss. Bürkli war Gemeinderat, Kantonsrat und Nationalrat und über manche Jahre Präsident der Liberalen Partei. Von 1869 bis 1885 präsidierte er den Zürcher Ingenieur- und Architekten-Verein ZIA, ab 1876 bis zu seinem Tod 1894 den Schweizerischen Ingenieur- und Architektenverein SIA.[83] Institutionelle Voraussetzung für das Wirken Bürklis in Zürich war das Baukollegium, das die städtischen Behörden 1859 ins Leben riefen und das sich 1860 unter der Leitung Alfred Eschers konstituierte. Bereits ein Jahr später gab Escher das Präsidium wieder ab. Ziel des Baukollegiums war es, die verschiedenen, als dringlich empfundenen öffentlichen Bauaufgaben in der Stadt zu bündeln und in hohem Tempo voranzutreiben. Als erstes richtete das Baukollegium ein Büro für Strassen- und Brückenbau mit dem Stadtingenieur an der Spitze ein und besetzte diesen Posten mit Arnold

Bürkli, der diesen von 1860 bis 1882 innehatte.[84] Unter Bürklis Leitung entstanden die Bahnhofbrücke und die Bahnhofstrasse; er plante unter anderem das Bahnhofquartier, das Stadelhofer-Quartier, den Löwenplatz und den Pelikanplatz und als Gegenstück zu diesen repräsentativen Plätzen und Strassenzügen das Industriequartier hinter dem Bahnhof.

Bürkli realisierte den Aufbau einer modernen Kanalisation und Wasserversorgung als verspätete Reaktion auf die Typhusepidemie von 1867 und gilt als Spiritus rector des «Kantonalen Baugesetzes für städtische Orte, Zürich und Winterthur», das der Zürcher Regierungsrat 1863 aufgrund einer Petition des Zürcher Ingenieur- und Architektenvereins erliess. Mit dem Baugesetz schufen die politischen Behörden erstmals rechtliche Grundlagen, um Neubaugebiete zu strukturieren, Raster von Verkehrswegen festzulegen und Sonderbaubestimmungen für bestimmte Gebiete zu erlassen. Während reiche Gemeinden wie beispielsweise die Enge von diesen Sonderbaubestimmungen Gebrauch machten, kamen sie in Unterschichtvierteln wie Aussersihl nicht zur Anwendung.[85]

Und schliesslich verdankt Zürich weitgehend Bürkli die Seequaianlagen, die dieser als Reaktion auf Pläne der Nordostbahn in den siebziger Jahren

entwarf. Die NOB beabsichtigte, die rechtsufrige Seebahn dem Seeufer entlang zu führen und zu einem späteren Zeitpunkt mit der linksufrigen Seebahn zusammenzuschliessen. Dieses Projekt stiess bei den städtischen Behörden und bei grossen Teil der Bevölkerung auf heftigste Opposition und erhielt den Namen «Halseisen». Trotz der städtischen Opposition erteilte die Kantonsregierung 1871 die Konzession.[86] Die Städtischen Behörden entfachten eine eigentliche Agitation gegen das Projekt und wurden dabei vom Zürcher Ingenieur- und Architektenverein wirkungsvoll unterstützt. In beiden Gremien nahm Bürkli eine führende Rolle ein. Im Auftrag der Stadt arbeitete er ein Gegenprojekt aus, das wesentliche Teile der rechtsufrigen Bahn durch Tunnels führte, und entwarf zusammen mit dem Riesbacher Bauvorstand und Gemeindeingenieur Emil Huber-Werdmüller das Projekt der Quaianlagen. Dass zwischen 1882 und 1887 die Quaianlage und keine Eisenbahnstrecke um den See entstand, lag allerdings weniger an einer plötzlich erwachten Quaibegeisterung der NOB als an der finanziellen Unterstützung, welche die Stadt der NOB bei der Realisierung des Tunnelprojekts zusprach.

Der Zürcher Bahnhofplatz 1887 und Luftaufnahme des Bahnhofquartiers um 1912. Nach dem Bau des Zürcher Bahnhofs verschob sich der wirtschaftliche Brennpunkt der Stadt zum neuen Verkehrszentrum. Das Gebiet zwischen Bahnhof und See wurde von Bürkli als repräsentatives Geschäftsquartier mit der Bahnhofstrasse als zentraler Achse minutiös geplant. Das Tram steigerte die Attraktivität des Quartiers zusätzlich und verband den Bahnhof mit dem Hafen. (BAZ)

Das Tram als Luxusverkehrsmittel für die Oberschicht

Bürklis Wirken zeichnete sich durch beispiellose Effizienz und Unbeirrbarkeit in der Umgestaltung der Stadt nach den bürgerlich-liberalen Grundsätzen aus. Es ist in diesem Kontext nur folgerichtig, dass Bürkli zum Motor des Zürcher Trams wurde.

In Fachkreisen und in der Fachliteratur wurden die Möglichkeiten des öffentlichen Nahverkehrs zur Stadtentwicklung in der zweiten Hälfte des 19. Jahrhunderts intensiv diskutiert. Reinhart Baumeister widmete in den «Stadterweiterungen» den verschiedenen Strassen- und Überlandbahnen ausführliche Kapitel; und die Schweizerische Bauzeitung dokumentierte akribisch alle wichtigeren Strassenbahnprojekte in Europa und Amerika. «Die Projectierung von Stadterweiterungen besteht wesentlich in der Feststellung der Grundzüge aller Verkehrsmittel: Strassen, Pferdebahnen, Dampfbahnen, Canäle, die systematisch und deshalb in einer beträchtlichen Ausdehnung zu behandeln sind», hielt der Zürcher Ingenieur- und Architektenverein fest und dokumentierte damit die Bedeutung, die man bereits in dieser Periode den öffentlichen Nahverkehrsmitteln beimass.[87] Der Fokus der Debatte richtete sich zunächst auf die technische Anlage solcher Bahnen und auf die Möglichkeiten von Strassenbahnen, zum wirtschaftlichen Aufschwung der Städte beizutragen. Erst ab der Mitte der neunziger Jahre wurden vermehrt die Möglichkeiten von Strassenbahnen ausgelotet, um sogenannt äussere Stadterweiterungen zu ermöglichen, das heisst neues Bauland für den Wohnungsbau an der städtischen Peripherie zu erschliessen.[88] Wenn sich die liberale Stadtplanung praktisch ausschliesslich an den Interessen der Wirtschaft und des wohlhabenden Bürgertums orientierte, so musste sich dies auch in der Anlage der Strassenbahnschienen widerspiegeln. Tatsächlich ist diese Zielorientierung offensichtlich.

Die Pferdetrams und ihre Alternativen, das Dampf-, Luftdruck- oder Gastram, optimierten in den europäischen und nordamerikanischen Städten die Rahmenbedingungen für die Entwicklung der wachsenden, zentralen Geschäftsbezirke und steigerten die Attraktivität der wohlhabenden Wohnquartiere. «Wenn nun als Folge der erleichterten Communication die Städter hinausziehen, wird es auch im Innern zulässig, Wohnhäuser durch Geschäftslokale und öffentliche Gebäude zu ersetzen, also dem wachsenden Bedürfnis nachzukommen», schrieb Richard Baumeister 1877.[89]

1863 wurde die für Jahrzehnte einzige U-Bahn der Welt in London eröffnet. Sie verband mit der ersten Linie, der sogenannten «Circle-Line», die dreizehn Kopfbahnhöfe der Stadt untereinander und den «feinen Westen» der Metropole mit der City und dem Regierungsviertel in Westminster. Entlang der Schienenstränge entstanden im Westen um die U-Bahn-Stationen zunächst erstklassige Wohnviertel, bevor sich die City mit Büronutzung und Handelsgeschäften in den Westen ausdehnte.[90]

In Berlin ordnete der Magistrat zwar schon 1870 an, dem Wohnungselend sei mit der Ausdehnung der Bebauung auf das Umland zu begegnen, wobei städtischen Massenverkehrsmitteln eine besonders wichtige Rolle zukommen solle.[91] Allerdings verpuffte diese Anordnung ungehört: Die privaten Berliner Bahnunternehmer zeigten sich keineswegs gewillt, den Forderun-

Der Paradeplatz zwischen 1882 und 1900. Beim Paradeplatz liefen sämtliche Linien des Zürcher Pferdetrams zusammen. Der als Zürcher Finanzzentrum konzipierte Platz war auf gute Erreichbarkeit angewiesen; das Pferdetram garantierte sie. (Archiv VHS)

gen im Sinne der Stadtverwaltung nachzukommen. Vielmehr verbanden sie, die gleichzeitig bei der Grundstückspekulation eine führende Rolle spielten, neu entstehende Villenquartiere und -vororte mit dem Stadtzentrum und trieben so die Preise ihrer günstig erworbenen Grundstücke an der Peripherie in die Höhe.[92] In München nahmen die Strassen- und Vorortsbahnen erst nach Arbeitsbeginn in den Fabriken ihren fahrplanmässigen Betrieb auf. Für die Arbeiter war die Münchner Strassenbahn unnütz, für das «lustwandelnde Publikum» aber eine willkommene Erleichterung auf Ausflügen.[93]

In den expandierenden amerikanischen Städten dienten zunächst die Pferdebahnen und später die Dampfstrassenbahnen zur Erschliessung neuen Baugrundes für die urbane «Upper Middle Class», welche mit Vorliebe in durchgrünten, eher peripher gelegenen Villenquartieren wohnte, die indessen nicht zu weit von den Arbeitsplätzen entfernt liegen sollten. Zur Überbrückung solcher Distanzen boten sich Pferdebahnen und später Dampfstrassenbahnen an. Für die Reichen waren gute Tramverbindungen weniger wichtig: ihre Anwesen befanden sich oft derart weit ausserhalb der Städte, dass sie auf gute Zugverbindungen angewiesen waren und für die kürzeren Fahrten auf Pferde und Wagen zurückgreifen konnten.[94]

In Genf machten sowohl die Pferdestrassenbahnen wie auch die Dampftrams einen Bogen um die dichtbevölkerten Arbeiterquartiere und führten in die Quartiere und Vororte der Mittel- und Oberschicht.[95]

Und in Zürich? Hier erhöhte das Pferdetram die Attraktivität von Riesbach, der Enge und des Stadtzentrums. Dass auch der Arbeitervorort Aussersihl in das Strassenbahnnetz einbezogen wurde, lag einzig am Umstand, dass der städtische Zentralfriedhof auf dem Aussersihler Gemeindegebiet lag. Diesen wollten die wohlhabenden Bürger nicht zu Fuss durch das Arbeiterquartier erreichen müssen, sondern bequem im Tramwagen. Für die

Bevölkerung Aussersihls hatte das Tram keinerlei Einfluss auf die Bewältigung des Alltags. Anders für die wohlhabenden Bevölkerungsschichten im äusseren Seefeld, die ihre Häuser bei der Traineinweihung feierlich beflaggt hatten. Ihre Wohnstandorte gewannen durch das Pferdetram deutlich an Attraktivität. Die Gemeinde Riesbach unternahm alles, um seinen Status als wohlhabenden Vorort zu sichern. Riesbach konkurrierte mit Vororten wie Hottingen oder Fluntern um die Gunst des liberalen Wirtschaftsbürgertums. Die Gemeinde erkannte frühzeitig, dass das Tram einer unter vielen Faktoren war, die dazu beitragen konnten, diese Konkurrenz erfolgreich zu bestehen. Riesbach argumentierte bei seinen Bemühungen um eine Strassenbahnverbindung stets mit den langen Distanzen zwischen der Seegemeinde, dem Stadtzentrum und dem Bahnhof. Diese Distanzen waren nicht grösser als die von der Hottinger und geringer als die von der Fluntermer Bevölkerung zu bewältigenden, zudem in der Regel von einer Grössenordnung, die im 19. Jahrhundert als Fussgängerdistanz empfunden wurde. Das Tram war kein unerlässliches Verkehrsmittel zur Weiterentwicklung der Gemeinde, wie das Riesbach gerne darstellte, aber ein nicht unerheblicher Faktor, um die Standortgunst zu heben.

Dreh- und Angelpunkt bei der Positionierung Riesbachs im Grossraum Zürich war der Industrielle Peter Emil Huber-Werdmüller. Huber-Werdmüller war von 1871 bis 1877 Gemeindeingenieur in Riesbach. In diesem Zeitraum kämpfte er mit Bürkli gegen die rechtsufrige Seebahn, projektierte mit ihm zusammen das Seequaiprojekt, erarbeitete 1875 den ersten Bebauungsplan der Gemeinde und bewirkte, dass sich Riesbach um diejenige Strassenbahnkonzession bewarb, die schliesslich zum Trambau führte.[96] Huber-Werdmüller sicherte mit dem Luxusverkehrsmittel Tram den gehobenen Status seiner Wohngemeinde.

Anspruch und Realität im Widerspruch

Nun wäre der Bau eines Verkehrsmittels, das durch seine Schienen sichtbare Spuren im Stadtbild hinterliess, das Gewerbetreibende als Hindernis beim Ein- und Ausladen von Waren und Droschkenhalter als Konkurrenz fürchteten, nicht realisierbar gewesen, wenn die breite Bevölkerung dieses Verkehrsmittel als einer schmalen Oberschicht vorbehalten empfunden hätte. Es war deshalb notwendig, das Tram in der Öffentlichkeit als Wohltat für die ganze Stadtbevölkerung zu preisen. So führte 1877 Zürichs Staatsschreiber Hans Stüssi aus: «Die Vertheuerung der Wohnungen in der Stadt zwingt die in der Stadt beschäftigten Leute von mittlerem und kleinerem Einkommen ihre Wohnungen immer weiter vom Centrum weg zu suchen; es findet aber diese zentrifugale Tendenz eine Gränze durch den mit der Hin- und Herbewegung verbundenen Zeitverlust. Wird durch ein mechanisches Mittel zur rascheren Fortbewegung dieser Zeitverlust vermindert, so erweitert sich in gleichem Masse der Rayon des den Städten zu Gebote stehenden Wohngebietes.»[97] Eine ganz ähnliche Erwartungshaltung hatte 1876 Baumeister in den «Stadterweiterungen» geäussert, und Bürkli und Huber-Werdmüller hielten

Das Luxusverkehrsmittel Pferdetram auf dem damals noch als «Rathausquai» bezeichneten Teil des Limmatquais. Tramfahren war vor der Jahrhundertwende eine teure Angelegenheit, die man sich nur ausnahmsweise gönnte. Der Durchschnittszürcher und die Durchschnittszürcherin ging im Alltag der Jahrhundertwende zu Fuss. (Archiv VHS)

1877 in ihrem Strassenbahnbericht ultimativ fest: «Wir müssen ausdrücklich betonen, dass die Berechtigung zur Benutzung des öffentlichen Strassengrundes sofort aufhört, wenn die Benutzung der Tramway-Wagen nicht durch billige Taxen Jedermann ermöglicht wird.»[98]

War die Benutzung der Tramway-Wagen durch billige Taxen jedermann möglich? Um diese Frage zu beantworten, ist ein Blick auf die Tarifstruktur der Zürcher Strassenbahn AG und die Einkommensverhältnisse von Arbeiterfamilien notwendig.

Einkommen und Fahrtaxen

In den Schweizer Städten kostete eine Tramfahrt im 19. Jahrhundert in der Regel je nach Distanz zwischen 10 und 25 Rappen. Das war auch in Zürich so.

Die Zürcher Strassenbahn AG revidierte in ihrer 14jährigen Geschichte mehrmals ihr Taxsystem. Die erste Taxordnung hatte Gültigkeit bis 1886 und orientierte sich an den Gemeindegrenzen. Für eine Fahrt innerhalb einer Gemeinde zahlte man 10 Rappen Taxe, überfuhr man eine Grenze, kostete die Fahrt 15 Rappen, beim Überfahren zweier Grenzen wurden 20 Rappen verlangt. 1886, nach längeren Verhandlungen zwischen der Strassenbahnunternehmung und dem Strassenbahnverband, wurde der Streckentarif neu gestaltet. Das Netz wurde in etwa 900 Meter lange Teilstrecken gegliedert und die Höchsttaxe auf 25 Rappen erhöht, die übrigen Taxen blieben sich gleich. Nur ein Jahr später wurden Abonnements eingeführt, die Fahrten auf vorher bestimmten Streckenabschnitten (Streckenabonnement) oder dem ganzen Netz (Generalabonnement) vergünstigten. Fahrten mit Abonnements kosteten je nach Streckenwahl zwischen 10

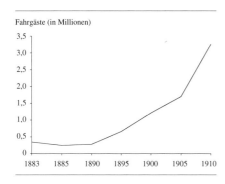

Entwicklung der Fahrgastzahlen aller Stadtzürcher Strassenbahnunternehmen 1883 bis 1910. (Grafik: Galliker. Quellen: Geschäftsberichte der Zürcher Strassenbahnbetriebe)

und 16 Rappen pro Fahrt. Die Abonnements nahmen innerhalb des gesamten Billettverkaufs nie eine zentrale Rolle ein. In der ganzen privatwirtschaftlichen Tramära überstieg ihr Anteil am Gesamterlös nie 10 Prozent, während die Billettverkäufe für die kürzeste Taxstrecke mit 40 Prozent zu Buche schlugen.[99]

Wieviel verdienten nun die potentiellen Tramkunden im Sinne Bürklis, Baumeisters oder Stüssis, wieviel also verdiente ein Maurer, Dreher oder Bauhandlanger? 1890 waren es zwischen 33 (Bauhandlanger) und 44 Rappen (Dreher) pro Stunde.[100] Geld fürs Tramfahren war rar: ungelernte Arbeiter und Arbeiterinnen verwendeten über die Hälfte ihres Einkommens für Nahrungsmittel inklusive Genussmittel. Bei gelernten Arbeitern sank dieser Anteil auf einen Betrag von 44,5 bis 49 Prozent, bei Beamten und Angestellten auf rund 40 Prozent. Ausgaben für Wohnen, Kleidung und Nahrung absorbierten bei Arbeitern und Angestellten mit tiefen Einkommen knapp 80 Prozent, bei den mittleren Einkommen etwa 74 Prozent und bei den hohen Einkommen rund 59 Prozent des Gehaltes. In den Budgets von Arbeitern und Angestellten betrug der Anteil der Verkehrsausgaben um 1890 nur gerade 2 Prozent.[101]

Für einen Bauhandlanger, Maurer oder Giesser standen Aufwand und Nutzen bei regelmässigem Tramfahren in einer Stadt von der Grössenordnung Zürichs in keinem Verhältnis: Der relativ gut entlöhnte Dreher hätte noch 1890 über eine halbe Stunde für eine einfache Fahrt quer durch die Stadt arbeiten müssen und dabei ausser einer bequemen Fahrt nur wenig gewonnen. Das Pferdetram erreichte ein Tempo von etwa 8 Stundenkilometern, die Zeitersparnis gegenüber dem Fussmarsch war unbedeutend. Zudem führten die Strecken, abgesehen vom zentralen Geschäftsbezirk, an den wichtigsten Arbeitsstätten vorbei. Dies wusste auch die Zürcher Strassenbahn AG und gestaltete den Tarif nach diesen Grundsätzen. Wie oben ausgeführt, erhöhten sich die Fahrtaxen grundsätzlich beim Überfahren einer Gemeindegrenze um 5 Rappen. Eine Ausnahme galt einzig für die Gemeinde Enge. Damit die Bevölkerung aus der reichen Enge für eine Fahrt zum Paradeplatz nicht 15 Rappen bezahlen musste, wurde die Taxgrenze willkürlich bis an den Paradeplatz ausgedehnt. Dasselbe Zugeständnis wurde Aussersihl nicht eingeräumt: wer von dort an den Paradeplatz fahren wollte, musste 15 Rappen bezahlen. Dies sorgte zwar für Ärger in Aussersihl, der allerdings niemanden beeindruckte. Den Aussersihlern wurde nie dasselbe Privileg zugesprochen wie den Bürgern aus der Enge.[102]

Entsprechend der Ausrichtung des öffentlichen Verkehrsangebots auf die Bedürfnisse und finanziellen Möglichkeiten einer schmalen oberen Mittelschicht, blieben die Fahrgastzahlen bescheiden: sie beliefen sich (abgesehen vom Jahr der Landesausstellung) von 1883 bis 1890 auf 2 bis 2,7 Millionen pro Jahr; pro Einwohner ergibt dies 23 bis 34 Fahrten im Jahr, das heisst nicht einmal eine Fahrt pro Woche. Die Spitzentage der Zürcher Strassenbahn AG und später der Städtischen Strassenbahn Zürich waren bis 1907 die Sonntage; äusserst beliebt waren zudem Extrafahrten nach Theaterbesuchen. Wie am Wochenende, so gönnte man sich auch nach dem Theater eine Tramfahrt.[103] Für das Leben im Arbeitsalltag aber war das Tram noch weitgehend entbehrlich und vor allem viel zu teuer.

Tabelle 1: *Lohnbeispiele verschiedener Branchen und Berufe*

Nominale Jahreslöhne in Franken nach Branchen

Jahre	Bau und Holz	Textilindustrie: Männer	Textilindustrie: Frauen	Metall, Maschinen	Graphisches Gewerbe
1890	1130	850	600	1140	1720
1900	1243	990	750	1337	1895
1910	1635	1160	1050	1659	2200

Stundenlöhne (real, in Rappen) nach Berufen in der Stadt Zürich

Jahre	Maurer	Bauhandlanger	Seidenfärber	Handlanger	Giesser	Dreher	Typograph
1890	42	33	44	31	52	44	62
1900	48	37	46	39	65	56	68
1910	67	51	62	45	89	67	84

Quellen: Gruner 1987, S. 352, 393–396. Bei den Jahreslöhnen ist zu berücksichtigen, dass es sich hier um Hochrechnungen aufgrund von Wochen- und Taglöhnen handelt. Die realen Zahlen dürften wegen der zahlreichen Arbeitsausfälle in verschiedenen Branchen einiges tiefer gelegen sein.

Hoffnungen auf reiche Bürger

Trotz der relativen Bedeutungslosigkeit des Pferdetrams für die Bewältigung des Alltags waren die Hoffnungen, welche Gemeindebehörden mit dem Pferdetram verbanden, immens. Fluntern und Hottingen empfanden es als eklatanten Nachteil, im Gegensatz zu Riesbach ihrer Bevölkerung kein Tram anbieten zu können. So schrieb etwa der Fluntermer Unternehmer Dr. Ausderau 1891 dem Regierungsrat, dass der Wohnungsbau in Fluntern praktisch zusammengebrochen sei, seit Riesbach ein Tram erhalten habe.[104] Hottingen, Hirslanden, Wiedikon und viele andere Gemeinden versuchten seit 1883 alles Mögliche, um einen Tramanschluss zu bekommen.[105] Ein sozialer Aufstieg oder die Absicherung des sozialen Status, so hiess es explizit oder implizit in den verschiedenen Argumentationen, sei nur mit der Einbindung in ein Tramnetz möglich. Aber war diese Koppelung auch gerechtfertigt?
Für die Arbeitergemeinden und -quartiere waren, wie gesehen, Strassenbahnen vor 1890 unwichtig. Bei den wohlhabenden Gemeinden und Quartieren drängt sich jedoch eine differenziertere Betrachtung auf. Das wohlhabende Bürgertum leistete sich mehr oder weniger regelmässig Tramfahrten. Es lohnt sich deshalb, die Entwicklung bessergestellter Vororte mit ähnlicher Sozialtopographie, wie beispielsweise Riesbach, Hottingen und Fluntern, etwas näher zu betrachten. Diese Gemeinden verfügten über ähnliche Pro-Kopf-Vermögen und Pro-Kopf-Steuererträge, und die Bevölkerungszusammensetzung war vergleichbar.[106] Während Riesbach bereits 1882

Tabelle 2: *Zahl der Neubauwohnungen bis 1910*

Quartier	Erstellungsjahr				in Prozent			
	vor 1863	1863–1892	1893–1900	1900–1910	vor 1863	1863–1892	1893–1900	1901–1910
Wiedikon	406	779	2906	1381	7,4	14,2	53,1	25,3
Enge	387	807	1079	191	15,7	28,8	39,8	11,7
Hottingen	630	974	612	561	22,7	35,1	24,1	31,6
Hirslanden	345	321	236	253	29,9	27,8	20,4	21,9
Fluntern	345	220	126	153	40,9	26,1	14,9	18,1
Riesbach	1205	1533	1070	667	26,9	34,3	23,9	14,9

Quelle: Statistik, Nr. 18, S. 19.

an das Tramnetz angebunden worden war, erhielten die beiden anderen Gemeinden erst 1894 respektive 1895 ein (elektrisches) Tram. Wenn das Tram die Standortgunst von Gemeinden nachhaltig verbesserte, müsste sich die Entwicklung der Gemeinden nach 1880 unterscheiden.

Tatsächlich unterschieden sich die drei Gemeinden hinsichtlich des Bevölkerungswachstums erheblich: Riesbachs Bevölkerung wuchs zwischen 1880 und 1894 um die Hälfte, während Hottingens Bevölkerung nur um knapp 40 Prozent zulegte. Das abgelegene Fluntern verzeichnete in diesem Zeitraum ein bescheidenes Bevölkerungswachstum von 9 Prozent. In realen Zahlen ausgedrückt, steigerte Riesbach die Bevölkerung von 9291 Personen auf 14'102, Hottingen von 5942 auf 8375 und Fluntern lediglich von 3280 auf 3585 Personen.[107]

Zwischen 1894 und 1900, das heisst im Zeitraum, als die Gemeinden Hottingen und Hirslanden ein elektrisches Tram erhielten, überstieg das relative Bevölkerungswachstum Hottingens dasjenige von Riesbach knapp (18 gegenüber 16 Prozent), allerdings legte Riesbach in absoluten Zahlen weiterhin am meisten zu (Riesbach um 1821 Personen, Hottingen um 1408 Personen). Flunterns Bevölkerung wuchs in diesem Zeitraum um 11 Prozent oder 399 Personen, was bei aller Bescheidenheit der realen Zahlen einem grösseren Wachstum entsprach als in den vierzehn Jahren zuvor.

In Riesbach wurden von 1863 bis 1900 insgesamt 2603 Neubauwohnungen erstellt, das entspricht 58,2 Prozent aller vor 1910 erstellten Wohnungen, in Hottingen waren es 1586 Wohnungen (59,2 Prozent), in Fluntern lediglich 148 Wohnungen oder 41 Prozent. Von 1900 bis 1910 entstanden in Riesbach weitere 667 Neubauwohnungen, das sind 14,9 Prozent aller vor 1910 erstellten Wohnungen. In Hottingen kamen 561 oder 31,6 Prozent neue Wohnungen dazu, in Fluntern 153 oder 18,1 Prozent. Die Wohnbautätigkeit übertraf in Hottingen und Fluntern, bezogen auf den Gesamtwohnungsbestand, im Zeitraum von 1900 bis 1910 die Wohnbautätigkeit Riesbachs.[108] Der Wohnungsmarkt reagiert mit zeitlicher Verzögerung auf eine gesteigerte Nachfrage, womit auch hier eine zeitliche Kongruenz zwischen verstärkter Hochbautätigkeit und der Erschliessung der Quartiere durch Strassenbahnen zu bestehen scheint.

Das Tram dürfte nach diesen Indikatoren einen Einfluss auf die Standortattraktivität der wohlhabenden Gemeinden in dem Sinne ausgeübt haben, dass Riesbach seine Attraktivität gegenüber den vergleichbaren Hottingen und Fluntern steigern konnte. Zuviel soll aber nicht aus diesen Daten herausgelesen werden: die Strecken des Pferdetrams wurden nicht nach raumplanerischen Überlegungen, sondern nach betriebswirtschaftlichen Kriterien verlegt. Die Streckenwahl von Meston & Co. orientierte sich an den Hauptverkehrslinien, die bereits vor dem Strassenbahnbau in wichtige Verdichtungsgebiete und zur raschen Überbauung bestimmter Quartiere führten. Das Land in Riesbach war bereits vor dem Trambau «baureif» und in erschlossenen Parzellen verfügbar, das Land in Fluntern indessen nicht. Der «Reibungswiderstand» bis zu einem Investitionsentscheid war in Fluntern deutlich grösser als in Riesbach. Der Bau der Quaianlagen und weitere, teilweise subtile und nicht offen zutage tretende Steuerungsmechanismen dürften eine mindestens ebenso deutliche Wirkung entfaltet haben. Das Pferdetram war Teil eines Gesamtpakets zur Attraktivitätssteigerung der Gemeinden Zürich, Riesbach und Enge, und seine Auswirkungen als Einzelmassnahme sind kaum nachweisbar.

«Gruss aus Zürich»: Massenverkehr als Schreckensszenario. Zwischen 1894 und 1910 wurde das Tram vom Luxus- zum Massenverkehrsmittel umgebaut. Nicht überall stiess dieser Wandel auf Begeisterung, wie eine Postkarte um die Jahrhundertwende beweist. (Archiv VHS)

III. Die Modellierung eines öffentlichen Massenverkehrsmittels

Nie war das Wachstum der Schweizer Städte so gross wie in den beiden Jahrzehnten um die Jahrhundertwende. In diesem Zeitraum entstanden drei der heute fünf Schweizer Grossstädte, die vierte, Bern, stand kurz vor dieser Schwelle. Mit dem Bevölkerungswachstum in den urbanen Zentren verschlimmerten sich die Lebensverhältnisse in den Unterschichtquartieren teilweise dramatisch. Die Probleme nahmen Dimensionen an, die vom Bürgertum zunehmend als Bedrohung empfunden wurden und auf die es mit neuen Mitteln zu reagieren galt. Bei den städtischen Entscheidungsträgern setzte ein Bewusstseinswandel ein, der die Abkehr vom Laisser-faire, Laisser-aller des Manchesterliberalismus verlangte und den verstärkten Eingriff in die Stadtentwicklung zur Folge hatte.
Als Hauptübel der städtischen Entwicklung wurde die extreme Verdichtung in einzelnen Quartieren angesehen, und diese galt als Ursache für die wachsende Gewaltbereitschaft der städtischen Unterschichten, die das Selbstverständnis des liberalen Bürgertums zunehmend erschütterte. Wenn diese Verdichtung das Hauptübel sei, argumentierten die Stadtbehörden, müsse sie aufgelöst werden. Diesen Ansatz wählte auch die Zürcher Stadtregierung. Zu seiner Umsetzung standen verschiedene Möglichkeiten zur Diskussion, umgesetzt wurde eine einzige: die Förderung der Mobilität und des Mobilitätsbedürfnisses grosser Teile der Bevölkerung durch die Unterordnung der öffentlichen Nahverkehrsmittel unter gesamtstädtische Ziele.
Voraussetzung für diesen Ansatz war die Entwicklung des elektrischen Trams zu einem leistungsfähigen und zuverlässigen Verkehrsmittel. Diese Entwicklung war im wesentlichen Mitte der neunziger Jahre abgeschlossen. Danach erfolgte der Zugriff der städtischen Behörden auf das Tram rasch und kompromisslos; das Tram wurde kommunalisiert.
Das elektrische Tram wurde in den neunziger Jahren vom Luxus- zum Massenverkehrsmittel und zum Städtebauer par excellence umgebaut. Die Botschaft war einfach: Was die wohlhabenden Bevölkerungsschichten seit langem als erstrebenswert definiert hatten, nämlich weit abseits von den rauchenden Kaminen der Fabriken und Gewerbebetriebe und abseits der geschäftigen Hektik der City zu wohnen, das sollten auch die ärmeren Schichten als Wohnideal hochhalten. Der Verbindung zwischen dem Wohnort und dem Arbeitsplatz sollte das Tram dienen.

Die Entwicklungsjahre der elektrischen Strassenbahn

In den neunziger Jahren löste das elektrische Tram in praktisch allen Städten die Pferde- und Dampfstrassenbahnen ab. Seine Entwicklung erfolgte zunächst in Europa und wurde anschliessend in den USA perfektioniert. Versuche, elektrische Kraft für das Transportwesen zu nutzen, sind bereits aus dem frühen 19. Jahrhundert bekannt. Mehr oder weniger erfolgreiche Versuche mit Elektromotoren wurden in den USA, Russland und anderen Weltgegenden unternommen. Zu den bekannteren Beispielen zählen etwa die Versuche mit batteriebetriebenen Strassenbahnen von Thomas Davenport in Rutland, Vermont, die dieser in den Jahren 1835 und 1841 durchführte.[1] Wichtige Entwicklungsschritte gelangen dem deutschen Ingenieur Werner von Siemens Ende der 1870er Jahre und dem Amerikaner Samuel I. Sprague Ende der 1880er Jahre in den USA. Siemens baute die erste elektrische Strassenbahn der Welt in Lichterfelde bei Berlin und entwickelte das später wegweisende System der elektrischen Oberleitung, Sprague zeichnete verantwortlich für die Weiterentwicklung des elektrischen Trams zu einem zuverlässigen und günstigen Verkehrsmittel.[2] Sprague gilt als die Persönlichkeit, welche die Voraussetzungen schuf, um das elektrische Tram vom Luxus- zum Massenverkehrsmittel umzubauen.

Siemens Strassenbahn in Lichterfelde

Werner von Siemens zählt neben Edison zu den grössten Pionieren in der Anwendung der elektrischen Energie. 1866 entwickelte er das dynamo-elektrische Prinzip und präsentierte ein Jahr später an der Pariser Weltausstellung die erste dynamo-elektrische Maschine.[3] An der Berliner Gewerbeausstellung 1879 erstellte er eine Rundbahn von wenigen 100 Metern Länge. Die meterspurige Schienenbahn wurde mit Gleichstrom von 150 Volt betrieben. Die Stromzufuhr erfolgte über eine isolierte Mittelschiene. Siemens gestaltete den Energiekreislauf so, dass er die Energie von der Mittelschiene dem 3 PS starken Elektromotor zuführte und von da über die Räder wieder zurück zum Generator. Insgesamt beförderte die Bahn während der fünf Monate dauernden Ausstellung 86'000 Fahrgäste.[4] Ähnliche Bahnen präsentierte das Unternehmen Siemens & Halske 1880 und 1881 an Ausstellungen in Wien, Düsseldorf und Frankfurt am Main. Bereits 1880 projektierte Siemens eine elektrische Hochbahn für Berlin, die allerdings nicht bewilligt wurde. 1881 baute er die erste elektrische Strassenbahn auf öffentlichem Grund in Lichterfelde bei Berlin. Wie an der Berliner Ausstellung arbeitete Siemens auch hier mit Gleichstrom von 150 Volt Spannung. Die Stromzufuhr erfolgte nicht über eine Mittelschiene, sondern direkt über die gegeneinander isolierten Fahrschienen. Der Überlieferung nach sollen sich Pferde und Fussgänger an den elektrischen Schienen verletzt und Schulkinder die Bahn regelmässig sabotiert haben.[5] Die kurze Bahn muss jedoch mindestens so erfolgreich gewesen sein, dass ihr Betrieb nicht eingestellt wurde. 1890 wurde sie bis zum Bahnhof der Potsdamer Bahn verlängert und mit Oberleitungen ausgerüstet.[6] Dass die erste elektrische

Siemens eröffnete 1881 die erste elektrische Strassenbahn der Welt in Lichterfelde bei Berlin. (Archiv VHS)

Strassenbahn in Lichterfelde entstand, ist typisch für den Luxuscharakter, den das neuartige Verkehrsmittel noch besass. Lichterfelde ist eine Gründung des Berliner Financiers und Grundstückspekulanten Carstenn, 1868 als Gartenvorort ausserhalb des steinernen Berlins der Mietskasernen angelegt: «Ich hielt mich in Preisen, welche es jedem einigermassen vermögenden Manne möglich machten, in meinen Kolonien sich anzusiedeln. […] Man konnte sich in meiner Villen-Kolonie ein gesundes eigenes Heim für ein Kapital gründen, dessen Zinsen bei weitem nicht an die Mieten der Grossstadt mit ungesunder schlechter Luft heranreichten, man brauchte dabei das grossstädtische Leben nicht zu entbehren, fand andererseits aber auch am Ort selbst alles, was man für das Leben brauchte.»[7] Hier, und nicht etwa in Berlin mit seinen rund 750'000 Einwohnerinnen und Einwohnern, baute Siemens sein Tram. Weit fuhr es am Anfang nicht: die Strecke reichte über ganze 2,5 Kilometer vom Bahnhof der Anhalter-Bahn zur Kadetten-Stadt. Später wurde sie zum Bahnhof der Potsdamer-Bahn verlängert, imposant war sie deswegen noch lange nicht. Noch war das elektrische Tram ein ausgesprochenes Luxusprodukt, angelegt für gelegentliche Fahrten, aber sicher nicht für den Massentransport. Der Wandel zum Massenverkehrsmittel sollte erst in den neunziger Jahren einsetzen.

An der Industrieausstellung 1881 in Paris experimentierte Siemens erstmals mit Oberleitungen. Er entwickelte eine zweipolige Fahrleitung, die er als geschlitzte Kupferrohroberleitung ausführte. Die Stromabnahme erfolgte mittels spindelförmiger Kontaktschiffchen, die, an armierten Verbindungskabeln befestigt, vom Motorwagen nachgezogen wurden. 1883 wurde dieses System erstmals für eine Strassenbahn von Mödling bei Wien nach Vorderbühl, 1884 für die Frankfurt-Offenbach-Tramway und vier Jahre später in der Schweiz für die Strassenbahn Vevey–Montreux–Chillon eingeführt.[8]

Das erste elektrische Tram der Schweiz

Die Strassenbahn Vevey–Monreux–Chillon stellte eine klassische Überland- oder Nebenbahn dar, wie sie in der zweiten Hälfte des 19. Jahrhunderts an vielen Orten entstand. Die Geleise waren in den normalen Strassen verlegt, die Haltestellen folgten sich in wenigen 100 Metern Abstand, und die Wagen waren der Genfer Pferdestrassenbahn nachempfunden. Die Strassenbahn Vevey–Montreux–Chillon war ein Überlandtram, das in erster Linie der Tourismusförderung diente.[9]

Die Anfänge dieser Strassenbahn liegen im Jahr 1878. Damals reichte ein Initiativkomitee, in dem sich führende Exponenten aus Wirtschaft und Politik zusammengefunden hatten, ein Konzessionsgesuch für den Betrieb eines mit Druckluft betriebenen Trams ein. 1881 warf die Pariser Weltausstellung die Vorstellungen des Komitees über den Haufen. Das von Siemens präsentierte elektrische Tram mit Oberleitung und die von Edison präsentierte Erfindung des elektrischen Lichts beeindruckten das Initiativkomitee derart, dass es sich entschloss, diese beiden technischen Errungenschaften in ihrer Region zu realisieren. Das Vorhaben war bestechend: tagsüber sollte ein Kraftwerk den Strom für ein Tram und in der Nacht für elektrisches Licht liefern. Wie die elektrische Strassenbahn war auch die elektrische Beleuchtung in den 1880er Jahren noch ein ausgesprochenes Luxusprodukt.[10] Das mit Abstand wichtigste Anwendungsgebiet stellten Hotels der Nobelklasse in grossen Städten und eleganten Fremdenkurorten dar. Genau zu diesem Zweck wollte das Wirtschaftskonsortium die elektrische Kraft in der Region Montreux einführen, verband aber deren Nutzung für die Beleuchtung der Strassen und Hotels auf fast geniale Weise mit dem Betrieb einer elektrischen Strassenbahn. Am 22. März 1884, nach diversen Verhandlungen mit den betroffenen Gemeinden, dem Kanton und dem Bund, hatte das Initiativkomitee die nötigen Konzessionen in den Händen. Nach langwierigen und schwierigen Finanzierungsverhandlungen konnte die Tramlinie am 1. Mai 1888 von Vevey über Montreux zum Schloss Chillon eröffnet werden.[11]

Aus rein verkehrstechnischer Optik war die Strassenbahn überflüssig: Eisenbahn und Dampfschiffahrt erschlossen die Region vorzüglich, der Weg vom Hotel zur nächstgelegenen Schiffahrtsstation war in aller Regel kurz und der Fahrplan der Schiffe dicht.[12] Als Symbol, das über die Landesgrenzen hinaus von der prosperierenden und in die Zukunft investierenden Region Zeugnis ablegte und gleichzeitig den Touristen eine willkommene Attraktion bot, war das Tram jedoch ein ideales Instrument.[13] Eine Rentabilitätsberechnung aus dem Jahr 1884 veranschaulicht, auf welches Fahrgastpotential die Strassenbahn bauen konnte: «Cette route est bordée, sur une longueur de dix kilomètres, d'hôtels, pensions, pensionats, villas qui ne possèdent jusqu'à ce jour aucun moyen de communications économique et fréquent avec les centres Vevey et Montreux.»[14] Günstig für die Pionierrolle, welche die Côte bei der Entwicklung des elektrischen Schienenverkehrs in der Schweiz einnahm, war die Nachbarschaft des auf Tourismus ausgerichteten Ortes Montreux mit dem industriellen Zentrum Vevey. Die Industriellen von Vevey sahen in der Einführung der Elektrizität nicht

Strassenbahn Vevey–Montreux–Chillon–Villeneuve VMCV 1913 in Montreux. Die erste elektrische Strassenbahn der Schweiz fuhr ab 1888 von Vevey über Montreux bis zum Schloss Chillon und diente der Tourismusförderung in der Region. 1913 (Bild) wurde die gesamte Anlage modernisiert, in den fünfziger Jahren wurde sie abgebrochen und durch Trolleybusse ersetzt. (Archiv VHS)

primär eine touristische Attraktion, sondern einen weiteren, gewinnbringenden Industriezweig, den es zu nutzen galt.[15] Die Faktoren Tourismus und Industrie verbanden sich in der Region Vevey–Montreux in optimaler Weise und ermöglichten damit den Bau des ersten elektrischen Schienenfahrzeugs der Schweiz.

Spragues Perfektionierung des elektrischen Trams

Die Technologie mit oberirdischer Stromzuführung nach dem Prinzip Siemens war teuer und pannenanfällig, die ebenerdige Traktion gefährlich. Damit konnte sich das elektrische Tram auf breiter Ebene nicht durchsetzen. Das elektrische Tram musste weiterentwickelt werden, und dies fand in den USA statt. Hier schaffte das elektrische Tram den Durchbruch, bevor es den Rückweg nach Europa antrat.[16] Weshalb sich die Forschung von Europa in die USA verlagerte, müsste noch näher untersucht werden. McKay begründet den Schritt mit der «grösseren Offenheit», welche die Amerikaner neuen Technologien entgegengebracht hätten.[17] Die Zurückhaltung beim Bau elektrischer Strassenbahnen steht in krassem Kontrast zur Diffusion des elektrischen Lichts, des zweiten wichtigen Anwendungsbereichs elektrischer Kraft. Zu Beginn der neunziger Jahre gab es in der Schweiz kaum eine grosse Stadt oder einen wichtigen Touristenort, der auf elektrisches Licht verzichtete.[18] Und Montreux demonstrierte bereits sehr früh, dass sich Elektrizität und Tourismus nicht nur im Bereich des Lichts verbinden und gewinnbringend vermarkten liessen. Unmittelbare Nachahmer fand Montreux trotzdem nicht, überhaupt blieb das elektrische Tram in den achtziger und frühen neunziger Jahren ein eher exotisches Luxusprodukt. Nach den erwähnten Pionierbahnen eröffnete Siemens 1889 in Budapest ein Strassen-

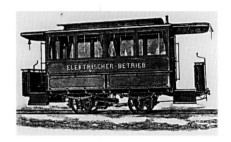

Strassenbahnwagen mit Akkumulatorenantrieb der Maschinenfabrik Oerlikon. Elektrische Strassenbahnen mit Akkumulatoren wurden von vielen Zeitgenossen als ästhetischer empfunden denn solche mit Oberleitungen. Auf breiter Ebene durchsetzen konnten sie sich allerdings nicht. (Archiv VHS)

bahnnetz mit unterirdischer Stromzuführung, 1891 eröffnete die Allgemeine Elektrizitätsgesellschaft in Halle ein elektrisches Tram, 1892 nahm in Bremen ein elektrisches Tram den Betrieb auf.[19] Die USA eilten Europa weit voraus: 1891 verfügten die USA über ein elektrifiziertes Strassenbahnnetz von 4700 Kilometern, 1892 waren es bereits 9556 elektrifizierte Streckenkilometer, welche die kumulierten Strecken von Pferde-, Dampf- und Seilbahnen übertrafen.[20] Und in den USA fanden die beiden wesentlichen Innovationen statt, die dem elektrischen Tram zum Durchbruch auf breiter Ebene verhelfen sollten: die Entwicklung des Rollenstromabnehmers durch den belgischstämmigen Detroiter Industriellen Charles Van Depoele, der eine relativ unkomplizierte und sichere Stromentnahme aus der Oberleitung gewährleistete, und die Weiterentwicklung des Elektromotors durch Frank J. Sprague, einen Schüler Edisons. Sprague gelang es, einen leistungsfähigen, pannenfrei funktionierenden Elektromotor zu bauen, den sogenannten Tatzlagermotor. Zudem perfektionierte Sprague die Stromzufuhr über die Oberleitung weiter, indem er die Stromabnehmer van Depoeles verbesserte und drehbare Rollenstromabnehmer einführte, die den Strom aus einer eindrähtigen Oberleitung bezogen.[21] Nach diesen technischen Neuerungen verbreitete sich das elektrische Tram in den amerikanischen Städten sehr rasch, in Europa musste zunächst die Skepsis gegenüber der neuen Technologie abgebaut werden.

Der Durchbruch der elektrischen Strassenbahn in der Schweiz

In Europa standen mehrere elektrische Betriebssysteme in Konkurrenz: der Accumulatorenbetrieb, der Betrieb mit Stromzuführung durch Oberleitung und der mit Stromzuführung durch unterirdische Bodenleitungen. In der öffentlichen Diskussion wurde allen diesen Systemen mit mehr oder weniger grosser Skepsis begegnet. Den Oberleitungen erwuchs Opposition, weil die Drähte und Masten als unschön empfunden und die Leitungsdrähte als gefährlich taxiert wurden. Der Akkumulatorenbetrieb, der ohne Masten auskam, war zu teuer und unzuverlässig und kam deshalb in der Schweiz, abgesehen von glücklosen Versuchen, nirgends und in Europa nur selten zur Anwendung. Strassenbahnen mit unterirdischer Stromzufuhr entstanden hingegen in verschiedenen europäischen Städten. Die bekannteste derartige Bahn war die von Siemens erbaute Strassenbahn in Budapest. 1893 besuchten Ingenieure des Schweizerischen Ingenieur- und Architektenvereins diese Stadt und machten sich mit dem System vertraut, konnten ihm aber nichts Positives abgewinnen: «Der Kanal [mit der Stromleitung] muss fortwährend gereinigt werden, da aller mögliche Strassenschmutz in ihn hineingerät. [...] Die Anlagekosten einer solchen elektrischen Linie verhalten sich zu einer mit Oberleitung reichlich wie 2 : 1.»[22] Eine Ausgabe, die sich aus der Sicht der SIA-Ingenieure nicht lohnte, zumal auch Oberleitungen ästhetisch ansprechend und ungefährlich seien: «Was die äussere Erscheinung anbetrifft, so können die Säulen und Konsolen, welche die Leitungsdrähte tragen, derart ausgeführt werden, dass den Anforderungen des guten Geschmacks möglichst Rechnung getragen wird, ohne dass

dadurch die Kosten erheblich vermehrt werden. Die Gefährlichkeit der Luftleitungen ist sehr übertrieben worden; in Wirklichkeit ist noch Niemand durch den bei diesen Bahnen verwendeten Strom getötet worden.»[23] Es waren solche Stellungnahmen, die schliesslich auch in Europa dem Oberleitungssystem zum Durchbruch verhalfen und die Skepsis gegenüber der neuen Technologie abbauten. Die rasche Verbreitung des elektrischen Trams in den neunziger Jahren steht allerdings im umfassenderen Kontext der Verbreitung der elektrischen Kraft.

Strassenbahnen konnten früher mit einem elektrischen Antrieb ausgerüstet werden als Eisenbahnen. Strassenbahnen konnten mit Gleichstrom betrieben werden, und Gleichstrommotoren boten vergleichsweise wenig technische Probleme. Für den Transport elektrischer Kraft über lange Strecken und damit für die Elektrifizierung von Überlandbahnen war Gleichstrom hingegen ungeeignet. Voraussetzung für die Elektrifizierung von Eisenbahnen war die Weiterentwicklung der Wechselstromtechnologie, die lange nur zur Produktion elektrischen Lichts eingesetzt wurde.[24] Führend in der Entwicklung dieser Technologie war neben Siemens & Halske und der Allgemeinen Elektrizitätsgesellschaft AEG die Maschinenfabrik Oerlikon

Elektrische Strassenbahnen in Genf (1894), Neuenburg (1898), Winterthur (1898) und Luzern (1900). In den neunziger Jahren setzte sich die elektrische Strassenbahn überall durch. Es gab kaum eine Schweizer Stadt oder eine Region, die auf das neue Verkehrsmittel verzichten wollte. (Archiv VHS)

MFO. 1891 erzielte sie verschiedene spektakuläre Erfolge. Sie vermochte kurz vor der Frankfurter Elektrotechnischen Ausstellung Hochspannungsstrom mittels Transformatoren in Ströme geringerer Spannung umzuformen, und an der Ausstellung selbst gelang es ihr zusammen mit der AEG, Hochspannungsstrom über eine lange Distanz zu transportieren. «Während vordem die Erzeugung elektrischen Lichtes, der Bau von elektrischen Beleuchtungscentralen als die Hauptaufgaben der Elektrotechnik erschienen war, die Verteilung der Elektricität zu motorischen Zwecken aber nur eine untergeordnete Bedeutung hatte, änderten sich die Ziele und Probleme der Starkstromtechnik mit einem Schlag nach dem glänzenden Gelingen des von der Allgemeinen Elektricitätsgesellschaft und der Maschinenfabrik Oerlikon unternommenen Experimentes, eine erhebliche Energiemenge auf grosse Entfernung zu übertragen. Die Kraftübertragungsversuche Lauffen–Frankfurt a. M. werden für immer eine der bedeutsamsten Erscheinungen in der Geschichte der Elektrotechnik bleiben.»[25] Die Frankfurter Elektrotechnische Ausstellung wurde zum Ausgangspunkt einer konzertierten PR-Aktion der drei führenden elektrotechnischen Anbieter MFO, AEG und Siemens & Halske zur Diffusion der neuen Technik. Die erfolgreiche Ausstellung trug wesentlich dazu bei, dass Ängste gegenüber der Elektrotechnik abgebaut und ein eigentlicher Elektroboom ausgelöst wurde. Von 1886 bis 1893 wurden in der Schweiz insgesamt nur 10 Megawatt Kraftwerkleistung installiert – in den folgenden acht Jahren bis 1901 waren es fast zehnmal mehr, nämlich 93 Megawatt.[26]

Mit dem Kraftwerkbau erhöhte sich der Bedarf an Abnehmern für die gesteigerte Stromproduktion. Das elektrische Tram, nun technisch ausgereift, war ein solcher Abnehmer. Für die junge elektrotechnische Industrie tat sich ein neues Feld auf: Unternehmen wie die Maschinenfabrik Oerlikon, BBC, Siemens & Halske oder AEG erschlossen sich innert weniger Jahre einen lukrativen Markt. Die neunziger Jahre wurden zur Gründerepoche der elektrischen Strassenbahnen in der Schweiz: 1894 nahmen in Zürich und Genf elektrische Strassenbahnen den Betrieb auf, 1895 folgte Basel. Nach den drei Grossstädten starteten 1896 in Lausanne, Neuenburg und Lugano elektrische Strassenbahnunternehmen, 1897 folgten St. Gallen, Freiburg und La Chaux-de-Fonds, 1898 Winterthur, ein Jahr später Luzern. Nach der Jahrhundertwende entstanden bis 1910 in den meisten mittelgrossen Schweizer Städten elektrische Strassenbahnlinien.[27] Das schweizerische Strassenbahnnetz umfasste 1900 276,3 Kilometer, das von dreissig Unternehmen betrieben wurde, 1910 waren es bereits 436,6 Kilometer und 1920 468,35 Kilometer. Mitte der zwanziger Jahre erreichte das Netz mit 488,6 Kilometern bei 35 Unternehmen seine maximale Ausdehnung.[28] Der grösste Investitionsschub in das schweizerische Strassenbahnnetz erfolgte in nur einem Jahrzehnt zwischen 1900 und 1910. Danach waren praktisch alle Städte und Regionen vernetzt, es folgten die schrittweise Optimierung des Schienennetzes und Investitionen in den Wagenpark, aber die Hauptlinien waren verlegt.

Ein Tram zum Ärger der Zürcher Stadtregierung

Auch in Zürich war es die elektrotechnische Industrie, die den Bau elektrischer Strassenbahnen forcierte. Verantwortlich für die Konzeption und den Bau des ersten elektrischen Trams in Zürich war die Maschinenfabrik Oerlikon. In Zürich eröffnete 1894 die Elektrische Strassenbahn Zürich AG die Ära elektrischer Strassenbahnen. Seit zehn Jahren drängten in Zürich verschiedene Aussengemeinden auf einen Tramanschluss, 1892 hatten einzelne von ihnen Erfolg. Der Regierungsrat liess durch seinen Kantonsingenieur J. Brüstlein prüfen, welche Strassenbahnlinien für die Entwicklung des Kantons Zürich wünschenswert seien, und stellte fest, dass insbesondere Hottingen, Hirslanden und Fluntern dringend eines Tramanschlusses, nach Möglichkeit eines elektrischen, bedurften.[29] Ein Jahr zuvor hatten Komitees und Unternehmer im Auftrag dieser Gemeinden Projekte für Dampfstrassenbahnen eingereicht und wieder zurückgezogen und dafür Konzessionsgesuche für elektrische Strassenbahnen ausgearbeitet. Am 8. Dezember 1892 erteilte der Kanton seine Zustimmung zu den entsprechenden Konzessionen.[30] Ein Gesuch der Zürcher Strassenbahn AG für neue Linien nach Hottingen und Hirslanden, das diese in Konkurrenz zu den elektrischen Strassenbahnprojekten eingereicht hatte, wurde abgewiesen, genauso wie noch unausgegorene

Motorwagen der Elektrischen Strassenbahn Zürich AG (ESZ) um 1894 am Bellevue. Die ESZ eröffnete in Zürich 1894 die Ära elektrischer Strassenbahnen. Das Unternehmen verband Hottingen und Hirslanden, die seit den achtziger Jahren auf einen Tramanschluss gedrängt hatten, mit der Innenstadt. (Archiv VHS)

Projekte nach Ober- und Unterstrass. Die Bewilligungen der Tramlinien nach Hottingen und Hirslanden erfolgten im Einvernehmen mit der Stadt Zürich, diejenige nach Fluntern wurde einstweilen zurückgestellt, da das Energiebeschaffungskonzept nicht zu überzeugen vermochte.[31]

Wenig später führten die Stadtzürcher Zusagen zu ernsten Auseinandersetzungen zwischen der Kantonsregierung und dem Stadtrat des noch jungen Gross-Zürichs. Nach der Stadtvereinigung beabsichtigte der Stadtrat seine Verkehrspolitik auf ein neues Fundament zu stellen. Im Februar 1893 schrieb er dem Bundesrat, er möge alle in der Zeit zwischen der Abstimmung und der Vereinigung gewährten Konzessionen aufheben, damit die Stadt die Möglichkeit habe, ihre künftige Politik auf wohlüberlegte Grundlagen zu stellen.[32] Der Bundesrat holte zu dieser Frage die Meinung des Regierungsrates ein. Dieser konnte sich für das Stadtzürcher Anliegen keineswegs erwärmen: «Es ist nun sehr löblich vom Stadtrat, dass er das Studium dieser Fragen sofort an die Hand nehmen will», schrieb er dem Bundesrat. «Wir sind aber überzeugt, dass durch Gutheissen der Begehren des Stadtrates nichts erreicht würde, als eine Hinausschiebung der nothwendigen Erweiterung des Zürcher Strassenbahnnetzes auf unabsehbare Zeit.»[33] Aus Gründen der Rechtssicherheit verweigerte der Bundesrat die Aufhebung der Konzessionen, erteilte seinerseits die Bundeskonzession und forderte die Stadt auf, diesem Beispiel zu folgen. Gleichzeitig forderte der Bund aber Kanton und Stadt auf, in Verhandlungen zu treten, «damit der Stadtbehörde die Gelegenheit gegeben sei, auf Grund der neuen Verhältnisse die einschlägigen Fragen zu ordnen».[34]

Nach diesem Erfolg schlossen sich am 23. Mai 1893 die Initiativkomitees in Hottingen und Hirslanden zur Elektrischen Strassenbahn Zürich AG zusammen und begannen mit dem Bau zweier Linien, die vom Bellevue in die beiden Quartiere am Zürichberg führten. Die elektrischen Anlagen baute die Maschinenfabrik Oerlikon. Deren Direktor, Peter Emil Huber-Werdmüller, ehemaliger Direktor der Zürcher Strassenbahn AG, war Direktionsmitglied des jungen Tramunternehmens. Im technischen Bericht, den die Maschinenfabrik Oerlikon dem Konzessionsgesuch für eine Linie nach Hirslanden beigelegt hatte, bezeichnete die MFO die absolut ruhige und geräuschlose Fahrt, die geringe Fahrzeuglänge und die Betriebssicherheit als die hervorstechendsten Vorteile eines elektrischen Trams. Und sie verwies auf die Kompatibilität der elektrischen Strassenbahn mit der geplanten Forchbahn und auf die weiteren Verwendungsmöglichkeiten der elektrischen Leitungen: «Die Bahn kann ferner als Hauptader für eine Kraftvertheilung benutzt werden, analog wie in amerikanischen Städten, wo motorische Kraft an Kleinindustrielle in der Nähe der Bahn billig abgegeben wird.»[35]

Die Elektrische Strassenbahn Zürich startete am 8. März 1894. Die Antriebskraft bezog die ESZ von einem eigens beim Depot Burgwies errichteten Kleinkraftwerk, das die benötigten 500 Volt Gleichstrom für den Trambetrieb produzierte.[36] Das ist erstaunlich, denn die Stadt Zürich besass seit 1892 ein Elektrizitätswerk am Letten, das für einen kontinuierlichen Ausbau konzipiert war und auch den Strom für die ESZ hätte liefern können.[37] Der Grund könnte darin liegen, dass das Kraftwerk Letten Wechselstrom produzierte, die ESZ aber Gleichstrom benötigte. Bei näherer Betrachtung

Vom Stolz, ein «Trämler» zu sein: Arbeiter, Angestellte und ein Mitglied der Direktion posieren 1894 auf einem ESZ-Motorwagen im Depot Burgwies. Der Mann in der Mitte ist vermutlich Oberst Peter Emil Huber-Werdmüller, Direktor der Maschinenfabrik Oerlikon und Direktionsmitglied der ESZ. (Archiv VHS)

genügt diese Erklärung indessen nicht. Auch das Elektrizitätswerk in Taulan bei Montreux produzierte für die Beleuchtung der Region Wechselstrom, für den Strassenbahnbetrieb Vevey–Montreux–Chillon aber Gleichstrom. Gelöst wurde das technische Problem dort mit zwei separaten Turbinenanlagen, die gleiche Lösung wäre auch in Zürich möglich gewesen. Es ist durchaus denkbar, aber mit den vorhandenen Quellen nicht belegbar, dass sich das privatwirtschaftliche Unternehmen ESZ nicht in eine unmittelbare Abhängigkeit von derjenigen Behörde begeben wollte, die ihren Betrieb am liebsten verhindert hätte.

Gestartet wurde mit zwölf Motorwagen der Schweizerischen Industriegesellschaft SIG, ein Jahr später musste der Wagenpark um vier Motorwagen aufgestockt werden.[38] Die Wagen boten zwölf Sitz- und vierzehn Stehplätze, waren beheizbar und mit elektrischem Licht versehen. Die Zeitungen nahmen die Betriebsaufnahme der ESZ erstaunlich gelassen zur Kenntnis. Der Neuen Zürcher Zeitung war der Anlass gerade drei magere Zeilen wert: «Die Elektrische Strassenbahn Zürich hat gestern am ersten Tag ihres Betriebes nicht weniger als rund 7000 Billette ausgegeben, ein ebenso ergiebiges als vielversprechendes Ergebnis.»[39] Immerhin ist überliefert, dass die Zürcherinnen und Zürcher das Ereignis am Strassenrand gebührend gefeiert hatten.

Entwicklungslinien der Stadt Zürich von 1890 bis 1914

Der Ärger der Zürcher Stadtregierung über die Konzessionierung der Elektrischen Strassenbahn Zürich AG ist nur im Kontext der allgemeinen Stadtentwicklung verständlich, die seit den ausgehenden achtziger Jahren Zürich erfasst hatte. Als die erste elektrische Strassenbahn in Zürich vom Depot Burgwies Richtung Bellevue fuhr, befand sich Zürich mitten in einer Phase beschleunigten strukturellen Wandels, von dem praktisch alle Lebensbereiche betroffen waren. Im industriellen Sektor löste die kapitalintensive Maschinenindustrie die Textilindustrie als Leitindustrie ab, und der Dienstleistungssektor erlebte einen deutlichen Aufschwung. Der wirtschaftliche Wandel löste einen Bevölkerungszustrom bislang unbekannten Ausmasses und eine Potenzierung der städtischen Probleme aus. Dadurch stieg der Problemlösungsbedarf der städtischen Behörden.

Maschinen und Seifen in der Hard, Banken und Hotels in der City

Die wirtschaftliche Entwicklung zwischen 1890 und dem Ersten Weltkrieg war geprägt durch einen langfristigen Aufschwung, der lediglich durch kurze Krisen unterbrochen wurde. Gekennzeichnet war dieser Aufschwung vom strukturellen Wandel im industriellen Sektor und vom Aufschwung des Dienstleistungsbereichs. Die Stadt Zürich profitierte in dieser Periode von ihrer Position als schweizerisches Verkehrszentrum, das sie seit der Eröffnung der Gotthardbahn darstellte. Der Aufschwung des industriellen Sektors und des Dienstleistungssektors widerspiegelte sich in einer Umstrukturierung des städtischen Raumes.

Nach 1885 erzielt die Metall-, Maschinen- und Elektroindustrie die höchsten Zuwachsraten aller Industriesektoren, wenn auch von einem tiefen Niveau aus, ab 1905 übertraf ihre Wertschöpfung diejenige der Textilindustrie.[40] Mit dem Aufstieg der Metall- und Maschinenindustrie und der im Raum Zürich unbedeutenden chemischen Industrie vollzog sich in der Schweiz der Übergang von einer mit wenig Kapital ausgerüsteten und meist mit unqualifizierten Arbeitskräften produzierenden Industrie zu einer kapitalintensiven, forschungsorientierten und hochqualifizierten Produktion.[41] Die Nachfrage nach Kapital, Wissen und qualifizierten Arbeitskräften führte zu einer Stärkung des Dienstleistungssektors. Zu den wichtigsten Wachstumsbranchen gehörten die Postbetriebe mit dem Unternehmensbereich Telefonie, das Banken- und Versicherungswesen und als Folge des höheren Hygienebewusstseins und der Professionalisierung des Ärztestandes die Gesundheits- und Krankenpflege. Mit Abstand die wichtigsten Arbeitgeber im Dienstleistungsbereich waren aber über die gesamte hier beobachtete Periode noch immer der Handel und das Gastgewerbe.[42]

Deutlich zeichnete sich der strukturelle Wandel in der Zusammensetzung der erwerbstätigen Bevölkerung ab. Die Erwerbsstruktur im Kanton Zürich war geprägt von einem relativen Rückgang der Landwirtschaft, einer Stagnation der Industrie und einem deutlichen Anstieg des Dienstleistungssektors. Real stiegen die Beschäftigtenzahlen in der Landwirtschaft von 43'000

Oerlikon um 1900. Oerlikon und das Industriequartier entwickelten sich ab den neunziger Jahren zu wichtigen Standorten der Zürcher Industrie. (BAZ)

auf 44'000, in Industrie und Gewerbe von 85'000 auf 133'000 und im Dienstleistungssektor von 26'000 auf 64'000. Im Industriesektor stand ein Rückgang der Arbeitsplätze im Textilbereich von etwa 15 Prozent (6000 Arbeitsplätze) einer Zunahme von rund 10'000 Arbeitsplätzen auf 28'000 in der Maschinenindustrie gegenüber. Die Maschinenindustrie tendierte dazu, sich in einem Umfeld anzusiedeln, das den Zugang zur wissenschaftlichen Forschung, zum Kapitalmarkt, zu qualifizierten Kaderleuten, zum Knowhow benachbarter Branchen und zu Zulieferbetrieben bot.[43] Dieses Umfeld bot der Grossraum Zürich. Von den 500 im Zeitraum von 1888 bis 1901 in der Schweiz gegründeten Fabriken ballte sich hier ein beachtlicher Teil. Von achtzehn Grossbetrieben der Metall- und Maschinenindustrie, über welche die Schweiz 1905 verfügte, befanden sich sieben im Kanton Zürich. Die meisten grossen Metall- und Maschinenfabriken befanden sich in einem Umkreis von 40 Kilometern um die Stadt Zürich. Gleichzeitig fand eine Verlagerung des produzierenden Gewerbes von der Innenstadt an den Stadtrand statt. Der Industrie mit ihrem grossen Bedarf an Boden wurde die Innenstadt zu eng und der Boden mitten in der City zu teuer. Sie zog an periphere Lagen, die gute Verbindungen zur Kernstadt und durch Anschluss an die Schienen der Eisenbahn gute Verbindungen an die internationalen Märkte garantierten. Im engeren Einzugsgebiet der Stadt boten diese Voraussetzungen vor allem das Limmattal mit dem Industriequartier, das Glattal mit Oerlikon und das Sihltal mit dem Giesshübelquartier als Zentren.

Das Industriequartier, in den siebziger Jahren von Bürkli als solches geplant, nahm nach 1890 die vorgesehene Funktion ein. Allerdings produzierten die Fabriken und Gewerbebetriebe nicht in erster Linie im Geviert zwischen Bahnhof und Limmatplatz, wie es Bürkli geplant hatte, sondern dem Limmatlauf entlang abwärts in der Hard. 1894 verliess Escher Wyss seinen angestammten Firmensitz in der Neumühle und zog in die Hard, 1895 folgte

Zürich, Leonhardsplatz (heute Central) am 16. März 1902. Um die Jahrhundertwende wurde die Innenstadt zur modernen City ausgebaut. (BAZ)

die Seifensiederei Steinfels, die ihren alten Standort am Hirschengraben aufgab und neue Gebäulichkeiten in der Nachbarschaft von Escher Wyss bezog. Hier fanden auch Industriebetriebe wie Maag oder Schöller ihre Produktionsstandorte, und ihnen taten es viele andere gleich.[44] Ähnlich gute Standortbedingungen wie das Industriequartier bot für den zweiten Sektor das flache Gelände beim Bahnhof Oerlikon unweit Zürichs. Hier produzierte seit 1886 die Maschinenfabrik Oerlikon, die nach einer Umstrukturierung aus der Firma Daverio, Siewerdt & Giesker hervorgegangen war. 1879 zählte das Unternehmen 199 Mitarbeiter und Mitarbeiterinnen, 1890 waren es bereits 892.[45] Im Umfeld der MFO siedelte sich eine Vielzahl anderer Betriebe an, bis 1910 zum Beispiel die Kugellagerfabrik SRO, die Akkumulatorenfabrik Oerlikon oder als Abspaltung von der MFO die Werkzeugmaschinenfabrik Oerlikon. Oerlikon entwickelte sich rasch zum wichtigsten Industriezentrum Zürichs. Um die Jahrhundertwende war Oerlikon die am meisten industrialisierte Gemeinde unter Zürichs Vororten, 85 Prozent aller Arbeitsplätze Oerlikons befanden sich um 1900 im industriellen Sektor.[46] Das Sihltal entwickelte sich in dieser Periode zu einem Zentrum der Papier- und Druckereiindustrie und einem wichtigen Standort der Textilverarbeitung.

Im selben Mass, wie die produzierende Industrie die Innenstadt verliess und sich in Cityrandgebieten etablierte, wurde die City zum Dienstleistungszentrum umgebaut. Die Umgebung des Paradeplatzes entwickelte sich mit der Kreditanstalt, dem Bankverein (1899) und der nur wenig entfernten Börse (1880) zum Banken- und Finanzzentrum. An der unteren Bahnhofstrasse entstanden erste Versicherungsbauten, 1895 öffnete das Metropol als erstes reines Geschäftshaus seine Tore, 1899 folgte Jelmoli als erstes Warenhaus, entlang der Seequais schossen Luxuswohnblöcke und Villen aus dem Boden. Zwischen 1890 und 1910 entstanden das Opernhaus, die neue Tonhalle, das Lichtspiel-, Operetten- und Varietéhaus Corso, das Kunsthaus und das

Zürich, obere Bahnhofstrasse um 1905. (BAZ)

von Gustav Gull zwischen 1892 und 1898 erbaute Schweizerische Landesmuseum hinter dem Bahnhof.[47]

Prägende Persönlichkeiten in Zürichs Städtebau dieser Periode waren Gustav Gull, von 1895 bis 1900 «planender Stadtbaumeister», und Victor Wenner, von 1898 bis 1921 Stadtingenieur.[48] Gemeinsam trieben sie den Umbau der Innenstadt als Dienstleistungszentrum voran: während Gull mit seinem Baustil der «schöpferischen Denkmalpflege» zentrale architektonische Bezugspunkte der Stadt schuf, sorgte Wenner für die Anlage der notwendigen Tiefbauten. Er zeichnete verantwortlich für den Bebauungsplan von 1901, mit dem die Hauptverkehrs- und Hauptentwicklungsachsen festgelegt wurden, den Ausbau des Kanalisationsnetzes, veranlasste umfassende Studien für den Umbau der linksufrigen Seebahn, welche die Expansion der Stadt bis 1927 so nachhaltig behinderte, und erarbeitete Studien zu zahlreichen weiteren Verkehrsfragen.[49] Sein wichtigstes Werk aber war die Planung und der Bau des Urania-Durchbruches. In gleicher Distanz zur Bahnhof- und zur Quaibrücke schuf er mit dieser Strassenachse eine dritte Hauptverbindung zwischen den Stadtteilen beiderseits der Limmat. Bei der Planung dieser Hauptverbindung orientierte er sich bereits an den Bedürfnissen des Automobils, das um die Jahrhundertwende zaghaft seine Möglichkeiten andeutete.[50]

Hochkonjunktur für Speditionsunternehmen

Zwischen 1890 und 1910 wuchs die Bevölkerung der Schweiz um rund 1,1 Millionen Menschen. Zuwanderung und Geburtenüberschüsse, die allerdings 5 bis 10 Promille pro Jahr nicht überstiegen, liessen die Bevölkerung zwischen 1850 und 1910 von etwa 2,4 auf 3,8 Millionen anwachsen. Dieses Wachstum konzentrierte sich zunehmend auf die grossen Städte. 1880 zählte

Zürich in den Grenzen von 1894 eine Bevölkerung von 78'301 Personen, 1894 bereits 121'057; zehn Jahre später lebten in Gross-Zürich mehr als 150'000 Menschen, und 1910 waren es deren 190'733.[51]

Das Bevölkerungswachstum Zürichs war das Resultat intensiver Zu- und Abwanderungen, die in dieser Periode die städtische Bevölkerung theoretisch alle drei Jahre vollständig umkrempelten. 40 Prozent aller Haushalte der Stadt Zürich wechselten um die Jahrhundertwende ihren Wohnsitz. An der Sozialtopographie, wie sie sich seit etwa 1830 abzuzeichnen begonnen hatte, änderten diese Wanderungsbewegungen nichts, sie nahm im Gegenteil schärfere Konturen an.

1905 hielt Dr. H. Wolff, Adjunkt des statistischen Amtes der Stadt Zürich, vor der statistisch-volkswirtschaftlichen Gesellschaft des Kantons Zürich einen vielbeachteten Vortrag.[52] Darin analysierte er die Wanderungsbewegungen nach, von und in Zürich. Von 1893 bis 1895 wuchs die Bevölkerung jährlich um jeweils etwa 8000 Personen. In den folgenden Jahren schwächte sich der Zustrom etwas ab, in der kurzen Krise von 1899/1901 gingen die absoluten Zahlen sogar etwas zurück. Ab 1902 wuchs die Bevölkerung Zürichs wieder um durchschnittlich 5000 Personen pro Jahr. Einem enormen Bevölkerungszustrom stand eine beachtliche Abwanderung gegenüber: 1893 zogen 27'100 Personen nach Zürich und 16'000 Personen weg, 1905 kamen 40'300 Menschen nach Zürich, etwa 35'000 verliessen die Stadt.[53] «Wenn ich es einmal geschäftlich ausdrücken darf: Die Zahl der Speditionsgeschäfte, die den Umzug besorgen, hat zunehmen dürfen, ohne dass es der Rentabilität der alten Firmen geschadet hätte», führte Wolff aus.[54] Natürlich war nicht die ganze Stadt auf den Beinen: in den Zahlen sind diejenigen Personen enthalten, die mehrmals pro Jahr ihren Wohnsitz wechselten sowie die zahlreichen Saisonniers, die nur für einige Monate in Zürich Wohnsitz nahmen. Nicht jeder Wohnungswechsel erfolgte freiwillig. Die Mietzinse waren in den Unterschichtquartieren verhältnismässig hoch, weshalb schon eine geringfügige Erhöhung ganze Familien zum Umzug in günstigere und in der Regel schlechtere Wohnunterkünfte zwingen konnte.[55]

Die Quartiere waren erwartungsgemäss von den Wanderungsbewegungen unterschiedlich betroffen. Die Altstadt verzeichnete ab 1895 einen Bevölkerungsrückgang. 1895 lebten rund 29'500 Menschen in der Altstadt, 1905 waren es noch 24'300. Dafür zählte die Altstadt einen hohen und steigenden Anteil an Touristen. Zwischen 1893 und 1905 stieg die Zahl der in städtischen Hotels, Gasthöfen und Pensionen registrierten Touristen von 204'000 auf 293'000, wovon 90 Prozent in der Altstadt Logis nahmen.[56] Vom Bevölkerungswachstum vor allem betroffen waren Aussersihl und Wiedikon. «Während der Fremdenzustrom in Kreis I entfällt, richten sich die Zuzüge vorwiegend in das Arbeiterwohngebiet, nach Kreis III [Aussersihl, Wiedikon]. 35–40 Prozent des gesamten Zuzuges lässt sich hier nieder, es sind gewerbliche Arbeiter, die im Kreis III mit ihren Angehörigen eine neue Heimat suchen oder als Saisonarbeiter Wohnung nehmen. In die Altstadt und in den Kreis V [Riesbach, Hottingen, Hirslanden, Fluntern] ziehen fast gleich viele Zuzüger von auswärts ein, je 21–23 Prozent des gesamten Zuzuges; in die City geht der Kaufmann, Kellner, Friseur aus Deutschland, Italien, Frankreich; in Kreis V Dienstboten aus Süddeutschland, Studenten, Professoren und Privatiers aus aller Herren Länder; Kreis IV [Wipkingen, Unterstrass, Oberstrass] nimmt 11–12 Prozent des jährlichen Zuzuges, hauptsächlich Kaufleute aus der Schweiz und Dienstboten, dazu in Wipkingen viele ausländische Saisonarbeiter, hauptsächlich Italiener. Kreis II [Enge, Wollishofen, Leimbach] begnügt sich mit 7 Prozent des ganzen Zuzuges, hauptsächlich Kaufleuten aus der Schweiz und Dienstboten. Sie sehen, wie jeder Kreis das nimmt vom Zuzug, was er braucht: die Innenstadt den Kaufmann, das Industriegebiet den Arbeiter, das Studiengebiet den Dozenten und den Studenten, die besseren Wohnquartiere den Privatier und Dienstboten.»[57]

Während entlang des Seequais, in der Enge, in Teilen von Riesbach, Hottingen und Fluntern neue Villen und herrschaftliche Bürgerhäuser aus dem Boden schossen, drängten sich in Aussersihl und Wiedikon immer mehr Menschen in viel zu wenigen und zu engen Wohnungen. Die Behörden waren in ihren Aufgaben hoffnungslos überfordert; die bescheidene Infrastruktur wurde überstrapaziert, die Wohnungsqualität sank. Einwohnerinnen und Einwohner mit hohem und mittlerem Einkommen kehrten dem Quartier zunehmend den Rücken. Aussersihl entwickelte sich zu einer Welt für sich, die von Bewohnern der wohlhabenderen Quartiere weitgehend gemieden wurde. In diesem Umfeld nahm das Konfliktpotential rasch zu, die Bevölkerung Aussersihls entwickelte ein eigenes Klassenbewusstsein.[58] Konflikte und Spannungen waren an der Tagesordnung, Hungerunruhen, Streiks und Demonstrationen und alle Formen des ökonomischen und politischen Klassenkampfes nahmen in Aussersihl ihren Anfang.[59] Aussersihl wurde vom Bürgertum Zürichs zunehmend als Bedrohung empfunden und als permanenter Unruheherd wahrgenommen.

Wohnungselend hüben, Grossstadtfeindschaft drüben

Das enorme Wachstum der Bevölkerung, die zunehmenden sozialen Unruhen und der strukturelle Wandel führten in breiten Teilen der Bevölkerung zu einem Unbehagen, das sich zu offener Grossstadtfeindschaft steigern konnte. Vom «Moloch Grossstadt» war plötzlich die Rede, die Entfremdung von der Natur wurde beklagt und die moderne Hast kritisiert.[60] Vor allem das Bildungsbürgertum, über Jahrzehnte Hüterin des humanistischen und klassischen Bildungsideals und gesamtgesellschaftliche Orientierungskraft, sah seine Werte durch das planlose Wachstum der industriellen Städte bedroht. Für sie wurde die Stadt zum Sündenbock für alles, was mit dem gesellschaftlichen Modernisierungsprozess zusammenhing, das Land wurde im Gegensatz zur wildwuchernden Stadt verherrlicht.[61]

Am schlimmsten wurde das scheinbar planlose Drauflosbauen aufgrund partikulärer Marktinteressen empfunden, das vor allem in den Unterschichtquartieren zu einem Chaos und zu unhaltbaren Wohnverhältnissen geführt hatte.[62] Im Zentrum der Kritik stand die sogenannte Mietskaserne, mit der Missstände aller Art verbunden wurden, vor allem aber der Mangel an Licht und Luft und die damit verbundenen negativen gesundheitlichen Folgen, die Überbelegung der Wohnungen und der Mangel an Privatsphäre. Zwar setzten in Zürich die kantonalen Baugesetze von 1863 und 1893 einheitliche

Normen bezüglich der Anzahl der Stockwerke und anderem mehr fest und verhinderten dadurch in den Quartieren der Unterschichten allzu gravierende Auswüchse im Wohnungsbau, wie sie aus Berlin bekannt waren; trotzdem waren die Wohnverhältnisse in den Quartieren Aussersihl, Wiedikon und Niederdorf prekär.[63] Dort fehlte es quantitativ und vor allem qualitativ an zumutbarem Wohnraum. «In Zürich IV haben wir Fälle getroffen, wo Arbeiterfamilien mit 9 Kindern in 2 Zimmern sich zusammenpferchten, während sie zwei andere Zimmer an Italiener ausmieteten. [...] Welche moralischen Schäden [...] [dies bei] Jung und Alt beiderlei Geschlechts mit sich führt, liegt auf der Hand! Man denke, in die eigene Wohnung nimmt der Familienvater, der unerzogene und halberwachsene Töchter hat, aus bitterer Not wildfremde Ausländer», stellte unter anderem der Zeitgenosse Paul Pflüger schockiert fest und drückte aus, was viele Bürger damals dachten, dass die aus wirtschaftlichen Sachzwängen praktizierte Untervermietung von Zimmern und Betten Anlass für eine weitverbreitete Unmoral in den Kreisen der Unterschicht sei.[64]

Zürich wird Grossstadt

Es waren solche Entwicklungen – der strukturelle Wandel in der Wirtschaft, die Verelendung grosser Bevölkerungsteile und die wachsende Grossstadtfeindschaft im Bürgertum –, welche die Stadtbehörden zum Handeln zwangen. Voraussetzung, um handeln zu können, war jedoch die Schaffung eines einheitlichen Planungsgebietes, und dieses wurde 1893 durch die Vereinigung der Stadt Zürich mit ihren elf Vororten erreicht. Das Instrument der Eingemeindung von Vororten gehörte zu den häufig angewandten Mitteln, um aus politisch zersplitterten, aber wirtschaftlich und sozial eng verflochtenen Räumen einheitliche Planungsgebiete zu schaffen. In der Schweiz nahmen neben Zürich zwischen 1890 und 1930 Vevey, Basel, Biel, La Chaux-de-Fonds, Winterthur, Thun, Bern, Genf, Neuenburg und Chur Eingemeindungen in unterschiedlichem Umfang vor; 1933 erfolgte in Zürich die partielle Eingemeindung des zweiten Vorortsgürtels.[65]
1881 reichte Aussersihl das Begehren zur «Total-Zentralisation von Zürich und Ausgemeinden» ein. Im Februar 1891, nach zehnjährigen Verhandlungen, akzeptierte der Kantonsrat das Vereinigungsgesetz, am 9. August 1891 stimmten die Stimmbürger der Stadtvereinigung mit 37'780 Ja- zu 24'870 Neinstimmen verhältnismässig deutlich zu.[66] Der Jastimmenanteil in Aussersihl betrug 99 Prozent, in der Stadt Zürich erreichten die Jastimmen überraschend hohe 58,7 Prozent. Im Siedlungsraum von Gross-Zürich lehnten nur Wollishofen und mit einem Zufallsmehr von 7 Stimmen die Enge die Stadtvereinigung ab.[67] Auslösender Faktor für die Vereinigungsbestrebungen Aussersihls war die prekäre finanzielle Situation der de facto bankrotten Aussengemeinde und die daraus resultierende Unmöglichkeit, die dringendsten infrastrukturellen und sozialpolitischen Erfordernisse bei anschwellendem Bevölkerungswachstum zu bewältigen. Auch die meisten anderen Aussengemeinden waren in finanzielle Schieflage geraten und angesichts dringender Aufgaben wie dem Bau von Strassen, Beleuchtung, Kanalisation,

Wasserversorgung, von Schulhäusern und Verwaltungsgebäuden sowie der Besoldung eines grösseren Beamtenapparates überfordert. Die einzige kommunale Einnahmequelle war eine moderate Vermögenssteuer. Ausser der Stadt Zürich und den vom Bevölkerungswachstum nur am Rande betroffenen Wollishofen und Wipkingen steckten alle Gemeinden im Siedlungsraum von Gross-Zürich in den roten Zahlen; nicht überall allerdings waren die Perspektiven so düster wie in Aussersihl: Während den Arbeitervororten die spärlichen wohlhabenden Bevölkerungsgruppen wegen der steigenden Steuerbelastung zunehmend den Rücken kehrten und sich die Steuererträge zusehends verschlechterten, gewannen die reichen Vororte am See und am Zürichberg wohlhabende Bürger und damit höhere Steuereinnahmen.[68]

Es erstaunt wenig, dass die prosperierende Stadt Zürich sowie die Gemeinden Enge und Riesbach zunächst wenig Begeisterung für eine Vereinigung mit den verarmten Vororten zeigten und ihre Zustimmung von einer Neuregelung der Finanzierung kommunaler Aufgaben abhängig machten: «Wir betrachten also die Heranziehung neuer Steuerobjekte gleichzeitig mit oder vor der Vereinigung als eine grundsätzliche Frage, ohne deren Bejahung die Abhülfe der vorhandenen Übelstände weder für die Gemeinde noch für den Staat in der Gemeindevereinigung liegt.»[69] Es zählt zu den wesentlichsten Errungenschaften der ersten Stadtvereinigung, dass die bestehende Gesetzgebung durch eine zeitgemässere abgelöst und die Gemeindefinanzierung auf ein neues Fundament gestellt wurde: erstmals wurde 1891 eine moderate Einkommenssteuer eingeführt, die mindestens partiell die Möglichkeit schuf, die immensen infrastrukturellen Anforderungen zu erfüllen. Bei einer Stimmbeteiligung von 87,3 Prozent und einem kantonalen Jastimmenanteil von rund 60 Prozent verabschiedete sich eine deutliche Mehrheit vom Laisserfaire und Laisser-aller der vergangenen Jahrzehnte.

Mit der Eingemeindung von 1891 wuchs das Gemeindegebiet um das 21fache, die Bevölkerung stieg auf einen Schlag von 28'000 auf 107'000 Einwohnerinnen und Einwohner. Sie schuf die Voraussetzung für eine grossstädtische Politik, die Zürich umzusetzen gewillt war.

Das Tram als Aufgabe des öffentlichen Lebens

25 Jahre nach der ersten Eingemeindung schrieb der Zürcher Stadtrat über die Stadt: «Sie hat, seitdem ihre elf Ausgemeinden mit ihr vereinigt wurden, nicht nur ein neues Leben begonnen, sondern ihm auch einen Inhalt gegeben der reicher und bedeutungsvoller erscheint als der ganzer Jahrhunderte ihrer früheren Existenz. […] Die Beziehungen der Stadt als Gemeinde zu ihren Einwohnern haben sich vervielfältigt, vertieft und solidarisiert. Ein neues Prinzip ringt sich in all seinen Erscheinungen ihrer Entwicklung seit 1893 immer deutlicher zur Herrschaft durch.»[70] Angesichts der häufigen Unruhen und Streiks und der Tendenz zur Niederschlagung von Demonstrationen mit Hilfe des Militärs, beschrieb der Stadtrat seine Leistung zwar etwas gar schönfärberisch. Bemerkenswert ist die Grundhaltung, die der Stadtrat in seiner Festschrift zum Ausdruck brachte, allemal. Sie war Ausdruck eines neuen

Politikverständnisses: die Gemeinde sollte mehr sein als blosse Verwaltungseinheit; sie sollte dem modernen Menschen eine urbane Heimat bieten. Die Stadt verabschiedete sich von der althergebrachten Vermögens- und Hoheitsverwaltung, bekannte sich zum Gemeinde- oder Munizipalsozialismus und begann eine moderne Leistungsverwaltung aufzubauen.[71] Wichtiger Teil dieser Neuorientierung war die Übernahme der Strassenbahnen in kommunalen Besitz und deren Ausbau nach gesamtstädtischen Gesichtspunkten.

Munizipalsozialismus und Stadtentwicklungspolitik

Der Begriff «Munizipalsozialismus», der die Neuausrichtung der städtischen Verwaltung charakterisierte, war kein Begriff politischer Programmatik. Er lehnte sich an den in Deutschland seit den siebziger Jahren verwendeten Ausdruck «Staatssozialismus» an, womit ein Grossteil der Sozialreformer ihre Forderung nach weitgehenden Eingriffen des Staates in die gesellschaftlichen Verhältnisse bezeichneten, nicht um diese umzukrempeln, sondern um die arbeitende Klasse am Produktivitätszuwachs partizipieren zu lassen und sie so in das herrschende System zu integrieren. «Die Politik einer demokratisch organisierten Grossstadt muss deshalb darauf ausgehen, aus den Niedergelassenen Bürger zu machen, die sich mit ihr durch viele Interessenbande verknüpft fühlen und die ihr eigenes Wohlergehen in dem der Stadt erblicken.»[72] Mit diesem Satz umriss die Zürcher Stadtregierung ziemlich genau, was unter «Munizipalsozialismus» idealtypisch zu verstehen ist, nämlich der Aufbau einer aktiv agierenden Verwaltung und eines Politikverständnisses unter gesamtstädtischen und gesamtgesellschaftlichen Prämissen. Zwischen dem Prozess der «Vergrossstädterung» und der Entstehung der städtischen Leistungsverwaltung, der Kommunalisierung monopolartig agierender Unternehmen, dem Ausbau der Infrastruktur und dem Aufbau der Stadtplanung bestand ein enger Zusammenhang.[73] Die Stadtregierung baute im Zuge der dringendsten Reformen das Schul- und Sozialwesen aus, verbesserte das Gesundheitswesen, die Wasserversorgung, die Kanalisation und das Abfuhrwesen und machte sich an die Planung der künftigen Stadtentwicklung, indem sie versuchte, einen ganzheitlichen Ansatz, der sowohl den Hochbau wie die Verkehrsplanung umfasste, zu etablieren. Dieser Ansatz misslang in Zürich allerdings gründlich, aber nicht nur hier. In einem vielbeachteten Referat geisselte 1910 der Kölner Strassenbahn-Inspektor Wattmann am internationalen Strassenbahnkongress in Brüssel die fehlende Verbindung von Siedlungs- und Strassenbahnpolitik in den meisten Städten Europas. Er stützte sich dabei auf eine von ihm durchgeführte Umfrage bei 73 städtischen Verwaltungen in ganz Europa, bei denen er das Zusammenwirken der Bebauungsplanung und der Strassenbahnplanung überprüfte. Bei rund 80 Prozent konnte er keine Zusammenarbeit feststellen, bei etwa 10 Prozent fand diese Zusammenarbeit nur gelegentlich statt, und nur 10 Prozent der angefragten Städte gaben an, dass bei ihnen Bebauungsplanung und Verkehrsplanung eine Einheit seien.[74] Zürich gehörte zu den 80 Prozent, die bei Wattmann schlecht abschnitten. Die Chancen für ein besseres Resultat wären allerdings gut gewesen.

Vom Scheitern eines ganzheitlichen Ansatzes

In der neuen Stadtverwaltung von 1894 wurden der Hoch- und der Tiefbau zusammen mit den Industriellen Betrieben in der Bauabteilung zusammengefasst und Stadtrat Paul Usteri unterstellt. Usteri hatte noch als Stadtschreiber des alten Zürichs die Eingemeindung kräftig vorangetrieben. In einer zwölfteiligen Artikelfolge in der Neuen Zürcher Zeitung hatte er die Gründe für einen Zusammenschluss zu Gross-Zürich detailliert dargelegt und eine ganzheitliche Stadtentwicklungsstrategie definiert.[75] Als Bauamtsvorsteher war Usteri gewillt, diesen Ansatz umzusetzen. In seiner Abteilung liefen alle Fäden des Planungs- und Bauwesens zusammen, und Usteri beabsichtigte, diese Fäden aktiv aufzunehmen. Er war nebst vielem anderem federführend beim 1894 verabschiedeten Strassenbahnprogramm, bei der 1896 vorgelegten Weisung zur Arbeiterwohnungsfrage und politisch verantwortlich für den Entwurf eines Bebauungsplanes.[76] Bereits vor der Stadtvereinigung hatte Usteri als Kantonsrat massgeblich das Baugesetz von 1893 geprägt und damit die Rahmenbedingungen für den Bebauungsplan geschaffen.[77] Usteris umfassender Ansatz scheiterte an der Politik des Parlaments und an der rasanten Entwicklung der Stadt Zürich in den neunziger Jahren: eine aktive städtische Wohnungspolitik verhinderte der Grosse Stadtrat bis 1906, und die Verabschiedung des Bebauungsplans verzögerte sich bis 1901, weil in der rasch wachsenden Stadt ständig neue Quartierpläne ausgearbeitet werden mussten. Vor dem Ersten Weltkrieg gelang allein die Durchsetzung einer städtischen Verkehrspolitik und die Kommunalisierung der privaten Strassenbahnunternehmen. Vielleicht hätte Usteri seine Visionen realisieren können, wäre er länger in der Stadtregierung geblieben. 1896 verliess er den Stadtrat und wechselte als Direktionsmitglied zur Schweizerischen Lebensversicherungs- und Rentenanstalt.[78] Mit dem Wechsel Usteris in die Privatwirtschaft verlor die Stadt einen weitsichtigen Stadtorganisator. Die Lücke, die er hinterliess, konnte erst Jahre später mit dem Eintritt Paul Klötis in die Stadtregierung geschlossen werden.

Geplanter und gestoppter Wohnungsbau

Der ganzheitliche Ansatz Usteris wird deutlich in seiner Absicht, schon in den neunziger Jahren dem Mangel an gesundem Wohnraum durch den Bau städtischer Wohnungen am Stadtrand zu begegnen und diese Gebiete durch Strassenbahnen mit dem Stadtzentrum zu verbinden.
Bereits 1894 hatte Zürichs Gesundheitsvorstand, der Demokrat C. Grob, verlangt, dass die Stadt im Wohnungsbau aktiv werden müsse, um dem grassierenden Mietzinswucher und der Bauspekulation zu begegnen.[79] Am 25. April 1895 forderte der Grosse Stadtrat die Exekutive auf, zu prüfen, «ob nicht eine Wohnungsenquete sukzessive quartierweise unter Beginn in den dichtest bevölkerten Stadtteilen anzuordnen und innerhalb der nächsten Jahre durchzuführen sei».[80] 1896 beantragte der Stadtrat mit seiner Weisung zur Arbeiterwohnungsfrage, diese Erhebung durchzuführen: «Die Wohnungsverhältnisse eines Landes bedingen in hohem Grade dessen ökonomische,

gesundheitliche, sittliche und politische Zustände. Die gute Wohnung erzieht den Bewohner zur Wirtschaftlichkeit, erhält ihn gesund, pflegt und schützt seine Moral, verbindet ihn innig mit dem engern und weitern Gemeinwesen; die schlechte Wohnung dagegen treibt ihn auf die Gasse, macht ihn gesundheitlich und moralisch elend und entfremdet ihn dem Gemeinwesen.»[81] Und er verlangte: «Es sind bei den für die Stadt Zürich in Frage kommenden Eisenbahngesellschaften Schritte zu tun, damit durch Ausgabe billiger Abonnemente und nötigenfalls durch Einschaltung passender Lokalzüge Leuten mit geringem Einkommen, welche in der Stadt beschäftigt sind, möglich gemacht wird, auf dem Lande Wohnung zu nehmen. [...] Die sukzessive Erstellung billiger gesunder Wohnungen für Gemeindeeinwohner mit geringem Einkommen ist in Aussicht zu nehmen.»[82]

Wenige Tage später verkündete der Stadtrat seine Absicht, am Friesenberg Land zu erwerben und den Bau von 2000 Wohnungen zu ermöglichen. Zur Abstimmung gelangte dieser Landkauf gleichzeitig mit dem Antrag auf Rückkauf der Elektrischen Strassenbahn Zürich. Die ESZ war die erste Zürcher Strassenbahn, welche die Stadt übernehmen und damit die Ära kommunaler Strassenbahnen in Zürich eröffnen wollte. Ein inhaltlicher Zusammenhang dieser beiden Vorlagen ist wahrscheinlich, explizit formuliert wurde er nicht. Doch gehörte der Bau einer Strassenbahnlinie durch Wiedikon bis zu den Grundstücken am Friesenberg zu den ersten Massnahmen, welche die Stadtregierung nach der Kommunalisierung der Elektrischen Strassenbahn Zürich in die Wege leiten wollte, und dass dieses Streckenprojekt bestand, war den Zürchern zum Zeitpunkt der Abstimmung bekannt. Der Landkauf, wiewohl im Abstimmungskampf heftig bekämpft, wurde am 28. Juni 1896 mit 9708 Ja gegen 7437 Nein genehmigt. Den Wohnbauabsichten des Stadtrates erwuchs im Grossen Stadtrat aber heftige Opposition. Zweieinhalb Jahre dauerten die Beratungen der entsprechenden Vorlage in der Grossratskommission, und nochmals drei Jahre, bis 1901, dauerte es, bevor das Geschäft im Grossen Stadtrat behandelt wurde. Dieser Moment war für den kommunalen Wohnungsbau denkbar ungünstig. Die Bautätigkeit war in der Liegenschaftenkrise von 1900/01 praktisch zusammengebrochen. In diesem Umfeld erachtete es das städtische Parlament nicht mehr als kommunale Aufgabe, in den Wohnungsmarkt einzugreifen, und verabschiedete eine bis zur Unkenntlichkeit verwässerte Vorlage, die den Stadtrat im wesentlichen dazu ermächtigte, regelmässig Wohnungskontrollen durchzuführen und Sanierungsarbeiten zu veranlassen.[83] Erst als sich 1905 eine neue Wohnungsnot abzeichnete, ging die Stadt zu einer aktiveren Wohnungspolitik über. Am 21. April 1907 bewilligte der Souverän den Bau der ersten städtischen Wohnkolonie an der Limmatstrasse. Gebaut wurde sie 1908, vier Jahre später folgte die erste Etappe der Riedtlisiedlung beim Rigiblick.[84]

Der verspätete Bebauungsplan

Ähnlich erging es dem Ansinnen, durch eine frühzeitige Bebauungsplanung die Richtung der Bautätigkeit in Zürich zu beeinflussen. Die stürmische Bautätigkeit in den neunziger Jahren führte in einer ganzen Reihe von Kantonen mit grossen Städten zu neuen Baugesetzen. Zürich erliess 1893 ein neues Baugesetz, Bern ein Jahr später, Basel und Genf folgten 1895.[85] Das Zürcher Baugesetz von 1893 sollte negative bauliche Entwicklungen, wie sie aus dem Ausland bekannt waren, verhindern. Man wollte, wie es Stadtingenieur Wenner ausdrückte, die bauliche Entwicklung im Stadtgebiet neu normieren und den allgemeinen Anforderungen an Verkehr, Bebauung und Gesundheit anpassen.[86] Mit den neuen Baugesetzen wurden die planungsrechtlichen Instrumente zwar ausgebaut, grundsätzlich aber keine neuen Wege beschritten. Immerhin wurden die Abstandsregelung und die Bauhöhenbeschränkung eingeführt und fensterlose Wohn- und Schlafräume oder bewohnte Kellerräume verboten. Zudem führte das Baugesetz von 1893 den Bebauungsplan als planungsrechtliches Instrument ein. Grundsätzlich neu war dieses Instrument nicht, sondern stellte im wesentlichen die Weiterentwicklung der Quartierpläne dar. Beim Bebauungsplan handelte es sich um dasjenige Planungsinstrument, das heute die treffendere Bezeichnung «Verkehrsrichtplan» trägt. «Die Aufgabe bei der Aufstellung des Bebauungsplanes war eine doppelte. Einerseits galt es das Neue, die Stadterweiterung, ins Auge zu fassen, und andrerseits durfte das Alte, die Verbesserung des Bestehenden und der richtige Anschluss des Neuen an dieses, nicht ausser Acht gelassen werden», führte Stadtingenieur Wenner 1909 aus.[87] Gerade diesen prospektiven Anspruch erfüllte der Zürcher Bebauungsplan jedoch nicht: die Ausarbeitung des Bebauungsplans fiel in die Zeit der überhitzten Hochbautätigkeit, so dass die Behörden für zahlreiche Strassen laufend Bau- und Niveaulinien im Quartierplanverfahren erlassen mussten und sich die Ausarbeitung verzögerte. Bis der Plan den regierungsrätlichen Segen erhielt, dauerte es nochmals bis 1901.[88]

Allerdings war der Stadtrat über die lange Bearbeitungszeit selbst nicht unglücklich, stellte er doch 1899 fest, dass es durchaus begrüssenswert sei, dass die Ausarbeitung des Planes so lange gedauert habe. Eine frühere Publikation, so wurde befürchtet, hätte die Spekulation innerhalb Zürichs nur noch mehr angeheizt.[89]

Das Strassenbahnprogramm von 1894

Zwei Instrumente zur Steuerung der Stadtentwicklung konnte die Zürcher Stadtregierung nicht oder nur verspätet einsetzen. Was dem Stadtrat blieb, war der Zugriff auf die Strassenbahnen. 1894 publizierte er sein Strassenbahnprogramm: «Die Entwicklung unserer Stadt vollzieht sich wie anderwärts in dem Sinne, dass die Altstadt als Zentrum der stets anwachsenden gesamten Stadt sich mehr und mehr zum Geschäftsquartier ausbildet, dass hiedurch die Grundwerte steigen und damit, sowie durch vermehrte Annehmlichkeit des Wohnens in den äusseren Quartieren die Einwohnerschaft, prozentual gerechnet, mehr nach der Peripherie zieht. […] Mit dieser Bewegung der Bevölkerung, der Konzentration der Arbeitsstätten einer- und der Dezentralisation der Wohnstätten anderseits, ist zu rechnen, und es hat die Stadt auch keine Veranlassung, dieser Entwicklung eine veränderte Richtung zu geben.»[90] Im Strassenbahnprogramm von 1894 deklarierte der Stadtrat die Zielsetzung der städtischen Trampolitik und definierte die Strategie zu deren Umsetzung. Das zentrale Ziel bestand im Ausbau des Liniennetzes und in der schrittweisen Kommunalisierung der privaten Tramgesellschaften. Der lange Arbeitsweg, der durch die Trennung von Wohnen und Arbeiten entstand, wurde als der hauptsächliche Nachteil einer an sich wünschenswerten Entwicklung bezeichnet, ein Nachteil, den private Strassenbahnunternehmen nicht zu beheben in der Lage seien. Die Privatgesellschaften hätten bislang ihrem Wesen entsprechend nur die bestrentierenden Linien realisiert, es liege nun an der Stadt, auch andere Linien an die Hand zu nehmen. Darüber hinaus sei es unter keinen Umständen möglich, anders denn mittelbar auf die Tarif- oder Fahrplangestaltung einzuwirken und überhaupt die öffentlichen Interessen wahrzunehmen, solange die Strassenbahnen privat betrieben würden: «Die Strassenbahnen vollziehen eine Aufgabe des öffentlichen Lebens, die für die städtische Entwicklung und für grosse Kreise der Stadtbevölkerung von wesentlicher Bedeutung ist. Hat die Stadt sie in der Hand, so kann sie durch ein neues Mittel bestimmend auf die städtische Entwicklung einwirken.»[91] Der Stadtrat unterstrich seinen Willen, die Zürcher Strassenbahn AG auf den 1. Januar 1897 zurückzukaufen. Danach beabsichtige er, den Pferdebetrieb aufzuheben, die Strecken auf elektrischen Betrieb umzustellen und auf die übliche Meterspur umzubauen. Zudem versprach der Stadtrat, sich dem Bau neuer Linien zuzuwenden, soweit diese in finanzieller und technischer Hinsicht kein grosses Risiko darstellten. Dem Zürcher Strassenbahnprogramm stimmte der Grosse Stadtrat am 8. September 1894 ohne Gegenstimme zu.[92] An dieser Sitzung liess Stadtrat Paul Usteri keinen Zweifel daran, welche «Aufgabe des öffentlichen Lebens» er der Strassenbahn zuordnete: «Die Stadt muss danach streben, dass die städtische Bevölkerung nebeneinander und nicht übereinander wohnt. Dabei muss man aber einen grossen Nachteil, die grossen Distanzen in Kauf nehmen. Transportmittel werden allgemeines Bedürfnis.»[93]

Die elektrische Strassenbahn entwickelte sich in den neunziger Jahren zu einem zentralen Instrument der Stadtentwicklungsplanung. Anders als dem Bau kommunaler Wohnungen wurde der Errichtung kommunaler Strassenbahnen nur geringer Widerstand entgegengesetzt. Immer häufiger wurden in der öffentlichen Diskussion die Möglichkeiten effizienter Transportmittel mit dem Urbanisierungsdruck und der Verbesserung der Wohnverhältnisse verbunden, die Forderung nach einheitlicher Netz- und Fahrordnung und billigen Taxen erhoben und auf die Unmöglichkeit verwiesen, sozialpolitische Zielvorstellungen mit privatwirtschaftlich agierenden Gesellschaften umzusetzen.[94] Die Stadtbehörden waren insbesondere in Deutschland und der deutschen Schweiz gehalten, die privaten Strassenbahngesellschaften zurückzukaufen. «Zurückkaufen» war der gängige Ausdruck, wenn ein privates Tramunternehmen von der Stadt übernommen wurde. Der Ausdruck ist doppeldeutig: Das «Zurückkaufen von Eisenbahngesellschaften» oder von anderen monopolartigen Unternehmen wie den Gaswerken bezog sich in erster Linie auf die Rechte, die man früher einmal abgetreten hatte. Der Staat wahrte sich mit den Rückkaufsklauseln in den Konzessionen die Möglichkeit, diese Rechte nach einem meist fest definierten Zeitraum zurückzuholen. «Zurückgekauft» wurden damit aber nicht nur die Rechte am Strassengrund, sondern die ganzen Gesellschaften, die allenfalls zum Verkauf, nie aber zum Rückkauf standen. Die Stadt kaufte zurück, was sie nie besessen hatte und legitimierte damit den Aufbau einer monopolartigen Stellung im Verkehrsbereich. Dieses Monopol wurde nicht nur von linken Politikern angestrebt: Paul Usteri, der die Kommunalisierungsstrategie in Zürich entwickelt hatte, war ein freisinniger Politiker, genau wie sein Amtsnachfolger Jakob Süss.[95]

Die Geburtsstunde der Städtischen Strassenbahn Zürich

Am 23. Dezember 1894 legte der Zürcher Stadtrat die Kommunalisierung der Zürcher Strassenbahn AG und deren Umwandlung in die «Städtische Strassenbahn Zürich» der stimmberechtigten Zürcher Bevölkerung zur Abstimmung vor. In der Neuen Zürcher Zeitung legte sich der Präsident des Grossen Stadtrats, der liberale J. Wirz, zur geplanten Kommunalisierung ins Zeug: «Während langer Zeit hat der sogenannte Manchester Standpunkt des laisser aller die Welt beherrscht und es hiesse demselben Unrecht, wenn man die enormen Fortschritte, welche unter seiner Herrschaft erzielt wurden, gering schätzen wollte. […] Dagegen hat der Standpunkt, welchen der Stadtrat in der Frage der Verstadtlichung der Strassenbahnen eingenommen hat, meine ungeteilte Sympathie gefunden.»[96] Wirz argumentierte im wesentlichen mit dem Strassenbahnprogramm, aus dem er grosszügig zitierte. Wirz wusste sich im Einklang mit den allermeisten Politikern und allen grossen Zeitungen. Im Grossen Stadtrat war der Rückkauf der Zürcher Strassenbahn AG bei nur zwei Gegenstimmen bewilligt worden, und Zeitungen wie die Neue Zürcher Zeitung, die Züricher Post oder die Schweizerische Handelszeitung unterstützten die Kommunalisierungsbestrebungen vehement. Ankämpfen musste Wirz indessen gegen die Arbeiterunion unter Robert Seidel, die den Ankauf der Zürcher Strassenbahn heftig bekämpfte. In einer Artikelserie der Arbeiterstimme, welche die Arbeiterunion vor der Abstimmung unter dem Titel «Der Tramwayhandel oder Wuchergeschäft und Gemeinwohl» als Separatdruck herausgab, bekämpfte die Arbeiterunion vorab den Kaufpreis von 1,75 Millionen Franken.[97] Seidel fuhr in seiner Streitschrift schweres Geschütz gegen den «Tramwayhandel» auf und verglich die Rückkaufsabsichten mit der in diesen Jahren gescheiterten Verstaatlichung der Centralbahn, die über Monate die Gemüter bewegt und Zeitungsspalten gefüllt hatte: «Herr Goldberger, einer der Haupthelden des Centralbahnschachers, hat irgendwo durch Selbstmord geendet. Wäre der Centralbahnhandel gelungen, so würde Herr Goldberger nicht zum Strick oder Revolver gegriffen, aber das Schweizervolk würde an die Herren Goldberger, Fierz-Landis und Compagnie mindestens 60 Millionen Franken mehr zu zahlen gehabt haben, als die vortreffliche Centralbahn wert war. […] Was der Centralbahnschacher für das Schweizer Volk war, das ist der Tramhandel für das Zürcher Volk. […] Der empfohlene Ankauf der Zürcher Strassenbahn ist ein Wucherkauf, der den Herren Aktionären einen einzig dastehenden glänzenden Gewinn, dem Zürcher Volke aber gar keinen Vorteil, wohl aber Nachteile bringt.»[98] Seidel rechnete detailliert vor, wie die Zürcher Strassenbahn AG die Bevölkerung Zürichs übers Ohr zu hauen versuche und sich mit dem

Verkauf des Trams unrechtmässig zu bereichern beabsichtige. Der Kaufpreis der Zürcher Strassenbahn AG bemass sich gemäss Kaufvertrag am durchschnittlichen Reinertrag, den das Tramunternehmen in den zehn Jahren vor dem Kauftermin erwirtschaftete. Frühester Rückkauftermin war gemäss Konzession der 1. Januar 1897. Je höher also der Reinertrag zwischen 1887 und 1897 ausfiel, desto teurer kam die Stadt das Pferdetram zu stehen. Die Arbeiterunion warf der Zürcher Strassenbahn AG nun vor, die Gewinne in diesem Zeitraum künstlich in die Höhe zu treiben und zu diesem Zweck den Erneuerungsfonds über Gebühr zu schröpfen. «Wir werden zeigen, aus welch schlechtem Leder die dicken Dividenden der drei letzten Jahre geschnitten sind, wir werden zeigen, auf welch dünnen krummen Beinen der dickbauchige, wucherische Kaufpreis steht und wir werden zeigen, wie das Volk der Stadt zu einem billigeren Tram kommen kann.»[99]

Die Arbeiterunion sorgte mit ihrer Argumentation unter den Trambefürwortern für einige Unruhe und bei den Redaktionen der Zürcher Zeitungen für ausgedehnte Gegendarstellungen: «Wenn der Redacteur der Arbeiterstimme eine ausreichende Genugthuung in dem Lärm finden sollte, den seine Artikel erregen, so hat er diesmal allen Grund zur Befriedigung. Es ist ihm gelungen, bei einer gewissen Anzahl von Leuten, die sonst nicht seiner Führung zu gehorchen pflegen, den von den Behörden nach mühsamen Berechnungen und Unterhandlungen abgeschlossenen Vertrag zu diskreditieren.»[100] Vollends konnten sich die Befürworter des Tramkaufs der Argumentation nicht verschliessen, zu offensichtlich war, dass die Zürcher Strassenbahn AG den Reinertrag vor Vertragsabschluss künstlich in die Höhe getrieben hatte. «Den Spielraum, den das vom Bundesrate genehmigte Regulativ für den Erneuerungsfonds gestattet, hat die Gesellschaft reichlich ausgenutzt», argumentierte etwa die Züricher Post. «Nur ist, was die Redaktion der ‹Arbeiterstimme› darüber sagt, übertrieben.»[101] Die Zürcher Zeitungen bemühten sich zu belegen, dass die Arbeiterunion mit falschen Zahlen operiere, der Vertrag weder die Stadt noch das Tramunternehmen übervorteile und die Stimmbürger mit der Bewilligung des Kaufs den Grundstein für eine dem Gesamtwohl zuträgliche Verkehrspolitik schaffen würden. Die publizistische Gegenoffensive hatte Erfolg: Die Zürcher stimmten dem Rückkauf der Zürcher Strassenbahn AG deutlich mit 9228 Ja zu 4694 Nein zu.[102] Wirksam wurde der Rückkauf wegen der Sperrfrist in der Konzession erst auf den 1. Januar 1897. Solange musste Zürich allerdings nicht auf das erste kommunale Tram warten.

Am 28. Juni 1896 stimmten die Zürcher über die Kommunalisierung der Elektrischen Strassenbahn Zürich ab. Bereits bei der Konzessionierung der ESZ, die bekanntlich gegen den Willen der Stadt erfolgt war, hatte der Stadtrat für eine nur kurze Lebensdauer des Tramunternehmens vorgesorgt und in der Konzession verankern lassen: «Die Stadt ist befugt, die infolge dieser Konzession erstellten Strassenbahnen gegen eine in Ermangelung einer Einigung durch das Bundesgericht zu bestimmende Entschädigung zurückzukaufen.»[103] Das Bundesgericht musste nicht bemüht werden. Die ESZ und der Stadtrat einigten sich auf einen Kaufpreis von 778'000 Franken, der im Gegensatz zur Abstimmung von 1894 nirgends angezweifelt und vom Grossen Stadtrat ohne Gegenstimme bewilligt wurde. Der Stadtrat argumentierte in der Abstimmungsweisung mit der Einheitlichkeit des Stras-

Ein Motorwagen der Städtischen Strassenbahn Zürich kreuzt 1902 unter einem Wagen der Zürichbergbahn. Dass die Stadt die Konzession für die Strecke vom Leonhardsplatz (Central) zum Kreuzplatz gegen die Konkurrenz der ESZ zugesprochen erhielt, erleichterte den Rückkauf des Privattrams erheblich. (BAZ)

senbahnbetriebes, den er anstrebe, einer koordinierten Tarifpolitik, einem geplanten Netzausbau und der beabsichtigten Elektrifizierung der Zürcher Strassenbahn AG: «Erwirbt die Stadt die Elektrische Strassenbahn, so gelangt sie dadurch in den Besitz einer Kraftstation, die sich sehr wohl eignet, um auch einen Teil der jetzigen Pferdebahn mit elektrischem Strom zu versorgen; es wird ihr ferner, wenn der Ankauf schon jetzt, auf den 1. Juli 1896 sich vollzieht, leichter sein, sich auf den elektrischen Betrieb der Pferdebahnlinien vorzubereiten.»[104] Erleichtert wurde der Rückkkauf der ESZ durch Konzessionen für Strecken, welche die ESZ gerne erworben hätte, die aber der Stadt erteilt wurden. Es waren dies Strecken über die Quaibrücke zum Paradeplatz und zum Bahnhof Enge sowie vom Kreuzplatz durch den Seilergraben zur Bahnhofbrücke. Der Möglichkeit eines gewinnbringenden Ausbaus des eigenen Streckennetzes beraubt, stellte die ESZ den Kaufabsichten der Stadt keine Hindernisse in den Weg.[105] Der Kauf der Elektrischen Strassenbahn Zürich wurde am 28. Juni 1896 mit 15'364 zu 1764 Stimmen überwältigend genehmigt, bereits drei Tage später ging das Unternehmen in den Besitz der Stadt über.

Schon vor der Kommunalisierung der ESZ war es der Stadt Zürich gelungen, sich gegenüber dem Kanton alle relevanten Kompetenzen für die Strassen-

Pferdetram zwischen 1897 und 1900 auf der Bahnhofstrasse. Der Wagen trägt bereits die Aufschrift «Städtische Strassenbahn». Nach seinem Übergang an die Stadt Zürich liess sich die Stadt mit dem Umbau des Pferdetrams auf elektrischen Betrieb noch zwei Jahre Zeit. (Archiv VHS)

bahnpolitik zu sichern. Nach der Konzessionserteilung an die Elektrische Strassenbahn Zürich hatte der Bund Stadt und Kanton Zürich aufgefordert, die strittigen Fragen zu klären. Über die innerstädtischen Linien einigten sich Kanton und Stadt problemlos. Am 20. August 1893 stellte der Regierungsrat den Grundsatz auf, dass die kantonale Konzession wie die des Bundes erst nach Erteilung der Stadtkonzession vergeben werde. Diese Richtlinie wirkte sich erstmals 1894 bei der Konzessionserteilung an die Industriequartier-Strassenbahn aus.[106] In bezug auf interkommunale Strassenbahnen dauerte die Auseinandersetzung zwei Jahre länger. Dreh- und Angelpunkt war dabei der Bundesbeschluss von 1881. Dieser hielt fest, dass für eine Konzession die Einwilligung derjenigen Instanz notwendig sei, die das Verfügungsrecht über die zu befahrenden Strassen besitze. Die Hoheit über die Hauptstrassen besass der Kanton, die Stadt konnte Betriebsbewilligungen also nicht grundsätzlich verhindern, hatte aber zahlreiche Möglichkeiten, überkommunalen Strassenbahnen die Existenz kräftig zu erschweren. Am 31. Mai 1895 hatte die Stadt auch hier ihr Ziel erreicht: Der Regierungsrat willigte darauf ein, dass bei überkommunalen Strassenbahnen die Stadt Zürich mit der Konzessionserteilung einverstanden sein müsse, zumindest für denjenigen Streckenteil, der städtisches Gebiet betraf. Damit war Zürich zur massgebenden Instanz geworden bei der Vergabe von Konzessionen für Strassenbahnen, die Stadtgebiet befuhren. Am 28. August stellte Bauvorstand Paul Usteri an einer Stadtratssitzung, bei welcher das Konzessionsgesuch für die Strassenbahn Zürich–Oerlikon–Seebach behandelt wurde, befriedigt fest: «In dieser Konzession hat der Regierungsrat endlich den vom Stadtrate von Anfang an verfochtenen Standpunkt angenommen, dass nicht mehr die städtische Konzession nur soweit vorbehalten wird, als sie nicht im Widerspruche steht mit der kantonalen, sondern dass sie unter Genehmigungsvorbehalt des Regierungsrates rundweg vorbehalten wird.»[107]

Die publizistische Formatierung des Trams zum Städtebauer

Die breite Zustimmung zur Kommunalisierung der Elektrischen Strassenbahn Zürich und der Zürcher Strassenbahn AG war die Folge einer jahrelangen publizistischen Offensive. Seit Jahren verbreiteten Tageszeitungen, Fachzeitschriften, Städtebauer und Behörden das Hohelied auf das elektrische Tram und verkündeten die Vorzüge der Kommunalisierung. Die publizistische Modellierung des elektrischen Trams als urbaner Problemlöser war ein Gemeinschaftswerk verschiedener Handlungsträger, dem sich kaum ein Zeitgenosse entziehen konnte. Mit der Verankerung dieses Gemeinschaftswerks im Bewusstsein breiter Bevölkerungsschichten wurde gleichzeitig der Zwang zur Mobilität als erstrebenswertes Gut aufgebaut.

Strassenbahnverband und Neue Zürcher Zeitung fordern das städtische Tram

Am 30. August 1891, nur wenige Tage nach der Abstimmung über die Vereinigung von Zürich mit seinen zwölf Vororten, verlangte der Strassenbahnverband ein Moratorium in der Erteilung neuer Tramkonzessionen und die Überprüfung der Strassenbahnpolitik: «Übrigens legt die Entwicklung des Strassenbahnwesens die Frage nahe, ob dasselbe weiterhin privaten Unternehmungen vorzubehalten sei. Diese wichtige Frage wird voraussichtlich eine der ersten sein, mit welcher die Behörden der erweiterten Stadt sich zu beschäftigen haben werden.»[108] «Gross-Zürich und die Strassenbahnen» hiess ein zweiteiliger Artikel, der daraufhin in der Neuen Zürcher Zeitung erschien.[109] In diesem Artikel breitete die Neue Zürcher Zeitung bereits das gesamte Argumentarium aus, das drei Jahre später zur Kommunalisierung der Strassenbahnen angeführt werden sollte und das einen Anforderungskatalog umfasste, der nach einem einheitlichen und rationellen Betriebssystem, nach günstigen Fahrtaxen und dichten Fahrplänen, nach der raschen Einführung des elektrischen Trams und nach einer Politik verlangte, die sich nicht an kurzfristigen Profiten, sondern am Gemeinwohl von «Neu-Zürich» orientiere: «Was sind nun aber die Anforderungen, welche von der Bevölkerung an solche Bahnen gestellt werden sollen? Die Beförderung durch die Bahnen soll in kurzen Zwischenzeiten mit thunlichster Beschleunigung stattfinden, und es sollen die Taxen möglichst niedrig gehalten sein. Prinzipiell ist bei solchen Bahnen die Einheitstaxe das Richtigste. Zur gedeihlichen Entwicklung einer über eine grosse Fläche ausgebreiteten Stadt gehört in der Jetztzeit ein rationelles, gut betriebenes Strassenbahnnetz, welches alle Theile dieser Stadt unter sich und mit den Verkehrszentren derselben in leichteste Verbindung bringt.»[110] Die Linien nach Wollishofen, Wiedikon, Wipkingen, Unterstrass, Oberstrass, Fluntern, Hottingen und Hirslanden seien als Einheit zu betrachten und ihr Bau entsprechend anzugehen. Und die Entwicklung in «unserer Schwester-Republik Nord-Amerika» lege nahe, wie die neuen Strecken gebaut werden sollen: «[…] man möge alle diese Anschlusslinien für elektrischen Betrieb mit oberirdischer Stromzuführung einrich-

ten.»[111] Diese Politik umzusetzen sei nur dann möglich, führte die Neue Zürcher Zeitung aus, wenn der Strassenbahnbetrieb in möglichst wenigen Händen liege: «Das ist nöthig zur Durchbildung eines ineinander greifenden Tax- wie Fahrordnungssystems, und es wäre unbedingt zum Schaden des die Strassenbahn benützenden Publikums, wollte man die einzelnen Linien verschiedenen Interessenten übergeben. […] Würden jetzt einzelne Konzessionen ertheilt, so wären den Behörden von Neu-Zürich die Hände gebunden und eine rationelle einheitliche Behandlung der Vervollständigung des zürcherischen Strassenbahnnetzes wohl für immer unmöglich gemacht.»[112]
Der NZZ-Artikel löste eine heftige Reaktion der Gemeinde Fluntern aus, die mit einem privaten Unternehmen eine Tramlinie projektierte und detailliert darlegte, weshalb die Argumentation der Zeitung wenig stichhaltig sei. Der Ausbau des Strassenbahnnetzes werde unerträglich verschleppt, wenn man das Moratorium der Strassenbahnkommission befürworte respektive die Entwicklung des Netzes den städtischen Behörden allein überlassen wolle: «[…] tritt die befürwortete Suspension ein, so hört jede bestimmte Vermuthung darüber auf, wann die neuen Anschlusslinien und in welcher Reihenfolge sie ‹successive› zur Verwirklichung gelangen werden. Insbesondere werden die über die Abhänge und Terrassen des Zürichbergs sich erstreckenden Gemeinden Hottingen, Hirslanden, Fluntern, Ober- und Unterstrass […] gut thun, sich für lange Zeit alle ihre Hoffnungen aus dem Kopfe zu schlagen.»[113] Fluntern behielt zwar kurzfristig recht und konnte 1895 auf privater Basis seine Tramlinie realisieren, mittelfristig setzte sich aber die Haltung der Neuen Zürcher Zeitung durch, die sich durch eine breit abgestützte internationale Kommunalisierungsbewegung in ihrer Meinung bestätigt sah.

Sukkurs aus den Hochschulen

Sukkurs in ihren Anstrengungen, der elektrischen Strassenbahn als Lenkungsinstrument der Stadtentwicklung den Weg zu ebnen, erhielten die Stadtbehörden aus den Hochschulen. Die Sorge über die Entwicklung der Grossstädte führte zu einer Renaissance des Faches «Städtebau», das sich zu einer eigenständigen Disziplin an den Hochschulen entwickelte. Diese Renaissance manifestierte sich in verschiedenen Ansätzen, die sich gegenseitig beeinflussten und nur selten in reiner Form auftraten. Es waren drei Hauptströmungen, die ihren Platz beanspruchten.[114] Erstens ein technisch-instrumenteller Ansatz des Zugriffes auf die Stadtentwicklung, der in der Tradition Richard Baumeisters stand und dessen wichtigster Vertreter, Josef Stübben, mit seinem 1890 erschienenen Grundlagenwerk «Der Städtebau» der wissenschaftlichen Disziplin den Namen gab. Diesem Ansatz inhärent war der Einsatz moderner Technologien und ingenieurwissenschaftlicher Erkenntnisse, um den urbanen Problemen zu begegnen, und entsprechend der Ausbau der elektrischen Strassenbahn.[115] Ein zweiter Ansatz, der das Hauptgewicht auf stadtbaukünstlerische Aspekte legte und eng mit Reformbestrebungen in Kunstgewerbekreisen verknüpft war, wurde repräsentiert durch Camillo Sitte, der 1889 mit seinem Buch «Der Städte-Bau nach seinen künstlerischen Grundsätzen» für Aufsehen in Fachkreisen gesorgt hatte und zusammen mit Goercke 1901 die Zeitschrift «Der Städtebau», das um die Jahrhundertwende massgebliche städtebauliche Organ im deutschsprachigen Raum, ins Leben rief.[116] Sitte beklagte den Zerfall ästhetischer Werte des Städtebaus und versuchte, diesen Werten wieder Nachachtung zu verschaffen. Sein Einfluss auf die Formierung der städtebaulichen Diszipilin war zwar erheblich, für unsere Fragestellungen aber nebensächlich. Bei Sitte spielten die Möglichkeiten öffentlicher Nahverkehrsmittel im Städtebau kaum eine Rolle, so wie ihn Fragen des Verkehrs grundsätzlich wenig interessierten: «Ein Strassennetz dient immer nur der Kommunikation, niemals der Kunst […].»[117]

Der dritte Ansatz war sozialpolitisch zur Behebung von Wohnungsnot und Wohnungselend motiviert und gewann erst nach der Jahrhundertwende unter dem Einfluss der Gartenstadt-Idee, wie sie Ebenezer Howard 1898 in seinem Buch «Tomorrow – A peaceful path to real reform» ausformuliert hatte, an Boden.[118] Auch für Howard spielten Strassen- und Vorortsbahnen eine untergeordnete Rolle. Wichtig wurde der Ansatz Howards jedoch nicht in seiner radikalen Form, sondern in einer auf die Bedürfnisse und Realitäten der bürgerlich-industriellen Gesellschaft zurückgestutzten Version, und darin wurde den öffentlichen Massenverkehrsmitteln eine zentrale Rolle zugemessen.

In den neunziger Jahren am wirksamsten wurde der eher technokratische Ansatz Stübbens, der sich gut in die liberale Grundhaltung einordnen liess, die Eingriffe in die Stadtentwicklung auf Teilbereiche beschränkte und sie kaum miteinander verknüpfte. Stübben stand ganz in der Tradition Baumeisters und ging mit seinem Buch kaum über die Postulate seines Vorgängers hinaus. In seinem Werk «Der Städtebau» breitete «der grosse Enzyklopädist seiner Zeit, Sammler und Systematisierer von Erfahrungen» (Albers) zwar die ganze Vielfalt städtebaulicher Gesichtspunkte aus, behandelte sie aber getrennt und unter dem Blickwinkel der systematisierenden Bearbeitung von konkreten Sachverhalten, technischen Erfahrungen und Planungsbeispielen. Stübben unterstrich die Bedeutung von Strassen- und Vorortsbahnen für die Entwicklung der Städte und lieferte ein umfangreiches Argumentarium für den Ausbau der Verkehrsinfrastruktur.[119]

Der Leitgedanke Stübbens war die Reform der Stadt durch die funktionale Trennung städtischer Nutzungen, allerdings noch nicht explizit ausformuliert, wie dies in der Zwischenkriegszeit der Fall war, sondern eher als naturgegebene Folge der Stadtentwicklung dargestellt. Er definierte die Idealstadt als Siedlungsgebilde, das sich in fünf Hauptgebiete gliedert, innerhalb derer jeweils eine bestimmte Nutzung den Charakter festlegt: Grossgewerbe und Grosshandel, Arbeiterwohnungen, Ladengeschäfte, Handwerksbereiche und Wohnungen für wohlhabende Bürger.[120] Das Instrument, um den städtischen Raum in diese fünf Hauptnutzungen zu trennen, war die Strassenbahn, und die Stadt war den Bedürfnissen dieses Verkehrsmittels anzupassen: «Das seit kaum zwei Jahrzehnten bei uns eingeführte, in Amerika seit längerer Zeit für den Stadtverkehr massgebende Strassenbahnwesen scheint noch am Anfange seiner Entwicklung zu stehen. Die Bauart der Städte und der Plan der Stadterweiterungen sind meist ein Hemmnis dieser Entwicklung. […] Mittels Abbruch von Häusern auf hinderlichen Strassenecken oder in Strassenengen, mittels Durchbrechen von Verbindungs- und Entlastungsstrassen hat man sich in vielen alten Städten helfen müssen und wird sich noch fernerhin zu helfen suchen. Ungeeignete Stadterweiterungspläne hat man abzuändern, bei Aufstellung neuer Stadtpläne aber die Erfordernisse des Strassenbahnwesens von vornherein aufmerksam zu berücksichtigen.»[121] Mit fast identischem Wortlaut wurde vierzig Jahre später der autogerechte Umbau der Stadt gefordert. Über die Auswirkungen, welche die Befolgung dieser Pläne nach sich zögen, liess Stübben keinen Zweifel aufkommen: «Mit dem regelmässigen Verkehr auf einer städtischen Strasse wächst ihr Wert für den Anbau von Geschäftshäusern, und zwar in bestimmten, wenn auch durch Zahlen kaum ausdrückbaren Graden und Abstufungen. Überschreitet der regelmässige Verkehr ein gewisses Mass, so vermindert sich die Annehmlichkeit und Eignung der Strassen zum Bewohnen, während die ‹Lage› sich mehr für den Geschäftsbetrieb, für Kleingewerbe und Läden eignet.»[122] Im «Städtebau» Stübbens hatte gegenüber den «Stadterweiterungen» Baumeisters die Erreichbarkeit als stadtgestaltender Faktor bereits deutlich an Bedeutung gewonnen. Die Strassenbahn wurde als erreichbarkeitsverändernder Faktor erkannt und als stadtraumrelevant gewürdigt. Allerdings blieben die Hinweise auf Interdependenzen zwischen Stadtstruktur und Verkehrsanlagen in Stübbens Grundlagenwerk, das mehrere hundert Seiten umfasst, alles in allem marginal und beschränkten sich auf wenige Abschnitte. Stübben interessierten vor allem technische und ingenieurwissenschaftliche Aspekte von Verkehrsbauten. Dem Leser lieferte er detaillierte Angaben über Strassenbreiten, über den Bau elektrischer Drähte oder den richtigen Abstand von Haltestellen. Stübbens «Städtebau» war in erster Linie ein Handbuch für den Praktiker, der sich mit konkreten Bauaufgaben konfrontiert sah und dazu konkrete Lösungsvorschläge sehen wollte.

Strassenbahnbegeisterung bei der Bauzeitung

Die Schweizerische Bauzeitung, das wichtigste städtebauliche Organ der Schweiz, stand schwergewichtig in der Tradition Stübbens und damit dem technisch-instrumentellen Zugriff auf den Städtebau nahe. Die Bauzeitung lancierte um die Jahrhundertwende eine eigentliche Propagandaaktion zugunsten des elektrischen Trams. Innerhalb der Rubrik «Städtebau» dominierten Berichte über den Bau und die Eigenschaften der elektrischen Strassenbahnen alle anderen städtebaulichen Aspekte bei weitem. Diese publizistische Tätigkeit darf durchaus als der gelungene Versuch interpretiert werden, ein zunächst umstrittenes Verkehrsmittel in Fachkreisen populär zu machen, um es anschliessend auch in breiten Bevölkerungskreisen als zentrales städtisches Verkehrsmittel zu verankern. Mit Akribie informierte die Bauzeitung über die Stadt-, Hoch- und Untergrundbahnen in europäischen und amerikanischen Metropolen und dokumentierte lückenlos die Entwicklung des öffentlichen Nahverkehrs in der Schweiz. Kaum eine Strassen- oder Seilbahn, der die Schweizerische Bauzeitung nicht einen Hauptartikel widmete, kein Strassenbahnkongress, der nicht ausführlich diskutiert wurde.[123] Gewicht legte die Zeitung vor allem auf technische und betriebswirtschaft-

liche Belange. Die technischen Einrichtungen fast sämtlicher Strassenbahnen wurden in grossen Artikelfolgen aufgezeigt, die betriebswirtschaftlichen Berechnungen standen sehr oft am Anfang solcher Artikelserien. Es gab eine Ausnahme: Das Gesuch und der Bau der ersten kommunalen Strassenbahn der Schweiz in Basel war offenbar ein derart aufsehenerregendes Ereignis, dass die Schweizerische Bauzeitung bereits 1892, als der Basler Regierungsrat das Konzessionsgesuch einreichte, und ein zweites Mal 1895, als das Basler Tram den Betrieb aufnahm, eingehend über die Beweggründe informierte.[124] Allerdings zitierte sie in ihrem ersten Artikel ausführlich aus dem Bericht Arnold Bürklis, den dieser zuhanden des Regierungsrates abgeliefert hatte, und überliess im zweiten Beitrag dem Basler Staatsingenieur Eduard Riggenbach das Wort. Selbst äusserte sich die Schweizerische Bauzeitung nicht über den Sinn kommunaler Strassenbahnen, bezog also noch nicht Position, was sie in späteren Jahren sehr pointiert zu tun pflegte.
Typisch für den Zugang der Schweizerischen Bauzeitung zum elektrischen Tram ist ein Artikel, der 1895 unter dem Titel «Die Strassenbahn und ihre Bedeutung für den Verkehr in Städten» erschien.[125] Darin bemühte der Autor das ganze Argumentarium, das die Vorteile der elektrischen Strassenbahn gegenüber allen anderen verfügbaren Verkehrsmitteln deutlich machen sollte. Zunächst verwies er auf die Begeisterung, die das Publikum dem neuartigen Fortbewegungsmittel gegenüber hege: «In Hamburg hat z. B. der elektrische Betrieb gegenüber dem Pferdebetrieb des vorhergehenden Jahres eine Frequenzerhöhung von 40 Prozent ergeben. Die wesentliche Steigerung der Geschwindigkeit, der grössere Komfort der elektrischen Wagen, gute Beleuchtung und entsprechende Beheizung […] tragen wesentlich dazu bei, die Sympathien des Publikums den elektrischen Strassenbahnen zuzuwenden.»[126] Zudem sei die elektrische Strassenbahn rentabler als die der anderen Nah- und Regionalverkehrsmittel: «Weder eine Untergrund- noch eine Hochbahn kann trotz der eventuell doppelten Geschwindigkeit mit den gewöhnlichen Strassenbahnen erfolgreich konkurrieren.» Damit aber das elektrische Tram seine volle Wirkung entfallen könne, schloss der Artikel, «sei unbedingt ein einheitliches System für das gesamte Netz notwendig». Was die Bauzeitung nicht explizit schrieb, implizit aber meinte, war: Ein einheitliches System konnte nur dann durchgesetzt werden, wenn der Staat oder die Stadt im Besitz der Strassenbahnen sei oder sich zumindest über die finanzielle Beteiligung eine weitgehende Einflussnahme sicherte.

Trambau ist Wohnungsbau

Von 1894 bis 1920 erschien in Berlin die Zeitschrift für Kleinbahnen, die sich bald zu einem wichtigen Sprachrohr für Strassenbahnunternehmen entwickelte und die Entwicklung der Kleinbahnen in Europa und Übersee dokumentierte. Sie gehörte auch bei den Verantwortlichen in Zürich zum Pflichtstoff und dürfte die Meinungsbildung über den Wert des Trams für die Stadtentwicklung beeinflusst haben. Vor allem aber ist die Zeitschrift für Kleinbahnen ein guter Spiegel für das Selbstverständnis der Strassenbahnverwaltungen um die Jahrhundertwende. Zu diesem Zeitpunkt erschienen in dieser Fachzeitschrift immer mehr Artikel, die das Thema «Tram und Wohnen» behandelten, eine Inflation solcher Artikel ist vor allem um 1910 festzustellen. 1909 veröffentlichte die Zeitschrift eine umfangreiche Studie über den Londoner Verkehr, die vom englischen Handelsamt veranlasst wurde. «Die Bevölkerung benutzt jede neue Fahrgelegenheit, die ihr ermöglicht im Freien zu wohnen», fasst die Fachzeitschrift die Erkenntnisse der Studie zusammen, «und der Bewegung wird [dadurch] weiter Vorschub geleistet, dass ein grosser Teil der Arbeiter nicht in der Nähe der Arbeitsstätte zu wohnen braucht. Jedes bessere Verkehrsmittel regt sofort die Baulust an und trägt zur Wertsteigerung des Grund und Bodens bei. [...] Bessere Verbindungen mit den Aussenbezirken bei mässigen Fahrpreisen haben dazu beigetragen, die Mieten herabzusetzen, und gerade die arbeitenden Klassen haben davon Nutzen gezogen.»[127] Es ist hier nicht der Ort, diese Aussagen auf ihre Richtigkeit hin zu überprüfen; in der Schweiz waren zu diesem Zeitpunkt ähnliche Entwicklungen noch kaum feststellbar, hingegen illustrieren sie ausgezeichnet die Ansprüche, die man mit dem Bau elektrischer Strassenbahnen verband. Der Bau von Strassenbahnen allein genüge, so lautete die immer wieder verbreitete Botschaft, um das Wohnungsproblem der Städte zu lösen, die Wirtschaft zum Blühen zu bringen und die strukturelle Ordnung zu optimieren. «Nichts fördert jedenfalls die Entwicklung einer Stadt mehr, nichts wirkt so belebend und befruchtend auf weitere Kreise, wie rasche Verkehrsverbindungen», schrieb 1910 der Düsseldorfer Strassenbahndirektor Stahl in der Zeitschrift, und 1911 doppelte Ingenieur F. Zezula nach: «Für das Emporblühen der Städte sind Strassenbahnen eine der wichtigsten Voraussetzungen, insofern sie durch billige Tarife und häufige Fahrgelegenheit die Verbindung neu entstehender Stadtteile mit dem Mittelpunkte der Stadt erleichtern und die Entfernungen zwischen ihnen möglichst wenig fühlbar machen.»[128] Mit der Glorifizierung der Strassenbahn als urbaner Problemlöser eng verbunden war der Aufbau des Mythos «Mobilität». Die schnelle, unbehinderte und günstige Mobilität der Bevölkerung galt als Grundvoraussetzung für das Wohlergehen der Städterinnen und Städter: «Die mit Recht in neuerer Zeit geforderte Dezentralisation des Wohnungswesens, die Sehnsucht der Menschen nach Licht und Luft, nach einem eigenen Heim vor den Toren der Stadt, die weiten Entfernungen, die schon jetzt die Wohnstätten grosser Teile der Bevölkerung von ihren Arbeitsstätten trennen, alles dies drängt mit Macht dahin, die nach den Aussenorten führenden Verkehrsmittel für grössere Geschwindigkeiten einzurichten.»[129] Die raumplanerischen und gesellschaftspolitischen Leitbilder, die in den fünfziger und sechziger Jahren zu einer Verherrlichung der individuellen Mobilität und der planlosen Zersiedelung der Landschaft führten, wurden um die Jahrhundertwende angelegt. Mit dem Ausbau der Strassenbahn wurden dieselben Werte verfolgt, wie vierzig Jahre später mit dem Ausbau des Strassennetzes; die Werte wurden lediglich vom Massenverkehrsmittel Strassenbahn auf das Individualverkehrsmittel Automobil übertragen. Es waren die Werte vom gesunden Leben in der Natur weitab von der Hektik der Grossstädte und die Reduktion der Innenstädte auf ihre Funktion als wirtschaftliche Zentren.

Zwischen den Ansprüchen, die an Strassen- und Vorortsbahnen gestellt wurden, und den Realitäten, innerhalb derer die Verkehrsunternehmen ihre Strategien entwickeln mussten, herrschten allerdings erhebliche Diskrepanzen. Die Strassenbahnunternehmen mussten zumindest eigenwirtschaftlich sein, und das konnten sie nicht, wenn sie Linien auf die grüne Wiese bauen mussten. Tatsächlich erfolgte der Streckenbau in unbebaute Stadterweiterungsgebiete viel seltener, als es die Zeitungs- und Zeitschriftenartikel suggerierten. In der Schweiz waren sie absolute Ausnahmen und in Zürich erst in den zwanziger Jahren vereinzelt feststellbar. Zu den wenigen, die auf die wirtschaftlichen Rahmenbedingungen der Strassenbahnunternehmen beim Ausbau des Liniennetzes verwiesen, zählte der zitierte Ingenieur F. Zezula. Wo noch kein Stadtteil vorhanden sei, argumentierte F. Zezula, seien auch Strassenbahnen schlecht genutzt, und entsprechend ungenügend seien die Einnahmen: «Deshalb weigern sich nicht allein Privatunternehmungen beharrlich, ihr Strassenbahnnetz nach wenig bevölkerten Stadtteilen zu ergänzen, auch die Städte selbst wagen selten eine solche Verlängerung ihrer kommunalen Strassenbahnen. Die Folge hievon ist wiederum, dass die Bautätigkeit auf Jahre hinaus lahmgelegt wird.»[130] Um aus diesem Dilemma herauszukommen, forderte Zezula kostengünstigere Produktionsverfahren für Strassenbahnwagen und Schienenbau. Mit dieser Forderung eilte Zezula seiner Zeit voraus. Sie wurde erst in den dreissiger Jahren zu einem zentralen Diskussionspunkt beim Ausbau der Strassenbahnbetriebe.

«Ein nachahmenswertes Beispiel»

Auf das technische Wunderding, von Hochschulen, Zeitungen und Zeitschriften als Städtebauer gepriesen und mit der Aura behaftet, es enthebe die Stadtbehörden praktisch im Alleingang der grössten Sorgen, wollte um die Jahrhundertwende keine grössere Gemeinde verzichten. In Deutschland, England und der Deutschschweiz übernahmen immer mehr Gemeinden die privaten Strassenbahnbetriebe in eigene Regie. Der Argumentationsstrang, mit dem die Behörden die Kommunalisierung von Privatgesellschaften begründeten, war praktisch überall derselbe: Es bestehe ein fundamentaler Interessengegensatz zwischen Stadtgemeinde und privatem Verkehrsunternehmen. Die Stadtgemeinde habe das Allgemeinwohl vor Augen, das private Verkehrsunternehmen den Gewinn. Strassenbahnen würden nur dann ihre heilsamen Wirkungen entfalten, wenn sie privatem Gewinnstreben entzogen seien. Auslösendes Moment für die Kommunalisierungen war meistens die Weigerung der Strassenbahnunternehmen, ihr Liniennetz auszudehnen, Tarifvergünstigungen vorzunehmen, Verbesserungen der Betriebsmittel herbeizuführen, oder das Unvermögen, die Elektrifizierung aus eigenen Mitteln zu finanzieren.[131]

Der Zugriff der Stadtbehörden auf die öffentlichen Nahverkehrsmittel kannte unterschiedliche Vorgehensweisen. Entweder übernahmen die Städte zunächst lediglich die Infrastruktureinrichtungen, übertrugen den Betrieb aber weiterhin Privatgesellschaften, übernahmen einzelne Gesellschaften oder ganze Verkehrsnetze integral oder bauten von Anfang an ein kommunales

Strassenbahnnetz auf. Bei letzteren handelte es sich in erster Linie um mittelgrosse Städte, die sich erst um die Jahrhundertwende zum Aufbau eines Tramnetzes entschlossen. Zu diesen gehörten die meisten mittleren und kleineren Deutschschweizer Städte wie St. Gallen, Winterthur oder Schaffhausen. Und dazu gehörte auch die zweitgrösste Schweizer Stadt. Basel war 1895 die erste Schweizer Stadt, die ein städtisches Strassenbahnunternehmen eröffnete. 1896 übernahm die Stadt Zürich die ersten beiden Tramlinien in städtische Regie, ein Jahr später folgten St. Gallen und Freiburg, 1898 Winterthur, 1900 Bern und Luzern, 1901 Schaffhausen usw.[132] Um 1900 war jedoch noch der grösste Teil der dreissig schweizerischen Strassenbahnunternehmen privatwirtschaftlich organisiert. Insbesondere in der Westschweiz wurde in aller Regel bis in die jüngste Zeit am Privatbetrieb festgehalten, allerdings bei massiver Subvention des Betriebes durch die Stadtgemeinden. Trotzdem gehörten die Schweizer Städte bei den Kommunalisierungen zu den progressivsten Kommunen. Um 1900 waren in Deutschland 19 der 82 Strassenbahnbetriebe verstaatlicht, in England lediglich 9 der insgesamt 159 Betriebe.[133] In Deutschland und der Schweiz waren 1900 bereits 23 Prozent aller Strassenbahnbetriebe öffentlich-rechtlich organisiert, in England erst 5,7 Prozent.

Zürich ärgerte sich jahrelang über die Vorreiterrolle Basels bei der Kommunalisierung von Strassenbahnen und verschwieg sie geflissentlich. Dabei war es ein Zürcher, der Basel zu diesem Schritt geraten hatte: der frühere Stadtingenieur Arnold Bürkli, der bereits 1881 in Zürich gerne ein kommunales Tram aufgebaut hätte. Basel verfügte bis 1895 lediglich über einen Pferdeomnibus, verschiedene Strassenbahnprojekte waren gescheitert. Seit 1888 bemühte sich jedoch ein Konsortium um Ingenieur John Brüstlein, den späteren Stadtplaner Eduard Riggenbach und die Berner Baugesellschaft Pümpin & Herzog um ein Strassenbahnprojekt. Am 20. Januar 1890 reichte es ein Konzessionsgesuch ein. Das Initiativkomitee schlug ein 25 Kilometer langes Netz vor, das in mehreren Etappen erstellt werden sollte und bedeutende Eingriffe ins Strassennetz verlangte, um von Anfang an eine rationelle Anlage des Tramnetzes zu ermöglichen.[134]

Durch dieses Konzessionsgesuch mussten sich die Stadtbehörden – in Basel seit 1875 identisch mit den Kantonsbehörden – intensiv mit der Strassenbahnfrage auseinandersetzen. Sie beauftragten Bürkli mit einer Expertise: «Die Trambahnen sind bei richtiger Anlage eine solche Annehmlichkeit für die Bevölkerung einer grösseren Stadt, dass ganz unzweifelhaft auch für Basel diese Frage zu bejahen ist.»[135] Anders als Riggenbach empfahl Bürkli jedoch, von tiefgreifenden Eingriffen in das Strassennetz abzusehen und beim Aufbau etappenweise vorzugehen. Eine erste Strassenbahnlinie sei zunächst auf der Hauptverkehrsachse von der Innenstadt zu den Bahnhöfen zu realisieren. Vor allem aber empfahl Bürkli den Behörden, die Strassenbahn nicht Privatunternehmern zu überlassen, sondern selbst ein Konzessionsgesuch einzureichen. Die Basler Regierung folgte diesem Vorschlag und erhielt am 28. März 1893 den Zuschlag.[136] Zwei Jahre später, am 6. Mai 1895, konnte Basel die erste staatliche Strassenbahn der Schweiz eröffnen, was Stadtingenieur Riggenbach, der noch wenige Jahre zuvor einem Privattram das Wort geredet hatte, in der Bauzeitung stolz kommentierte: «Wir wollen hier nicht unerwähnt lassen, dass die Stadt Basel ein sehr nachahmenswertes Beispiel gibt, indem die Stadtverwaltung nicht nur jene Linien erstellen wird, bzw. erstellen darf, welche rentabel sind, sondern es werden auf diese Weise auch Stadtquartiere durch ein modernes Verkehrsmittel mit dem belebten Stadtcentrum verbunden, welche sonst einer solchen, vom volkswirtschaftlichen Standpunkte nur lebhaft zu begrüssenden Verkehrserleichterung nicht hätten teilhaftig werden können.»[137]

Die erste Linie war bescheiden und führte vom badischen Bahnhof über die Mittlere Rheinbrücke zum Centralplatz; das waren ganze 2,5 Kilometer. Bereits ein Jahr später aber legte der Regierungsrat Erweiterungspläne vor, die der grosse Rat am 23. April 1896 bewilligte. Am 14. April 1897 konnte die Basler Regierung die zweite Linie vom Badischen Bahnhof via Wettsteinplatz, Wettsteinbrücke, St. Alban-Graben und Elisabethengraben zum Centralbahnplatz eröffnen. Am 10. Mai 1897 eröffnete Basel eine Linie nach Birsfelden und wenige Tage später eine nach Kleinhüningen. Der Linienausbau erfolgte in Etappen und schloss bereits sehr früh die Agglomeration Basels ein. Nebst städtischen Aussenquartieren wurde am 30. Juni 1900 auch das elsässische Grenzdorf St.-Louis an das Strassenbahnnetz angeschlossen, 1902 die Gemeinden Arlesheim und Dornach, 1905 Allschwil.[138]

Basels städtische Strassenbahnen gehören zu den frühen kommunalen respektive staatlichen Strassenbahnen Europas. Vor allem aber kam Basel damit Zürich um ein Jahr zuvor. Jahrzehntelang brüstete sich Zürich in seinen zahlreichen Schriften zur Tramgeschichte, die erste kommunale Strassenbahn Europas gegründet zu haben, und rekurrierte dabei jeweils auf die in allen anderen Belangen zentrale Arbeit zur Zürcher Strassenbahnentwicklung von Etienne Schnöller von 1927.[139] Dieses permanente Abfeiern der ersten kommunalen Strassenbahn Europas, das übrigens bereits beim Werbefeldzug für die Kommunalisierung der ESZ einsetzte, ist aus heutiger Sicht unerklärlich. Dass Basel, schliesslich nur wenige Kilometer von Zürich entfernt, einige Monate früher ein kommunales Tram eröffnet hatte, kann auch den Zürchern nicht entgangen sein. Selbst wenn sich Zürich auf den Standpunkt stellte, dass die Basler Strassenbahn eine kantonale Einrichtung und folglich ein Staatstram, das Zürcher Tram indessen ein Stadttram sei, lief der jahrzehntelange Zürcher Jubel ins Leere, verschiedene deutsche Städte kamen Zürich zuvor. Bereits 1891 ging im deutschen Halle die Strassenbahn in den gemeinsamen Besitz von Stadt und AEG; 1892 kommunalisierte Düsseldorf seine Strassenbahn, wobei sie den Betrieb an ein Privatunternehmen verpachtete, 1894 schliesslich baute Barmen die erste rein kommunale Strassenbahn in Deutschland. Im selben Jahr übernahm München die ersten Strassenbahnlinien in städtischen Besitz, und der bayrischen Metropole taten es viele andere deutsche Städte gleich.[140] Zürich gehörte zweifelsfrei zu den ersten europäischen Städten mit kommunalen Strassenbahnen, war aber beileibe nicht die erste. Kommunalisierungsbestrebungen lagen im Trend der Städte Europas in der Mitte der 1890er Jahre.

Zürich wird Tramstadt

1894 hatte der Zürcher Stadtrat sein Strassenbahnprogramm publiziert, 1897 waren die beiden wichtigsten privaten Tramgesellschaften in städtischem Besitz, bis 1910 realisierte der Zürcher Stadtrat in einer erstaunlichen und langfristigen Strategie, was er zu Beginn des Kommunalisierungsprozesses angekündigt hatte. Nach der Übernahme der beiden Privatgesellschaften konzessionierte er neue Privatunternehmen zur Erschliessung von Stadterweiterungsgebieten, baute das Streckennetz aus und das Pferdetram auf elektrischen Betrieb um, gestaltete eine neue Tarifpolitik und kaufte anschliessend die privaten innerstädtischen Strassenbahnen auf. Genau diese Taktik hatte die Stadtregierung im Strassenbahnprogramm von 1894 verankert und verfolgte sie konsequent während zwanzig Jahren.

Das ideelle und das finanzielle Rückgrat der städtischen Strassenbahnen

Nach der Übernahme der Elektrischen Strassenbahn Zürich und der Zürcher Strassenbahn AG ging es zunächst darum, den Unterschied zwischen einer kommunalen Strassenbahn und einem Privattram im Bewusstsein der Öffentlichkeit zu verankern. Die Stadt strebte mittelfristig das Strassenbahnmonopol an, und ein solches konnte sie nur legitimieren, wenn sich ihre Politik deutlich von derjenigen privater Unternehmen unterschied. «[Die Stadt würde] sich dem Bau von Linien zuwenden, die bis jetzt von den Privatunternehmungen nicht gebaut worden sind, die aber eine grössere Summe von Bedürfnissen zu befriedigen vermögen», hatte der Stadtrat im Strassenbahnprogramm verkündet.[141] Zur Demonstration dieses Unterschiedes baute die Stadt 1898 eine Tramlinie durch das Arbeiterquartier Wiedikon bis ins abgelegene Heuried. Dort hatte die Stadt 1896 Land für Arbeiterwohnungen erworben, und es war weder 1896, als die Stimmbürger dem Streckenbau zustimmten, noch 1898, als der Bau der Strassenbahnlinie erfolgte, entschieden, dass der Arbeiterwohnungsbau vom Parlament verhindert werden sollte.

Die Strassenbahnlinie Hauptbahnhof–Wiedikon war schon viele Jahre lang geplant und durch umfangreiche Verkehrszählungen mehrmals abgestützt worden. Die Bevölkerung Wiedikons nahm von 1894 bis 1900 von 8929 auf 18'355 zu und erhöhte sich bis 1910 auf 26'861.[142] Die bauliche Entwicklung konzentrierte sich in den 1890er Jahren auf die zentrumsnahen Gebiete, ein Streckenbau war aus rein kommerziellen Gründen daher allenfalls bis ins Quartierzentrum bei der Schmiede Wiedikon angezeigt. Ein Ausbau der Strecke bis ins weitgehend brachliegende Heuried machte nur dann Sinn, wenn die Stadt damit rechnete, bald einmal mit dem Bau von Arbeiterwohnungen zu beginnen oder den Bau solcher Wohnungen mindestens fördern zu können. Und der Streckenbau war dann angezeigt, wenn der Unterschied zwischen einem privaten und einem kommunalen Tram demonstriert werden sollte. Damit zeigte die Stadtregierung nicht nur an, dass sie Tramlinien

Übersichtsplan der Stadt Zürich von 1897 mit Strassenbahnlinien in Betrieb und im Bau und mit Linien, die projektiert waren. In Zürich entstand zwischen 1894 und 1900 ein dichtes Netz von privaten und städtischen Strassenbahnlinien. (BAZ)

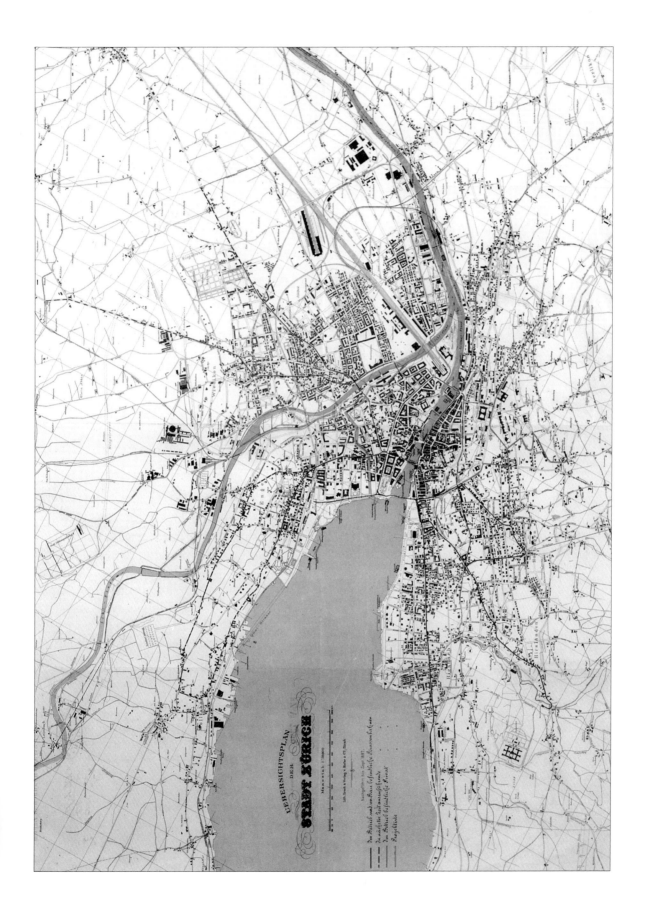

Motorwagen der StStZ bei der Schmiede Wiedikon 1910. Die Linie ins Quartier Wiedikon war die erste Strassenbahnlinie, welche die Stadt nach der Übernahme der ESZ baute. (BAZ)

auch in Unterschichtquartiere wie Wiedikon zu bauen gewillt war, sondern machte gleichzeitig deutlich, dass sie mit dem Tram brachliegende Stadterweiterungsgebiete erschliessen wollte. Da die Erschliessung des «Stadterweiterungsgebietes Friesenberg» durch das Parlament vorläufig verwehrt blieb, war die Tramlinie über viele Jahre ein Defizitgeschäft.[143] Immerhin wurde die Endstation im Heuried nach dem Umbau der Pferdebahn auf elektrischen Betrieb zum Standort eines neuen Tramdepots.

Mit der Linie ins Heuried demonstrierte die Stadt zwar die Eigenheiten eines kommunalen Tramunternehmens, die finanzielle Basis war damit aber nicht gesichert. Diese Basis zu sichern gehörte aber zu den unumstösslichen Prinzipien der kommunalen Strassenbahnbetriebe um die Jahrhundertwende; sie mussten zumindest selbsttragend sein. Für eine bessere Ertragssituation sorgten die Städtischen Strassenbahnen Zürich daher in einem zweiten Schritt. Die Strassenbahnlinien rund um die Zürcher City sollten den kontinuierlichen Ausbau des Tramnetzes ermöglichen. Die Geschäftsinhaber der boomenden Zürcher Innenstadt verlangten nach einem leistungsfähigen und schnellen Nahverkehrsmittel, und der Stadtrat war entschlossen, dieses rasch bereitzustellen. «Dem Strassenbahnnetze im Innern der Stadt wird die Aufgabe zufallen, aus seinen guten Erträgnissen auch die äussern, anfänglich weniger gewinnbringenden Linien zu alimentieren», argumentierte die Stadt

1897 beim Kauf der Zürcher Strassenbahn AG, welche die Rechte an den zentralen Linien der Stadt besass.[144]

Für die Optimierung der City-Erschliessung war eine Linienführung über die Quaibrücke ein wichtiges Anliegen. Die beiden Verkehrsknotenpunkte Bellevue und Paradeplatz hatten trotz der bereits 1887 erstellten Quaibrücke bis anhin keine direkte Tramverbindung. 1899 schloss die Städtische Strassenbahn Zürich StStZ diese Lücke und führte gleichzeitig ein zweites Teilstück zum Bahnhof Enge. Dank dieser Strecke waren ab 1899 alle wichtigen Bahnhöfe der Stadt (Hauptbahnhof, Tiefenbrunnen, Enge) mit der City verbunden. Gleichzeitig baute die StStZ eine Linie vom Leonhardsplatz (Central) zum Kreuzplatz. Die Konzession für diese Strecke hatte die Stadt aus taktischen Gründen erworben, um den Aufkauf der Elektrischen Strassenbahn Zürich zu erleichtern.

Der Paradeplatz kurz nach dem Umbau des Pferdetrams auf elektrischen Betrieb. Die Strassenbahnen wurden nach 1900 zum stadtbildprägenden Faktor. (Archiv VHS)

Der Umbau der Pferdestrassenbahn

Seit Jahren gehörte das elektrische Tram quasi zum Verkehrsstandard moderner Städte, in Zürich aber verkehrte bis 1900 auf den zentralen Linien noch immer das alte Pferdetram. Mit elektrischen Strassenbahnen war die Stadtbevölkerung inzwischen vertraut, und seit Beginn der neunziger Jahre hatten Zeitungen und Fachzeitschriften immer wieder auf dessen Vorteile aufmerksam gemacht. Zudem führten die beiden neuen Innenstadtstrecken der Bevölkerung die Nachteile eines gemischten Trambetriebs, bestehend aus dem Pferdetram und der elektrischen Strassenbahn, vor Augen: «Als schweres Verkehrshemmnis wurde empfunden, dass die letztern der vorgenannten neuen elektrischen Linie durch eine Strecke der Pferdebahn Leonhardsplatz–Hauptbahnhof voneinander getrennt waren.»[145] Die städtische Bevölkerung sollte von der Notwendigkeit überzeugt werden, vom Pferdetram Abschied zu nehmen und seinem Umbau auf elektrischen Betrieb zuzustimmen. Das war kein schwieriges Unterfangen. Bereits im Strassenbahnprogramm von 1894 hatte der Stadtrat das Pferdetram als Anachronismus bezeichnet und seither unentwegt betont, dass es dieses Auslaufmodell zu ersetzen gelte. Mit einem Pferdetram, argumentierte der Stadtrat bei jeder sich bietenden Gelegenheit, seien weder ein rationeller Betrieb noch ein kontinuierlicher Ausbau noch günstige Tarife möglich.[146] Die Argumentation des Zürcher Stadtrates war realistisch. Der Personenkilometer kostete beim Pferdetram 1,2 Rappen, beim elektrischen Tram um 1894 0,9 Rappen.[147] Das Pferdetram hatte hinsichtlich der Geschwindigkeit und in Steigungen Limiten, die das elektrische Tram kaum kannte.

Seit 1897 prüften Stadtrat und Parlament den Umbau der Pferdestrassenbahn auf elektrischen Betrieb. Grösser, schneller, günstiger, flexibler – kaum ein positives Argument, das dabei nicht Verwendung fand. Bloss die als hässlich empfundenen Drähte und Leitungen der oberirdischen Stromzuführung wurden heftig kritisiert. «Diesen Vorteilen und Betriebserleichterungen stehen allerdings gegenüber die Verunstaltung der Brücken, Quai's, Plätze und Strassen der Stadt durch die oberirdischen Zuleitungen für Stromzuführung», monierte etwa die zuständige Kommission des Grossen Stadtrates.[148] Die Stadt prüfte aufgrund solcher Einwendungen alle Alternativen zu Oberleitungen, kam aber zum Schluss, dass es aus Kostengründen keine echten Alternativen gäbe.[149] Dieser Ansicht schloss sich die Kommission des Grossen Rates an, empfahl aber, «im Interesse einer ästhetischen Wirkung wo immer möglich» sogenannte Auslegermasten, das heisst gusseiserne, reichhaltig mit Ornamenten geschmückte Masten zu verwenden.[150]

Der Abstimmungskampf über den Umbau der Pferdebahn verlief verhältnismässig ruhig. Er wurde am 19. März 1899 mit 12'790 zu 3368 Stimmen genehmigt, der Umbau begann am 18. Juni 1900. Ein pikantes Detail: Die am Umbau beteiligten Firmen durften ausschliesslich Schweizer Bürger beschäftigen.[151] In Zürich herrschte um 1900 ein dezidiert fremdenfeindliches Klima; die Baubranche lag darnieder, die zahlreichen ausländischen Arbeitskräfte wurden als unliebsame Konkurrenten auf dem übersättigten Arbeitsmarkt empfunden. Der Funke zu Ausschreitungen konnte sich überall entzünden, und offensichtlich zählte der Tramumbau für den Stadtrat zu den möglichen Kristallisationspunkten fremdenfeindlicher Unruhen.

Der Umbau ging verhältnismässig reibungslos vor sich. «Im durchgehenden Strassenverkehr durften keine eigentlichen Störungen eintreten. Bei gesperrtem Limmatquai musste die Bahnhofstrasse einerseits und der Seilergraben andererseits vollständig offen stehen und umgekehrt musste, als die

Motorwagen Nr. 133 der StStZ im Morgental. Die Tramlinien nach Wollishofen baute die Stadt Zürich, um ein Privattram zu verhindern. (Archiv VHS)

Bahnhofstrasse in Angriff genommen war, das Limmatquai wieder ganz frei sein», hiess es im Baubericht von 1902.¹⁵² Am 1. Oktober konnten die früheren Pferdebahnlinien wieder eröffnet werden. Den Strom für die elektrifizierten Linien bezog die Stadt vom Kraftwerk Burgwies, das im Zuge des Umbaus modernisiert worden war, und vom Kraftwerk Letten. Der Strom aus dem Letten wurde in einer neu erstellten Umformerstation in der Selnau auf Gleichstrom von 550 V Spannung transformiert. Die insgesamt 191 Zugtiere der Pferdebahn wurden an drei Versteigerungen für 126'975 Franken verkauft, gerechnet hatte das Unternehmen mit lediglich 116'000 Franken.¹⁵³ Die StStZ beschaffte bereits vor dem Umbau 27 neue Tramwagen, nach dem Umbau kamen 42 weitere Tramwagen hinzu. Mit diesen Fahrzeugen hielt eine Qualität Einzug auf Zürichs Strassen, die erst die Industriequartier-Strassenbahn geboten hatte.¹⁵⁴ Die Tramwagen wiesen geschlossene Plattformen auf: «Die abgeschlossenen Plattformen bewähren sich im allgemeinen gut, erschweren jedoch etwas das Aus- und Einsteigen, und es ist der Ausblick von denselben aus weniger frei, so dass leichter ein Fahrgast, welcher einsteigen will, vom Personal übersehen und zurückgelassen wird.»¹⁵⁵ Die Wagenführer, bislang jedem Wetter ungeschützt ausgeliefert, werden diesen Nachteil wohl kaum als tragisch empfunden haben, zumal die Sicherheit des Trambetriebs deutlich erhöht wurde. Geschlossene Plattformen verhinderten das Auf- und Abspringen bei voller Fahrt, eine Forderung, die das Trampersonal schon lange erhoben hatte.

Das verhinderte Privattram

Nach dem Umbau des Pferdetrams leitete die Stadt eine neue Phase ihrer Strassenbahnpolitik ein: sie schritt zur Monopolisierung des Strassenbahnwesens. Den ersten Schritt dazu machte sie, indem sie, von unbedeutenden Ausnahmen abgesehen, keine neuen Privatunternehmen mehr zuliess, was als erstes ein privates Initiativkomitee aus Wollishofen zu spüren bekam. Bereits 1896 hatte dieses Komitee beim Bundesrat ein Konzessionsgesuch für zwei Linien nach Wollishofen eingereicht, weil die bestehenden Bahnverbindungen und die Dampfschwalben ins Zürcher Aussenquartier ungenügend seien: «Die Einwohner im ehemaligen Wollishofen haben 15–30 und die Anwohner der Waffenplatzstrasse 10–15 Minuten zum jetzigen Tram. Die bedeutend in Vergrösserung begriffenen Fabriken von Henné, King & Komp., Hatt & Komp., Treichler & Komp., der Papierfabrik an der Sihl, der Gebrüder Leuthold u. a., sodann der Waffenplatz, der neue Schiessplatz und der Friedhof Manegg erfordern ein bequemes Verkehrsmittel und werden den projektierten Linien einen erheblichen Verkehr zuführen.» Wollishofen hatte sich zu einem bedeutenden Industriequartier Zürichs entwickelt. Die Fabrikstatistik von 1911 zählte sechs Fabriken mit über hundert Arbeitsplätzen, die grösste davon, eine Textilfabrik, beschäftigte über tausend Arbeitnehmer und Arbeitnehmerinnen.[156] Tramlinien nach Wollishofen machten durchaus Sinn, der Privatwirtschaft überlassen wollte der Stadtrat diese Linien aber nicht: «Durch den Bau von Privatbahnen wird die Einheit des Betriebes, die zum Nutzen der die Bahnen benutzenden Bevölkerung sehr gewünscht werden muss, auf lange Zeit durchkreuzt.» Hingegen erklärte sich die Stadt bereit, die Strecken selbst zu bauen. Umfangreiche Verkehrszählungen und Berechnungen liessen es jedoch als wahrscheinlich erscheinen, dass die Linien über Jahre hinweg stark defizitär blieben. Die Stadtbehörden verlangten deshalb vom Initiativkomitee, sich mit 30'000 Franken am Linienbau zu beteiligen. Als dieses Zugeständnis eintrat, stand dem Bau nichts mehr im Weg. Die neuen Linien wurden gleichzeitig mit den umgebauten Strecken der früheren Pferdebahn eröffnet.
Von der Jahrhundertwende bis zum Ersten Weltkrieg baute die Stadt nur noch wenige Neubaustrecken: 1909 eine Strecke durch die Weinbergstrasse, womit der untere, von starker Wohnbautätigkeit betroffene Teil von Unterstrass an das Tramnetz angeschlossen wurde, 1910 die erste und einzige Ringlinie der Stadt von der Kaserne mitten durch Aussersihl bis in die Enge und verschiedene kleinere Teilstücke.[157] Wichtigere Schritte als der Streckenbau waren nach der Jahrhundertwende der Aufkauf der privaten Tramgesellschaften, denen die Stadt zwischen 1895 und 1898 Konzessionen vergeben hatte, und der Aufbau einer Tarifpolitik, die breiten Schichten die Benützung von Strassenbahnen erlaubte.

Die Instrumentalisierung der Privatwirtschaft

750'000 Franken für die Elektrische Strassenbahn Zürich, 1,75 Millionen Franken für die Zürcher Strassenbahn AG und 2,5 Millionen Franken für den Umbau auf elektrischen Betrieb, einige 100'000 Franken für neues Rollmaterial, neue Depotbauten und weitere Gleisanlagen – die Summen, welche die Stadt in kurzer Zeit in den Ausbau der städtischen Verkehrsinfrastruktur steckte, waren enorm. Gleichzeitig drängten immer mehr Quartiere auf eigene Tramlinien, und der Aufbau eines flächendeckenden Tramnetzes gehörte zu den prioritären Zielen der Zürcher Strassenbahnpolitik. Leisten konnte sich die Stadt dies aber nicht. Den Ausweg aus diesem Dilemma hatte der Stadtrat bereits 1894 im Strassenbahnprogramm skizziert. Die Erschliessung des städtischen Raumes sollte zu grossen Teilen Privatgesellschaften überlassen werden, welche die Stadt zum gegebenen Zeitpunkt wieder zurückzukaufen beabsichtigte: «Die bereits konzedierten Linien hätten die Konzessionäre auszubauen und zu betreiben, für ihre Übernahme dürfte man im Hinblick auf die konzessionsgemässen Rückkaufsbedingungen die Dinge für einmal sich noch entwickeln lassen. Auch die Erteilung neuer Konzessionen für rationelle Linien kann […] bis auf weiteres unbedenklich geschehen.»[158] Genau das tat der Stadtrat mit erstaunlicher Konsequenz: Von 1895 bis 1898 konzessionierte er zahlreiche Privatgesellschaften, liess sie das Streckennetz aufbauen und Stadterweiterungsgebiete erschliessen, und kaufte sie zu dem Zeitpunkt, wo es aus siedlungspolitischen Gründen opportun schien, zurück. Dabei diktierte der Stadtrat sowohl bei der Konzessionierung als auch beim Rückkauf die Bedingungen; wo sich Privatgesellschaften querstellten, übte der Stadtrat unverhohlen Druck aus.

1895 eröffnete die Zentrale Zürichbergbahn Strecken nach Fluntern und Oberstrass, 1906 wurde sie zurückgekauft; 1898 baute die Industriequartier-Strassenbahn eine Linie durch das Industriequartier zur Hardturmstrasse, 1903 wurde sie in das kommunale Tramnetz eingegliedert; im selben Jahr nahm die Strassenbahn Zürich–Oerlikon–Seebach die Strecke nach Oerlikon und Seebach und später eine Zweiglinie nach Schwamendingen in Betrieb, die Strassenbahn Zürich–Höngg eine Linie nach Höngg und 1900 die Limmattal-Strassenbahn Strecken nach Dietikon und Schlieren. Die Strassenbahn Zürich–Oerlikon–Seebach und die Limmattalstrassenbahn wurden 1930 aufgekauft, die Strassenbahn Zürich–Höngg in zwei Schritten 1912 und 1923.[159] 1907 kam als letzte Privatgesellschaft ein Ausflugstram ins Albisgüetli dazu (Albisgüetlitram), das 1925 aufgekauft wurde. Diese Strassenbahnen wurden durch verschiedene private Standseilbahnen ergänzt, die allerdings für die Verkehrspolitik eine untergeordnete Rolle spielten, zumindest aus der Sicht des Zürcher Stadtrates: er integrierte die Seilbahnen nie oder erst spät in die kommunalen Verkehrsbetriebe. Bereits 1889 hatte die Zürichbergbahn (heute Polybahn) den Betrieb aufgenommen und verband das Polytechnikum mit dem Stadtzentrum. Ursprünglich war geplant, die Seilbahn bis zur Allmend Fluntern zu verlängern, doch fiel dieses Projekt der Konkurrenz der Zentralen Zürichbergbahn zum Opfer.[160] 1895 respektive 1899 nahmen die Dolderbahn und das Doldertram ihren Betrieb auf. Beide Bahnen hatten in erster Linie die Aufgabe, Hotelgäste bequem zum

Das Rigiviertel in Zürich-Oberstrass um 1900. Die Oberstrasser Linie der Zentralen Zürichbergbahn und der spätere Bau der Seilbahn Rigiviertel förderten den Verkauf der Grundstücke entlang der Rigistrasse und deren Überbauung mit Villen. (BAZ)

Hotel Waldhaus und zum Dolder Grand Hotel zu fahren. Das Doldertram, das zwischen dem Grand Hotel und dem Waldhaus verkehrte, wurde bis 1915 als reiner Sommerbetrieb und ab 1916 als Ganzjahresbetrieb geführt. 1930 wurde es abgebrochen.[161] Neben der Dolderbahn und der Zürichbergbahn nahm 1901 die Seilbahn Rigiviertel den Betrieb auf. Alle drei Bahnen fahren noch heute, die Dolderbahn und die Zürichbergbahn als Privatbahnen, die Seilbahn Rigiviertel als städtische Seilbahn.

Die Zentrale Zürichbergbahn: Grundstückspekulation und Ausflugstram

Nach der Zürcher Strassenbahn AG (1882–1897) und der Elektrischen Strassenbahn Zürich AG (1894–1896) war die Zentrale Zürichbergbahn (ZZB) die dritte private Tramgesellschaft in der Stadt Zürich. Die ZBB war das Produkt zweier Initiativkomitees aus Fluntern und Oberstrass, die fusioniert hatten. Die Strassenbahnen der ZZB befuhren zwischen Bellevue und Pfauen die Strecke der Elektrischen Strassenbahn Zürich, bevor sie nach Fluntern und Oberstrass abzweigten. Die Linie nach Fluntern entwickelte sich zur beliebten Ausflugsbahn an Wochenenden, die Strecke nach Oberstrass war ein Projekt zur Erschliessung des Rigiviertels für den Villenbau.[162]

Besondere Beachtung verdient vor allem die Oberstrasser Linie zum Rigiviertel. Das Rigiviertel am Zürichberg ist das Resultat einer konsequenten, langfristig geplanten Erschliessungspolitik. Das Oberstrasser Bauunternehmen Grether & Co. erwarb schon sehr früh grosse Grundstückflächen am Zürichberg, erschloss diese mit der nötigen Infrastruktur, initiierte, weil es das Land nicht verkaufen konnte, eine private Strassenbahn und baute schliesslich die Seilbahn Rigiviertel.[163] Für das Bauunternehmen Grether &

Die Zentrale Zürichbergbahn 1900 in Fluntern-Vorderberg. Zwischen den Fluntermer ZZB-Aktionären, die mit dem Tram vorab die Bedeutung Flunterns als Naherholungsgebiet fördern wollten, und den Oberstrasser Aktionären, die spekulative Absichten verfolgten, herrschte stets ein gespanntes Verhältnis. (BAZ)

Co. war die Kombination von Strassenbahnbau und Wohnbautätigkeit eine zentrale Unternehmensstrategie. Das Unternehmen hatte sich bereits vor der Oberstrasser Linie um eine Linie nach Hottingen beworben, war allerdings ausgebootet worden.[164] Schon bald danach setzten sich Grether & Co. für die Oberstrasser Linie ein. Am 31. Oktober reichte das Unternehmen bei Bund, Kanton und Stadt ein Konzessionsgesuch ein. Der Gesuchsteller plante eine Tramlinie vom heutigen Central bis zum Germaniahügel am Zürichberg, dem Endpunkt der Seilbahn Rigiviertel. Über die Zielsetzungen, die sie mit der Strassenbahn verfolgten, liessen Grether & Co. keine Zweifel aufkommen. Zwar betonten sie im Konzessionsgesuch zunächst die Attraktivität des Zürichbergs als Ausflugsziel, doch folgte unmissverständlich: «Die ausserordentlich schöne und gesunde Lage hat auch die Unterzeichneten veranlasst, ein grösseres Terrain zur Erstellung von Familienhäusern und kleinen Villen, namentlich für bescheidene Börsen berechnet, von welchen inzwischen bereits elf erbaut worden sind, zwischen der Hauptader von Oberstrass, der Universitätsstrasse, und der luftigen Waldhöhe anzukaufen. [...] Dieses Unternehmen veranlasst nun auch die Unterzeichneten, die Erstellung eines Trams an die Hand zu nehmen [...].»[165] Die Stadt stand dem Unternehmen durchaus positiv gegenüber, obwohl Berechnungen ergaben, dass die Linie kaum rentieren konnte. Die Situation des Konzessionärs war für die Stadt aber Gewähr genug, dass das Tramunternehmen nicht schon kurz nach der Eröffnung wieder eingestellt werde, «und zwar deshalb nicht, weil die Konzessionäre, welche [...] gleichzeitig Eigentümer des Landes an der Rigistrasse sind, das grösste Interesse an der Aufrechterhaltung eines ausreichenden Trambetriebes haben und in dem durch den Tram gesteigerten Grundwerte einen Reservefond für Deckung des auf eine Reihe von Jahren zu gewärtigenden Betriebsausfalles besitzen».[166]

Die Planung der zweiten Linie der Zentralen Zürichbergbahn, derjenigen

Tramdepot und Kraftstation der Zentralen Zürichbergbahn in Fluntern. Das Depot und die Kraftstation wurden 1970 abgetragen; die Kraftstrasse erinnert heute noch an das ehemalige Kleinkraftwerk. (BAZ)

nach Fluntern, verlief zunächst unabhängig von derjenigen nach Oberstrass.[167] Treibende Kraft für diese Linie war der Fluntermer Gemeinderat Ausderau, der zusammen mit einem Konsortium schon zu Beginn der neunziger Jahre ein Konzessionsgesuch eingereicht hatte und hoffte, das periphere Fluntern gewinne dank des Trams als Wohnstandort und Naherholungsgebiet an Attraktivität. Das Gesuch des Initiativkomitees wurde 1892 vom Regierungsrat jedoch einstweilen zurückgestellt, da die Regierung das Energiebeschaffungskonzept des Unternehmens für unrealistisch hielt. Auf Drängen der Stadt Zürich vereinigten sich die Komitees von Oberstrass und Fluntern 1894 zur Zentralen Zürichbergbahn.[168] Die beiden Partner harmonierten nie und verfolgten grundsätzlich unterschiedliche Zielsetzungen. Grether war ein Grundstückspekulant, der das Tram zu spekulativen Zwecken einsetzen wollte, der praktizierende Arzt Dr. Ausderau verfolgte einen eher philanthropischen Ansatz und wollte mit dem Tram ein Naherholungsgebiet der Zürcher Bevölkerung öffnen.

Die Strecken der ZZB rentierten nie. Die Linie nach Oberstrass war permanent schwach frequentiert und die Benützung der Linie nach Fluntern stark wetterabhängig. Bereits im ersten Betriebsjahr subventionierte die Stadt Zürich die Zentrale Zürichbergbahn, ab 1897 konnte die ZZB zur Ertragsverbesserung die Zürichbergbahn (heute Polybahn) mit Strom beliefern und von 1899 bis 1902 Strom in die städtische Linie Kreuzplatz–Central einspeisen. Die ungenügende Tramrendite verhinderte eine von Grether geplante Streckenverlängerung mitten in das Rigiviertel. Grether plante die Verlängerung der Oberstrass-Linie bis auf die Höhe des heutigen Restaurants Rigiblick. Gegen dieses Projekt stemmte sich der Fluntermer Flügel der ZZB, der die Aktienmehrheit besass. Er befürchtete, das Unternehmen rutsche mit dieser Linie noch tiefer in die roten Zahlen. Für das Bauunternehmen und die von ihm gegründete Rigiviertel-Gesellschaft war die Weigerung der Mehrheitsaktionäre fatal. Seit der Eröffnung der ZZB hatte Grether zielgerichtet das Rigiviertel arrondiert, um die Jahrhundertwende waren die Grundstücke baureif. Ohne die Tramstrecke mitten in das Baugelände befürchtete Grether das Scheitern seiner Spekulation. Grether wandte sich deshalb an die Stadt und bat sie, sie möge diese Linie als städtische Ausflugslinie realisieren, ein Ansinnen, das die Behörden umgehend ablehnten. Danach entschloss sich das Unternehmen zum Bau einer Seilbahn auf eigene Kosten. 1898 reichte das Unternehmen im Auftrag der Rigiviertel-Gesellschaft das Konzessionsgesuch ein, bereits am 4. April 1901 nahm die Seilbahn Rigiviertel ihren Betrieb auf.[169]

Die Rechnung ging für die Terraingesellschaft auf: die Grundstücke fanden nun potente Käufer, das Rigiviertel wurde innert weniger Jahre überbaut. Die Besiedelung des Rigiviertels drückte sich unter anderem in der Entwicklung der Fahrgastzahlen bei der Seilbahn aus. 1905 zählte die Standseilbahn noch bescheidene 102'400 Fahrgäste, 1910 waren es 173'700, 1915 bereits 267'700, 1920 477'400.[170] Die Fahrgäste setzten sich sowohl aus Ausflüglern zum Hotel Rigiblick wie auch aus der wachsenden Gruppe von Hauseigentümern im Rigiviertel zusammen. Aber nicht nur das Rigiviertel gewann als Wohnquartier an Attraktivität, Oberstrass insgesamt wurde als Wohnquartier aufgewertet. Mit der Erschliessung durch Strassen- und Stand-

Motorwagen Nr. 2 der Zentralen Zürichbergbahn vor dem Depot Fluntern im Jahr 1895. (Archiv VHS)

seilbahnen setzte eine intensive Bautätigkeit ein. Oberstrass zählte 1894 4951 Einwohner, bis 1900 stieg diese Zahl auf 6260 und bis 1910 auf 9244 Personen. 1910 hatte Oberstrass das benachbarte Unterstrass an Einwohnern überholt.[171] Dies hatte zur Folge, dass die Zentrale Zürichbergbahn langsam aber sicher in die schwarzen Zahlen fuhr. Solange die Zentrale Zürichbergbahn Defizite einfuhr, zeigte die Stadt Zürich keinerlei Interesse an dieser Strassenbahn. 1903 verzeichnete das Unternehmen erstmals einen Gewinn, worauf die Stadt die Subventionen, mit der sie bislang das Überleben der ZZB gesichert hatte, streichen wollte. Diese Massnahme verhinderte die Bahn zwar erfolgreich, forcierte damit aber gleichzeitig ihr Ende. 1904 leiteten die Stadtbehörden die Übernahme der ZZB in die Wege, am 1. Januar 1906 vollzog sie die Kommunalisierung.[172]

Der Aufkauf der Zentralen Zürichbergbahn löste im Grossen Stadtrat nicht ungeteilte Freude aus. Von links wurde entgegengehalten, das Unternehmen habe sich zunächst am Grund- und Bodenmarkt eine goldene Nase verdient und halte sich nun durch einen satten Verkaufspreis schadlos. Dieser Sachverhalt wurde von der Stadtregierung zwar nicht in Abrede gestellt, aber auch keineswegs verurteilt: «Wenn eingewendet wird, die Grosszahl der Aktien habe in den Händen von Grundeigentümern gelegen, die indirekt auf ihre Rechnung gekommen und so für gebrachte Opfer schadlos gehalten worden seien, so ist dies ja wohl zuzugeben, gerechterweise aber doch nicht ohne die Einräumung, dass auch die Grundeigentümer anderer Quartiere der Strassenbahn eine Steigerung der Grundrente verdanken, ohne dass sie besondere Opfer für die gebotene Fahrgelegenheit zu bringen hatten. [...] Sodann ist zuzugeben, dass die hier in Frage stehende Privatgesellschaft auf ihre Kosten das Publikum an die Benutzung der Strassenbahn gewöhnt und dadurch der Stadt ein entsprechendes Opfer erspart hatte.»[173] Dieses Opfer war der Stadt Zürich 772'000 Franken wert.

Ein Ausflugstram durch das Industriequartier

Nicht nur der Zürichberg wurde zuerst von Privaten erschlossen, auch den Trambau ins Industriequartier überliess die Stadt privaten Unternehmern. Am 30. Juli 1896 konstituierte sich die AG Industriequartier III-Strassenbahn (IStB), die eine Strecke zwischen Hauptbahnhof und Hardstrasse, heute Escher Wyss-Platz, baute. Im Juli 1894 erteilte der Stadtrat dem Lenzburger Bauunternehmer Th. Bertschinger die Konzession für eine Strassenbahn vom Hauptbahnhof zum Hardturm, realisiert wurde vorerst allerdings lediglich der Teil bis zur Wipkingerbrücke. Wie der Stadtrat 1894 ausführte, hatte er damals noch keinerlei Interesse an einer kommunalen Strassenbahn durch das schnell wachsende Industriequartier: «Das vorliegende Konzessionsgesuch kollidiert [...] weder materiell noch formell mit dem Ausbau des Strassenbahnwesens.»[174] Die ersten Probefahrten der IStB fanden am 17. März 1898 statt, der reguläre Betrieb wurde am 24. April 1898 aufgenommen, 1899 wurden 1,18 Millionen Fahrgäste befördert, 1901 1,26 Millionen. Das Unternehmen konnte regelmässig zwischen 3 und 6 Prozent Dividende ausschütten.

Die Industriequartier-Strassenbahn gilt wegen ihres Namens und wegen der Streckenführung als das erste Arbeitertram Zürichs. Das war sie nicht: für das Kundensegment der Arbeiter war Tramfahren um die Jahrhundertwende noch ein weitgehend überflüssiger und unbezahlbarer Luxus. Auch die IStB war ein Luxus. Vom Luxuscharakter des «Arbeitertrams» zeugten die sieben Strassenbahnmotorwagen der IStB: «Die schönen blauen Wagen entstammen der bekannten Waggonfabrik der Industriegesellschaft in Neuhausen, den elektrischen Teil lieferte und montierte die Maschinenfabrik Oerlikon. [...] Eine Neuerung, die beim fahrenden Publikum lebhaften Anklang findet, sind die geschlossenen Plattformen, denn bei schlechter Witterung sind sowohl die Fahrgäste als auch das Dienstpersonal vor Nässe und Schnee vorzüglich geschützt.»[175] Das vermeintliche Arbeitertram war das erste Zürcher Tram mit geschlossenen Plattformen; ein «Luxus», der sich später bei allen Strassenbahnen durchsetzte.

Die mit Abstand höchsten Frequenzen verzeichnete die IStB bis 1901 jeweils an Sonntagen. An diesen Tagen benutzten Ausflügler das Tram für eine Fahrt ins Weinbaudorf Höngg. Für direkten Anschluss an die Industriequartier-Strassenbahn sorgte seit dem 27. August 1898 die Strassenbahn Zürich–Höngg (Z–H). In den ersten beiden Jahren lebten die IStB und die Z–H in enger Symbiose. Die Betriebsführung hatte die Z–H der Industriequartier-Strassenbahn übertragen, beide Gesellschaften führten gemeinsame Fahrscheine, und die Fahrpläne waren identisch. Ausflügler konnten beim Zürcher Hauptbahnhof ins Tram ein- und in Höngg wieder aussteigen; ein Betriebskonzept, das sich durchaus bewährte.[176]

1900 verkrachten sich die beiden Gesellschaften. Die IStB warf der schlecht rentierenden Z–H mangelhaften Streckenunterhalt und Unpünktlichkeit im Betrieb vor, die Z–H der IStB Selbstherrlichkeit und Arroganz. Äusserer Anlass für die Vorwürfe war eine Fahrplanänderung der IStB 1899 (5- statt 6-Minuten-Betrieb), den die IStB ohne Rücksprache mit dem Höngger Partnerunternehmen einführte. 1900 kündigte die Strassenbahn Zürich–Höngg den

Motorwagen Nr. 5 der Industriequartier-Strassenbahn (IStB) beim Landesmuseum. Die IStB erhielt den Ruf des ersten Zürcher Arbeitertrams. In Tat und Wahrheit aber war sie ein Ausflugstram, das vor allem an schönen Sonntagen viele Ausflügler Richtung Höngg fuhr.
(Archiv VHS)

Wagen Nr. 5 und 6 der Industriequartier-Strassenbahn auf dem provisorischen Tramsteg beim Landesmusem.
(Archiv VHS)

Betriebsvertrag mit der IStB, ab dem 29. September mussten die Fahrgäste in Wipkingen umsteigen und separate Fahrscheine lösen. Die beiden Gesellschaften begannen sich einen Kleinkrieg zu liefern und pedantisch darauf zu achten, möglichst schlechte Verbindungen zum Anschlussunternehmen herzustellen, was der Anziehungskraft der beiden Trams nicht eben förderlich war.[177] Die Zahl der Sonntagsausflügler ging drastisch zurück, ab 1901 war das Fahrgastaufkommen an Werktagen grösser als an Sonntagen: «Der lebhafte Verkehr an Sonn- und Festtagen, wie wir solchen in den Jahren 1898, 1899 und 1900 hatten, wo man nur durch Einstellung des ganzen Wagenparks den grossen Andrang bewältigen konnte, ist jetzt zur Seltenheit geworden. Der Betrieb wickelt sich jetzt an Sonntagen ruhiger ab, d. h. mit weniger Frequenz als an Werktagen.»[178]

Den Rückgang versuchte die Industriequartier-Strassenbahn mit der Einführung von Arbeiterabonnements aufzufangen, in der Hoffnung, dass anstelle der Ausflügler nun Arbeiter das Tram benutzten. Der Versuch war ein Fehlschlag: Zwar stiegen die Fahrgastzahlen 1901 leicht an (von 1,22 Millionen auf 1,26 Millionen), durch die Verlagerung der Billettverkäufe vom teuren Einzelbillet zum günstigen Abonnement gingen die Einnahmen aber deutlich zurück. 1900 waren 73,6 Prozent aller Fahrgäste mit Einzelbilletten unterwegs gewesen und nur 26,4 Prozent mit Abonnements; 1901 hatte sich der Anteil der Abonnements auf 42,5 Prozent erhöht und derjenige der Einzelfahrkarten auf 57,5 Prozent reduziert.[179] Zudem waren es nicht die Arbeiter der Fabriken im Industriequartier, die von den Abonnements Gebrauch machten. Zwar ist die Zusammensetzung der Fahrgäste nicht eruierbar; da aber Arbeiter 1901 in einer Petition eine weitere Reduktion der Fahrpreise verlangten, damit für sie das Tramfahren erschwinglich würde, scheint ein Grossteil von ihnen nicht zu den regelmässigen Trambenützern gehört zu haben. Da sich die IStB den roten Zahlen näherte, trat die Geschäftsleitung auf die Arbeiterpetition nicht ein und erhöhte statt dessen 1902 den Abonnementspreis um 15 Prozent: «Schon im ersten Quartal 1902 hatten wir gegenüber dem Vorjahre wieder einen Einnahmeausfall von Fr. 3200.– zu verzeichnen und der Verwaltungsrat erachtete es nun für angezeigt, wieder eine Erhöhung der Abonnementstaxen eintreten zu lassen.»[180] Diese Fahrpreiserhöhung und steigende Betriebsverschlechterungen zwischen der IStB und der Z–H führten nun zu einem Rückgang der Fahrgäste von 1,26 Millionen auf 1,17 Millionen.

Die Finanzlage verschlechterte sich zusehends. Bereits 1901 wollte sich die IStB in den Schoss der Stadt begeben, was diese damals noch dezidiert ablehnte. Der Kaufpreis, den die IStB verlangte, war ihr zu hoch. Am liebsten hätte die Stadt keinen Rappen für das in finanzielle Schieflage geratene Unternehmen ausgelegt. Um dieses Ziel zu erreichen, musste der Leidensdruck der Tramgesellschaft noch etwas erhöht werden. 1902 war dieses Ziel weitgehend erreicht. Die Aktionäre der IStB stimmten einem Übernahmeangebot zu, bei dem die Stadt kein Bargeld in die Hand zu nehmen brauchte. Die Stadt wandelte lediglich die Aktien der Industriequartier-Strassenbahn in Obligationen der StStZ um. Am 1. April 1903 hörte die Industriequartier-Strassenbahn auf zu existieren.[181]

Das Tram zum Schützenfest

Die letzte private Strassenbahn innerhalb der Stadt Zürich, die Albisgüetlibahn (AGB), entstand erst 1907 und führte von der Utobrücke ins Albisgüetli. Gebaut wurde sie aus Anlass des Eidgenössischen Schützenfestes, das 1907 auf dem Albisgüetli stattfand. Die Organisatoren standen vor der Aufgabe, die Besucher auf den entlegenen Festplatz zu befördern. Zu diesem Zweck prüften sie die Einrichtung eines Autobusbetriebs, den Bau einer Zweiglinie der Uetlibergbahn, eine separate Schmalspurbahn und die Strassenbahnlinie Utobrücke–Albisgüetli.[182] Die Festorganisatoren entschieden sich für eine eigene Strassenbahn und begründeten den Tramentscheid mit der Hoffnung, dass eine Strassenbahn nach dem Fest die Überbauung des Gebiets fördern würde.[183] Mit dieser Perspektive versuchte das Organisationskomitee des Schützenfestes, die Stadt vom Linienbau zu überzeugen. Von einem Tram ins Albisgüetli wollte die Stadt indessen nichts wissen. Einzig eine wenige Meter lange Streckenverlängerung der bestehenden Tramlinie bis zum nahegelegenen Bahnübergang baute die Stadt. Sie begründete ihre ablehnende Haltung damit, dass die Linie nur während des Schützenfestes eine genügend grosse Anzahl Fahrgäste aufweisen würde, sonst einzig an Wochenenden und auch dann nur bei Sonnenschein.[184]

Albisgüetlibahn beim Schützenhaus Albisgüetli. Die Albisgüetlibahn war das letzte Privattram der Stadt Zürich. Sie wurde 1907 aus Anlass des eidgenössischen Schützenfestes gebaut. Nach diesem Fest sank sie zur Bedeutungslosigkeit ab. (Archiv VHS)

Einem Privatunternehmen wollte die Stadt allerdings nicht im Wege stehen, zumal der Fuss des Uetlibergs tatsächlich ein potentielles Stadterweiterungsgebiet darstellte, in dem die Stadt selbst seit 1896 über beachtliche Bodenreserven verfügte, und dem eine Erschliessung durch Private nicht schaden konnte. Die Alibsgüetlibahn (AGB) nahm deshalb als letzte private Strassenbahn der Stadt Zürich ihren Betrieb am 28. Juli 1907 auf. Die Städtische Strassenbahn Zürich übernahm die Betriebsführung der AGB.

Die Stadt hatte bei ihrem ablehnenden Entscheid richtig kalkuliert, denn die wirtschaftliche Entwicklung der Albisgüetlibahn war alles andere als erfreulich. Während des Schützenfestes beförderte die Albisgüetlibahn rund 260'000 Fahrgäste, während des ganzen ersten Betriebsjahres 1907 insgesamt 305'000. Danach sackte diese Zahl auf bescheidene 56'000 ab, wo sie mit Ausnahme von Jahren mit grossen Festen verharrte.[185] Das Albisgüetli-Tram war ein reines Freizeittram, das durch unbewohntes Gebiet fuhr und regelmässig Verluste einbrachte. Im Winterhalbjahr 1907/08 betrugen die Tagesmittelwerte der AGB durchschnittlich dreissig Personen.[186] Bereits 1908 beschränkte sich die AGB deshalb auf den Sommerbetrieb, ab 1913 reduzierte das Unternehmen den Betrieb auf die Wochenenden, und von 1915 bis 1922 war die Albisgüetlibahn nur noch an Sonntagen unterwegs. Erst als in der Zwischenkriegszeit die Wohnbautätigkeit am Friesenberg und in den angrenzenden Gebieten deutlich anzog, stiegen die Fahrgastzahlen. Ab diesem Zeitpunkt wurde die Tramlinie für die Stadt interessant. 1925 begannen die Familienheim-Genossenschaft und die Stiftung Wohnfürsorge für kinderreiche Familien mit der gartenstadtähnlichen Überbauung des Friesenbergs. Die Fahrgastzahlen stiegen in diesem Jahr erstmals ohne grosses Fest auf über 180'000, und just in diesem Jahr kaufte die Stadt die Albisgüetlibahn auf.[187]

Die Strassenbahn Zürich–Oerlikon–Seebach

Als sich Zürich 1894 mit dem ersten Vorortsgürtel vereinigte, hatte sich bereits im zweiten Vorortsgürtel ein verstärktes Bevölkerungswachstum abzuzeichnen begonnen. 1934 wurden acht Gemeinden dieses Vorortsgürtels, Affoltern, Albisrieden, Höngg, Oerlikon, Schwamendingen, Seebach und Witikon, eingemeindet. Die Bevölkerung dieser Vororte betrug 1880 8555 Einwohnerinnen und Einwohner, 1900 waren es 17'318 und zehn Jahre

Motorwagen der Strassenbahn Zürich–Oerlikon–Seebach um 1900 in Zürich. (Archiv VHS)

später 24'755. Oerlikon verdreifachte zwischen 1880 und 1900 seine Einwohnerzahl von 1213 auf 3982, Vororte wie Altstetten, Schlieren, Höngg und Seebach verdoppelten ihren Bevölkerungsbestand.[188] Die Vororte Oerlikon, Altstetten und Schlieren hatten sich zu wichtigen Industriegebieten entwickelt. Die Waggonfabrik Schlieren beschäftige 1900 bereits mehr als 1000 Männer und Frauen, die Maschinenfabrik Oerlikon als grösste Arbeitgeberin der Region 1940. Beide Unternehmen zogen eine ganze Anzahl Zulieferbetriebe an.[189] Der Bedarf an guten Verbindungen zur Kernstadt wuchs, die Verkehrsverbindungen ins Glatt- und ins Limmattal waren aber bis zur Jahrhundertwende schlecht. Zwar bestanden Eisenbahnverbindungen, doch waren die Intervalle der Personenzüge zu gross und nicht auf die Bedürfnisse der Industriebetriebe abgestimmt. Regionale Strassenbahnen sollten diesen Mangel beheben. Um die Jahrhundertwende setzte eine intensive verkehrstechnische Vernetzung der Zürcher Agglomerationsgemeinden mit der Stadt ein.

1894 reichte die Maschinenfabrik Oerlikon ein Konzessionsgesuch für eine Strecke Pfauen–Central–Milchbuck–Oerlikon–Seebach ein. Die Strecke Pfauen–Central wurde der Stadt zugeschlagen, für die übrige Tramstrecke erhielt die Maschinenfabrik Oerlikon die Konzession. Die MFO gründete daraufhin die Strassenbahn Zürich–Oerlikon–Seebach (ZOS), die den Be-

Zugskompositionen der Strassenbahn Zürich–Oerlikon–Seebach an der Endstation beim Bahnhof Oerlikon um 1930. (Archiv VHS)

trieb 1897 aufnahm. 1906 wurde eine Querverbindung nach Schwamendingen eröffnet, 1908 eine Streckenverlängerung nach Glattbrugg. Mit diesem Tram erweiterte die MFO das Einzugsgebiet für ihre Arbeitskräfte, verhalf dem Quartier Unterstrass und den Vororten Oerlikon und Seebach zu einer Tramverbindung mit der Stadt und verschaffte sich gleichzeitig einen lukrativen Grossauftrag zur Lieferung und Installation der elektrotechnischen Anlagen.[190] Die ZOS war eines der ersten öffentlichen Massenverkehrsmittel im Grossraum Zürich, das als Pendlertram konzipiert wurde, und es entwickelte sich überaus erfolgreich. Von Betriebsbeginn an konnte das Unternehmen eine Dividende von 5 bis 6 Prozent auszahlen, einzig 1915 mussten sich die Aktionäre mit 3 Prozent begnügen.[191] 1903 reichte das Unternehmen Konzessionsgesuche für Tramlinien von Oerlikon via Affoltern nach Regensdorf und von Schwamendingen nach Wallisellen ein. Beide Projekte wurden nicht realisiert und in Tat und Wahrheit auch nie ernsthaft erwogen. Eine Tramverbindung nach Affoltern und Regensdorf wäre um die Jahrhundertwende ein klares Defizitgeschäft gewesen. Mit dem Konzessionsgesuch wollte die ZOS Projekte einer anderen privaten Unternehmensgruppe verhindern, die sonst gemäss kantonaler Vorschrift das Recht der Zufahrt zur Stadt über die Geleise der ZOS erhalten und das Geschäft der ZOS empfindlich gestört hätte.[192]

ZOS-Strassenbahnwagen um 1900 auf der Winterthurerstrasse in Schwamendingen. Das Tram war für das abgelegene Bauerndorf die wichtigste regelmässige Verbindung nach Oerlikon und Zürich. 1931, nach dem Übergang der ZOS an die Stadt Zürich, wurde der Betrieb auf Busse umgestellt. (BAZ)

Nicht nur private Konkurrenten konnten das Geschäft der ZOS stören, dazu war auch die Städtische Strassenbahn Zürich fähig. Das Klima zwischen der Städtischen Strassenbahn Zürich und der ZOS war entsprechend kühl, obwohl die beiden Unternehmen 1905 gemeinsame Abonnements einführten. Die ZOS war sich stets der Monopolisierungsbestrebungen der StStZ bewusst und bekam erstmals 1909 die Macht der kommunalen Konkurrenz zu spüren, als diese die Weinberglinie nach Unterstrass eröffnete. Die Einnahmen der ZOS reduzierten sich ab diesem Zeitpunkt erheblich, die ZOS musste Personal abbauen und den Fahrplan ausdünnen.[193]

Die ZOS achtete Zeit ihrer Existenz auf betriebliche und tarifliche Selbständigkeit und willigte sehr zurückhaltend in Kooperationen mit der Städtischen Strassenbahn Zürich ein. Die Bahn existierte bis 1930, als sie von der Stadt Zürich aufgekauft wurde.[194]

Die Strassenbahn Zürich–Höngg (Z–H)

Ein Jahr nach der ZOS eröffnete ein Höngger Komitee eine Tramverbindung zwischen Zürich und Höngg. Höngg verzeichnete im Vergleich mit Vororten wie Oerlikon oder Altstetten ein relativ bescheidenes Bevölkerungswachstum. Das Tram sollte das Wachstum beschleunigen: «Während sämtliche übrigen Vororte: Oerlikon, Zollikon, Bendlikon und Altstetten bequeme Eisenbahnverbindungen, zum Teil auch Dampfboot- und naheliegende Tramverbindungen mit der Stadt haben, ist die Gemeinde Höngg seit Jahrzehnten nur durch täglich zwei Postkurse mit Zürich verbunden. […] Hätte die Gemeinde Höngg schon früher bessere Verkehrsmittel nach der Stadt gehabt, so würde sie sich in den Jahren, in denen in Zürich ein so rascher Aufschwung stattfand, ohne Zweifel bedeutend mehr entwickelt haben.»[195] Die

Eröffnung der Strassenbahn Zürich–Höngg 1898. Das Weinbauerndorf Höngg hoffte, durch die Tramverbindung als Wohnort für reiche Zürcher an Attraktivität zu gewinnen. (Archiv VHS)

Führerstand der Strassenbahn Zürich–Höngg. Die Strassenbahn Zürich–Höngg war zusammen mit der Industriequartier-Strassenbahn das erste Zürcher Unternehmen, das geschlossene Plattformen auf den Tramwagen einführte und damit für die Tramführer bessere Arbeitsbedingungen schuf. (Archiv VHS)

Hoffnungen erfüllten sich nicht. Die Gemeinde, die ausser der Seidenweberei Höngg keine grossen Arbeitsplatzperspektiven bot, war für die Arbeiter aus dem Industriequartier uninteressant, solange sie Wohnungen fanden, die näher bei der Stadt lagen, und das war in Wipkingen noch lange Zeit der Fall. Auch das wohlhabende Bürgertum zog es bis in die Zwischenkriegszeit nicht nach Höngg. Nach einem intensiven Bevölkerungswachstum zwischen 1890 und 1900, während dem die Bevölkerung von 2120 Einwohnerinnen und Einwohnern auf 3089 stieg, flachte das Wachstum bis 1910 ab.[196] Erst ab den zwanziger Jahren gewann Höngg als Wohnort an Attraktivität.

Die Strassenbahn Zürich–Höngg war ein reines Ausflugstram, beliebt an den Wochenenden, wenig nachgefragt an Werktagen. Gewinnträchtig war das Unternehmen nie. Während die IStB neben den Ausflüglern auf einen begrenzten Stamm an Berufspendlern zählen konnte, beschränkte sich das Kundenpotential der Z–H auf die Ausflügler. Prekär wurde die Situation nach 1900, als sich das Höngger Unternehmen mit der IStB zerstritt. Das Unternehmen war nicht mehr in der Lage, den Unterhalt und die Erneuerung der Anlagen zu finanzieren und trat 1911 mit der Stadt in Verkaufsverhandlungen. 1913 übernahm die Stadt die Teilstrecke bis zur Stadtgrenze, 1923 schliesslich wurde die gesamte Bahn in die StStZ integriert.[197]

Die Limmattal-Strassenbahn (LSB)

Die dritte Agglomerationsstrassenbahn führte nach Dietikon und Weiningen. Ab 1900 verband die Limmattal-Strassenbahn (LSB) die Limmattalgemeinden mit der Stadt Zürich. Um die Jahrhundertwende schossen überall in der Schweiz Überlandstrassenbahnen aus dem Boden. Fast jede mittelgrosse Gemeinde verlangte nach einem Tramanschluss; Strassenbahnen galten als

Voraussetzung und als Zeugen der wirtschaftlichen Prosperität. Überlandstrassenbahnen glichen oft eher Eisenbahnen als heutigen Strassenbahnen und wurden auch für den Transport von Gütern eingesetzt. In diesen Kontext gehört das Projekt der Limmattal-Strassenbahn.

Treibende Kraft bei der LSB war das Badener Industrieunternehmen Brown, Boveri & Co. BBC zusammen mit der elektrotechnischen Fabrik Motor, Baden, der Waggonfabrik Geissberger (später Schweizerische Waggonfabrik Schlieren SWS), der Düngerfabrik Geistlich aus Schlieren sowie der Brauerei Dietikon.[198] Die BBC und die Motor sahen im Bau einer Strassenbahn in erster Linie ein gewinnträchtiges Anwendungsgebiet der Elektrotechnik, die Waggonfabrik Geissberger baute einen Kunden für die eigenen Tramwagen auf, die Brauerei Dietikon und die Düngermittelfabrik Geistlich wähnten in der Strassenbahn eine günstige Verkehrseinrichtung, um ihren Rohstoffbedarf und ihre Produkte zu transportieren.

Ursprünglich war ein Netz geplant, das von Zürich über Höngg nach Baden und von Zürich via Schlieren nach Bremgarten führen sollte. Dieses Projekt verhinderten jedoch die Kantonsgrenzen, die ein langwieriges Konzessionsverfahren absehbar machten, sowie unterschiedliche Interessen der Limmattalgemeinden, welche die Linienplanung erschwerten. Man beschränkte sich daher auf das Kernprojekt mit Linien nach Dietikon und Weiningen. 1900 wurde die Verbindung von Zürich nach Dietikon eröffnet und 1901 diejenige von Schlieren nach Weiningen.

Die Limmattal-Strassenbahn hatte stets mit widrigen Betriebsbedingungen und grossen finanziellen Problemen zu kämpfen. Die Stadt war an einer Zusammenarbeit mit der Limmattal-Strassenbahn nicht interessiert. Der Stadtrat versuchte deshalb zunächst, der Limmattal-Strassenbahn die Fahrt auf Stadtgebiet zu verwehren. Das gelang ihr nicht. Bei der Konzessionierung der Strassenbahn Zürich–Oerlikon–Seebach hatte sich die Stadtregierung zwar das Recht gesichert, die Bedingungen zu diktieren, unter denen private Strassenbahnunternehmen in der Stadt betrieben werden dürften, allerdings konnte sie unliebsame überkommunale Strassenbahnen gegen den Willen der Kantonsregierung nicht an der Stadtgrenze abblocken.[199] Nach langen Verhandlungen und auf Druck des Regierungsrates durfte die Limmattal-Strassenbahn deshalb ab 1902 wenige 100 Meter bis zum Bahnübergang der Zürichseebahn in die Stadt einfahren und einen direkten Anschluss an das städtische Liniennetz herstellen.[200] An dieser Stelle mussten die Fahrgäste der LSB in die Wagen der StStZ umsteigen. Aber das war nicht das einzige Ungemach, mit dem die LSB zu kämpfen hatte. Nach der Betriebsaufnahme der Limmattal-Strassenbahn ging auch die Schweizerische Nordostbahn auf Konfrontationskurs und schaltete sechzehn zusätzliche Zugverbindungen im Halbstundentakt zwischen Zürich und Dietikon ein. Als die SBB 1903 die Nachfolge der NOB antraten, reduzierten sie zwar die Pendlerzüge leicht, aber nicht in dem Masse, wie es sich die LSB gewünscht hätte.[201] Und schliesslich war die Fahrt mit dem Limmattaler Tram eher eine bemühende Angelegenheit. Dreimal kreuzte das Tram die Geleise der Eisenbahn, dreimal mussten die Passagiere das Tram verlassen und wieder besteigen, da Tramwagen Eisenbahnschienen nur leer kreuzen durften. Bei vollbesetzten Tramwagen habe dieses stete Ein- und Aussteigen zu regelmässigen Rangeleien

Motorwagen Nr. 5 der Limmattal-Strassenbahn (LSB) und Motorwagen Nr. 2 der Bremgarten-Dietikon-Bahn um 1902 in Dietikon. Die Bremgarten-Dietikon-Bahn war ursprünglich als Teil der LSB geplant, wurde aber wegen der widrigen Betriebsbedingungen der LSB als selbständiges Unternehmen realisiert. (Archiv VHS)

unter den Fahrgästen um die besten Sitzplätze geführt, berichtete der ehemalige LSB-Direktor Heinrich Schwarzer 1919.[202] Die Vorschrift, Eisenbahnlinien nur mit leeren Wagen zu kreuzen, sorgte auch bei der Städtischen Strassenbahn Zürich (Kreuzungen in Wiedikon und Wollishofen) und bei der ZOS (Kreuzungen in Oerlikon und Seebach) für Ärger. Erst 1927 wurden mit der Tieferlegung der linksufrigen Seebahn die letzten Niveaukreuzungen und damit diese als Schikane empfundene Massnahme aufgehoben.

Innerhalb dieser Rahmenbedingungen war für die LSB ein gewinnbringender oder nur schon selbsttragender Betrieb nicht möglich. 1917 wurden in Dietikon erste Teilstrecken aufgehoben, 1928 wurde der Strassenbahnbetrieb zwischen Schlieren und Dietikon eingestellt und durch einen Autobusbetrieb ersetzt. Das Unternehmen hatte zuwenig finanzielle Mittel, um Erneuerungsarbeiten an den Infrastrukturanlagen durchzuführen.[203] 1931 wurde die LSB gleichzeitig mit der ZOS von der Stadt Zürich übernommen. Die Stadt hob noch im selben Jahr die Linie zwischen Schlieren und Weiningen auf und richtete einen Autobusbetrieb ein. 1955 folgte das Teilstück von Altstetten bis Schlieren.[204]

Der Vollständigkeit halber erwähnt sei hier als letzte regionale Strassenbahn die Forchbahn. Als private Regionalbahn konzipiert, aber stets von der Städtischen Strassenbahn Zürich betrieben, eröffnete sie 1912 den Betrieb zwischen Zürich und Esslingen. Die Forchbahn verband das Zürcher Stadtzentrum mit dem Oberland und sorgte für Verbindung mit den Überlandstrassenbahnen Wetzikon–Meilen und der Uster-Oetwil-Bahn. Grosse Bedeutung hatte die Forchbahn lange nicht. Das Zürcher Oberland zählte noch nicht zum engeren Einzugsgebiet der Stadt Zürich, weshalb sich die Forchbahn wie die Uetlibergbahn in erster Linie zur Ausflugsbahn entwickelte.[205] Eine gewisse Bedeutung als Kleinbahn für Pendler erhielt sie erst nach dem Zweiten Weltkrieg.

Der Wandel zum Massenverkehrsmittel

1900 waren die wichtigen Tramlinien gebaut, 1906 gehörten mit Ausnahme der Albisgüetlibahn und den auf städtisches Gebiet führenden Teilstrecken der ZOS, Z–H und LSB alle Tramstrecken der Stadt. Die Investitionen in die Verkehrsinfrastruktur waren jedoch weitgehend nutzlos, wenn es nicht gelang, das Tram zu einem Verkehrsmittel zu entwickeln, das für grosse Teile der Stadtbevölkerung attraktiv war. Um breite Bevölkerungsschichten vom Sinn des peripheren Wohnens und damit von der Notwendigkeit des Tramfahrens zu überzeugen, brauchte es Fahrpreise, die für Arbeiter bezahlbar waren. Diese Tarifstruktur führte die StStZ 1902 ein.[206] Damit begann der Wandel vom Luxus- zum Massenverkehrsmittel heutiger Prägung.

Die Tarifpolitik wird neu definiert

Als die Stadt 1896 und 1897 die beiden ersten privaten Tramgesellschaften übernommen hatte, erliess sie zwar eine eigene Tarifordnung, übernahm aber die Strukturen der Privatgesellschaften. Mit der Tarifordnung von 1897 teilte der Stadtrat das Strassenbahnnetz in verschiedene Strecken von 830 bis 1550 Meter Länge ein. Die Fahrt kostete je nach Streckenlänge zwischen 10 und 20 Rappen. Einige Monate später wurden sogenannte allgemeine Abonnements für 3 Franken respektive 12,5 Rappen pro Fahrt eingeführt und spezielle Streckenabonnements für 4 Franken oder 10 Rappen pro Fahrt, die nur in den frühen Morgenstunden bis 7.00 Uhr gültig waren. Diese Frühabonnements waren die wesentlichste Änderung in der Tarifstruktur. Damit versuchte die Stadt erstmals, einen zumindest partiell auf die Bedürfnisse der Arbeiter und Angestellten abgestimmten Tarif einzuführen und die schwach frequentierten Morgenstunden aufzuwerten, allerdings ohne grossen Erfolg. Beide Abonnements waren zuwenig gefragt.[207] 1899 führte die Stadt Jahreskarten (Fr. 135.–), Halbjahreskarten (Fr. 70.–) und Vierteljahreskarten (Fr. 40.–) ein. Auch diese Zeitkarten blieben, gemessen am gesamten Billettverkauf, eine unbedeutende Grösse; Tramfahren blieb ein Luxus, den man sich nicht regelmässig und schon gar nicht auf dem Arbeitsweg leistete.

Mit der Tarifrevision von 1902 lancierte der Stadtrat den Angriff auf das Fahrgastpotential der Arbeiter und Angestellten. Er führte anstelle des Streckentarifs einen Zonentarif mit drei Zonen ein.[208] Die Fahrpreise verharrten bei 10 bis 20 Rappen pro Fahrt, allerdings erlaubte der Zonentarif wesentlich längere Fahrten zum günstigsten Tarif. Auch die Preise der allgemeinen Abonnements, die Fahrten auf dem ganzen Streckennetz erlaubten, blieben gleich hoch. Bedeutend war jedoch die Einführung von Streckenabonnements, die Fahrten zu sehr günstigen Preisen innerhalb einer Zone erlaubten. Diese Streckenabonnements kosteten 2.25 Franken respektive 9 Rappen pro Fahrt.

Die Streckenabonnements orientierten sich klar an den Bedürfnissen der Arbeitsbevölkerung, die täglich mehrmals dieselben Strecken zurücklegen musste. Um die Arbeiter und Angestellten, die bislang den Fussmarsch oder

Linienplan von 1909. Die Tramstadt ist weitgehend gebaut, die innerstädtischen Linien sind mit Ausnahme der Albisgüetlibahn alle in städtischem Besitz. Private Strassenbahnen verbinden die Vororte mit der Stadt Zürich. (BAZ)

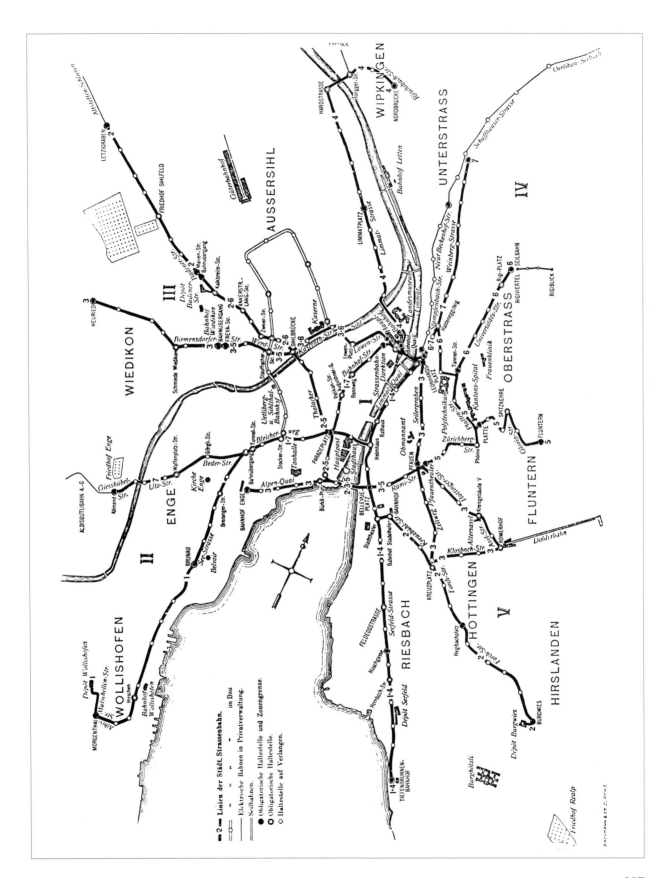

die Velofahrt hartnäckig dem Tram vorgezogen hatten, vom Tramfahren zu überzeugen, passte die StStZ auch die Frühabonnements den Bedürfnissen und Möglichkeiten dieses Kundensegmentes an. Die Preise sanken von 4 auf 3 Franken, was einer Reduktion von 10 auf 6 Rappen pro Fahrt entsprach, gleichzeitig wurde die Gültigkeitsdauer der Frühabonnements um eine halbe Stunde ausgedehnt.[209]

Die Preissenkungen dürfen in ihrem Ausmass nicht unterschätzt werden: Tramfahren war 1902 sogar ohne Berücksichtigung der Teuerung für grosse Teile der Bevölkerung plötzlich günstiger als 1882, als die Zürcher Strassenbahn AG ihre Pferdetramlinien eröffnet hatte.

Die Tarifrevision von 1902 verfehlte ihre Wirkung nicht. Von 1902 bis 1903 stieg die Zahl der Zonenabonnements von 1700 auf 31'600 Stück, die Zahl der Frühfahrtenabonnements verdreifachte sich, der Zuwachs bei den übrigen Abonnements war ähnlich beeindruckend. 1897 hatte der Anteil der Abonnements am Gesamterlös der Billettverkäufe noch 13 Prozent betragen, 1905 waren es bereits 34,2 Prozent und 1915 48,4 Prozent.[210] Mit den Abonnements stieg natürlich die Zahl der Fahrgäste. 1900 zählten alle Zürcher Tramunternehmen zusammen 12 Millionen Fahrgäste, 1905 waren es 15,4 Millionen und 1910 32,5 Millionen. Zwischen 1900 und 1910 erhöhte sich die Fahrgastzahl um insgesamt 153 Prozent, während die Bevölkerung «lediglich» um 26 Prozent wuchs.[211] Zu diesem Ergebnis trugen allerdings auch die volkswirtschaftlichen Rahmenbedingungen bei.

Die Fahrpreisreduktion bei der Städtischen Strassenbahn Zürich fiel in eine Periode steigender Löhne und Gehälter. Zwischen 1890 und 1910 stiegen die Reallöhne der Industriearbeiter um durchschnittlich 1,765 Prozent pro Jahr.[212] 1914 wendeten Arbeiterhaushalte 48,8 Prozent ihrer Gesamtausgaben für Nahrungsmittel auf, 10,3 Prozent für Kleidung und 12,4 Prozent für die Wohnungsmiete sowie Instandhaltungsarbeiten. 1,6 Prozent des Budgets machten die Verkehrsausgaben aus. Das waren zwar 0,4 Prozent weniger als zwanzig Jahre zuvor, dieser Anteil erlaubte aber das häufigere Benutzen der öffentlichen Nahverkehrsmittel.[213] Das zeigt ein Vergleich von Stundenlöhnen und Fahrpreisen: Wollte sich 1890 ein Maurer eine Fahrt quer durch die Stadt leisten, so musste er für eine Einzelfahrt etwa 35 Minuten arbeiten. Hätte er sich ein sogenanntes Generalabonnement geleistet, das in der Realität für ihn fast unerschwinglich war, wären noch 23 Minuten Arbeit nötig gewesen.

1910 investierte derselbe Maurer für eine Einzelfahrt maximal 18 Minuten Arbeit, leistete er sich ein Streckenabonnement, investierte er pro Fahrt noch 8 Minuten Arbeit und für eine Fahrt mit dem Frühabonnement noch ganze 5 Minuten.[214] Das Tram hatte sich zu einem Verkehrsmittel gewandelt, das für den überwiegenden Teil der Bevölkerung erschwinglich war und von breiten Bevölkerungsschichten benutzt wurde. Bis 1908 verzeichnete der Sonntag das höchste Fahrgastaufkommen. Dass das Tram seinen Luxuscharakter ablegte, zeigt die Tagesstatistik: ab 1909 fiel der Sonntag hinter die Werktage zurück.

Trotz dieses Wandels zum Massenverkehrsmittel blieb das Tram noch lange tendenziell ein Produkt, das man sich leistete, wenn es finanziell gut ging, und das man in wirtschaftlich schwierigeren Zeiten aus dem Budget strich.

Tabelle 3: *Zahl der verkauften Billette und Abonnements*

Jahr	Einzelfahrkarten (in 1000)			Abonnements (in 1000)			
	10 Rp.	15 Rp.	20 Rp.	General-abonne-ments*	Zonen-abonne-ments	Algem. Abonne-ments	Frühfahr-tenabon-nements
1897	2404,2	2614,3	722,6			24,5	
1898	2756,1	1892,6	812,9		0,9	98,9	0,5
1899	3754,0	2249,5	887,2	0,04	0,9	129,8	0,7
1900	3736,8	2222,7	944,3	0,06	1,4	121,3	0,8
1901	3659,6	2207,9	1251,5	0,07	1,5	160,3	1,2
1902	3642,6	2128,6	1228,2	0,07	1,7	171,3	1,4
1903	4203,9	2463,9	833,8	0,16	31,6	159,6	4,4
1904	4941,8	2908,4	953,0	0,29	34,2	182,9	6,0
1905	5463,7	3143,4	1042,0	0,39	37,9	196,8	7,2
1906	5844,4	3491,9	1462,5	0,56	44,7	275,6	9,0
1907	6817,0	4161,3	1665,2	0,83	49,9	329,7	11,6
1908	7226,4	4265,2	1802,1	1,10	55,0	364,4	13,7
1909	7846,6	4611,6	2035,8	1,34	62,7	430,2	16,5
1910	9202,9	5075,5	2318,1	1,83	4,9	496,8	19,6

* Bei den Generalabonnements wurden Monats-, Vierteljahres- und Halbjahreskarten in Jahreskarten umgerechnet.

Quelle: Kruck 1925, S. 17.

Die Strecken zwischen Wohn- und Arbeitsort liessen sich in Zürich bei Bedarf noch immer gut zu Fuss zurücklegen, zumal die Quartiere mit dem grössten Bevölkerungswachstum (Aussersihl, Wiedikon, Teile von Unterstrass) nicht weit von den wichtigen Arbeitsplatzgebieten entfernt waren.

Gute Zeiten für Tram- und Städtebauer

Für die Strassenbahnindustrie waren goldene Zeiten angebrochen. 1890 verkehrten im Grossraum Zürich gerade 32 von Pferden gezogene Strassenbahnwagen der Zürcher Strassenbahn AG, 1910 umfasste allein der Wagenpark der Städtischen Strassenbahn Zürich 168 Motorwagen und 44 Anhängewagen. Dazu kam der Wagenpark der ZOS, der Strassenbahn Zürich–Höngg und der Albisgüetlibahn.[215] Elektrotechnische Unternehmen wie die Maschinenfabriken Oerlikon und Brown Boveri in Baden hatten sich im Auf-, Um- und Ausbau von Strassenbahnlinien einen lukrativen Markt erschlossen, die Produktion von Strassenbahnen war für Grossunternehmen wie die Schweizerische Waggonfabrik Schlieren, die Schweizerische Lokomotiv- und Maschinenfabrik Winterthur und die Industriegesellschaft Neuhausen in wenigen Jahren zu einem wichtigen wirtschaftlichen Standbein geworden.

Und vor allem prägten inzwischen Strassenbahnen das Bild der Stadt nachhaltig. 1890 hatte das Liniennetz im Grossraum Zürich 8,6 Kilometer umfasst, 1910 waren es 61,03 Kilometer; 35,2 Kilometer davon wurden von der

Motorwagen der Städtischen Strassenbahn 1905 am Central. 1890 verkehrten im Grossraum Zürich lediglich 32 Pferdetramwagen, 1910 umfasste allein der Wagenpark der Städtischen Strassenbahn Zürich 168 Motorwagen und 44 Anhängewagen. Ab 1899 verfügten die Motorwagen über einen abnehmbaren Führerschutz. (Archiv VHS)

Bellevue um 1910. Mit der Modellierung des Trams zum Massenverkehrsmittel mussten auch die Haltestellen den neuen Anforderungen angepasst werden. Verkehrsknotenpunkte wie das Bellevue wurden ausgebaut und mit Wartehallen versehen. Das Bild entstand 1908. (BAZ)

Städtischen Strassenbahn Zürich befahren, der Rest von den verschiedenen privaten Überlandstrassenbahnen. Bis 1931, als das Tramnetz im Grossraum Zürich seine grösste Ausdehnung erreichte, wuchs es nur noch um wenige Meter auf 65,74 Kilometer.[216] Strassenbahnen, die sich an den Verkehrsknotenpunkten stauten oder in dichter Folge dieselben Strassen durchfuhren, waren Alltag geworden. Innert weniger Jahre wurde die Stadt den Bedürfnissen des Trams angepasst, wie Stadtingenieur Wenner 1905 ausführte: «Im Innern der Stadt und in den Verkehrszentren der Aussengemeinden war es namentlich die Anlage der Strassenbahnlinien, die neben dem architektonischen Ausbau der Plätze Um- und Ausbauten erforderten.»[217] Den An-

Tramdepots in Riesbach, erbaut 1900 und abgebrochen 1989, und in Aussersihl beim Escher-Wyss-Platz, erbaut 1911. Von der Bedeutung des Trams für das städtische Leben zeugten die grossen Tramdepots, die nach der Jahrhundertwende gebaut wurden. (BAZ)

forderungen des Trambetriebs angepasst wurden unter anderem der Paradeplatz, der Bahnhofplatz, das Bellevue und der Kreuzplatz. Aufwendige, im Jugendstil erstellte Tramhäuschen demonstrierten an diesen und anderen Verkehrsknotenpunkten sichtbar den Bedeutungszuwachs der Strassenbahn für das städtische Leben ebenso wie die leicht protzigen Tramdepots im Seefeld, in der Burgwies, an der Badenerstrasse oder in Wollishofen.[218] Über Jahre hinweg war das Tram als Deus ex machina der städtischen Entwicklung aufgebaut worden, entsprechend benachteiligt fühlten sich diejenigen Quartiere, die nicht oder nur ungenügend in das Tramnetz eingebunden waren. Dazu gehörte das an Aussersihl angrenzende Wipkingen, das zwar an der Quartiergrenze von der Industriequartier-Strassenbahn und der Strassenbahn Zürich–Höngg durchfahren wurde, bei dem aber der grösste Teil des Siedlungsgebietes weitab jeder Tramstation lag. Der Quartierverein Wipkingen forderte über Jahrzehnte eine Ringlinie, die das Quartier mit den Nachbarquartieren verbunden und, wie der Quartierverein hoffte, die sonnigen Abhänge des Käferbergs zu einem attraktiven Stadterweiterungsgebiet für wohlhabendere Bevölkerungsschichten aufgewertet hätte. Ohne diese Tramlinie, war der Quartierverein überzeugt, gerate Wipkingen definitiv in den Windschatten der besser erschlossenen Quartiere. Für sie scheuten die Wipkinger nicht einmal den Gang vor den hohen Bundesrat. Sie mussten aber trotz aller Anstrengungen bis 1927 warten: in diesem Jahr wurde die geforderte Ringlinie als erste Autobuslinie der Stadt verwirklicht.[219] Ähnlich resolut forderte Unterstrass viele Jahre eine Tramverbindung durch die Weinbergstrasse, allerdings erfolgreicher als die Wipkinger. Zu Hilfe kam Unterstrass die Konkurrenzsituation zwischen der StStZ und der ZOS, die den Bau beschleunigte: 1909 wurde diese Strecke gebaut. Und so wie Wipkingen oder Unterstrass verlangten alle Quartiere nach ihrem Tram; die Qualität der Verkehrsanbindung galt als Gradmesser für die städtische Quartierhierarchie.

Die Geburt des Pendlers

Das Tram hatte einen neuen urbanen Bevölkerungstypus geschaffen, den Pendler. Strassenbahnen und Eisenbahnen bestimmten zunehmend den Lebensrhythmus der Menschen. Der Pendler, der morgens weitab von seinem Arbeitsort das Tram oder in geringerem Ausmass den Zug bestieg, wurde zur statistischen Grösse. 1908 veröffentlichte das statistische Amt der Stadt Zürich die erste Pendlerstatistik, die sich auf Zahlen aus der Volkszählung von 1900 stützte, 1926 folgte eine zweite Untersuchung, welche die Zahlen der Volkszählung von 1910 auswertete.[220] «Höherer Lohn und eine oft mehr zusagende Beschäftigungsart, als sie im engen Kreise des kleinen Ortes oder des der Stadtwohnung nahe gelegenen Stadtteiles sich biete, das sind wohl die beiden wichtigsten sozialwirtschaftlichen Triebfedern für die Tageswanderung vom Wohnorte in eine andere Gemeinde als Arbeitsort», begründeten die Statistiker 1908 das Aufkommen von Pendlern.[221] Die Statistiken erfassten nur diejenigen Pendler, die Gemeindegrenzen überschritten, nicht erfasst wurden die Binnenpendler, das heisst alle diejenigen Werktätigen, die vom einen Ende der Stadt an das andere pendelten.
2811 Personen, errechnete das Statistische Amt, fuhren 1900 täglich aus dem Kantonsgebiet in die Stadt, und 1498 Städter hatten ihren Arbeitsplatz ausserhalb der Stadtgrenzen. Die wichtigsten Pendlervorstädte waren Adliswil, Zürich-Affoltern, Albisrieden, Altstetten, Dübendorf, Höngg, Kilchberg, Oerlikon, Schwamendingen, Witikon und Zollikon; es handelte sich also um den zweiten Vorortsgürtel. Arbeit fanden die Pendler zu 58,6 Prozent in gewerblichen Berufen, zu 20,5 Prozent im Handel und zu 12,7 Prozent im Bereich Verkehr. Die übrigen Erwerbsbereiche blieben marginal.[222] Von den Wegpendlern hatten 67 Prozent ihren Arbeitsplatz im Bezirk Zürich, zu dem

auch Industrieorte wie Oerlikon oder Altstetten zählten, und 11,5 Prozent im Bezirk Horgen mit den Industrieorten Adliswil, Thalwil und Wädenswil.[223] Bis 1910 hatten sich die Zahlen vervielfacht. Im ersten Vorortsgürtel arbeiteten 33 Prozent oder 4802 der insgesamt 14'416 Personen zählenden berufstätigen Bevölkerung nicht am Wohnort, in der Stadt Zürich waren es 2073 Personen oder 2,3 Prozent der Berufstätigen.[224] Auf mehr als 4000 Berufspendler schätzten die Statistiker die sogenannten Tageswanderer aufgrund aufwendiger Schätzverfahren: «Nur das lässt sich [...] nachweisen, dass für den ganzen Kanton Zugang und Weggang an Arbeitskräften sich ausgleichen, der übrige Kantonsteil dagegen einen Überschuss von mehr als 4000 Arbeitskräften aufweist, einen Überschuss, der im Gebiete von Gross-Zürich Beschäftigung findet.»[225] Ein verhältnismässig leicht messbarer Indikator für die Zunahme des Phänomens war der Anstieg des Personenverkehrs in den Bahnhöfen. Von 1900 bis 1913 verdreifachte sich der Personenverkehr in den Bahnhöfen des Stadtgebietes von 2'210'861 abfahrenden Personen auf 6'570'758 Personen. Auf dem Bahnhof Zürich-Letten in der Nähe des Industriequartiers lösten 1900 noch 26'328 Fahrgäste einen Fahrschein, 1913 waren es 119'104, die Frequenz im Bahnhof Zürich-Stadelhofen stieg im selben Zeitraum von 160'027 auf 633'235 abfahrende Passagiere.[226] Die gleiche Entwicklung war bei den überkommunalen Strassenbahnen messbar. Typische Pendler-Strassenbahnen wie die Limmattal-Strassenbahn verdoppelten trotz NOB-Konkurrenz die Zahl der Passagiere von 494'821 auf 888'838, und die Strassenbahn Zürich–Oerlikon–Seebach verzeichnete einen Anstieg von 1'737'609 auf 3'187'754 Passagiere.[227] Der Pendelverkehr zwischen den Vororten und der Stadt Zürich nahm in der Zwischenkriegszeit deutlich zu. 1924 betrug die Zahl täglicher Pendler zwischen Zürich und den zwölf Vororten, die damals für eine zweite Eingemeindung zur Diskussion standen, 13'200 Personen. 35 Prozent dieser Pendler benutzten die Schweizerischen Bundesbahnen, 63 Prozent die Strassenbahn, einschliesslich der Limmattal-Strassenbahn und der Strassenbahn Zürich–Oerlikon–Seebach.[228] Die Strassenbahn war weit vor der Eisenbahn das mit Abstand wichtigste Verkehrsmittel für Arbeitspendler. An den heutigen Zahlen gemessen war das Pendleraufkommen bescheiden, für die zeitgenössische Wahrnehmung war die Entwicklung indessen eindrücklich.

Massenweise Massenverkehrsmittel: Central und Bahnhofbrücke um 1930. In der Zwischenkriegszeit setzte sich das Massenverkehrsmittel Strassenbahn definitiv durch. Dies führte zu Verkehrssituationen, wie sie heute durch den motorisierten Individualverkehr bekannt sind. (Archiv VHS)

IV. Die Tramstadt auf dem Höhepunkt

Die Kritik an der Grossstadt, die in den neunziger Jahren die Renaissance des Faches «Städtebau» eingeleitet hatte, erreichte in den Jahren vor dem Ersten Weltkrieg einen Höhepunkt. Immer lauter wurden die Klagen über die Verschandelung von Quartieren durch planloses Bauen, über die Spekulanten und über die krankmachenden Wohnverhältnisse in einzelnen Quartieren. Der Glaube an die Fähigkeit des freien Marktes, die Stadtentwicklung befriedigend zu regeln, war tiefgreifend erschüttert und wurde auch in Fachkreisen, etwa vom Zürcher Ingenieur- und Architektenverein, angezweifelt. Die Eingriffe der Behörden in die Stadtentwicklung hatten sich bislang im wesentlichen auf den Ausbau der Infrastrukturanlagen beschränkt, nun wurden Planung und weitergehende Eingriffe verlangt – und auch in die Wege geleitet. Als planerisches Leitbild propagiert wurde die Schaffung von Gartensiedlungen im Sinne durchgrünter Vororte und Aussenquartiere zur Lösung der Wohnungsfrage, die Schaffung optimaler Wachstumsbedingungen für die Wirtschaft in der Innenstadt und der Schutz grosser Grün- und Freiflächen zwischen den Quartieren. Und vor allem erhob man den Anspruch, eine Stadtplanung zu schaffen, die den Namen verdiente, dass heisst eine Planungskultur einzuführen, welche die künftige Entwicklungsrichtung bestimmen sollte und der eingetretenen Entwicklung nicht hinterherzuhinken habe.
Zu diesem Zweck veranstaltete die Stadt Zürich von 1915 bis 1918 den «Wettbewerb zur Erlangung eines Bebauungsplanes der Stadt Zürich und ihrer Vororte», der unter der Kurzbezeichnung «Wettbewerb Gross-Zürich» bekannt wurde. Damit leitete die Stadt Zürich eine umfassende Stadtentwicklungsplanung ein, die eine Abkehr von der bisher gängigen Praxis bedeutete. Wurde bislang die räumliche Trennung der Stadt in die Bereiche des Wohnens und des Arbeitens als quasinatürlicher Vorgang betrachtet, so wurde sie nun durch planerische Eingriffe, den Ausbau der Verkehrsinfrastruktur und die städtische Wohnbauförderung forciert und durch die Schaffung von speziellen Bereichen für die Freizeit ergänzt. In einer Zeit, in der das Automobil zwar auf dem Vormarsch, aber noch ein reines Luxusprodukt war, waren Strassenbahnen zur Umsetzung dieser Stadtentwicklungskonzepte zentrale Instrumente, ohne die die ganze Planung Theorie bleiben musste. Zahlreiche neue Tramlinien sollten die Gartenvorstädte mit der City verbinden und durch günstige Tarife den Arbeitern und Angestellten den Umzug an die Peripherie erleichtern. Günstige Tarife wurden in der Zwischenkriegszeit zur Conditio sine qua non für die Entwicklung der Stadt erhoben. Das Massenverkehrsmittel Strassenbahn verzeichnete eine Periode unglaublichen Wachstums, die Tramstadt erlebte in den Jahren zwischen 1910 und 1940 ihren Höhepunkt.

Zürich zwischen 1910 und 1940

Die Tramstadt erlebte ihre Blütezeit in einer Periode, die durch eine entgegengesetzte demographische Entwicklung von Stadt und Land, durch einen raschen Wechsel tiefgreifender wirtschaftlicher Krisen und Zeiten der Hochkonjunktur und durch scharfe soziale Spannungen, gefolgt von den Anfängen des Sozialstaats, geprägt war. Sie war gekennzeichnet durch die Zeit der Weltkriege, durch drei Generalstreiks und scharfe politische Auseinandersetzungen, durch die goldenen Zwanziger und eine Bewunderung der amerikanischen Wirtschaft und durch die Weltwirtschaftskrise. Die Hoffnungen, die man in der Zwischenkriegszeit in die Planbarkeit der urbanen Entwicklung setzte und die man mit dem Ausbau der Verkehrsinfrastruktur verband, müssen vor diesem Hintergrund betrachtet werden. Es waren die Hoffnungen, durch die geplante Erschliessung des städtischen Umlandes grossen Bevölkerungsteilen Lebensbedingungen zu schaffen, die dazu beitragen sollten, die sozialen Spannungen zu minimieren und die wirtschaftliche Expansion der Zentren nach amerikanischem Vorbild zu optimieren.

Soziale Konflikte, politische Konfrontation und stille Konsenssuche

Die Folgen des Ersten Weltkriegs liessen die sozialen Gegensätze in der schweizerischen Wirtschaftsmetropole schärfer hervortreten. Kriegsteuerung, Arbeitslosigkeit und Militärdienst hatten Zehntausende von Zürcherinnen und Zürchern zu Fürsorgeempfängern gemacht, gegen Ende des Krieges zählte zu ihnen rund ein Viertel der Zürcher Stadtbevölkerung und rund ein Sechstel der Schweizer Bevölkerung.[1] Die andauernde wirtschaftliche Not, enorm gestiegene Lebenshaltungskosten und vor allem die grassierende Wohnungsknappheit schürten die Unzufriedenheit der Bevölkerung.[2] Bereits 1912 war es in Zürich zu einem ersten Generalstreik gekommen. Bis 1919 folgten zwei weitere, darunter der Landesgeneralstreik von 1918. Die materielle Not und der durch das in den Kriegsjahren erlassene Vollmachtenregime eingeengte politische Spielraum liessen die Spannungen, die während der ersten Kriegsjahre in den Hintergrund getreten waren, neu aufleben. Im Frühling und Sommer 1919 war Zürich fast wöchentlich Schauplatz von Grossdemonstrationen von Arbeitern, die gegen Arbeitslosigkeit und für den Achtstundentag demonstrierten. Hass, Feindschaft und Misstrauen zwischen den Lagern prägten bis weit in die dreissiger Jahre das Geschehen und blockierten die städtische Politik.[3]
1919 errangen die Linksparteien im Zürcher Parlament erstmals eine knappe Mehrheit, 1925 konnten sie nochmals deutlich zulegen, 1928 doppelten sie in der Exekutive nach. Der bisherige demokratische Stadtpräsident Hans Nägeli wurde vom sozialdemokratischen Bauvorstand Emil Klöti aus dem Amt gedrängt. Das «Rote Zürich» war Tatsache geworden und hatte bis 1949 Bestand. Die Sozialdemokratie war bestrebt, aus Zürich auf allen Gebieten eine Musterstadt zu machen. Dieser Anspruch umfasste sowohl gesunde Finanzen als auch vorbildliche Schulen, die Forderung nach gepflegtem Kulturleben wie die Förderung des gemeinnützigen Wohnungs-

baus. Dieselben Prinzipien hatten vor dem «Roten Zürich» auch die bürgerlichen Parteien vertreten; sie wurden nun allerdings noch stärker betont.[4] Während Konfrontation das Geschehen auf der politischen Bühne prägte, suchten die politischen Praktiker im Hintergrund nach einem Konsens über die Parteigrenzen hinweg. Diese Konsenssuche fusste auf der Einsicht, dass die permanenten Konfliktsituationen nur durch sozialpolitische Massnahmen zu entschärfen seien. Dazu gehörte etwa die Förderung des gemeinnützigen Wohnungsbaus (ab 1924), die Schaffung des Krankenkassenobligatoriums (1927) sowie die Einführung der obligatorischen Arbeitslosenversicherung (1931). Wesentlicher Teil dieser Politik war die Stadtplanung, die darauf abzielte, durch die Erschliessung durchgrünter Vororte das Wohnungsproblem zu lösen. Für die Stadtplanung zuständig war seit 1910 Emil Klöti. Er prägte die Planungspolitik der Stadt Zürich bis 1941, an seiner Seite standen während Jahrzehnten der freisinnige Stadtbaumeister Hermann Herter und Konrad Hippenmeier als Chef des Bebauungsplanbüros. Unterstützt wurde dieses Dreigespann von 1919 bis 1934 durch den freisinnigen Stadtrat Gustav Kruck, der als Vorsteher der Industriellen Betriebe (bis 1931 Bauamt II) die Strassenbahnpolitik prägte und die Verkehrsbetriebe zu einem modernen Grossunternehmen ausbaute.

Kommunaler und genossenschaftlicher Wohnungsbau in Zürich

Ganz oben auf der kommunalpolitischen Traktandenliste der Zwischenkriegszeit stand die extreme Wohnungsnot, die während und vor allem nach dem Ersten Weltkrieg herrschte. Der Lösung der Wohnungsfrage nach modernen städtebaulichen Grundsätzen hatten sich auch die Verkehrsplanung und die Strassenbahnpolitik unterzuordnen.
Die Zwischenkriegszeit wurde zur grossen Pionierzeit des sozialen Wohnungsbaus, seine Anfänge liegen allerdings bereits vor dem Kriegsbeginn. 1907 nahm der Grosse Stadtrat den Passus «Die Stadt fördert die Erstellung gesunder und billiger Wohnungen, sowie die Errichtung von Logishäusern und Asylen für Obdachlose» in die Gemeindeordnung auf.[5] Im selben Jahr wurde der Bau der ersten städtischen Wohnsiedlung an der Limmatstrasse beschlossen, die bis 1909 fertiggestellt wurde. 1912 folgten die ersten drei Etappen der Riedtlisiedlung in Oberstrass. Diese als Gartenstadtsiedlung konzipierte Überbauung wurde in erster Linie für mittelständische Arbeiter und Angestellte erstellt. Bereits 1910 hatte der Grosse Stadtrat die Unterstützung der gemeinnützigen Baugenossenschaften beschlossen und dafür drei Grundsätze formuliert: die Abgabe von Baugelände zu günstigen Konditionen, die Vergabe von zinsgünstigen Darlehen auf die zweite Hypothek und die Beteiligung der Stadt am Genossenschaftskapital.[6] Aus diesen Ansätzen entwickelte sich die zweigleisige Wohnungsbaupolitik der Stadt Zürich, die einerseits als Bauherrin auftrat, andererseits den privaten gemeinnützigen, in aller Regel genossenschaftlichen Wohnungsbau förderte und die bis heute Bestand hat. Sowohl der kommunale wie auch der genossenschaftliche Wohnungsbau blieben jedoch bis zum Ersten Weltkrieg bescheiden.[7]
Bis am Vorabend des Ersten Weltkriegs herrschte in Zürich eine rege Bau-

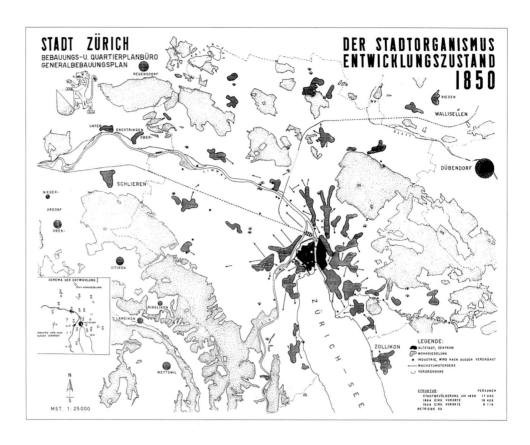

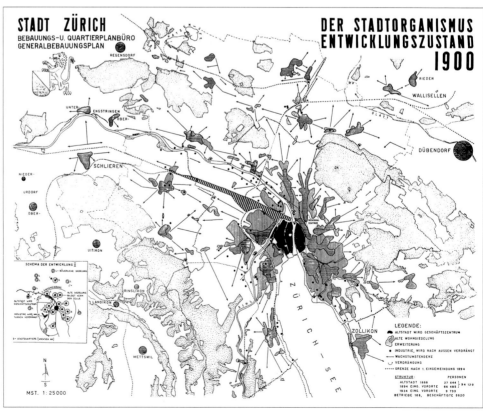

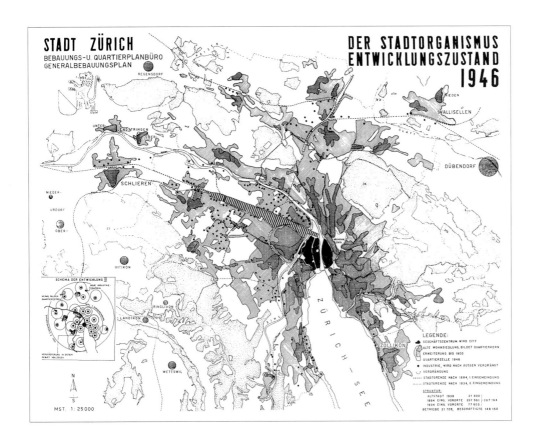

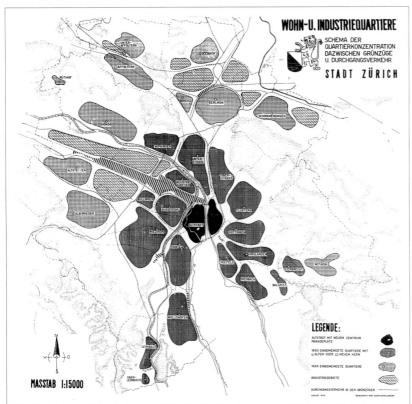

Entwicklungslinien der Stadt Zürich 1850, 1900 und 1946 sowie die Stadtstruktur von 1945. Nach der zweiten Eingemeindung von 1934 begann das Quartier- und Bebauungsplanbüro mit Arbeiten an einem Generalbebauungsplan für das neue Stadtgebiet. Wesentlicher Bestandteil dieser Arbeit waren Studien über die Entwicklungslinien der Stadt Zürich. Es ist unschwer zu erkennen, dass diese den Hauptverkehrslinien folgen. (BAZ)

tätigkeit. Bei Kriegsausbruch war die Stadt Zürich wegen des Rückgangs der ausländischen Wohnbevölkerung und des Truppenaufgebotes plötzlich mit einem hohen Leerwohnungsbestand konfrontiert. Die Zahl der leerstehenden Wohnungen stieg vom Juli bis Mitte 1915 von 430 auf 2070 Wohnungen.[8] In der Folge brach die Wohnbauproduktion vollständig ein. Wurden von 1910 bis 1914 noch durchschnittlich 1440 Wohnungen pro Jahr erstellt, so waren es 1916 bescheidene 423; bis 1922 fiel diese Zahl auf 372 Wohnungen.[9] Der Anteil des privaten Wohnungsbaus am gesamten Hochbau betrug zwischen 1910 und 1914 jeweils 93 Prozent, 1919 sackte er auf 17 Prozent ab. Als die Bevölkerungszahlen wieder stiegen, wurde schon bald Wohnungsknappheit spürbar. Ab 1917 fehlten jährlich mindestens 700 Wohnungen, bis 1923 schnellte diese Zahl auf 1780. Der Leerwohnungsbestand sank von 3,29 Prozent 1915, auf 0,05 Prozent 1919.[10] Die Wohnungsnot der unmittelbaren Nachkriegszeit war mit derjenigen vor dem Ersten Weltkrieg nicht zu vergleichen. Die Armenpflege brachte Obdachlose in Gasthäusern und Heimen unter, akquirierte zwangsweise Büros und suchte in den umliegenden, ebenfalls von Wohnungsmangel betroffenen Gemeinden nach Unterkunftsmöglichkeiten. Liegenschaftspekulation und Mietzinswucher trieben immer neue Blüten; Schober und Ställe wurden teuer vermietet, Häuser bis übers Dach mit Familien vollgepfercht: «In einem uralten, verlotterten Gebäude haust eine sechsköpfige Familie in einer 8 Quadratmeter grossen Stube, die von Mitte Decke bis 50 Zentimeter über dem Fussboden abgeschrägt ist; [...]. Eine andere Familie bestehend aus den beiden Ehegatten und drei kleinen Kindern, bewohnen ein einziges von Betten und übrigem Hausrat angefülltes Zimmer, das als Wohn-, Schlaf- und Essraum dienen sollte. Auch hier eine Luft zum Ersticken und eine unbeschreibliche Unordnung», wussten Untersuchungsbeamte zu berichten.[11] Willkürliche Kündigungen und das skrupellose Ausnützen der Notsituation durch Liegenschaftenbesitzer gehörten zur Tagesordnung. Die Wohnungsnot beschränkte sich nicht auf Zürich; mit ähnlichen Verhältnissen hatten alle Städte zu kämpfen. Am 18. Juni 1917 ermächtigte der Bund die Kantone im Notrecht, Mieterschutzbestimmungen zu erlassen. Der Kanton Zürich erliess solche am 28. Juni 1917 und überliess deren Durchsetzung den Gemeinden. Zürich verfügte sie am 2. August 1917. Ein Jahr später wurden die Schutzbestimmungen auf Handänderungen erweitert, so dass Käufer von Liegenschaften die Mieten nicht mehr willkürlich erhöhen konnten. Im Oktober und November 1918 schränkte der Bund vorübergehend sogar die Freizügigkeit ein und schuf die rechtlichen Voraussetzungen, um freistehenden Wohn- und Büroraum zu beschlagnahmen. Bis 1920 wurden die rechtlichen Eingriffsmöglichkeiten der Kantone und Städte kontinuierlich verschärft.[12]

Die Stadt Zürich erstellte bis 1919 in Wiedikon, Wipkingen und Aussersihl verschiedene Siedlungen mit insgesamt 821 Wohnungen im kommunalen Wohnungsbau. Von 1919 bis 1922 hatte sie mit einer tiefgreifenden Finanzkrise zu kämpfen und musste sich einem rigiden, vom Kanton diktierten Sparprogramm beugen, damit dieser gegenüber den Banken die Bürgschaft für neue Kredite übernahm. Deshalb musste die Stadt in diesem Zeitraum den kommunalen Wohnungsbau einstellen. Als sich die finanzielle Situation um 1923 wieder verbessert hatte, begann die Stadt mit einem für schweizerische Verhältnisse beispiellosen Wohnbauförderungsprogramm, indem sie vor allem den genossenschaftlichen Wohnungsbau massiv unterstützte. Dazu erliess sie in den Jahren 1924 bis 1926 neue Bestimmungen zur Förderung des genossenschaftlichen Wohnungsbaus. Diese sahen unter anderem den Verkauf von günstigem Bauland, die Gewährung von Darlehen bis zu 94 Prozent der Anlagekosten und die Übernahme von 10 Prozent des Genossenschaftskapitals vor. Im Rahmen dieses Programms bauten im Entlisberg, auf dem Friesenberg, im Sihlfeld, im Industriequartier, im Letten, auf dem Milchbuck und in Oerlikon rund fünfzig Baugenossenschaften etwa 12'000 Wohnungen.[13] 1924 gründete die Stadt zudem die «Wohnungsfürsorge für kinderreiche Familien». Diese Stiftung baute zwischen 1925 und 1931 auf dem Friesenberg in Wipkingen und im Brunnenhof an der damaligen Stadtgrenze zu Oerlikon zwei Einfamilienhausquartiere im Gartenstadtstil.[14] Zwischen 1920 und 1931 wurde in Zürich fast jede zweite Neubauwohnung durch gemeinnützige Trägerschaften erstellt, ab 1926 waren es jährlich etwa 1000 bis 1400 Wohnungen.

Wirtschaftliche Rahmenbedingungen in der Zwischenkriegszeit

Die Wohnungsnot nach dem Ersten Weltkrieg war das Resultat erheblicher Zuwanderung in den Grossraum Zürich. Das Finanz- und Wirtschaftszentrum der Schweiz übte eine starke Anziehungskraft auf arbeitsuchende Menschen aus und bot offensichtlich die besten Arbeitsplatzperspektiven der Schweiz.
Der Erste Weltkrieg bedeutete das Ende einer lang anhaltenden wirtschaftlichen Expansionsphase.[15] Die Schweiz, nicht unmittelbar in die Kriegshandlungen einbezogen, erlebte in den ersten Kriegsjahren zwar einen kriegsbedingten kurzen Aufschwung, allerdings zeigten sich bereits erste Krisensymptome: während die Maschinenindustrie und die Landwirtschaft florierten, brach das Bauwesen ein. 1918 kam es auch in den übrigen Branchen zum wirtschaftlichen Zusammenbruch. Die Jahre von 1914 bis 1923 waren geprägt durch Waren- und Lebensmittelknappheit, Inflation und Reallohnkürzungen, Arbeitslosigkeit und pure materielle Not.[16] Produktionsausfälle und -verlagerungen während des Ersten Weltkriegs führten zu steigenden Preisen, mit denen die Löhne nicht mithielten. Der reale Einkommensverlust der Angestellten und Arbeiter betrug 25 bis 30 Prozent. Der lange Militärdienst, der im Durchschnitt 500 Tage dauerte, brachte manche Familie in eine zusätzliche Notlage; Hunger und Unterernährung gehörten neben der prekären Wohnungsnot zum Alltag.[17]
1922 überwand die Schweizer Wirtschaft die Talsohle. Die Stabilisierung der deutschen Währung, der Dawes-Plan und die amerikanische Wirtschaftsexpansion halfen mit, die Wirtschaftskrise zu überwinden. Für die wirtschaftliche Expansion in den goldenen Zwanzigern waren strukturelle Veränderungen massgebend, die im Jahrzehnt von 1910 bis 1920 eingeleitet worden waren. Innerhalb des Industriesektors setzte die Maschinen- und Metallindustrie ihren Aufstieg fort, während die Textilindustrie drastisch an Bedeutung verlor.[18] Zu den Hauptgewinnern zählte aber der Dienstleistungs-

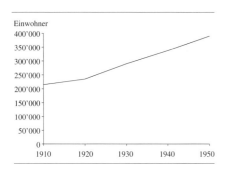

Bevölkerungsentwicklung in Zürich 1910 bis 1950 in den Grenzen von 1934. (Grafik: Galliker. Quellen: Jahrbücher Stadt Zürich)

Linienplan der Städtischen Strassenbahn Zürich von 1932. Der Raum des nachmaligen Gross-Zürich ist von einem dichten, ausschliesslich kommunalen Strassenbahnnetz überzogen. Zudem beginnen erste Buslinien das öffentliche Verkehrsnetz mitzuprägen. Wer nicht an das Verkehrsnetz angeschlossen ist, steht abseits der urbanen Entwicklung. (BAZ)

sektor. Das Finanzwesen hatte bereits während der Kriegszeit seine Position stärken können, das Wachstum der forschungs- und kapitalintensiven Maschinen- und Chemieindustrie förderte seine Stärkung zusätzlich. Der gesamte Dienstleistungsbereich erhöhte die Zahl seiner Beschäftigten im Kanton Zürich in den Jahren 1920 bis 1941 von 98'536 auf 130'889.[19] Gesamtschweizerisch stieg der Anteil der im Dienstleistungssektor Beschäftigten zwischen 1910 und 1930 von 27,8 Prozent auf 34,6 Prozent, während der Anteil der im Industriesektor Beschäftigten von 45,5 auf 42,5 Prozent und derjenige der im primären Sektor Beschäftigten um 3,9 Prozent auf 22,9 Prozent zurückging. Die Expansion des Dienstleistungssektors wurde vor allem in der Zürcher Innenstadt sichtbar, wo neue Gebäude für Handel, Versicherungen und Banken aus dem Boden schossen. Die Industriebetriebe mit ihrem grossen Flächenbedarf fanden optimale Standortbedingungen in den Vororten Oerlikon, Altstetten, Schlieren und Wallisellen oder an der städtischen Peripherie im Industriequartier und im Giesshübel.

Die Phase der Prosperität wurde durch die Weltwirtschaftskrise jäh beendet. Diese erfasste die Schweiz zwar wegen grosser Bauvorhaben nur schleichend und im Vergleich mit dem Ausland weniger gravierend, führte aber auf ihrem Höhepunkt 1935/36 trotzdem zu einer gesamtschweizerischen Arbeitslosigkeit von rund 100'000 Personen. Das entsprach etwa 10 Prozent der Erwerbstätigen.[20] Die Weltwirtschaftskrise bedeutete jedoch lediglich eine zeitweilige Zäsur der wirtschaftlichen Entwicklung der Schweiz: nach dem Zweiten Weltkrieg setzte sich der strukturelle Wandel fort.

Stadtwachstum und Bevölkerungsstagnation

Gesamtschweizerisch flachte das Bevölkerungswachstum in der Zeit der Weltkriege deutlich ab. 1914 zählte die schweizerische Bevölkerung 3,9 Millionen Einwohnerinnen und Einwohner, 1945 knapp eine halbe Million mehr, nämlich 4,4 Millionen, wobei der eigentliche Zuwachs in den Jahren von 1940 bis 1945 erfolgte. Die jährliche Zuwachsrate lag in den zwanziger und dreissiger Jahren bei 4,5 Promille und damit dreimal tiefer als vor 1914 oder nach 1945.[21] Trotz der gesamtschweizerischen Stagnation hielt der relative Bevölkerungsrückgang der ländlichen Gebiete und der kleinen Gemeinden zugunsten der Städte an. Der Anteil der in Gemeinden mit weniger als 5000 Einwohnerinnen und Einwohnern wohnhaften Bevölkerung nahm um einen Achtel ab, die Bevölkerung der Gemeinden mit mehr als 5000 Einwohnerinnen und Einwohnern wuchs um mehr als einen Viertel.[22] 1930 lebte ein Drittel der Schweizer Bevölkerung in Städten mit mehr als 10'000 Einwohnerinnen und Einwohnern, 1910 war es erst ein Viertel gewesen. Bis 1950 stieg dieser Anteil auf 36,5 Prozent.

Die Wohnbevölkerung im ganzen Kanton Zürich zählte 1910 503'915 Personen, 1941 waren es 674'505.[23] Der grösste Teil dieses Bevölkerungszuwachses, das heisst rund 70 Prozent, wurde von Zürich und seinen Vororten absorbiert. 1910 zählte die Stadt Zürich zusammen mit den 1934 eingemeindeten Vororten 215'488 Einwohnerinnen und Einwohner, 1941 waren es 336'395.[24] Vom gesamten schweizerischen Bevölkerungswachs-

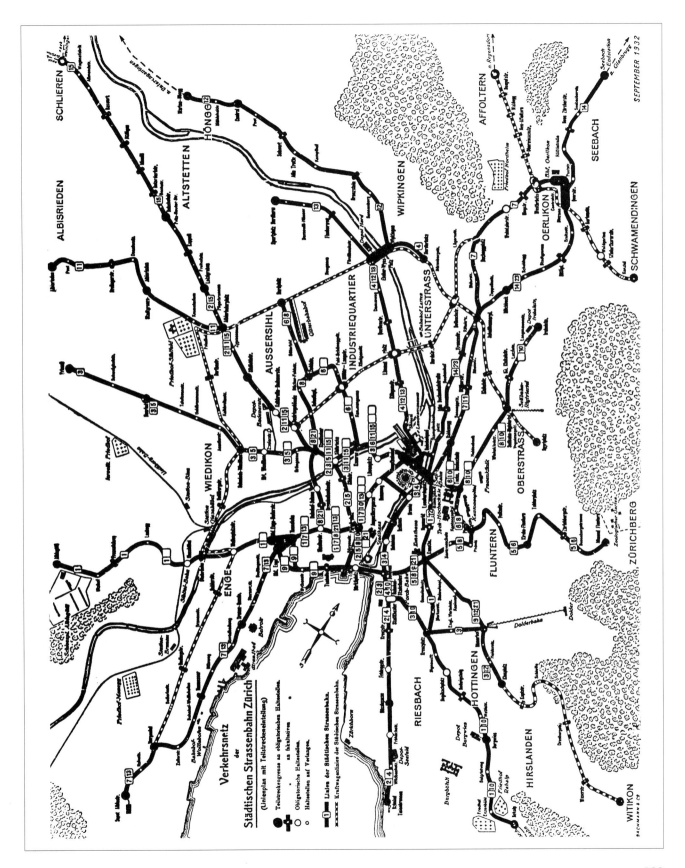

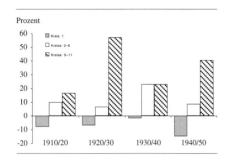

Bevölkerungsentwicklung von 1910 bis 1950 nach eingemeindeten Vororten in Prozent: Altstadt (Kreis 1), 1894 eingemeindete Vororte (Kreise 2 bis 8), 1934 eingemeindete Vororte (Kreise 9 bis 11). Seit der Jahrhundertwende verlor die Altstadt kontinuierlich an Bevölkerung, während die äusseren Vororte das stärkste Wachstum verzeichneten. (Grafik: Galliker. Quelle: Jahrbücher Zürich)

tum, das zwischen 1910 und 1941 512'410 Personen betrug, entfielen rund 23 Prozent auf Zürich in den Grenzen nach 1934.[25]

Die Bevölkerungsbewegungen folgten den wirtschaftlichen Entwicklungslinien. Von einem temporären Höchststand 1918 (212'560 Einwohnerinnen und Einwohner) reduzierte sich die Bevölkerung bis 1922 auf 199'250 Personen. Danach nahm die Bevölkerung rasch wieder zu, zwischen 1924 und 1932 jährlich um 8000 bis 10'000 Einwohnerinnen und Einwohner. In der Weltwirtschaftskrise flachte die Bevölkerungskurve ab, bei Kriegsbeginn war sie wiederum leicht rückläufig.[26]

Räumliches Wachstum im Verdichtungsraum Zürich

Die Darstellung des räumlichen Wachstums zwischen 1910 und 1950 ist etwas problematisch. 1913 und 1934 änderten durch Neudefinition der Stadtkreise die statistischen Bezugsgrössen. Als Bezugsgrösse dient im folgenden die Kreiseinteilung, wie sie seit der zweiten Eingemeindung von 1934 gilt. Der Kreis 1 entspricht dabei der Altstadt, die Kreise 2 bis 8 den 1894 eingemeindeten Vororten, die Kreise 9 bis 11 den 1934 eingemeindeten Vororten. Dabei ist zu berücksichtigen, dass die Grenzziehung der einzelnen Kreise nach 1934 nicht identisch sein muss mit derjenigen vor 1934; einzelne Quartiere wurden 1934 neuen Kreisen zugeteilt. Die statistischen Ungenauigkeiten vermindern jedoch die Aussagekraft des Zahlenmaterials nur unwesentlich.[27]

Der Bevölkerungsverlust der Altstadt, der sich seit 1895 abzeichnete, setzte sich beschleunigt fort. Die Kreise 2 bis 8 verzeichneten zwischen 1910 und 1940 einen Bevölkerungszuwachs von 80'187 Personen, die Kreise 9 bis 11 einen solchen von 46'075. Zu den Hauptgewinnern zählten die Quartiere Wipkingen (Kreis 3), Unterstrass und Oberstrass (Kreis 6) und der Kreis 11 mit Oerlikon als Zentrum. Zu den Hauptgewinnern der Periode gehörten aber auch schön gelegene Mittelstand- und Oberschichtgemeinden wie Zollikon und Kilchberg. Zollikon erhöhte seine Bevölkerungszahl zwischen 1910 (2525 Personen) und 1930 um 77,1 Prozent (4472 Personen), Kilchberg um 46,8 Prozent.[28]

Das relative Bevölkerungswachstum war in den Vororten Zürichs in der Zwischenkriegszeit bereits deutlich stärker als innerhalb der Stadtgrenzen von 1894. Zwischen 1900 und 1910 wuchsen die 1934 eingemeindeten Vororte insgesamt um 43 Prozent, Zürich aber nur um 27 Prozent, wenn auch von einer deutlich höheren Basis aus; von 1920 bis 1930 lauten die entsprechenden Zahlen 49 und 20 Prozent.[29] Die Verhältniszahlen blieben sich auch nach der zweiten Eingemeindung und trotz des Zweiten Weltkrieges in etwa gleich. Von 1930 bis 1950 wuchs die Stadt Zürich in den Grenzen von 1893 um 19 Prozent (von 249'800 auf 298'200 Personen), die 1934 eingemeindeten Vororte aber legten um insgesamt 123 Prozent zu (von 41'100 auf 91'800 Personen).[30]

Von einer Stadtflucht, wie sie ab den späten fünfziger Jahren registriert wurde, kann allerdings keine Rede sein. Die Stadt Zürich verzeichnete in absoluten Zahlen den mit Abstand grössten Bevölkerungszuwachs; selbst

Tabelle 4: *Bevölkerungsentwicklung Zürichs in den Grenzen von 1934, 1910 bis 1950*

Stadtkreis	1910	1920	1930	1940	1950
Kreis 1	25'502	23'461	21'824	21'251	18'038
Kreis 2	15'382	16'421	21'719	29'088	33'519
Kreis 3	26'861	31'040	38'716	46'105	54'069
Kreis 4	36'457	35'612	38'771	43'423	41'999
Kreis 5	16'255	16'006	17'613	16'670	16'226
Kreis 6	18'825	25'506	35'524	42'014	47'319
Kreis 7	22'470	26'424	31'778	35'458	39'202
Kreis 8	20'537	21'468	23'620	24'216	26'011
Kreis 9	7134	7927	12'032	19'362	29'874
Kreis 10	12'620	15'636	26'230	29'205	30'870
Kreis 11	13'445	15'267	23'255	30'707	51'644
Total	215'488	234'808	290'392	337'499	388'771

Quelle: Statistik, Nr. 32, S. 41; Statistik, Nr. 36, S. 3; Statistik, Nr. 39, S. 18; Jahrbuch Zürich 1940, S. 3; Jahrbuch Zürich 1950, S. 3.

der dicht bewohnte Kreis 4, dessen Bewohnungsdichte abzubauen zu den erklärten Zielen der Zürcher Stadtregierung gehörte, registrierte noch immer ein Bevölkerungswachstum. Die Abwanderung städtischer Familien in die Vororte war noch immer die Ausnahme; im Gegenteil zogen zahlreiche Familien aus den Vororten in die Kernstadt. Offenbar bildeten die Vororte für Neuzuzüger oft eine Zwischenstation auf dem Weg in die Stadt, bevor sie in Zürich bezahlbaren Wohnraum fanden. Eine Ausnahme bildeten Leute aus dem oberen Mittelstand, die verstärkt ihre Mietwohnung in der Stadt gegen ein Eigenheim im Grünen tauschten.[31] Interessant ist die Umkehr dieser Tendenz nach 1950. Bereits im Zeitraum 1950 bis 1955 verzeichneten nicht nur die Altstadt, sondern auch bereits die 1893 eingemeindeten Quartiere einen Bevölkerungsrückgang von insgesamt 4400 Personen, während die 1934 eingemeindeten Quartiere einen Zuwachs von 33'000 Personen verbuchten.[32]

Verkehrsverbindung als Standortfaktor

Drei Punkte waren für die Attraktivität von Gemeinden und Quartieren ausschlaggebend: die topographische Lage, die Arbeitsplatzperspektiven und die Einbindung in das öffentliche Verkehrsnetz.
Zu den Gemeinden, die gute Arbeitsplatzperspektiven boten, gehörten die Industrieorte Oerlikon, Schlieren und Altstetten, zu denjenigen Gemeinden mit bevorzugter topographischer Lage die schön gelegenen Dörfer Kilchberg und Zollikon.[33] Zentral für die Bevölkerungsentwicklung war indes die Einbindung in das öffentliche Verkehrsnetz. In der Zwischenkriegszeit verzeichneten nur diejenigen Gemeinden ein starkes Bevölkerungswachstum, die gut in das Strassenbahn- oder Eisenbahnnetz eingebunden waren.
Die Bedeutung der Verkehrsverbindung zur Kernstadt wird in Ortschaften deutlich, die erst spät an das Strassenbahnnetz angeschlossen wurden, wie

Tabelle 5: *Bevölkerungsentwicklung in ausgewählten Vorortsgemeinden*

Gemeinde	1910	1920	1930
Oerlikon	5835	7278	12'557
Affoltern	2044	2272	2576
Schwamendingen	1368	1491	2478
Seebach	4198	4266	5644
Albisrieden	1778	1948	2976
Altstetten	5356	5979	9065
Höngg	3719	3975	5334
Witikon	457	438	641
Zollikon	2525	3004	4472
Kilchberg	2733	3267	4013

Quellen: Statistik, Nr. 36, S. 3; Statistische Mitteilungen, Heft 148; Bevölkerung Kanton Zürich 1930.

beispielsweise Albisrieden oder Schwamendingen. Albisrieden erhöhte seine Bevölkerungszahl in der ausgeprägten Wachstumsperiode von 1900 bis 1910 lediglich um 560 Personen. 1923 wurde die Gemeinde an das Tramnetz angeschlossen. Von 1920 bis 1930 erhöhte sie den Bevölkerungsbestand um 1019 Personen (66 Prozent). Schwamendingen wuchs zwischen 1900 und 1910 um lediglich 326 Personen. 1906 eröffnete die ZOS die Linie in die abgelegene Nachbargemeinde. In der Wachstumsperiode 1920 bis 1930 wuchs Schwamendingen um 987 Personen, auch das entspricht einer Zunahme von 66 Prozent.[34] Witikon, das abseits jeder guten Verkehrsverbindung lag, erhöhte von 1910 bis 1930 seine Bevölkerungszahl lediglich um 184 Personen. Wer abseits der Verkehrsströme lag, lag auch abseits der Wanderungsbewegungen.

Die zweite Eingemeindung von 1934

Die räumliche Struktur des Verdichtungsraumes Zürich hatte sich in der Zwischenkriegszeit verändert. «Rekapitulierend mag wiederholt werden, dass die acht [1934 eingemeindeten] Aussengemeinden bereits kein Kranz von Dörfern im Grünen mehr [...], sondern durchindustrialisierte, mit dem Wirtschaftsleben der Stadt eng verknüpfte Vororte sind. Zürich und seine Vororte bilden seit langem eine untrennbare wirtschaftliche Einheit.»[35] Oerlikon avancierte in der Zwischenkriegszeit nach Zürich und Winterthur zur drittgrössten Stadt im Kanton Zürich. Von den 14'884 Arbeitsplätzen in Industrie und Gewerbe befanden sich 7349 in Oerlikon; Altstetten folgte mit 3017.[36] Affoltern, Seebach und Schwamendingen entwickelten sich zu Arbeitervororten Oerlikons, Albisrieden wurde zum Vorort Altstettens.[37] Die Vororte Zürichs galten schon früh als die zentralen Stadterweiterungsgebiete der Hauptstadt, und spätestens seit dem Wettbewerb Gross-Zürich bestand unter Städtebaufachleuten und Baubehörden Einigkeit, dass man die bauliche Entwicklung der Vororte nicht dem Zufall und der Spekulation überlassen dürfe. Diese Überzeugung wurde zu einem zentralen

Argument für die zweite Eingemeindung. Ausgangspunkt der neuerlichen Eingemeindungsdiskussion war jedoch die Finanzlage der Zürcher Vorortsgemeinden.

Arbeitervororte wie Affoltern, Seebach, Albisrieden oder Schwamendingen hatten mit ähnlichen finanziellen Problemen zu kämpfen, wie sie Aussersihl drei Jahrzehnte zuvor zu bewältigen hatte. Der durchschnittliche Staatssteuerertrag von Affoltern betrug in den Jahren 1922 bis 1924 bescheidene 15,9 Franken pro Einwohner, während die Einwohner von Gemeinden des oberen Mittelstandes wie Kilchberg oder Zollikon durchschnittlich 129,1 Franken respektive 113,9 Franken einbrachten. Affoltern war auf die ständige finanzielle Unterstützung durch den Kanton angewiesen, Seebach, Altstetten und Albisrieden ging es nicht wesentlich besser.[38] Nach verschiedenen fruchtlosen Anläufen, unter denen auch über eine Vereinigung Oerlikons mit Schwamendingen, Seebach und Affoltern debattiert wurde, reichte 1926 ein Komitee aus Vertretern der Glattal- und Limmattalgemeinden eine Initiative zur Eingemeindung der zwölf Vororte Albisrieden, Altstetten, Höngg, Schlieren, Oberengstringen, Oerlikon, Schwamendingen, Seebach, Affoltern, Kilchberg, Zollikon und Witikon ein.[39] Die Initiaitve kam 1929 zur Abstimmung. Der Zeitpunkt für die zweite Eingemeindung war ungünstig. Seit 1928 besassen die linken Parteien im Stadtparlament und in der Exekutive die absolute Mehrheit. Ein «Rotes Gross-Zürich» zu verhindern war seither eines der vorrangigsten Anliegen der Eingemeindungsgegner.[40] «Wir wollen keine Vermehrung der städtischen Bürokratie und ihres Beam-tenheeres. Wir wollen aber auch keine dauernde rote Herrschaft in den Vororten, dirigiert vom roten Stadthaus von Zürich und von der Zentralleitung der städtischen sozialdemokratischen Partei», wetterte die Freisinnige Partei gegen die zweite Eingemeindung.[41] Der Abstimmungskampf, in dem eine differenzierte Argumentation kaum Platz fand, entwickelte sich zu einem der heftigsten und aggressivsten der gesamten Zwischenkriegszeit.

Die Eingemeindungsbefürworter argumentierten in erster Linie mit raumplanerischen Überlegungen: «Die Grundlage unserer Stadtentwicklung soll künftig sein die Familie als Zelle im Staatsorganismus; ihr sollen die Bedingungen zur Erhaltung und Hebung der Arbeitskraft und Gesundheit gesichert werden. Wenn wir uns ferner darüber klar werden, dass im Kleinhaus offensichtlich der bessere Staatsbürger und die bessere Staatsbürgerin grossgezogen werden als in der Mietskaserne, so stellt sich uns die Eingemeindungsfrage als ein Problem dar, an dem Stadt und Staat gleichermassen interessiert sind.»[42] Autor dieser Zeilen war der freisinnige Stadtbaumeister Hermann Herter. Mit denselben Argumenten kämpften auch Emil Klöti und der Zürcher Ingenieur- und Architektenverein mit dem Chefredaktor der Schweizerischen Bauzeitung, Carl Jegher, an vorderster Front für die zweite Eingemeindung. Es waren die Vorstellungen des Raumes als Organismus, den man als Ganzes zu betrachten und zu hegen habe, wolle man eine optimale Entwicklung gewährleisten. Und es war die Vorstellung, dass die aktuellen Probleme, in denen die Grossstadt zu versinken drohte, zur Hauptsache das Resultat der unerträglichen Wohnsituation vieler Menschen sei. «Künftig werden die Kleinwohnungen nicht mehr in Mietskasernen unterzubringen sein, sondern das Endziel aller Bestrebungen ist, den Menschen Heime zu schaffen im mittelgrossen Haus und im Kleinhaus mit Garten. Daraus ergibt sich ganz naturgemäss eine stärkere Beanspruchung von Baugelände.»[43]

Die komplexe Argumentation der Eingemeindungsbefürworter hatte in dem emotionalen Abstimmungskampf keine Chance. Die Eingemeindungsinitiative wurde am 12. Mai 1929 mit 55,9 Prozent verworfen. Die Stadt Zürich hatte der Eingemeindung mit 58,9 Prozent zugestimmt, zehn der zwölf Vororte hatten sie mit Stimmenanteilen zwischen 98,5 Prozent (Affoltern) und 62,1 Prozent (Höngg) ebenfalls unterstützt, aber der Neinstimmenüberschuss resultierte aus der deutlichen Ablehnung in den Landgemeinden. Deutlich verworfen wurde die Initiative auch in Kilchberg (13,9 Prozent Jastimmen) und Zollikon (37,4 Prozent Jastimmen).[44]

Der Regierungsrat hatte im Vorfeld der Abstimmung gegen die zweite Eingemeindung aber für einen umfassenden Finanzausgleich zwischen armen und reichen Gemeinden plädiert. Nach der gescheiterten Eingemeindungsinitiative liess er über ein Finanzausgleichsgesetz abstimmen. Auch diese Vorlage scheiterte, und plötzlich war die Tür für eine zweite Eingemeindung offen. Am 5. Juli 1931 mussten die Zürcher zum zweiten Mal darüber abstimmen. Die zur Eingemeindung vorgesehenen Gemeinden waren auf acht reduziert worden (ohne Kilchberg, Zollikon, Schlieren und Oberengstringen). Nach einem eher flauen Abstimmungskampf wurde die Eingemeindung mit 70'000 zu 35'000 Stimmen angenommen.[45]

Die Stadt als Organismus

Die Vorstellung von der Stadt als Organismus, die als eines der Hauptargumente für die zweite Eingemeindung ins Feld geführt worden war, stand als diffuse Idee seit den 1890er Jahren im Raum. Nach der Jahrhundertwende nahm sie immer konkretere Formen an. Mit der Definition der Stadt als Organismus wurde die Notwendigkeit zur Neuorganisation des städtischen Raumes im Sinne der dezentralen Stadtentwicklung verbunden. Das wichtigste Instrument dazu war der Weiterausbau und die Optimierung der Verkehrsinfrastruktur.

«Wir können kein neues Gebiet der städtischen Siedlung erschliessen, ohne Rücksicht zu nehmen auf das Leben, auf den Charakter der ganzen Stadt als Arbeits- und Wohnstätte. Jeder Zweig, der auswächst, muss den Baum naturrichtig ausgestalten und entsprechend verschönern [...]. Organe, die nicht von Blutadern mit dem Herzen verbunden sind, sterben ab; sie müssen beständig von diesem Herzen gespiesen werden. [...] Je freier, mächtiger der Blutstrom durchfliessen kann, desto gesünder und kräftiger entwickelt sich der äussere Teil.»[46] Der Blutstrom, das war 1913, als ETH-Professor Becker diese Zeilen in der Schweizerischen Bauzeitung publizierte, die Strassenbahn, die Adern, das waren die Schienenstränge. So wie Becker dachten um 1910 die meisten Planungsfachleute und Baubehörden. Emil Klöti warb 1927 für die zweite Eingemeindung mit dem gezielten Ausbau der Verkehrsinfrastruktur: «Das Einzige was unseres Erachtens siedlungspolitisch von Erfolg sein kann, das ist die Schaffung guter und raschfördernder Verkehrsmittel. [...] Die Anziehungskraft des wirtschaftlichen Zentrums wird aber durch gute Verkehrsverbindungen nicht geschwächt, sondern man erreicht nur eine Erweiterung des Gebietes, in welchem Personen, die in der Stadt arbeiten oder Geschäfte zu besorgen haben, wohnen können.»[47]

Das Leitbild der dezentralen Stadtentwicklung basierte auf der Gartenstadtidee, wie sie Ebenezer Howard am Ausgang des 19. Jahrhunderts formuliert hatte, allerdings in einer auf die Bedürfnisse der industriellen Grossstadt reduzierten Form. Um die Planungs- und Verkehrspolitik der Zwischenkriegszeit zu verstehen, ist es deshalb notwendig, zunächst auf die Visionen Howards einzutreten.

Howards Gartenstadtidee

Die Gartenstadtbewegung entstand im ausgehenden 19. Jahrhundert in England und Deutschland und geht auf das Buch «Tomorrow – a peaceful path to real reform» des Briten Ebenezer Howard zurück.[48]
In «Tomorrow – a peaceful path to real reform», dem Howard in einer späteren Auflage den Titel «Garden cities of tomorow» gab, entwickelte er die Vision einer «Ehe von Stadt und Land, von ländlicher Gesundheit und Kraft mit städtischem Wissen, städtischer Technik, städtischem Gemeinsinn». Diese «Ehe von Stadt und Land» sollte durch die Gartenstadt vollzogen werden. 1919 definierte die Garden City and Town Planning Association, der Howard angehörte, die Gartenstadt als «eine Stadt, die für gesundes Leben und für Arbeit geplant ist; gross genug um ein volles gesellschaftliches Leben zu ermöglichen, aber nicht grösser; umgeben von einem Gürtel offenen (landwirtschaftlich genutzten) Landes; die Böden des gesamten Stadtgebietes befinden sich in öffentlicher Hand oder werden von einer Gesellschaft für die Gemeinschaft der Einwohner verwaltet.»[49] Ein Merkmal der Gartenstadt war ihre begrenzte Bevölkerungszahl. Howard setzte die Grenze der Bevölkerungszahl einer Gartenstadt bei 30'000 Einwohnerinnen und Einwohnern an. Überschritt eine Siedlung diese Grenze, so sollte unweit von der ersten Gartenstadt eine zweite entstehen. Im Endausbau schwebte Howard eine Stadtregion vor, zusammengesetzt aus Gartenstädten, gruppiert um eine Zentralstadt und getrennt durch einen landwirtschaftlich genutzten Grüngürtel, «so dass jeder Bewohner einer ganzen Gruppe in gewissem Sinne in einer mittelgrossen Stadt wohnt, zu gleicher Zeit aber auch in einer grossen, ungewöhnlich schönen Stadt lebt und alle Vorzüge geniest. Und dabei braucht er nicht auf die erfrischenden Freuden des Landlebens zu verzichten.»[50] Ein leistungsfähiges Verkehrssystem sollte die Verbindung zwischen den Gartenstädten und der Zentralstadt gewährleisten: «Da ist zunächst eine Ringbahn, die alle Städte des äusseren Ringes – 32 Kilometer im Umkreis – miteinander verbindet. [...] Der Verkehr auf der Strecke zwischen zwei benachbarten Städten wird durch elektrische Strassenbahnen vermittelt, welche die grossen Landstrassen benutzen. [...] Aus-

serdem ist noch ein Eisenbahnsystem vorhanden, welches jede Aussenstadt mit der Zentralstadt verbindet.»[51] Howard beabsichtigte eine erste Gartenstadtregion um London anzulegen, gründete 1903 Letchworth und war überzeugt, dass seine Gartenstadtregionen zu einer Umkehr der Bevölkerungsentwicklung führen werden, zu einem Rückgang der Metropolen auf Gartenstadtniveau und zum Wachstum von Städten, «in denen sich ebenso die Kunst des modernen Ingenieurs wie die höchsten Bestrebungen der erleuchtetsten Sozialreformer widerspiegeln, und dass diese Städte heilsamere, vollkommnere, gerechtere und gesündere Lebensbedingungen verwirklichen».[52] Der umfassende Zugriff auf die Stadt, die Verbindung sozialer und ökologischer Postulate mit Ansprüchen an Architektur und Ingenieurbauten, sowie die Forderung nach der Abkehr von marktwirtschaftlichen Prinzipien im Städtebau durch Verstaatlichung des Bodens lösten eine breite Resonanz aus.[53]

Howard traf mit seinem Vorschlag für einen «friedlichen Weg zu echter Reform» den Zeitgeist, der sich einem weitreichenden Eingriff in die Stadtentwicklung geöffnet hatte. 1902 hatten die deutschen Bodenreformer Eberstadt, Fuchs und Mangoldt die «Deutsche Gartenstadt-Gesellschaft» und 1908 als erste deutsche Gartenstadt Hellerau bei Dresden gegründet, die bald zur Kultstätte von Lebensreformern und zum Zentrum avantgardistischen Kunstschaffens wurde. Vor allem aber entstand eine ganze Reihe von Gartenvorstädten und durchgrünten Quartieren.[54] Das allerdings war nicht im Sinne Howards, dem eigenständige Siedlungen und keine abhängigen Satelliten vorschwebten. Die Gartenstadt-Idee Howards, die im Kern eine Abkehr vom kapitalistischen Städtebau bedeutete, mutierte in der städtebaulichen Praxis zu einem Instrument, das der Grossstadtbildung nicht entgegenwirkte, sondern eine Optimierung der Grossstadtregion durch die Aufteilung der Stadt in spezielle Zonen für Wohnen, Arbeiten, Konsum und Freizeit anstrebte.[55]

Der Wettbewerb Gross-Zürich

Es waren diese Ideen, welche die Stadtentwicklungsdiskussionen in Zürich seit der Jahrhundertwende und bis in die jüngste Zeit prägten. Der Anspruch, den Planer und Baubehörden mit der Umsetzung der reduzierten Gartenstadtvision verbanden, war unbescheiden: dem urbanen Menschen sollte eine neue Heimat geschaffen werden.

«Eine Heimat dem neuen Menschen» nannten die beiden Architekten Albert Bodmer und Konrad Hippenmeier ihren Wettbewerbsbeitrag zum «Internationalen Ideenwettbewerb für einen Bebauungsplan der Stadt Zürich und ihrer Vororte» (Wettbewerb Gross-Zürich), der einer der wesentlichsten Impulse für den Schweizer Städtebau der Zwischenkriegszeit darstellte. Dieser Wettbewerb wurde durch bürgerliche Architektenkreise um den SIA-Präsidenten Otto Pfleghard, den Chefredaktor der Schweizerischen Bauzeitung Carl Jegher sowie durch den sozialdemokratischen Bauvorstand und späteren Stadtpräsidenten Emil Klöti initiiert.[56] Klötis Anspruch war, die künftige Entwicklung des Grossraums Zürich aufgrund fundierter Pla-

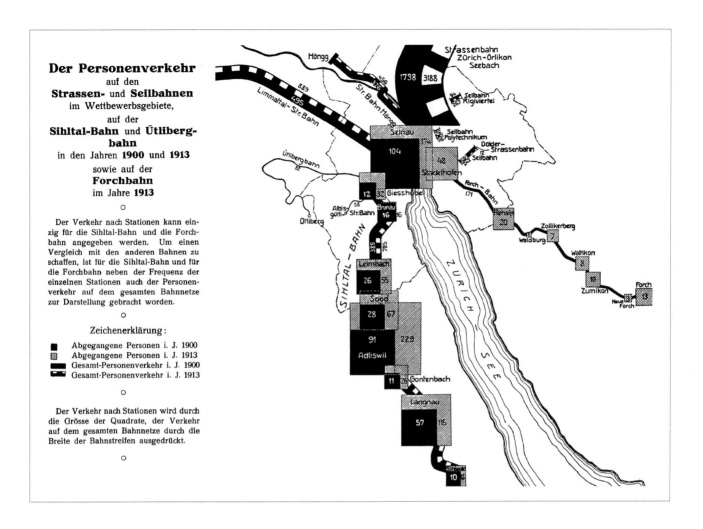

nungsgrundlagen zu steuern, mithin also die Zukunft der Grossstadt Zürich zu planen: «Wie in den meisten andern Städten hat man auch in Zürich die Zukunft zu wenig ins Auge gefasst und sich von dem unerwartet einsetzenden Aufschwung überraschen lassen. Diese bedauerliche Erfahrung hat gelehrt, dass man städtebauliche Aufgaben nicht früh genug an die Hand nehmen kann.»[57] Der Wettbewerbsperimeter umfasste 22 Gemeinden von Rüschlikon bis Dietikon und von Küsnacht bis Affoltern, wovon der grösste Teil noch ländlich geprägt war.[58] Das Wettbewerbsprogramm verlangte Siedlungs- und Zonenpläne für dieses Planungsgebiet sowie detaillierte Bebauungsvorschläge und Vorschläge für die Ausgestaltung und Ergänzung des vorhandenen Strassen- und Bahnnetzes, für die Regelung der Bebauung der noch nicht überbauten Teile der Stadt Zürich und der Vororte sowie für die möglichen Verbesserungen in den schon bebauten Stadt- und Vorortsteilen. «Mit Hülfe eines klaren Programmes für die Anlage des Verkehrsnetzes [...] und unter Beachtung der Grundsätze des neuzeitlichen Städtebaues über die Anforderungen der öffentlichen Gesundheit, der Wirtschaftlichkeit und der Schönheit haben die Entwürfe eine systematische Ausgestaltung der Verkehrseinrichtungen und eine organische Überbauung des

Personenverkehr auf den Strassen- und Seilbahnen 1900 und 1913, vom Statistischen Amt der Stadt Zürich für den Wettbewerb Gross-Zürich erarbeitet. (Statistik Nr. 18/1915)

Wettbewerbgebietes anzustreben.»[59] Anstoss zum Wettbewerb Gross-Zürich war der «Öffentliche Wettbewerb zur Erlangung eines Grundplanes für die Bebauung von Gross-Berlin» von 1908 bis 1910.[60] Die Resultate dieses Wettbewerbs stiessen international auf ein grosses Echo und wurden auf Betreiben Carl Jeghers 1911 an der Zürcher Städtebauausstellung einem breiten Publikum präsentiert, und sie belegten die Bedeutung leistungsfähiger und differenziert ausgestalteter Verkehrswege für die Realisierung der städtebaulichen Ideale. Durch Umgestaltung, Erweiterung und Intensivierung der vorhandenen Verkehrsstruktur sollte die Citybildung in der Innenstadt forciert und die Erschliessung von Gartenvororten ermöglicht werden. Die Konzepte, die daraus für Gross-Berlin resultierten, forderten keine der realen Entwicklung entgegengesetzten städtebaulichen Massnahmen, sondern erhoben den Anspruch, diese Entwicklung zu steuern und zu optimieren. Der Umbau der Berliner Altstadt in eine monumentale Weltstadt-City sollte forciert und die Erschliessung von Gartenvororten gefördert werden.[61] Die Zürcher Wettbewerbsbeiträge wichen kaum vom Berliner Vorbild ab. Es wurden 31 Entwürfe eingereicht. Schon die Titel verdeutlichen die Stossrichtung der verschiedenen Beiträge. «Hügelstadt-Möglichkeiten» (Nr. 2), «Die Organisation von Gross-Zürich» (Nr. 7), «Der Wille zur Grossstadt» (Nr. 16), «Verkehr, Kunst und Industrie» (Nr. 28) – sie alle waren Ausdruck des Bestrebens, die Grossstadt Zürich im Sinne des «neuen Städtebaus» neu zu organisieren.[62]

Einen ersten Preis verlieh das Preisgericht nicht. Den zweiten Preis erhielten ex aequo der Wettbewerbsbeitrag «Eine Heimat dem neuen Menschen» von Karl Bodmer und Konrad Hippenmeier, der als Mitarbeiter des Tiefbauamts erst nachträglich zum Wettbewerb zugelassen worden war, und «Die Organisation von Gross-Zürich» von Hermann Herter.[63] Herter wurde im Anschluss an den Wettbewerb Zürcher Stadtbaumeister, Hippenmeier Chef des neu gegründeten Bebauungsplanbüros und Karl Bodmer zunächst Stadtbaumeister in Winterthur und später in Genf.[64]

In allen Wettbewerbsentwürfen dominierten die Verkehrsbauten, deren Besprechung entsprechend viel Platz im Schlussbericht beanspruchte. Dabei handelte es sich keineswegs ausschliesslich um Strassenbahn- oder Eisenbahnbauten. Erstaunlich viel Raum räumte das Preisgericht dem Bau eines Kanalsystems zwischen Glatt, Limmat, Sihl und Zürichsee ein, dem entlang sich die Industriegebiete des Limmat- und Glattals ausdehnen sollten. Man glaubte damals noch an die Schiffbarmachung von Glatt und Limmat, um dadurch einen Anschluss an die Weltmeere zu erhalten. Der Kanalbau wurde bis in die dreissiger Jahre von einer Sonderkommission weiterverfolgt. Der Kern des Verkehrssystems aber war die Gestaltung des Eisenbahn- und Vorortsbahnnetzes. «Die Bedeutung, die für die bisherige Entwicklung Zürichs die richtige Gestaltung des Strassennetzes hatte, wird bei einem weiteren Anwachsen der Stadt zu einem Gross-Zürich überholt werden von der Wichtigkeit der Gestaltung des Eisenbahnnetzes, da dieses das Rückgrat des künftigen Stadtkörpers bildet. Von ganz besonderer Wichtigkeit sind sodann die Fragen, inwieweit der Stadt- und Vorortverkehr mit Hülfe des vorhandenen oder erweiterten Eisenbahnnetzes der Bundesbahnen bewältigt werden, inwieweit selbständige Stadt-Schnellbahnen erfor-

derlich werden und nach welchen Gesichtspunkten das Strassenbahnnetz zu erweitern und zu vervollkommnen ist.»[65]
Praktisch alle Wettbewerbsbeiträge verlangten den Ausbau der Geleise im Hauptbahnhof und die ganze oder teilweise Umwandlung des Hauptbahnhofes von einem Kopf- in einen Durchgangsbahnhof: «Diese Vorschläge sind aus der Erkenntnis entstanden, dass mit dem Anwachsen der Grossstädte der Stadt- und Vorortverkehr der Eisenbahnen an Zahl der beförderten Personen den eigentlichen Fernverkehr um ein Vielfaches übersteigt.»[66] Dieses Konzept wurde rund siebzig Jahre später als Zürcher S-Bahn realisiert. Nichts wissen wollte das Preisgericht von Hoch- und Untergrundbahnen im Raum Zürich, die in den europäischen Metropolen längst gebaut waren: «Die Baukosten von Hoch- und Untergrundbahnen sind ausserordentlich hoch. [...] Ein Verkehr, der derartige Anlagen rentabel machen könnte, ist in Zürich in absehbarer Zeit nicht zu erwarten.»[67] Und die Strassenbahnen? Für die Erschliessung des gesamten Wettbewerbsgebietes waren sie nach Auffassung der meisten Wettbewerbsteilnehmer von untergeordneter Bedeutung. Für die Verkehrserschliessung der Kernstadt und der unmittelbar angrenzenden Gebiete aber massen ihr die meisten Wettbewerbsteilnehmer und das Preisgericht zentrale Bedeutung bei: «Strassenbahnen [können] nur bis zu einer gewissen Stadtgrösse ausreichen. Aussengebiete können als Wohnstätten nicht mehr in Frage kommen, wenn der Zeitaufwand für die Zurücklegung des Weges von der Wohnung bis zur Arbeitsstätte im Innern der Stadt ein gewisses Mass übersteigt. Voraussetzung für die Brauchbarkeit irgend eines Aussengebietes als Wohnstätte ist nicht die Entfernung in Kilometern, sondern die Fahrzeit in Minuten und der Fahrpreis in Rappen.»[68] Für die rationelle Erschliessung des engeren Verdichtungsraumes musste die Strassenbahn nach Ansicht der Wettbewerbsteilnehmer und des Preisgerichts aber ihre Durchschnittsgeschwindigkeit erhöhen, die Haltestellenabstände erweitern und eine separate Fahrspur erhalten, «dessen Oberfläche derart beschaffen ist, dass sie den Strassenfuhrwerken keinen Vorteil bei der Benutzung bietet».[69] Ergänzt wurden die Forderungen nach betrieblicher Optimierung durch eine Vielzahl neuer Tramlinien, die an das bestehende Liniennetz anschlossen.[70] Es ist auffallend, wie stark die Wettbewerbsteilnehmer die verschiedenen Verkehrsmittel als Gesamtheit eines Verkehrsangebotes betrachteten, das es zu optimieren galt. Ziel war nicht, ein Verkehrsmittel dem anderen vorzuziehen oder die verschiedenen Verkehrsmittel gegeneinander auszuspielen, sondern sämtliche Verkehrswege als Gesamtnetz massiv auszubauen. Dazu zählte auch bereits das Automobil. Da mit einem starken Verkehrsaufkommen in der Zukunft gerechnet wurde, wurde der starke Ausbau des Hauptverkehrs-Strassennetzes in alle Richtungen und die Abkehr vom rechteckigen Strassenraster empfohlen. Die Individualverkehrsmittel Auto und Fahrrad legten die Reduktion unübersichtlicher Kreuzungen und Ecken und an deren Stelle den Bau grossflächiger, übersichtlicher Kurven nahe. Das Automobil begann bereits zu einem Zeitpunkt die Verkehrsplanung zu beeinflussen, als es im Alltag noch eine absolut untergeordnete Rolle spielte.[71]
Im Frühjahr 1918 wurden die Wettbewerbsbeiträge ausgestellt. Die Ausstellung zog das städtische Publikum in grosser Zahl an. Der Ideenwettbewerb

Gross-Zürich half mit, die Vorstellungen der dezentralen Stadtentwicklung und damit die Wünschbarkeit ausgebauter Schienen- und Strassennetze tief im Bewusstsein der städtischen Bevölkerung zu verankern.

Die Verkehrskommission der Stadt Zürich

Die Planer und Baufachleute der Zwischenkriegszeit erhoben den Anspruch, den städtischen Raum ganzheitlich zu planen und Stadtplanung nicht auf ingenieurwissenschaftliche Bereiche, insbesondere den Ausbau der Verkehrsinfrastruktur, zu beschränken. Diesen Anspruch konnten sie nur teilweise einlösen. Zwar traf es zu, dass Emil Klöti in Zürich erstmals eine eigentliche Grünraumpolitik etablierte, das Baurecht sukzessive ausbaute und den Hochbau genauer reglementierte; das Herzstück aller Planungsprojekte blieb aber die Ausgestaltung der Verkehrsinfrastruktur. Die Vorstellung von den Verkehrswegen als Lebensadern des städtischen Organismus und von den Verkehrsmitteln als «Lebenssaft», der ungehindert pulsieren sollte, war tief verwurzelt, der Zwang zur täglichen Mobilität grosser Bevölkerungsteile als Voraussetzung für das wirtschaftliche und soziale Wohlergehen der Stadt und des städtischen Umlandes wurde zum Credo erhoben. Der Ideenwettbewerb Gross-Zürich verdeutlichte das Primat der Verkehrsplanung innerhalb gesamtstädtischer Konzeptionen; zentrale Ideenküchen für verkehrsplanerische Visionen waren aber die städtische und die kantonale Kommission für Verkehrsfragen.

Die städtische Verkehrskommission wurde von der Stadtregierung 1913 ins Leben gerufen; präsidiert wurde sie von Stadtpräsident Robert Billeter, als weitere Vertreter des Stadtrates wirkten Tiefbauvorstand Emil Klöti und Polizeivorstand Jakob Vogelsanger mit. Zunächst nicht vertreten war der Vorstand des Bauamts II als Vertreter der Städtischen Strassenbahn Zürich. Dieser wurde erst zwei Jahre später in das Gremium aufgenommen, als sich die Tätigkeit der Kommission von nationalen und internationalen Fragen ab und zusehends dem Ausbau des Strassenbahnnetzes zuwandte. Neben Vertretern der Exekutive hatten verschiedene Mitglieder der Legislative, Vertreter von Wirtschaftsverbänden und Fachleute aus den Hochschulen in der Kommission Einsitz. Die Kommission sollte der Stadt in erster Linie als Forum «zur Vorberatung verkehrspolitischer, die Wahrung und Verbesserung der Verkehrsstellung Zürichs betreffender Fragen und Aufgaben» dienen. Sie sollte den Kontakt zu allen in der Verkehrspolitik massgeblichen Organen pflegen, so etwa zur kantonalen Verkehrskommission, zur «Neuen Gotthardvereinigung», zum Randenbahnkomitee, zu wasserwirtschaftlichen Verbänden und so weiter. Die Kommission sah sich zunächst als Gremium, das sich mit allen Verkehrsfragen zu befassen habe, welche die Stadt Zürich in irgendeiner Weise beträfen. «[Unsere Aufgabe] umfasst nicht nur die grossen Verkehrsfragen, die der internationale Verkehr aufwirft, sondern auch die Angelegenheiten des Überland- und des Lokalverkehrs, in ihrem Bereich liegen so gut die Angelegenheiten der Post, des Telegraphen und des Telephons, der interurbanen Strassenbahnen, der Dampfschiffe, wie die der Eisenbahnen und der künftigen Wasserwege»,

fasste Stadtpräsident Billeter das Aufgabengebiet der neugeschaffenen Kommission zusammen.[72] Einen Atemzug später fügte Billeter noch den Luftverkehr in den Wirkungsbereich der städtischen Verkehrskommission ein.
Die städtische Kommission war eine Reaktion auf die Gründung der kantonalen Kommission für Verkehrsfragen. 1913 wurde die Lötschberg-Simplon-Linie eröffnet, und man diskutierte verschiedene neue Zufahrtsstrecken zum Gotthard. Zürich befürchtete, ins verkehrsgeographische Abseits zu geraten, und wollte mit frühzeitiger Lobbyarbeit gegensteuern.[73] Zürich und Winterthur wollten sich dabei möglichst gut positionieren und riefen deshalb eigene Verkehrskommissionen ins Leben. Die Verkehrskommission sollte die Stellung der Stadt Zürich im Kampf um eine möglichst gute Einbindung ins kantonale, nationale und internationale Verkehrsnetz stärken und die Stellung Zürichs als führende schweizerische Wirtschaftsmetropole sichern und ausbauen. Schon an der ersten Sitzung der kantonalen Verkehrskommission wies Regierungsrat Keller die beiden städtischen Kommissionen in enge Schranken: «Gemeinsames Zusammenarbeiten wird unserer Sache nur nützlich sein und ihr mehr Kraft verleihen, dagegen wäre bedauerlich, wenn die von uns mit der kantonalen Kommission angestrebte einheitliche zürcherische Politik durch Sonderbestrebungen lokaler Kommissionen wieder gefährdet würde.»[74] Die «Revierzuweisung» Kellers zeigte Wirkung. Die städtische Verkehrskommission befasste sich zwar in den ersten Monaten nach der Gründung intensiv mit der Stellung Zürichs im nationalen und internationalen Verkehrsnetz, beschränkte sich in der Folge aber mehrheitlich auf die Optimierung der lokalen und regionalen Verkehrsinfrastruktur.
1915 fasste Kommissionsmitglied Bertschinger in einer mehrteiligen Artikelfolge in der Neuen Zürcher Zeitung die Zielvorstellungen der Verkehrskommission zusammen. «Zürich ist in erster Linie zur Geschäftsstadt unter Berücksichtigung der Industrie und des Fremdenverkehrs auszubauen. Das Geschäftsviertel mit den Magazinen, Verkaufsflächen, Kontoren, zum Teil auch der Vergnügungsetablissemente wünschen wir ungefähr in dem Dreieck zwischen Sihl, Limmat und See zu sehen. Der Industrie weisen wir das Limmat- und Glattal, den Wohnstätten die Hänge des Zürich-, Käfer- und Uetlibergs zu. Die Eisenbahnstationen des Personenverkehrs gruppieren wir möglichst gleichmässig verteilt und dicht an das Geschäftsviertel, die Güterverkehrsstationen und die eventuellen Binnenhafenanlagen in die Ebene des Limmat- und Glattals. Die topographischen Verhältnisse sind für Hoch- und Tiefbahnen, wie sie Berlin, Paris und andere Städte besitzen, viel hinderlicher als in jenen Städten. Auch wenn die Bevölkerungszahl einmal diejenige jener Städte erreichen sollte, wird die Bewältigung des Verkehrs weniger in Hoch- und Untergrundbahnen gesucht werden. […] Eine weitere und ausserordentlich wichtige Forderung ist der Ausbau des Hauptbahnhofes, in dem der Vorortverkehr vom Fernverkehr getrennt und Niveau-Gleiskreuzungen durch schleifenförmige Über- und Unterführungen ersetzt werden müssen. […] Der Strassenbahn fällt die Aufgabe zu, den Verkehr innerhalb der Stadt und auf Strecken, die für Normalbahnen unzugänglich und zu teuer sind, zu vermitteln.»[75] Was Bertschinger skizzierte, tauchte drei Jahre später in den Beiträgen des Wettbewerbs Gross-Zürich wieder auf und entsprach, wie oben erwähnt, in den wesentlichen Zügen dem heutigen

S-Bahn-System. Die inhaltliche Übereinstimmung der Visionen der Verkehrskommissionen mit den Schlussfolgerungen aus dem Wettbewerb Gross-Zürich ist insofern wenig überraschend, als die städtische Verkehrskommission das statistische Grundlagenmaterial für den Ideenwettbewerb erarbeitet hatte. Dass die Projektvorschläge im Ideenwettbewerb in der Regel nicht über die von der Verkehrskommission ausgearbeiteten Zielvorstellungen hinausgingen, erstaunt trotzdem.

Während die Stadt Zürich an einem mit der heutigen S-Bahn vergleichbaren Konzept arbeitete, erwog man in der kantonalen Verkehrskommission die Schaffung eines Gebildes, das stark an den heutigen Zürcher Verkehrsverbund erinnert. 1916 schlug der sozialdemokratische Regierungsrat Hans Ernst die Schaffung einer kantonalen Verkehrsunternehmung vor, allerdings unter Ausschluss der Zürcher und Winterthurer Verkehrsbetriebe.[76] Ernst wollte sämtliche privaten Überlandbahnen unter kantonaler Hoheit zusammenfassen und organisatorisch den Elektrizitätswerken des Kantons Zürich unterstellen. Zur Disposition standen die Strassenbahn Zürich–Oerlikon–Seebach, die Limmattal-Strassenbahn, die Strassenbahn Wetzikon–Meilen, die Strassenbahn Uster–Oetwil und die Forchbahn: «In dem kleinen Umfang der 5 Unternehmungen ist eine auffallende Vielheit der Gestaltung. Sie entstand aus Zeit und Art der Entwicklung. Es liegt ihnen kein einheitlicher Plan zugrunde. Sie leiden unter der Dezentralisation und mit ihnen diejenigen, die sie ins Leben gerufen haben. [...] Und doch kann die Bevölkerung diese Bahnen nicht mehr entbehren. Gegen die Übel der Zersplitterung hilft nur der Zusammenschluss.»[77] Mit Ausnahme der ZOS steckten sämtliche Unternehmen in finanziellen Schwierigkeiten. Diese wollte Ernst zunächst beheben. Dann aber sollte das Überlandstrassenbahnnetz kräftig ausgebaut werden: «Die Erweiterung des Unternehmens wird in nicht ferner Zeit angefasst werden müssen. In beiden Seebezirken, in den Bezirken Affoltern, Uster, Bülach und Andelfingen sind schon wiederholt Anläufe gemacht worden. [...] Auch die bis jetzt stark abseits der Verkehrslinien liegenden Gemeinden Buch, Berg, Flaach, Volken, Dorf rufen nach bequemer Bahnverbindung, [...] ebenso verlangen bessere Verbindungen die Gemeinden Hausen, Maschwanden, Ottenbach, Niedergatt, Stadel, Glattfelden, Rheinsfelden, Eglisau. Es scheint möglich zu sein, einem grössern Teil des Kantons die Wohltaten besserer Verkehrsgelegenheit für Personen und Güter zu schenken, ohne den Gemeinden oder Privaten unerschwingliche Opfer aufzulegen.»[78] Das Projekt von Ernst stiess auf nur verhaltene Begeisterung. Vor allem Zürichs Stadtpräsident Nägeli, inzwischen Nachfolger Billeters, äusserte sich kritisch. Ernst hatte wohlweislich keine kantonalen Übernahmeabsichten an die Adresse der Städtischen Strassenbahn geäussert, trotzdem mahnte Nägeli vorbeugend, dass man solche Gedanken auch in Zukunft unterlassen solle: «Die Bahnen innerhalb des Gemeindegebietes der Stadt Zürich stehen in deren Eigentum und fallen daher hier wohl ausser Betracht. [...] Es besteht keine Veranlassung, diese Bahnen, die unter ganz andern Verhältnissen als die Überlandbahnen geschaffen worden sind, aus dem Besitz der Gemeinden zu lösen.»[79] Zudem teilte Nägeli mit, dass die Forchbahn eine Fusion mit anderen Überlandbahnen ablehne, «weil sie in ihrem Vertragsverhältnis mit der Stadt Zürich die besten Bedingungen» finde, und dass auch die Strassenbahn Zürich–Oerlikon–Seebach und die Limmattal-Strassenbahn von einer Fusion unter kantonaler Oberhoheit wenig begeistert seien, «weil der Fusion der Bahnen ausserhalb der Stadt gewisse Schwierigkeiten im Wege stehen, so z. B. die Verschiedenheit der technischen Anlage, der Betriebsspannung, der Mangel an einer Verbindung zum Austausch des Rollmaterials etc.».[80] Diese Schwierigkeiten hinderten fünfzehn Jahre später die Stadt Zürich jedoch nicht, diese beiden Bahnen zu übernehmen. Die kantonale Verkehrskommission erteilte Ernst zwar formell den Auftrag, das Projekt weiterzuverfolgen; bis es in etwas anderer Form verwirklicht wurde, vergingen jedoch rund sechzig Jahre. Dem von der Stadt geforderten Ausbau des Eisenbahnnetzes zu einem Stadtbahnsystem ging es nicht besser.

«Trambau im Sinne der Wohnungspolitik»

Während die Verkehrskommission in der Neuen Zürcher Zeitung die Vision eines regionalen Verkehrssystems vorstellte und Regierungsrat Ernst den Zürcher Verkehrsverbund vordachte, arbeitete eine Subkommission der Stadtzürcher Verkehrskommission schon lange am pragmatischen Weiterausbau des Strassenbahnnetzes. Bereits 1915 skizzierte die Kommission in groben Zügen, wie sie sich den Ausbau vorstellte. Sie forderte die Beschleunigung des Strassenbahnverkehrs und neue Linien in die Vororte: «Die Spitzkehren sind zu entfernen und die Haltestellen auf nicht weniger als 400 bis 500 Meter Entfernung zu legen. Die Linien nach Schwamendingen und nach Dietikon sind auf zweite Spur auszubauen. Es sind neue Linien ins Auge zu fassen durch die Nordstrasse nach Höngg, von Fluntern bis auf das Plateau des Zürichberges, vom Klusplatz bis nach der Kirche Zollikon und weiterhin bis Küsnacht.»[81] Die Weiterentwicklung des öffentlichen Nah- und Regionalverkehrs wurde zu einem der zentralen Anliegen der Stadtzürcher Verkehrskommission und zur Grundlage der Zürcher Verkehrspolitik in den zwanziger Jahren. Am 9. November 1916 präsentierte der Präsident der Subkommission, der vormalige StStZ-Direktor und jetzige ETH-Professor Studer, Leitsätze für den Ausbau des Nah- und Vorortsverkehrs. Am 30. November verabschiedete die Verkehrskommission diese Leitsätze als Thesen. Die Verkehrsplanung wurde als Teil der Siedlungsplanung verstanden, der geforderte Ausbau des Liniennetzes entsprechend begründet:
«– Der Nahverkehr wird in der Hauptsache von der Strassenbahn besorgt. Um dessen Flüssigkeit zu sichern und die Fahrgeschwindigkeit zu fördern, ist eine Verbreiterung enger Tramstrassen wünschbar. […]
– Das städtische Strassenbahnnetz bedarf auch im Interesse einer guten Wohnungspolitik des rationellen Ausbaues. Als Projektlinien sind insbesondere zu nennen: der Bau einer rechtsufrigen Limmattallinie gegen Höngg; die Verlängerung der Linie 5 auf das Plateau des Zürichberges, die Verlängerung der Linie 10 an die Stadtgrenze gegen Schwamendingen; die Verlängerung der Linie 7 nach dem Guggach; die Verlängerung der Linie 4/11 in der Limmatstrasse Richtung Gaswerk; die Verlängerung der Linie 3 an die Stadtgrenze und nach Albisrieden einerseits und nach der Eierbrecht mit späterer Fortsetzung nach Witikon andererseits.

– Für den Verkehr mit den Vorortsgemeinden sind weiter an Strassenbahnlinien, in engem Zusammenhang mit dem städtischen Netz ins Auge zu fassen: Wollishofen–Kilchberg–Thalwil; Kreuzplatz–Zollikon–Küsnacht; Balgrist–Zollikerhöhe; ferner Doppelspur der Limmattalstrassenbahn zunächst bis Altstetten (und Betriebsvereinigung mit der städtischen Strassenbahn).»[82]

Die Kommission verlangte ferner bessere Zugverbindung am Morgen, Mittag und Abend von und nach allen Ortschaften innerhalb eines 30-Kilometer-Radius, abgestimmt auf den Arbeitsbeginn in Büros und Fabriken sowie auf den Schulbeginn an den Mittel- und Hochschulen. Die Subkommission war überzeugt, «dass der Bau von Strassenbahnen die Geschäfts- und Industrieviertel der Städte von der Wohnbevölkerung entlasten kann. Die Erstellung von Strassenbahnen in die Aussenquartiere und Vororte der Städte ist geeignet, die Überbauung noch abgelegener, landwirtschaftlich genutzter Grundstücke zu fördern.»[83] Die Thesen und Grundsätze der Verkehrskommission wurden zum Programm des Strassenbahnausbaus in Zürich erhoben. Der Tramlinienbau sollte die rationelle Organisation des städtischen Raumes unterstützen.

Die Planung wird umgesetzt

Ab 1919 war der freisinnige Stadtrat Gustav Kruck für die Zürcher Trampolitik zuständig. Kruck teilte die Überzeugung der städtischen Verkehrskommission und machte sich deren Thesen zu eigen. Bereits in seinem ersten Amtsjahr holte er insgesamt neun Konzessionen für Streckenverlängerungen unter anderem ins Milchbuckgebiet, nach Albisrieden, auf den Zürichberg und ins Heuried ein. Kruck unterstützte mit seiner Strassenbahnpolitik die Planungskonzeptionen von Klöti, Herter und Hippenmeier und stellte seine Ausbaupläne in den Dienst der gemeinnützigen Wohnbauförderung und der Erschliessung von Naherholungsgebieten. Kruck baute das Unternehmen Städtische Strassenbahn Zürich massiv aus. Als er 1934 im Amt verstarb, war die StStZ nach den Schweizerischen Bundesbahnen das zweitgrösste Bahnunternehmen der Schweiz.

Die Ehe von Tram- und Wohnungsbau: Milchbuck und Friesenberg

Besonders deutlich wird der neue Ansatz städtischer Trampolitik am Streckenausbau zwischen dem Rigiplatz und dem Irchel. Am 28. Mai 1919 begründete Kruck den Bedarf dieser Linie vor dem Grossen Stadtrat: «Diese Linienverlängerung soll das grosse, zwischen der Schaffhauserstrasse (Strassenbahnlinie Zürich–Oerlikon–Seebach) und dem Zürichbergwald liegende Gebiet erschliessen, das in seinem innern Teile, bis etwa zur Röslistrasse, schon ziemlich dicht bebaut ist, in seinem äussern Teile aber noch wertvolles Baugebiet, das bis zur Stadtgrenze gegen Schwamendingen alsdann leicht erreichbar ist, aufweist. Sie bildet die erste Etappe zum Ausbau von Aussen-

Strassenbahnlinie durch die Winterthurerstrasse. Mit dieser Tramlinie erschloss die Stadt Zürich das Bauland im Milchbuckgebiet, um es grossflächig für den genossenschaftlichen Wohnungsbau zu öffnen. (BAZ)

linien zur Erschliessung von billigem Bauland.»[84] Bereits Ende September 1919 legte der Stadtrat dieses Linienprojekt den Stimmbürgern zur Genehmigung vor. In der Abstimmungsweisung verwies der Stadtrat auf die Zielsetzung der neuen Linie: «In der Bevölkerung und in den städtischen Behörden herrscht der lebhafte Wunsch, dass künftig nicht mehr dichte Wohnquartiere erstellt werden, sondern dass man für alle Bevölkerungsschichten zu einer offenen und niedrigen Bauweise übergehen möchte. Die Verwirklichung dieser volksgesundheitlich und sittlich bedeutungsvollen Bestrebungen hat zur Voraussetzung, dass das Baugelände in den Aussengebieten der Stadt und in den Vororten durch gute Verkehrsverbindungen (Strassenbahn, Eisenbahn) in enge Verbindung gebracht wird. Es ist deshalb in Aussicht genommen, in den nächsten Jahren zur Erschliessung der entfernteren Stadtgebiete die Aussenlinien der Strassenbahn nach und nach zu verlängern. Der Anfang soll gemacht werden mit der Verlängerung der Linie in der Universitätsstrasse […] bis zur Irchelstrasse.»[85]

Die Finanzkrise von 1919 verhinderte vorerst den Bau, erstellt wurde sie erst 1922. Kurz darauf setzte entlang der Linie eine intensive Bautätigkeit ein. An der Schaffhauserstrasse, unweit der Haltestelle Irchel, errichtete 1923 die Allgemeine Baugenossenschaft Zürich ABZ eine Hauszeile, 1924 folgte an der Winterthurerstrasse im Anschluss an die Riedtlisiedlung die Baugenossenschaft Oberstrass mit einer grossflächigen Überbauung in Zeilenbauweise, 1925 erstellte die Eigenheimgenossenschaft Vrenelisgärtli ihre Reiheneinfamilienhäuser im Innern der Parzelle der Baugenossenschaft Oberstrass, von 1926 bis 1930 eröffneten die Baugenossenschaft Letten, die Mieter-Baugenossenschaft und die Baugenossenschaft Freiblick Wohnkolonien im neu erschlossenen Quartier.[86] Die Überbauungen der Baugenossenschaften, von grossen Grünflächen durchzogene drei- oder vierstöckige Mehrfamilienhaussiedlungen in Zeilenbauweise, ergänzt durch

Siedlung der Eigenheim-Genossenschaft Vrenelisgärtli in Zürich-Unterstrass, erbaut 1925/26. Nach dem Bau der Strassenbahnlinie zwischen Rigiplatz und Milchbuck entstanden zahlreiche gartenstadtähnliche Genossenschaftssiedlungen im Milchbuckgebiet. (BAZ)

einzelne Einfamilienhauskolonien, begannen das Bild des Milchbucks zu bestimmen. Am 18. Februar 1925 verabschiedete die Stadt die «Bauordnung der Stadt Zürich für das Milchbuckgebiet». Teil der Bauordnung war ein überaus detaillierter Bebauungsplan, den Konrad Hippenmeier ausgearbeitet hatte.[87] Der Zeit entsprechend wurde als die richtige Bebauungsart für das Quartier die Reihen- oder Zeilenbauweise betrachtet. Diese Zeilen sollten ihre Längsseite der Strasse zukehren und zwei Vollgeschosse sowie ein Dachgeschoss umfassen. Entlang der Strassenzüge der Schaffhauser- und Irchelstrasse war ein zusätzliches Vollgeschoss möglich. Hippenmeier zeichnete in seinem Bebauungsplan auf, innerhalb welcher Distanz zu einer Tramhaltestelle Wohnungsbau möglich und sinnvoll war. Eine ähnliche Bauordnung bestand seit 1922 für das Eierbrecht-Quartier, dessen Anschluss an das Strassenbahnnetz seit 1919 ebenfalls vorgesehen war.

Der Bau der Linienverlängerung zum Irchel wird immer wieder als Paradebeispiel angeführt, um die Korrelation von Verkehrs- und Siedlungsplanung in Zürich zu verdeutlichen. Es gibt weitere, nicht minder eindrückliche Beispiele: 1925/26 begann die Familienheim-Genossenschaft Zürich auf dem Friesenberg mit der ersten und zweiten Etappe der Überbauung derjeniger Grundstücke, welche die Stadt 1896 aufgekauft hatte, 1929 wurde die als Gartenstadtquartier konzipierte Reiheneinfamilienhaus-Siedlung fertiggestellt. Als die Familienheim-Genossenschaft mit der Überbauung begann, kaufte die Stadt die darniederliegende Albisgüetlibahn auf und verlängerte die Linie ein Jahr später bis zum Schützenhaus Albisgüetli. Gleichzeitig baute die Städtische Strassenbahn Zürich 1926 die 1896 erstellte Linie vom Heuried bis ins Triemli aus. Damit war das Friesenberggelände beidseitig durch Strassenbahnlinien erschlossen.[88] Noch 1922 hatte die Stadt den Kauf der Albisgüetlibahn weit von sich gewiesen, da «die Stadt einen schwere Rückschläge bringenden regelmässigen Verkehr durchführen müsste», und war überzeugt, dass auch «die Verbindung nach dem Triemli durch die Birmensdorferstrasse auf lange hinaus in den Hintergrund treten dürfte».[89] Nur drei Jahre später war alles anders, der Friesenberg sollte als Wohnquartier aufgewertet werden, die Strassenbahn bildete dazu ein wichtiges Element. Und vor allem musste die Stadt nicht mehr damit rechnen, einen defizitären Verkehr aufrechterhalten zu müssen. Seit 1925 zogen die Fahrgastzahlen auf der Albisgüetli-Linie in einem Ausmass an, dass ein selbsttragender Strassenbahnbetrieb gewährleistet war.

Ein kommunales Tram nach Oerlikon und die Vollendung des Strassenbahnprogramms

In denselben Kontext gehört der Bau einer Tramlinie von der Schaffhauserstrasse über den Bucheggplatz bis zum Bahnhof Oerlikon. Bei diesem Linienprojekt spielten nebst siedlungspolitischen Motiven auch machtpolitische eine bedeutende Rolle. Die Stadt wollte die Strassenbahn Zürich–Oerlikon–Seebach in die StStZ integrieren und damit die Zielsetzungen, die er im Strassenbahnprogramm von 1894 formuliert hatte, erfüllen.
1927 reichte die Städtische Strassenbahn Zürich eine ganze Reihe neuer Konzessionsgesuche ein. Die wichtigsten Gesuche betrafen eine neue Strassenbahnlinie nach Witikon, eine Linie vom Stauffacher bis zum Giesshübel, eine Ausflugslinie auf den Rigiblick und eine Linie vom Bucheggplatz bis nach Oerlikon.[90] Bereits 1919 hatte die Stadt ein Konzessionsgesuch für die Verlängerung der sogenannten Weinberglinie vom Schaffhauserplatz bis zum Bucheggplatz eingereicht. Dieses Linienprojekt wurde nun bis Oerlikon verlängert. Das Konzessionsbegehren begründete der Stadtrat wie so viele andere mit wohnungspolitischen Argumenten: «Die Linie Hofwiesenstrasse–Bahnhof Oerlikon ist für die Weiterentwicklung der weiten Wohngebiete zwischen dem Ende der Weinbergstrasse und dem westlichen Teil der Gemeinde Oerlikon, für die Verbindung des Kreises 6 mit Guggach, Käferberg, Waidberg und vor allem mit dem Friedhof Nordheim, sowie für die Verbindung der rund 10'000 Einwohner zählenden Gemeinde Oerlikon mit der Stadt von grösster Bedeutung.»[91] Seit die Strassenbahn Zürich–Oerlikon–Seebach 1898 ihre Linie zwischen dem Zürcher Hauptbahnhof und Seebach eröffnet hatte, bestand zwar eine Tramverbindung zwischen den beiden Ortschaften, allerdings lagen brachliegende Gemeindegebiete weit ab von dieser Tramlinie. Die westlichen Teile des Oerlikoner Gemeindegebiets in Richtung Affoltern und Zürich waren in der Zwischenkriegszeit noch kaum überbaut und damit als Stadterweiterungsgebiet attraktiv. Diese Gebiete sollten durch die neue Strassenbahn erschlossen werden. Der Gemeinderat von Oerlikon unterstützte das Linienprojekt der Stadt Zürich.[92]
Die ZOS fühlte sich aus leicht nachvollziehbaren Gründen durch die geplante zweite Oerlikoner Linie in ihrer Existenz bedroht.[93] Sie war das einzige erfolgreiche Zürcher Überlandtram. Während sämtliche nichtstädtischen Strassenbahnen mit erheblichen wirtschaftlichen Problemen kämpften, fuhr das Pendlertram ZOS fette Gewinne ein. 1898 beförderte das Tram bereits 1,6 Millionen Fahrgäste, 1910 waren es 3 Millionen, 1920 5,7 Millionen und

Schaffhauserplatz um 1950. Die Tramlinie Richtung Bucheggplatz/Oerlikon (links im Bild) baute die Stadt Zürich 1931, um der Strassenbahn Zürich–Oerlikon–Seebach die wirtschaftliche Grundlage zu entziehen. Diese basierte auf dem Verkehrsmonopol zwischen Oerlikon und Zürich (rechts im Bild). (BAZ)

1930 6 Millionen. Das Unternehmen konnte seit der Betriebsaufnahme jährlich mindestens 4 Prozent Dividende ausschütten, ab 1920 sogar 6 Prozent.[94] Die ZOS lehnte einen Verkauf des Unternehmens an die Stadt ab, zumal sie dazu nicht gezwungen werden konnte. Solange Oerlikon selbständig war, waren grosse Teile der Geleise auf Staatsstrassen verlegt, und der Kanton hatte an einem Stadtzürcher Monopol über die Strassenbahnunternehmen kein Interesse. Mit einer parallelen Strassenbahnlinie zwischen Zürich und Oerlikon beabsichtigte die Stadt, dem privaten Tramunternehmen einen erheblichen Teil seiner Kundschaft wegzuschnappen und dessen Einnahmen empfindlich zu schmälern. Die Stadtbehörden konnten sich leicht ausrechnen, dass eine kommunale Linie nach Oerlikon der ZOS die Existenzgrundlage entziehen würde. Schon als die Stadt 1909 die Linie vom Schaffhauserplatz durch die Weinbergstrasse eröffnete, hatte sie die ZOS in wirtschaftliche Schwierigkeiten gebracht.

Die ZOS reagierte schnell auf die Gefahr aus der Hauptstadt. Bereits am 12. November 1927 reichte die Strassenbahn Zürich–Oerlikon–Seebach ein eigenes Konzessionsgesuch für eine ähnliche Linienführung ein.[95] Am 29. Dezember 1927 nahm der Regierungsrat zu den beiden Konzessionsbegehren Stellung und untersagte den Bau der kommunalen Strassenbahn nach Oerlikon, allerdings erteilte er auch der ZOS keine Betriebsbewilligung. Der Bund als letztinstanzliche Behörde machte die Betriebsbewilligung für die eine oder andere Gesellschaft von der vorhergehenden Vereinigung der beiden Gesellschaften abhängig.[96] Die Reaktionen in Oerlikon und Zürich auf diese Entscheide waren überaus heftig. Bereits auf den 20. Januar 1928 berief der Oerlikoner Gemeinderat eine Gemeindeversammlung ein. Das im Anschluss an diese Versammlung verfasste Schreiben an den Regierungsrat liess an Deutlichkeit nichts zu wünschen übrig. Der Gemeinderat warf der Kantonsregierung vor, die Entwicklung und die Verhältnisse in Oerlikon

Motorwagen der ZOS in der Schaffhauserstrasse um 1930. Die Tage der ZOS waren zu diesem Zeitpunkt bereits gezählt, ihr Übergang an die Stadt beschlossene Sache. (BAZ)

vollständig zu verkennen: «Mit dieser Erledigung der Bedürfnisfrage werden die vitalsten Interessen der Gemeinde geschädigt. Behörde und Bevölkerung sind gänzlich überrascht und enttäuscht über die Behandlung einer derart wichtigen Verkehrs- und Lebensfrage zwischen dem bedeutendsten Vorort und zugleich Industriezentrum und der Stadt Zürich. Des Eindrucks vollständig einseitiger Partei- und Rücksichtnahme zugunsten der Strassenbahnunternehmung Zürich–Oerlikon–Seebach (ZOS) unter vollständiger Zurücksetzung der Interessen der 10'000köpfigen Gemeinde Oerlikon und der Stadt Zürich kann man sich hier bedauerlicherweise nicht erwehren.»[97]
Weiter wurden die Behörden aufgefordert, unverzüglich auf ihren Entscheid zurückzukommen und die Konzession für das städtische Linienprojekt zu erteilen. Zwar habe Oerlikon mit der ZOS-Linie bereits eine Strassenbahn, doch werde diese Linie seinen Bedürfnissen sehr ungenügend gerecht: «Indessen hat sich sowohl das Weichbild, wie namentlich aber die ganze westliche Gemeindehälfte mächtig entwickelt. Die Grossindustrien haben sich bedeutend vergrössert, eine ganze Reihe kleinerer Industrien hat sich hier niedergelassen, ganze Wohnquartiere sind entstanden und die bauliche Entwicklung dauert insbesondere in diesen Gebieten unvermindert an. [...] Mit dem Bau der Hofwiesenstrasse und der Fortsetzung der städtischen Strassenbahnlinie Weinbergstrasse durch die Hofwiesenstrasse zum Bahnhof Oerlikon wird endlich das zwischen der Stadtgemeinde und der Gemeinde Oerlikon schon vor Jahren festgelegte Projekt zur Tatsache, die notwendige zweckmässige und gegebene zweite Verkehrslinie und Strasse nach Oerlikon hergestellt.»
In einer ebenso deutlich gehaltenen Protestnote wandten sich die Quartiervereine und Kreisparteien des Stadtkreises 6 an den Regierungsrat, und ähnlich heftig reagierte auch die Zürcher Stadtregierung. In einer Stellungnahme, die er in der Neuen Zürcher Zeitung publizierte, verwahrte sich der

Zugskomposition der ZOS um 1930 unterwegs Richtung Glattbrugg. Die Zweigstrecke nach Glattbrugg wurde nach dem Übergang der ZOS an die Stadt Zürich stillgelegt und durch Busbetrieb ersetzt. (Archiv VHS)

Regierungsrat gegen die Anschuldigung, privatwirtschaftliche Interessen vor gemeinwirtschaftliche zu stellen, und begründete die Zurückstellung des städtischen Konzessionsgesuches mit zeitraubenden technischen Abklärungen und den eigenen verkehrspolitischen Interessen: «Es kommt dazu, dass der Kanton Zürich durch die Heimfallbestimmungen gegenüber der ZOS – wie gegenüber allen übrigen Überlandbahnen – seine Rechte, die durch die Konzessionierung einer neuen städtischen Linie zweifellos tangiert werden, gewahrt hat. Die Prüfung der damit zusammenhängenden wirtschaftlichen und rechtlichen Fragen wird noch einige Zeit in Anspruch nehmen.»[98] Die Stadtregierung interpretierte diesen Passus dahingehend, dass der Kanton die Vision einer kantonalen Strassenbahnunternehmung von Hans Ernst noch nicht begraben habe und die ZOS selbst übernehmen wolle.[99]

Dem Druck des Stadtrats von Zürich und des Gemeinderats von Oerlikon sowie der Quartiervereine und der politischen Parteien vermochten weder der Regierungsrat noch die ZOS lange zu widerstehen. Am 15. November 1928 erteilte der Regierungsrat der Städtischen Strassenbahn Zürich die Konzession für die heiss umkämpfte Strecke, am 1. Oktober 1930 konnte sie dem Betrieb übergeben werden.[100] Mit dieser Linie erschloss die Stadt den Rest des Planungsgebietes Milchbuck. Das Wohnbauland zwischen Schaffhauserplatz und Buchegg war heissbegehrt. Es entstanden unter anderen grössere Kolonien der Baugenossenschaften Hofgarten, Waidberg und Wiedinghof.[101] Zwischen dem Bucheggplatz und der damaligen Stadtgrenze zu Oerlikon bauten als erste die Baugenossenschaft der Strassenbahner, die in unmittelbarer Nähe des Bucheggplatzes eine Wohnkolonie errichtete (1930), und die städtische Stiftung für Wohnungsfürsorge, die 1931 im Brunnenhof eine Einfamilienhaussiedlung erstellte. Trotz der Eingemeindung von 1934 blieb das Baugelände zwischen der ehemaligen Stadtgrenze und dem Kerngebiet Oerlikons bis nach dem Zweiten Weltkrieg nur lükkenhaft überbaut. Die flächenhafte Überbauung dieses Gebiets erfolgte erst ab den fünfziger Jahren.

Mit der Eröffnung der Linie nach Oerlikon erschloss die Stadt Zürich zwar neue Baulandreserven, vor allem aber grub sie der einzigen ernsthaften Konkurrenz im öffentlichen Nahverkehr dauerhaft das Wasser ab. Bereits 1929 begannen erste Unterhandlungen über den Verkauf der ZOS, 1930 kam der Kaufvertrag zustande, am 1. Januar 1931 ging die ZOS an die Stadt Zürich über.[102] Im selben Jahr übernahm die Stadt Zürich auch die dahinserbelnde Limmattal-Strassenbahn.

Das Tram ins Grüne

Klöti förderte nicht nur den gemeinnützigen Wohnungsbau, er machte auch den Grünflächenschutz zu einem der wichtigsten Anliegen städtischer Politik zwischen den beiden Weltkriegen. Da das kantonale Baugesetz keine Freihaltezonen kannte, musste die Stadt zum dauerhaften Schutz von Naherholungsgebieten grossflächig Grundstücke erwerben. Klöti veranlasste den Kauf von rund 100'000 Quadratmeter Land entlang des Waldrandes um das Restaurant Rigiblick, den Kauf des Dolderparks, der Dolderwiese und des Sonnenbergs, und die Stadt erwarb 235'000 Quadratmeter Land auf der Allmend Fluntern.[103] Ebenso erwarb sie Grünflächen auf dem Hirslanden- und dem Adlisberg, in Witikon, auf der Rehalp, in den Zürichbergtobeln, auf dem Milchbuck und dem Käferberg, auf der Waid und der Höngger Allmend, im ganzen Uetliberggebiet, auf dem Entlisberg und in Wollishofen. Nach der zweiten Eingemeindung setzte die Stadt ihre Grünflächenpolitik in den Vororten fort.[104]

Die Erhaltung von Naherholungsgebieten machte nur dann Sinn, wenn sie für die städtische Bevölkerung leicht erreichbar waren, und das waren sie teilweise nur dann, wenn sie durch Strassenbahnen erschlossen wurden. In diesen Kontext gehörten die 1924 erstellte Linie auf die Allmend Fluntern und eine projektierte, aber nie gebaute Linie auf den Rigiblick.

Eine Linie auf die Allmend Fluntern war bereits im Programm der Verkehrskommission von 1916 enthalten, die Konzession hatte die Stadt 1919 erworben. Als sich die städtischen Kassen 1922 wieder gefüllt hatten, machte sich der Stadtrat an die konkrete Planung dieser Tramlinie: «Die Quartiere an der Kraftstrasse, Kueserstrasse, Freudenbergstrasse, Krähbühlstrasse und Susenbergstrasse haben in den letzten Jahren eine sehr starke Entwicklung erfahren, die sich noch steigern wird, wenn sie durch die Strassenbahn dem Stadtzentrum nähergebracht werden. Das alkoholfreie Kurhaus mit seinem heute schon sehr regen Besuch, der überaus stark belegte Schiessplatz Fluntern, das Licht- und Sonnenbad, der Friedhof, die alle in unmittelbarer Nähe der in Aussicht genommenen Endstation der Linie liegen, werden mithelfen, diese zu alimentieren. Vor allem aber ist zu sagen, dass diese von vielen Seiten der Bevölkerung seit Jahren angestrebte Linie die waldigen und aussichtsreichen Höhen des Zürichbergs und des Adlisbergs mit ihren reichen Gelegenheiten zu bequemen Wanderungen erst recht erschliessen wird.»[105] Die Stadt sollte sich in ihren Prophezeiungen nicht verschätzen: das Tram auf

Tramhäuschen bei der Haltestelle Zoo. Mit der Linie auf die Allmend Fluntern erschloss die Stadt Zürich für seine Bevölkerung ein Naherholungsgebiet, dessen Freihaltung durch die Grünraumpolitik Klötis gesichert worden war. (BAZ)

die Allmend Fluntern gehörte an schul- und arbeitsfreien Tagen zu den meistfrequentierten Linien der Stadt.

Ebenfalls als Ausflugslinie gedacht war ein Tram zum Restaurant Rigiblick, dessen Umgebung Klöti vor Überbauung geschützt hatte. Neu war die Idee einer Strassenbahn auf den Rigiblick nicht. Das Bauunternehmen Grether & Co. hatte diese Linie bereits um die Jahrhundertwende als dritte Strecke der Zentralen Zürichbergbahn bauen wollen, war aber beim Verwaltungsrat der ZZB auf Widerstand gestossen. Insofern griff die Städtische Strassenbahn Zürich lediglich ein altes Projekt wieder auf, um es unter neuen Vorzeichen zu verwirklichen. Allerdings scheint für dieses Konzessionsgesuch eine ähnlich zwiespältige Motivation ausschlaggebend gewesen zu sein, wie für die Linie nach Oerlikon. Das Konzessionsgesuch wurde wie dasjenige für die Oerlikoner Linie 1927 eingereicht, und wie die ZOS fürchtete auch die Seilbahn Rigiviertel, die das Quartier seit 1901 durchquere, um ihre Existenz. Mit derselben Begründung, mit der die Kantonsregierung 1928 die Betriebsbewilligung für die städtische Linie nach Oerlikon verweigert hatte, verweigerte sie auch den Linienbau zum Restaurant Rigiblick.[106] Anders als bei der Oerlikoner Linie liess sich die Stadt hier nicht auf einen verkehrspolitischen Machtkampf ein und verzichtete auf den Streckenbau. Statt dessen prüfte die Städtische Strassenbahn seit dem negativen Entscheid den Kauf der Seilbahn Rigiblick, allerdings ohne eine Übernahme zu realisieren.[107]

Das Tram hatte in Zürich von jeher eine grosse Bedeutung als Verkehrsmittel in die Naherholungsgebiete. Bereits die Zentrale Zürichbergbahn nach Fluntern war auf den Ausflugsverkehr ausgerichtet gewesen und die Strassenbahn Zürich–Höngg hatte seit 1898 vornehmlich vom Ausflugsverkehr gelebt. Als die Stadt die Linien der Z–H in zwei Schritten 1912 und 1923 erwarb, war die Sicherung eines günstigen Ausflugstrams die massgebende Motivation. Auch die Albisgütlibahn, die bis 1925 nur an Wochenenden fuhr, war eine reine Freizeitbahn. Zudem blieben verschiedene projektierte «Freizeittrams» ungebaut, unter anderem eine Strassenbahn auf den Hönggerberg. Diese Bedeutung bestand auch nach der Kommunalisierung weiter. Dem «Grünraumtram» wurde in den stadtplanerischen Konzeptionen eine ebenso hohe Bedeutung beigemessen wie dem «Wohnungstram».

Tieferlegung der Seebahn

Die Erschliessung von Stadterweiterungs- und Naherholungsgebieten waren zwar wichtige Anliegen städtischer Verkehrspolitik, eines der wichtigsten Projekte betraf die Strassenbahnen aber nur indirekt: der Umbau der linksufrigen Seebahn zwischen 1923 und 1927.[108] Zwölfmal kreuzte die Seebahn auf ihrem Weg zum Bahnhof städtische Strassen. Überall dort, wo sich Tram und Eisenbahn in die Quere kamen, mussten die Strassenbahn-Fahrgäste die Tramwagen verlassen und zu Fuss die Eisenbahngeleise überqueren. 25 Jahre lang stritten sich Experten, Stadt und SBB um Sanierungsvarianten, welche die Tieferlegung gegen günstigere Varianten abwo-

«Beliebte Ausflugsziele mit der Strassenbahn», Linienplan von 1941. Noch bis weit in die fünfziger Jahre hinein war das Tram als Verkehrsmittel für die Freizeit von grosser Bedeutung. Diese Bedeutung verlor das Tram erst, als sich das Auto auf breiter Ebene durchsetzte. (BAZ)

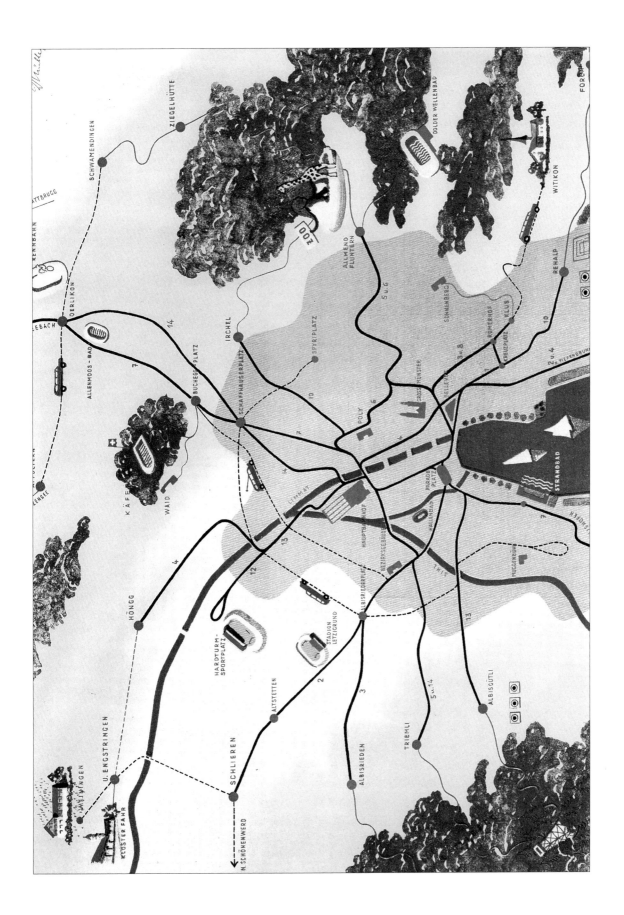

gen, zwischen 1918 und 1927 wurde das Werk endlich ausgeführt. Die Tieferlegung der linksufrigen Seebahn bedeutete einen markanten Einschnitt in die Struktur der betroffenen Quartiere. In Wipkingen und der Enge mussten insgesamt 53 Wohnhäuser abgebrochen werden, der Park Sihlhölzli fiel der Seebahn zum Opfer, die Sihl wurde auf 900 Metern in ein neues Bett gelegt. Der Bahnbau hinterliess riesige unbebaute Flächen, für welche die städtischen Planbehörden und das Baukollegium umfangreiche Bebauungspläne und Sonderbauvorschriften erliessen.

Mit der Tieferlegung der Seebahn fielen wesentliche Hindernisse dahin, die dem städtischen Verkehrsfluss bislang im Weg gestanden hatte; der Strassenbahnbetrieb konnte nun auch zwischen Hauptbahnhof und Bahnhof Enge rationell organisiert werden.[109] Mit dem Wegfall der Niveauübergänge fiel zudem das Hindernis dahin, welches die Stadt gegen die Einführung der Limmat-tal-Strassenbahn ins Feld geführt hatte. Die Limmattal-Strassenbahn durfte ab dem 25. Mai 1927 bis zum Hauptbahnhof fahren, dafür befuhren auch Tramzüge der Städtischen Strassenbahn Zürich die Strecke bis Dietikon.[110] Die Limmattal-Strassenbahn und die Städtische Strassenbahn Zürich nahmen mit dieser Massnahme bereits vier Jahre vor der definitiven Übernahme des Limmattaler Unternehmens durch die Stadt enge geschäftliche Beziehungen auf.

Das Billet und die Gartenstadt

Die Erschliessung neuen Wohnbaulandes wie auch von Naherholungsgebieten ist im Rahmen der gesamten Linienpolitik zu relativieren. Das Streckennetz war bis 1910 weitgehend gebaut. Was folgte, waren, in Streckenkilometern gemessen, marginale, allerdings gezielte Ergänzungen. Erst als die Tramlinien ab 1927 durch Busse ergänzt wurden, wuchs das öffentliche Verkehrsnetz wieder erheblich. Für die Umsetzung stadtplanerischer Leitbilder mindestens ebenso entscheidend wie die Ausgestaltung des Streckennetzes war in der Zwischenkriegszeit die Tarifpolitik.

«Zur Dezentralisation der Städte sind niedrige Fahrpreise für die grossen Entfernungen notwendig; denn sie begünstigen die weiträumige Siedlung durch Vergrösserung des Angebots von Bauland und vermindern das Anwachsen der ohnehin hohen innenstädtischen Grundrente.»[111] Der Kölner Volkswirtschafter Heinrich Höhn bezeichnete es als «eine Lebensfrage für die Städte, ihre Bevölkerung hinsichtlich Wohnungs- und Arbeitsgelegenheit in vorteilhafter Weise auf die Burgfriedensfläche zu verteilen. Geeignete Verkehrstarife müssen sie hierbei unterstützen.»[112] Die Tarifpolitik der Strassenbahnunternehmen wurde in der Zwischenkriegszeit zum Dreh- und Angelpunkt städtischer Verkehrspolitik schlechthin. Politiker und Planer jeder Couleur machten die Lösung der Wohnungsfrage von günstigen Fahrpreisen abhängig. Wohnungsreformer verlangten, dass sich die Strassenbahntarife an den Wohnungsmieten zu orientieren hätten.[113] Es sei nur dann lukrativ, an der städtischen Peripherie oder in Vororten zu wohnen, wenn Miete und Fahrkosten zusammen günstiger seien als das Wohnen im Stadtzentrum.[114] In seiner Heimatstadt Köln, fand Höhn heraus, war diese Bedingung nicht gegeben: «Fahren der Familienvorstand täglich viermal und 2 Schüler zweimal, so sind die Wohnkosten für 3- und 4-Zimmerwohnungen […] höher als für die gleichen der Altstadt.»[115] In Zürich wurden solche Berechnungen nicht explizit angestellt, aber die Resultate ausländischer Untersuchungen durchaus rezipiert. Die Tarifpolitik gehörte auch in Zürich zu den permanenten verkehrspolitischen Themen der Zwischenkriegszeit, und günstige Fahrpreise galten auch hier als Conditio sine qua non der dezentralen Stadtentwicklung. Am Anfang dieser Erkenntnis stand jedoch ein veritabler Fehlstart der städtischen Tarifpolitik.

Das 20-Rappen-Fiasko von 1918

Die Städtische Strassenbahn Zürich revidierte in der Zwischenkriegszeit ihre Tarife insgesamt fünfmal (1918, 1925, 1926, 1927, 1931). Die Tarifordnung von 1931 blieb mit verschiedenen Anpassungen bis 1952 in Kraft.[116] Jede Tarifänderung zeigte, wie elastisch die Bevölkerung auf die Fahrpreisgestaltung reagierte. Bei sinkenden Fahrpreisen stiegen die Fahrgastzahlen, bei steigenden blieben die Fahrgäste fern. In einer mittelgrossen Stadt wie Zürich war der Fussmarsch für Arbeiter und Angestellte stets eine valable Alternative zur Tramfahrt, und als sich das Fahrrad als erstes Individualverkehrsmittel in den zwanziger und dreissiger Jahren rasch zu verbreiten begann, schmolz der Gestaltungsspielraum der Tarifpolitik noch mehr. Die Erfahrung des flexiblen Kundenverhaltens musste die Städtische Strassenbahn Zürich erstmals in der Krisenzeit von 1918 bis 1920 machen.

Zwölf Jahre war die Tarifordnung von 1902 unverändert gültig gewesen, und die mit ihr angestrebten Ziele wurden erreicht. Das Tram war zum Massenverkehrsmittel geworden; Arbeiter fuhren mit ihm in die Fabrik, Angestellte ins Büro, Hausfrauen auf den Markt. Dienstboten benutzten das Tram genauso wie ihre Arbeitgeber, Schüler genauso wie ihre Lehrer. Seit 1909 wurden knapp mehr als die Hälfte aller Einnahmen durch den Verkauf von Abonnements erzielt.[117] Die Verlagerung der Verkäufe von den Einzelfahrkarten zu den Abonnements bewirkte eine Einnahmereduktion pro Fahgast. 1902 hatte der durchschnittliche Fahrgast der Städtischen Strassenbahn Zürich 12,73 Rappen abgeliefert, 1917 waren es noch 11,55 Rappen. Im selben Zeitraum stiegen die Ausgaben beträchtlich: der Fahrplan wurde verdichtet und am Morgen und Abend ausgedehnt, das Streckennetz ausgebaut und neues Wagenmaterial beschafft.[118] Vor allem aber stiegen die Löhne bei sinkender Arbeitszeit. Bis am 1. April 1904 arbeitete das Strassenbahnpersonal noch 10,5 Stunden täglich, 1907 wurde der 9-Stunden-Tag eingeführt und auf den 1. Mai 1918 der 8-Stunden-Tag für die städtischen Arbeiter.[119] Im selben Zeitraum waren die Löhne und Gehälter dreimal angehoben worden.[120] Von 1912 bis 1922 waren die Gesamtausgaben für Löhne und Gehälter von 1'664'084 Franken auf 6'327'993 Franken gestiegen und machten nun 64,9 Prozent der Gesamtausgaben aus, 14,9 Prozent mehr als 1912.[121] «Diese Erscheinungen […] zwingen dazu, die Taxordnung vom 25. September 1902 behufs Erzielung von Mehreinnahmen zu ändern», stellte der Stadtrat am 4. April 1918 fest.[122] Eine logisch scheinende Begründung für ein Geschäft, das sich in der Wirtschaftskrise des Jahres 1918 als ausserordentlich schwierig zu realisieren herausstellte. Dabei war weniger umstritten, dass der Strassenbahntarif einer Anpassung bedurfte, als die Frage, wie diese aussehen musste. Während die Stadtregierung auf der Basis der bisherigen Preisstruktur die Einzelfahrpreise erhöhen, die Abonnementspreise aber leicht senken wollte, forderte der Grosse Stadtrat die Einführung des sogenannten Einheitstarifs. Diese Forderung wurde seit den 1890er Jahren immer wieder vor allem von linken Parteien und Politikern erhoben und in der unmittelbaren Nachkriegszeit auch von bürgerlichen Politikern übernommen. Beim Einheitstarif war der Fahrpreis von der Fahrtlänge unabhängig; er wurde deshalb von Wohnungsreformern als wirksames Instrument zur Dezentralisation der Grossstadt gepriesen. Einheitstarife kannten in erster Linie skandinavische und amerikanische Städte, in den meisten europäischen Städten waren differenzierte Tarife üblich.[123] Während für den üblichen Teilstrecken- oder Zonentarif betriebswirtschaftliche Argumente angeführt wurden, waren es für den Einheitstarif sozial- und planungspolitische. So argumentierte 1931 der deutsche Verkehrsexperte Giese in einem Gutachten für Berlin: «Der Teilstreckentarif, der die in gesunden Aussengebieten Wohnenden stärker belastet als die im Innern Wohnenden, ist ausgesprochen siedlungsfeindlich.»[124]

Der Stadtrat lehnte den Einheitstarif zu Beginn des Jahres 1918 noch dezidiert ab. Eine Einheitstaxe müsste derart hoch angesetzt werden (20 Rappen pro Fahrt), dass daraus eine Reduktion der Fahrgastzahl um 20 Prozent resultieren würde: «Die Einführung einer Einheitstaxe läge daher weder im Interesse der Einwohnerschaft noch in dem der Strassenbahn, sondern es ist grundsätzlich an der nach Fahrtlänge abgestuften Taxe des bestehenden Zonensystems festzuhalten.»[125] Der Stadtrat schlug vor, die Anzahl der Zonen von drei auf vier anzuheben und den Grundpreis für eine Fahrt von 5 auf 10 Rappen zu erhöhen. Die kürzeste Fahrstrecke hätte bei diesem Tarif um 5 Rappen, die längste um 10 Rappen aufgeschlagen.

Dieser Tarif war nicht durchsetzbar. «Zur selben Zeit, da die weitsichtigen, für die Zukunftsentwicklung Zürichs grundlegenden Pläne des Ausbaus unsrer Stadt und ihrer Vororte ausgestellt werden, bringt der Stadtrat seine Vorlage für einen neuen Tarif der städtischen Strassenbahnen ein», schrieb 1918 die Neue Zürcher Zeitung. «Ein Zufall dieses Zusammentreffen, dazu einer, der vom amtlichen und geschäftlichen Standpunkte aus gar keine Bedeutung hat. Und doch möchten wir wünschen, dass den beiden Unternehmungen ein gewisser innerer Zusammenhang beigemessen würde. Denn wie man am einen Ort – bei der Vorsorge für die künftige Ausgestaltung unserer Grossstadt nicht nur in baulicher, sondern ganz besonders auch in verkehrstechnischer Hinsicht Weitblick und Grosszügigkeit als Grundbedingung voraussetzt, so sollte es daran dort, wo man grundlegende Massnahmen für die Fortentwicklung der Strassenbahnen trifft, nicht weniger fehlen. Ist doch der Ausbau einer Grossstadt vielleicht in erster Linie von der Ausgestaltung der Verkehrsmittel abhängig.»[126] Und dieser Ausbau würde durch die neue Tarifstruktur gefährdet, war die Neue Zürcher Zeitung überzeugt. Als stossend wurde vor allem empfunden, dass günstige Abonnements bei steigenden

Einzelfahrpreisen eingeführt werden sollten, «denn es ist doch wohl Grund zu Bedenken vorhanden, ein System einzuführen bzw. auszubauen, bei dem es lediglich von der Fähigkeit jedes einzelnen, 22 Fahrten vorauszubezahlen abhängt, ob er für eine Strassenbahnfahrt statt 30 oder 25 oder 20 Rappen ausnahmslos nur 18 Rappen bezahlen müsse. Jedenfalls liegt diese Ordnung nicht in der Richtung sozialer Rücksicht, und es erscheint geboten, dass man mit ernstem Eifer prüft, ob nicht doch noch eine bessere Lösung der Tariffrage [...] möglich wäre.»[127]

Man glaubte im Grossen Stadtrat nach intensiven und heftigen Debatten eine bessere Lösung gefunden zu haben. Das Parlament setzte die Einführung des Einheitstarifs gegen den Widerstand der Stadtregierung durch, am 15. Dezember 1918 wurde er eingeführt. Eine Fahrt kostete nun unabhängig von der Fahrstrecke 20 Rappen, ein Abonnement gleich welcher Art 3 Franken. Angeboten wurden «allgemeine Abonnements», die sechzehn Fahrten zu jeder Tageszeit erlaubten, bis 7.30 Uhr gültige Frühabonnements für 30 Fahrten sowie Mittags- und Abendabonnements für 21 Fahrten.[128] Die Kosten für Tramfahrten auf kurzen Strecken verdoppelten sich, diejenigen auf langen blieben unverändert, das Frühabonnement wurde um zwei Drittel teurer, die Mittags- und Abendabonnements waren neu.[129] Die Gefühle des Volksrechts nach der Einführung dieses Einheitstarifs waren gemischt: «Der Einheitstarif wird eingeführt, und mancher Arbeiter wird fluchen, wenn man ihm auf einmal 20 Rappen für ein Billetchen abknüpft, also eine 100prozentige Verteuerung eintritt. Er vergisst dabei aber, dass die Einheitstaxe mit dem grossen Vorteil verbunden ist dass die Fahrten auf weite Strecken, und diese kommen hauptsächlich der Proletarierbevölkerung an der Peripherie der Stadt und in den Vororten zu gut, *überhaupt nicht teurer werden*. [...] Deshalb ist die sozialdemokratische Fraktion des Grossen Stadtrates für ihn eingetreten und hat ihn durchgesetzt entgegen einem Antrag des Stadtrates.»[130]

Der Tarif war ein Fiasko. Die Kurzstreckenfahrten gingen massiv zurück, die übrigen nahmen kaum zu und brachten wegen der günstigen Abonnements mittags und abends zu wenig Rendite. Die Kurzstreckenfahrten waren bisher das finanzielle Rückgrat der Städtischen Strassenbahn Zürich gewesen. Geschäftskunden bezahlten ihn in der Innenstadt für die Fahrt vom Bahnhof zum Paradeplatz oder Bellevue, manche Arbeiter und Angestellte leisteten sich eine kurze Tramfahrt auf dem Weg zur Arbeit, gingen den Rest aber zu Fuss. Nun blieben die Kurzstreckenkunden weitgehend aus. Bereits am 6. März 1919 verlangten die Geschäftsinhaber in der City, die Stadt möge einen reduzierten Kurzstreckentarif auf der Ringstrecke Hauptbahnhof–Paradeplatz–Bellevue–Hauptbahnhof einführen. Der Einheitstarif sei für die Geschäfte der Innenstadt schädigend, heute würde man sagen, die Geschäfte der Innenstadt hätten einen Standortnachteil erfahren. Dem Ersuchen der Geschäftsinhaber gab die Stadtregierung nicht nach.[131]

1918 schrieb die Städtische Strassenbahn erstmals in ihrer Geschichte rote Zahlen. Die Defizite betrugen 1918 und 1919 jeweils über 1 Million Franken, so dass der Stadtrat bereits während des Jahres 1919 Tarifzuschläge einführte.[132] In diesem Jahr übernahm Gustav Kruck den Vorsitz des Bauamtes II und damit der Städtischen Strassenbahn Zürich, und Kruck wurde in einer ersten Phase seiner Amtsführung zur Zielscheibe der linken Parteien. Unternehmenssanierung hiess nämlich das oberste Ziel des neuen freisinnigen Vorstehers des Bauamtes II. Im Rahmen des Sparprogramms, das der Kanton zwischen 1919 und 1922 von der Stadt verlangte, baute Kruck zunächst massiv Personal ab. 1919 betrug der Personalbestand 1428 Beschäftigte, 1923 waren es noch 1108. Entlassen wurden vor allem Arbeiter (Bestand 1919: 1348, 1923: 1030), Wagenführer und Konduktöre (Bestand 1919: 350, 1923: 304), während die Zahl der Beamten und Angestellten lediglich von 80 auf 78 zurückging. Die Entlassungen wurden in erster Linie mit einer Ausdünnung des Fahrplans (6- statt 5-Minuten-Betrieb) erkauft.[133] 1920 hob Kruck den Einheitstarif auf und führte die alte Struktur des Zonentarifs wieder ein, allerdings bei stark erhöhten Fahrtaxen. Pro Zone wurden nun Einzelfahrpreise von 20, 30 und 40 Rappen verrechnet, was einer Verdoppelung des Tarifs von 1902 entsprach, unter Einschluss der Teuerung jedoch einer Rückkehr zum alten Tarifniveau gleichkam.[134] Mit dieser Tarifrevision erreichte Kruck zwar die Sanierung der Städtischen Strassenbahn Zürich, die Fahrgastzahlen brachen aber ein. 57,8 Millionen Passagiere hatte die StStZ noch 1918 registriert, 46,2 Millionen waren es 1922.[135]

Weniger Lohn für städtische Angestellte – günstigere Taxen für Fahrgäste

1920 erhöhte Kruck die Fahrtaxen, ab 1922 baute er sie wieder ab. Kruck verstand die Strassenbahnpolitik als integraler Teil der Stadtentwicklungspolitik, und der Erfolg dieser Politik setzte die Mobilität der Stadtbevölkerung voraus. Mit tiefen Tarifen erhöhte er die Mobilitätsmöglichkeiten der städtischen Bevölkerung. Kruck plante zunächst, tiefere Tarife auf Kosten des städtischen Personals durchsetzen.
Als die Nachkriegskrise um 1922 abflaute und die Preise für Grundnahrungsmittel und Bekleidung auf ein normales Niveau zu sinken begannen, passte die Privatwirtschaft auch die Löhne ihrer Angestellten und Arbeiter gegen unten an. Kruck wollte auch für die städtischen Angestellten diesen Mechanismus durchsetzen, der eine umfassende Besoldungsrevision mit einer Reduktion des Steuersatzes um 30 Prozent verband und in Aussicht stellte, Tarife, Taxen und Gebühren bei den industriellen Betrieben der Stadt Zürich massiv zu senken. Kruck begründete die Notwendigkeit der Besoldungsrevision bei den städtischen Beamten und Angestellten mit erhöhter Kaufkraft dank Steuersenkung und Tarifreduktion und mit einem als zu hoch empfundenen Lohnunterschied zwischen städtischen und privatwirtschaftlichen Arbeitnehmern. Zwischen 39 und 61 Prozent mehr Geld soll 1923 in den Geldbeutel der städtischen Arbeiter, Angestellten und Beamten nach Berechnungen des statistischen Amtes geflossen sein, als dieselben Personen in vergleichbaren Positionen in der Privatwirtschaft erhalten hätten.[136] Die Zeit für Besoldungsrevisionen war günstig. Der Bund war ebenfalls dabei, Löhne und Gehälter abzubauen, der Kanton Zürich hatte bereits entsprechende Schritte eingeleitet und viele Kantone und Gemeinden taten es

ihnen gleich. Trotzdem hatte Krucks Vorlage keine Chance. Seit 1919 besassen die linken Parteien im Grossen Stadtrat die Mehrheit, Lohnabbau war entsprechend unpopulär. Der Grosse Stadtrat verabschiedete 1922 eine stark verwässerte Version, die in Zusammenarbeit mit den Personalverbänden und den Gewerkschaften ausgearbeitet worden war.[137] Sie bewirkte eine Kostenreduktion, die deutlich unter den von Kruck angestrebten 6 Millionen Franken lag, hingegen beschloss der Grosse Stadtrat, die Gebühren und Taxen der industriellen Betriebe der Stadt Zürich zu senken. Er begründete diese Massnahme damit, dass die wieder prall gefüllte Stadtkasse – 1922 verbuchte die Stadt erstmals wieder einen Überschuss von 6 Millionen Franken – Tarif- und Taxreduktionen in erheblichem Umfang verkraften würde. Bei der Städtischen Strassenbahn Zürich wurden die Preise der Frühfahrtenabonnements um 50 Rappen, der Monatskarten um 3 Franken, der Halbjahreskarten um 20 Franken reduziert. Im Schnitt gingen die Abonnementspreise um rund 10 Prozent zurück, die Einzelfahrpreise blieben unverändert.[138]

Tarife auf Talfahrt

Mit der Niederlage bei der Besoldungs- und Tarifrevision hatte das Verhältnis zwischen dem freisinnigen Kruck und dem linken Stadtparlament einen absoluten Tiefpunkt erreicht. Nach diesem Entscheid entspannte es sich jedoch zusehends. Grundsätzlich war man sich über die Zielsetzungen der Trampolitik einig, und bei einer gut dotierten Stadtkasse herrschte auch Einigkeit über die Mittel und Wege, wie diese Ziele erreicht werden sollen. Das Ziel hiess «dezentrale Stadtentwicklung», das Mittel dazu «tiefe Tarife».
Seit 1922 stiegen die Fahrgastzahlen massiv an; die tieferen Fahrpreise, verbunden mit der erhöhten Kaufkraft der städtischen Bevölkerung, machten Tramfahren wieder zu einem erschwinglichen Vergnügen. Zwischen 1920 und 1930 verdoppelte sich die Zahl der Fahrgäste von 47,56 Millionen auf 86,56 Millionen. Bereits 1925 ordnete Kruck eine neue Tarifrevision an, die 1926 in Kraft trat: «Auch dann, wenn das Netz weiterhin durch wenig rentable Aussenlinien erweitert wird, wären bei den heutigen Taxen unter der Voraussetzung geordneter wirtschaftlicher Verhältnisse dauernd erhebliche Überschüsse zu erwarten, deren das Unternehmen für seine Selbsterhaltung nicht bedarf. Der Ertrag des Strassenbahnunternehmens kann somit in erheblichem Masse durch eine Taxrevision gesenkt werden, deren Ziel ist, das wichtigste Verkehrsinstrument Zürichs zu günstigeren Bedingungen als bisher der Bevölkerung zur Verfügung zu stellen.»[139] Mit dieser Tarifrevison löste Kruck den Zonentarif ab und ersetzte ihn durch den flexibleren Teilstreckentarif. Der Fahrpreis bemass sich nicht mehr an der Anzahl Zonen, die man durchfuhr, sondern an der Zahl der Teilstrecken, die für jede Linie festgelegt wurden und unterschiedlich lang waren. Der Teilstreckentarif ermöglichte in der Regel längere Fahrten zum selben Preis. Die Preise für die unpersönlichen Abonnements (Fahrscheinhefte) blieben unverändert, die Anzahl Fahrscheine pro Heft wurde aber erhöht. Zudem führte die Stadt

sogenannte persönliche Streckenkarten ein, die hundert Fahrten auf einer bestimmten Strecke erlaubten. Diese Streckenkarten waren für Berufspendler gedacht und kosteten je nach Strecke zwischen 18 und 22 Franken.[140]
Bereits 1927 senkte die Städtische Strassenbahn Zürich ihre Preise erneut. Einzelfahrpreise und Fahrscheinhefte blieben unverändert, die Preise für Jahreskarten aber sanken um 15 auf 250 Franken, die Halbjahreskarten um 5 auf 135 Franken und die Monatskarten von 29 Franken (erster Monat) respektive 24 Franken (folgende Monate) auf einheitliche 22.50 Franken. Die 1926 eingeführten persönlichen Streckenkarten hatten sich als Flopp erwiesen. Sie wurden wieder aus dem Verkehr gezogen und durch «rote» respektive «grüne» Wochenkarten für den Berufsverkehr ersetzt. Die rote Wochenkarte kostete Fr. 3.60 und erlaubte 22 Fahrten von beliebiger Länge von Montag bis Samstag (Berechnungsgrundlage: Montag bis Freitag 4 Fahrten, Samstag 2 Fahrten), die grüne Wochenkarte kostete 2 Franken und erlaubte 12 Fahrten an den Werktagen (Montag bis Samstag je 2 Fahrten). Diese Arbeiter-Wochenabonnements waren ausserordentlich beliebt. 1927 wurden bereits fast dreimal so viele Wochenkarten gekauft wie Frühabonnements (227'000 gegenüber 88'168).[141] In seiner Grundstruktur hatte dieser Tarif bis 1953 Bestand. Eine spürbare Anpassung wurde nur noch 1931 vorgenommen. Seit 1927 verkehrten in Zürich Busse, für die aber zunächst separate Billette zu lösen waren. Am 1. Januar 1931 wurden in der siebten Taxordnung die Strassenbahnen, Auto- und Trolleybusse in einer sogenannten Tarifgemeinschaft zusammengefasst und wegen des erweiterten Netzes eine neue Einzeltarifstufe von 50 Rappen pro Fahrt geschaffen. Die Fahrscheinhefte (unpersönliche Abonnements) wurden diversifiziert.[142] Alle übrigen Anpassungen waren bis 1953 eher kosmetischer Natur.[143]

«In Zürich wird selten gefahren, dafür mehr bezahlt»

In den goldenen Zwanzigern hatte Gustav Kruck günstige Fahrpreise bei gleichzeitig stark ausgeweitetem Angebot zum zentralen Punkt seiner Strassenbahnpolitik gemacht. Diese Politik war in guten Zeiten ein Monument politischer Einigkeit. Zu heftigen Kontroversen kam es aber in Krisenzeiten. Linke Parteien und Gewerkschaften waren in Zeiten leerer Stadtkassen bereit, die tiefen Tarife anzuheben, für bürgerliche Politiker waren Tariferhöhungen tabu. Deren Botschaft hatte ETH-Professor Becker bereits 1913 in der Bauzeitung verkündet: Die Verkehrswege waren die Blutadern des Organismus Stadt, durch die das Blut ungehindert pulsieren musste.[144] Tariferhöhungen hemmten die Geschwindigkeit des Pulsierens. Oder anders ausgedrückt: Tariferhöhungen bedeuteten Standortnachteile für die städtische Wirtschaft. Diese Botschaft konnten die Bürgerlichen in den dreissiger Jahren kompromisslos vertreten; seit 1928 befanden sie sich sowohl in der Legislative wie auch in der Exekutive in der Opposition. 1935 fügten die bürgerlichen Parteien dem roten Zürich eine bittere Niederlage bei.
Als die Städtische Strassenbahn Zürich 1935, mitten in der Weltwirtschaftskrise, die Fahrpreise erhöhen wollte, ergriff die Freisinnige Partei dagegen

das Referendum. Die Städtische Strassenbahn Zürich war quasi in voller Fahrt von der Weltwirtschaftskrise erfasst worden. Nach Jahren ungeheurer Investitionen in den öffentlichen Verkehr, nach zahlreichen Linienverlängerungen, Platzumbauten, Fahrplanverdichtungen, Rollmaterialkäufen, der Gründung und dem Ausbau des Autobusbetriebes und einem entsprechenden Wachstum des Personalbestandes, sah sich die Städtische Strassenbahn plötzlich inmitten wirtschaftlicher Schwierigkeiten. Tramfahren war in Zürich auch in den dreissiger Jahren noch eine Dienstleistung, auf die man notfalls verzichten konnte. Den Weg zwischen Wohnen und Arbeiten konnte ein Grossteil der Bevölkerung zu Fuss überwinden, und bei unsicherer beruflicher Zukunft legte man das Geld lieber beiseite, als es für Fahrkarten auszugeben. Die steigende Arbeitslosenrate schmälerte zudem das Fahrgastpotential erheblich, darüber hinaus machte das Fahrrad der Strassenbahn zunehmend Konkurrenz. Seit 1930 waren deshalb die Tram- und Busfahrten pro Einwohner rückläufig (1930: 339 Tramfahrten pro Einwohner, 1935: 271 Tramfahrten pro Einwohner). 1933 begannen auch die absoluten Zahlen zu sinken (1932: 91,8 Millionen Fahrgäste, 1935: 80,6 Millionen). Der Tiefpunkt wurde 1937 mit 74,4 Millionen Fahrgästen respektive 250 Fahrten pro Einwohner erreicht. 1938 und 1939 (Landesausstellung in Zürich) stiegen die Fahrgastzahlen leicht an, 1940 fielen sie wieder auf das Niveau von 1937. Erst 1941 zogen sie wieder an. 1942 überschritten sie mit 94,9 Millionen Fahrgästen und 292 Fahrten pro Einwohner die Spitzenwerte der Zwischenkriegszeit.[145] Seit 1931 fuhr die Städtische Strassenbahn Defizite von mehreren 100'000 Franken pro Jahr ein. 1931 waren es 3,66 Rappen pro Wagenkilometer oder 0,87 Rappen pro Fahrgast, 1932 1,82 Rappen pro Kilometer oder 0,47 Rappen pro Fahrgast.[146] Ab 1932 dünnte die Städtische Strassenbahn Zürich den Fahrplan zunehmend aus, baute Fahrpersonal ab und halbierte damit die Defizite in etwa, schwarze Zahlen erreichte sie nicht. Der Ruf nach einer Unternehmenssanierung wurde laut, und diese hoffte die StStZ durch höhere Tarife zu erreichen. 1934 verstarb Gustav Kruck, seine Nachfolge trat der Sozialdemokrat Jakob Baumann an. Mit den Industriellen Betrieben hatten die Sozialdemokraten ein weiteres Schlüsseldepartement übernommen und es damit gleichzeitig zur Angriffsfläche der bürgerlichen Oppositionspolitik gemacht. Baumann musste die umstrittene Tariferhöhung vor dem Parlament vertreten. Dabei stellte er zunächst weitere Sparmassnahmen, das heisst einen weiter ausgedünnten Fahrplan, die Stillegung einzelner Teilstrecken und die Reduktion der Strassenbahnen mit Anhängewagen, in Aussicht. Und Baumann beabsichtigte, den Preis der Monats-, Halbjahres- und Jahreskarten um 6,6 bis 8 Prozent anzuheben, die Streckenlängen bei den Einzelfahrscheinen und Teilstreckenabonnements zu kürzen, die Frühabonnements aufzuheben und die Preise für die verschiedenen Fahrscheinhefte geringfügig zu erhöhen. Lediglich die grünen und roten Wochenkarten sollten unverändert bleiben: «Der Stadtrat möchte den Arbeitern und Angestellten diese billige Fahrgelegenheit so lange erhalten, als das Strassenbahnunternehmen es irgendwie erträgt. Hierbei leitet ihn auch die Erwägung, dass die gesunden Wohnquartiere an der Peripherie nur dann ihren vollen Wert haben, wenn den dort Wohnenden eine günstige und billige Verkehrsgelegenheit zu ihrer Arbeit zur

Verfügung steht.»[147] Am 10. Juli 1935 hiess der Grosse Stadtrat die Taxerhöhung gut, gewonnen war damit aber noch nichts. Als erste ergriff die Schweizerische Konsumenten-Liga das Referendum, kurz darauf fand sie sich unversehens in einer Allianz mit der Freisinnigen Partei, die sich ebenfalls für ein Referendum gegen die Tariferhöhung entschied. Das Referendum kam problemlos zustande.

Die Freisinnigen dominierten den Abstimmungskampf. In der Neuen Zürcher Zeitung hatten sie ein kraftvolles Organ, um ihre Argumente zu verbreiten. Im Oktober 1935 fasste die Neue Zürcher Zeitung die Argumente gegen die Tariferhöhung zusammen: «Die Strassenbahn wurde für das Publikum gebaut. Die jederzeitige rasche Beförderung von Personen bildet eine Voraussetzung für eine gesunde, dezentralisierte Entwicklung der Grossstadt. Die vorhandenen Linien sind daher zu befahren, die erstellten Wagen in Betrieb zu halten, die Taxen derart anzusetzen, dass weiteste Kreise die Strassenbahn benützen können.»[148] Die Fahrpreiserhöhung führe zu einem Frequenzrückgang, der die Mehreinnahmen durch höhere Fahrpreise bei weitem übersteige, waren sowohl die Freisinnige Partei wie auch die Konsumenten-Liga überzeugt. Und sie verwiesen dabei auf Inserate von Fahrradhändlern, welche die Arbeiterschaft vom Tramfahren auf das Velo umlenken wollten. «In Zürich wird selten gefahren – dafür mehr bezahlt ...», lautete die Schlagzeile, mit der die Freisinnigen gegen die geplante Fahrpreiserhöhung wetterten.[149] Nicht eine Fahrpreiserhöhung sei angezeigt, meinte die Konsumenten-Liga, sondern ein Abbau der Fahrpreise, «weil im Gegenteil versucht werden muss, durch eine Steigerung der Frequenz Mehreinnahmen zu schaffen. Eine Steigerung der Frequenz lässt sich durch eine den heutigen Einkommensverhältnissen entsprechende Reduktion einzelner Taxen erreichen.»[150] Dem konnten die Freisinnigen nur zustimmen. Noch wichtiger war für sie allerdings die Reorganisation des Gesamtunternehmens nach neusten betriebswirtschaftlichen Grundsätzen und kurzfristig der Abbau von Löhnen und Gehältern: «Es ist dem Volk wirklich nicht gedient, wenn es für jeden Batzen, den es heute opfern will, morgen mehr als einen Franken opfern muss. Es ist den Staats- und Stadtangestellten nicht geholfen, wenn sie statt etwas weniger Lohn morgen, übermorgen überhaupt keinen mehr bekommen.»[151]

Die Sozialdemokraten und das Volksrecht hatten gegen die Allianz von Freisinnigen und Konsumentenschützern keine Chance. Da nützte es auch nichts, dass sie den Freisinn für die unerfreuliche Situation bei der Städtischen Strassenbahn Zürich verantwortlich machten. Es sei ihr Stadtrat Gustav Kruck gewesen, der 1928/29 viel zu grosse und zu teure Vierachser angeschafft habe; Gustav Kruck sei es gewesen, der überdimensionierte Tramdepots an der Irchelstrasse und auf dem Milchbuck gebaut habe, und es sei Gustav Kruck gewesen, der 1931 eine verfehlte Tarifrevision eingeführt habe. Der freisinnige Kruck habe die StStZ in die Misere geführt, was die Freisinnigen jetzt veranstalteten, sei nichts als «Leichenfledderung». «Kein guter Faden wird an der Strassenbahn gelassen. Alles aber auch alles wird im Schmutz und Kot herumgeschleift. [...] Tatsache ist, dass es sich samt und sonders um das Werk des freisinnigen Vorstandes der Industriellen Betriebe, Stadtrat Gustav Kruck, handelt. [...] Mit Abscheu wendet man sich gegen eine solche Politik, die keine Politik mehr ist, sondern eine ganz gewöhnliche Buberei. Das muss zur Charakterisierung des Zürcher Freisinns, der in seinem Hass gegen das rote Zürich keine Hemmungen kennt, deutlich ausgesprochen werden.»[152]

Am 1. Dezember 1935 verwarfen die Stimmbürger die Taxerhöhung deutlich mit 35'371 Nein zu 20'996 Ja.[153] Ein knappes Ja resultierte einzig in den Stadtkreisen 4 und 5, alle anderen Kreise lehnten die Vorlage ab. «Verworfen» triumphierte die Neue Zürcher Zeitung am Tag nach der Abstimmung und sah Morgenröte für die bürgerlichen Politiker auf den harten Oppositionsbänken: «Der letzte der vielen Abstimmungssonntage dieses Jahres eröffnet in Zürich interessante Perspektiven. Man hat die einseitige Verlagerung der Krisenlasten im Volke satt und lässt sie sich von einer roten Regierung, die das Volkswohl ständig im Munde führt und dabei nur daran denkt, ihre Anhänger und Nutzniesser zufriedenzustellen, am allerwenigsten gefallen. Unter diesem Aspekt wird auch das Budget betrachtet werden, das nunmehr zur Diskussion steht.»[154]

Es wurde unter diesem Aspekt betrachtet. Der Katzenjammer war gross unter Zürichs Linken, die Sanierungsmassnahmen, die eingeleitet wurden, schmerzhaft. 1936 reduzierte das rote Zürich die Wochenarbeitszeit der Strassenbahner von 48 auf 45 Stunden und die durchschnittlichen Löhne und Gehälter um 3 Prozent. Diese Sparmassnahme, als Krisenopfer deklariert, erfolgte in Übereinstimmung mit den Personalverbänden, da die Stadt sich mit dieser Massnahme verpflichtete, kein Personal auf die Strasse zu stellen.[155] Gleichzeitig wurde der Fahrplan weiter ausgedünnt, Anhängewagen blieben im Depot, auf einzelnen Linien wurde der Einmannbetrieb (ohne Kondukteur) eingeführt. Die wesentlichen Sanierungsmassnahmen lagen jedoch in der umfassenden Reorganisation der Unternehmensführung. Dabei liess man sich von amerikanischen Vorbildern leiten. In den USA hatte sich das Credo rationeller und wissenschaftlicher Betriebsführung längst durchgesetzt. Bereits 1935, noch vor der Abstimmung über die Tariferhöhung, hatte die Direktion der Städtischen Strassenbahn Zürich den Betrieb durchleuchten lassen. Das «Gutachten Matter», benannt nach dem Leiter der Betriebsprüfung, wurde nun zur Grundlage der Reorganisation erhoben. Zahlreiche Posten wurden aufgehoben und Betriebsabläufe gestrafft.[156]

Der Massenverkehr befördert Menschenmassen

«Die Menschen sind mehr Menschen sind Masse geworden», titelte 1926 die avantgardistische Architekturzeitschrift ABC. «Masse», ohne die negative Konnotation, die dem Wort heute anhaftet, war in der Zwischenkriegszeit zum Thema geworden. Vorbild waren die USA: Hier hatte sich der Massenkonsum durchgesetzt, war das Automobil auf dem besten Weg zu einem Massenverkehrsmittel, hier sorgte die Massenproduktion für Aufsehen.

Die Masse wurde auch zu einem zentralen Thema im öffentlichen Verkehrswesen. Strecken-, Fahrplan- und Tarifpolitik hatten das einstige Luxusverkehrsmittel definitiv zum Massenverkehrsmittel gemacht. Das Tram be-

Entwicklung der Fahrgastzahlen der Zürcher Strassenbahnunternehmen 1910 bis 1950. (Grafik: Galliker. Quellen: Geschäftsberichte StStZ, AB, ZOS, Z–H und LSB)

gann das Stadtbild zu dominieren, es bestimmte den Lebensrhythmus der Stadt, und es veränderte das Selbstverständnis des Fahrgasts. Als 1939 eine neue Tramgeneration eingeführt wurde, wurde der Fahrgast quasi offiziell als Masse deklariert – König Kunde konnte abdanken.

Der Mensch als Masse

Die öffentlichen Verkehrsbetriebe verzeichneten in der Zwischenkriegszeit exorbitante Zuwachsraten. Die Gesamtzahl der Fahrgäste aller Schweizer Strassenbahnen verdreifachte sich zwischen 1915 und 1930 von 149 Millionen auf 461 Millionen. In Basel fuhren 1930 mit rund 45,5 Millionen Personen fast doppelt so viele Menschen Tram wie 1916. In Zürich stiegen die Fahrgastzahlen im selben Zeitraum von rund 35 Millionen auf 84,5 Millionen.[157] Nach einem Zwischentief während der Weltwirtschaftskrise stiegen die Fahrgastzahlen in den Jahren des Zweiten Weltkrieges und in den Nachkriegsjahren wieder massiv an. 1945 erreichten sie 126,8 Millionen, 1950 138,4 Millionen.[158]

1910 zählte die Städtische Strassenbahn 173 Fahrten pro Einwohner, 1930 waren es 339, 1950 schon 405.[159] Der Zuwachs betrug zwischen 1910 und 1930 95 Prozent, bis 1950 waren es nochmals 19 Prozent. Die Stadtbehörden und Strassenbahnunternehmen entwickelten sich in den zwanziger Jahren zu Grosskunden der Schweizer Strassenbahnindustrie. Unternehmen wie die Schweizerische Lokomotiv- und Maschinenfabrik SLM, die Schweizerische Waggonfabrik Schlieren oder Schindler Waggonfabrik erlebten gute Zeiten. Überall wurde intensiv mit grösserem und leistungsfähigerem Wagenmaterial experimentiert; die Stromzufuhr wurde verbessert, die Motorleistung gesteigert, bessere Bremsen wurden eingebaut, Wagen mit Zwischentüren ausgerüstet, damit der Kondukteur ohne auszusteigen hin und her marschieren konnte, und vieles mehr.[160] Alles in allem aber waren die Fortschritte bescheiden. Das Durchschnittstram von 1924 unterschied sich zwar in vielen Details von demjenigen von 1895, in seiner Grundstruktur blieben sie sich gleich. Allerdings unternahmen die Tramhersteller immer wieder Versuche, die Limiten der Zweiachser zu sprengen. Bereits um die Jahrhundertwende tauchten die ersten vierachsigen Strassenbahn-Motorwagen auf, in Neuenburg 1902 und in Basel 1915. Die frühen Vierachser wiesen in manchen Punkten in die Zukunft, so etwa im Fahrgastvolumen, das sie zu transportieren fähig waren, bei der Geschwindigkeit, die sie erreichten, oder in Detailfragen wie den geschlossenen Führerkabinen.[161] Die starren, schweren Wagenkasten waren aber für den städtischen Verkehr ungeeignet, weshalb sie in aller Regel auf Überlandstrecken zum Einsatz kamen. Die städtischen Verkehrsbetriebe mussten das stark gesteigerte Passagieraufkommen, abgesehen von wenigen Ausnahmen, bis zum Beginn der vierziger Jahre mit den herkömmlichen Zweiachsern und ihrem limitierten Angebot von 26 bis 35 Plätzen bewältigen. Das führte zu einer Veränderung der Strassenbahnen, die sich visuell in den städtischen Strassen niederschlug: 1915 verkehrten auf den Schweizer Strassen insgesamt 882 Strassenbahn-Motorwagen und 339 Anhänger. 1929 waren es 955 Motorwagen

«Der Mensch als Masse». Mit dem Anstieg der Fahrgastzahlen schmolz der Platz in den Strassenbahnen dahin. Das Tram verlor als Beförderungsmittel nicht nur an Exklusivität, sondern in der öffentlichen Meinung auch an Attraktivität. (Archiv VHS)

Verkehrssituation am Paradeplatz um 1930. Dreiwagenzüge prägen seit den zwanziger Jahren das Zürcher Strassenbild. (Archiv VHS)

und 1567 Anhänger.[162] Tramzüge mit zwei Anhängern gehörten zum üblichen Ortsbild, auch in Zürich.

1924 verfügte die Städtische Strassenbahn Zürich über insgesamt 243 Motorwagen und 87 Personenanhänger. Die meisten Motorwagen hatte die StStZ noch in der Vorkriegszeit beschafft. Bei der Beschaffung neuer Motorwagen übte die Strassenbahndirektion in den zwanziger Jahren wie alle anderen Schweizer Strassenbahnunternehmen Zurückhaltung. Lediglich 1928 und 1929 stockte sie den Wagenpark um insgesamt 24 zweiachsige Motorwagen auf. Dafür vervielfachte die Städtische Strassenbahn Zürich ihren Bestand an Anhängewagen massiv. Zwischen 1926 und 1930 beschaffte sie 136 zweiachsige Anhängewagen, ein Teil davon waren umgebaute, ausrangierte Motorwagen.[163] Die langen Tramzüge wurden zum verkehrstechnischen Problem. An den Verkehrsknotenpunkten kamen sich die Strassenbahnen gegenseitig in die Quere, Tramstaus am Bellevue, am Paradeplatz, auf der Bahnhofbrücke oder beim Leonhardsplatz (Central) waren an der Tagesordnung. Die Strassenbahnen transportierten nun zwar die Massen, die sie im Sinne der dezentralen Stadtentwicklung auch transportieren sollten; eine der zentralen Forderungen an den städtischen öffentlichen Verkehr, nämlich die schnelle Beförderung der Menschen, war aber zunehmend in Frage gestellt, da sich die Strassenbahnen die Fahrbahn gegenseitig verstellten.

1926 testete die Städtische Strassenbahn Zürich erstmals Vierachser der Schweizerischen Lokomotiv- und Maschinenfabrik SLM. Die StStZ hoffte mit den Vierachsern nicht nur grössere Motorwagen einsetzen zu können, die mithalfen, das Raumproblem zu entschärfen, sondern in den Spitzenzeiten auch Dreiwagenzüge auf Strecken mit starken Steigungen in Verkehr zu setzen. Der Versuch verlief nicht erfolgreich, das Tram wurde noch im gleichen Jahr der SLM zurückgegeben.[164] Gegen die Beschaffung von schweren Vierachsern hatte auch der Züricher Ingenieur- und Architektenverein opponiert. Dreiwagenzüge passten nicht ins städtische Bild, meinte der ZIA, die schweren und leistungsstarken Triebwagen seien im Betrieb zu teuer, da sie nur während den Spitzenzeiten leistungsmässig ausgenützt werden könnten, und zudem sei in den grossen Tramzügen das Schwarzfahren eine leichte Sache.[165] 1929 entschloss sich die StStZ trotzdem zum Kauf von Vierachsern. Die technische Entwicklung schien so weit ausgereift, dass sich die Anschaffung lohnte. 1929 und 1930 kaufte die Städtische Strassenbahn Zürich in zwei Tranchen insgesamt fünfzig schwere Vierachser Ce 4/4, die in Zürich den Übernamen «Elefant» erhielten.[166] Die «Elefanten» waren darauf ausgelegt, bei Steigungen von bis zu 75 Promille Dreiwagenzüge von 50 Tonnen mit 25 Stundenkilometern bergwärts zu schleppen.[167] Die «Elefanten» wurden in den Jahren 1929 und 1930 wegen ihrer Leistungsfähigkeit bejubelt, in den Krisenjahren wurde ihre Beschaffung kritisiert. Ab 1932 galten die schweren Tramwagen als äusserst unwirtschaftlich; ihre Betriebskosten waren hoch, vor allem wenn sie ohne Anhänger verkehrten, und das taten sie während der Weltwirtschaftskrise oft. Allerdings wurden die «Elefanten» nach der Weltwirtschaftskrise wieder «rehabilitiert». In den Kriegs- und Nachkriegsjahren, als die Fahrgastzahlen neue Spitzenwerte erreichten, waren sie regelmässig mit drei vollbesetzten Anhängern unterwegs, was noch 1931 als völlig ausgeschlossen bezeichnet worden war. Die «Elefanten» waren stärker als erwartet.[168]

Für eine Modernisierung und Rationalisierung des Betriebs brauchte es allerdings einen völlig neuen Ansatz in der Wagenkonstruktion. Daran arbeitete die Städtische Strassenbahn Zürich seit dem Abstimmungsdebakel von 1935 intensiv zusammen mit der Schweizerischen Waggonfabrik Schlieren SWS und der Schweizerischen Lokomotiv- und Maschinenfabrik SLM. 1939, rechtzeitig auf die Schweizerische Landesausstellung in Zürich, präsentierten sie einen Meilenstein in der Fahrzeugentwicklung, der gegen aussen das Ende der Strassenbahnkrise signalisierte und eine neue Ära im öffentlichen Nahverkehr ankündete.

Auch eine Seite des Massenverkehrs: Strassenbahnunglück 1930 an der Gloriastrasse. (Archiv VHS)

«Ein System, dem bisherigen gewaltig überlegen»

Ende 1936, als sich die Städtische Strassenbahn Zürich mitten in der tiefgreifendsten Reorganisation seit ihrer Gründung befand, deklarierte die Neue Zürcher Zeitung, welche Ansprüche sie an einen modernen Strassenbahnbetrieb erhob. Es waren die Werte der amerikanischen Wirtschaft, welche die Neue Zürcher Zeitung bei der Direktion der Städtischen Strassenbahn zu implementieren hoffte, die Werte rationeller und wissenschaftlicher Betriebsführung. Diese Vorstellungen dominierten die Leitbilder der europäischen Wirtschaftsführer in allen Facetten und machten selbst vor der Neuorganisation der Küche der schweizerischen Hausfrau nicht halt. Die Küchen wurden kleiner, die Betriebsabläufe rationeller und effizienter gestaltet. Leitvorstellungen, die selbst den Privathaushalt neu organisierten, erfassten auch öffentliche Einrichtungen wie die Strassenbahnunternehmen. Diese Grundwerte sollten sich gegen aussen in einer schnellen Betriebsabwicklung, einer günstigen Fahrzeugproduktion und bequemen Fahrzeugen ausdrücken: «Im Zeitalter des Automobils dürfen auch bei der Strassenbahn die Forderungen nach Bequemlichkeit und Annehmlichkeit nicht unterschätzt werden.»[169]

1939 hielt ein Strassenbahntyp in Zürich Einzug, der das Bild der öffent-

Strassenbahn C2/3 Nr. 1032 am Paradeplatz. Mit dem Dreiachswagen Ce 1032 (ursprüngliche Nummer 32) hält 1939 der stromlinienförmige Ganzmetallwagen in Zürich Einzug. Eine neue Tramära beginnt. (Archiv VHS)

«Die modernste Strassenbahn der Welt», titelten 1942 die Zürcher Zeitungen. In diesem Jahr fuhren die ersten modernen Vierachser in Zürich. Vierachsmotorwagen Nr. 370 mit zwei Anhängewagen unterwegs Richtung Hauptbahnhof. (Archiv VHS)

lichen Verkehrsunternehmen und das Selbstverständnis des Fahrgastes umwälzen sollte. Dieses Fahrzeug war der dreiachsige Strassenbahnmotorwagen vom Typ Ce 2/3. Mit den Dreiachsern von 1939 läutete die StStZ die neue Ära der modernen Grossraumwagen ein. Die Wagenkasten waren als selbsttragende Ganzmetallkonstruktion in Schalenbauart ausgeführt und verfügten als erste Schweizer Tramwagen über das in Cleveland (Ohio) entwickelte Peter Witt-Fahrgastflusssystem. Schon äusserlich unterschieden sich die stromlinienförmig konzipierten Ganzmetallzüge erheblich von den rohen und eckigen Holzbaukasten ihrer Vorgänger. Zu einem völlig neuen Trambewusstsein führte indessen die Neuorganisation der Fahrgastabfer-

«Ein System, dem bisherigen gewaltig überlegen». Die wichtigste Änderung bei der neuen Tramgeneration betrifft die Organisation im Innenraum. «Fahrgastfluss» heisst das neue Zauberwort. Die Fahrgäste müssen hinten ein- und vorne aussteigen. Die rationelle Betriebsabwicklung beginnt das Bild des öffentlichen Verkehrs zu prägen. (Archiv VHS)

tigung. Die Fahrgäste mussten sich unversehens in ein festgefügtes System einordnen. Jetzt hiess es hinten ein- und vorne aussteigen. «Dieses System des Verkehrsflusses im Wageninnern in Verbindung mit der besonderen Art und Weise der Fahrscheinausgabe durch den an einer festen ‹Kasse› sitzenden Kondukteur, das nach seinem Erfinder Peter Witt-System genannt wird, bewährte sich von Stund an auf das vorzüglichste, und erwies sich sogleich als der bisher gewohnten Art der Abfertigung der Fahrgäste gewaltig überlegen», lobte nach der Jungfernfahrt des neuen Trams die Neue Zürcher Zeitung.[170] Die pneumatisch betriebenen Falttüren vorne und hinten und ab 1940 auch in der Mitte sorgten dafür, dass von aussen niemand den rationellen Betriebsfluss bremsen konnte. Fertig war es mit dem Auf- und Abspringen während der Fahrt. Wer die Strassenbahn verpasste oder mit dem Aussteigen zögerte, musste eine Station weiter fahren. «Nur einer Bedingung unterliegt der glatte Betrieb in diesem Wagen: Vor allem die Stehpassagiere müssen nach vorn rücken; jegliches Stehenbleiben hemmt den Verkehrsfluss.» Die Fahrgäste, die bisher persönlich vom Kondukteur bedient worden waren, mussten sich nicht nur an die Selbstbedienung gewöhnen, Disziplin war von ihnen gefragt, die unbedingte Einordnung in den Betriebsablauf gefordert. Kunde König mutierte zum Störfaktor.

Die Zürcher Dreiachser wurden zwar wegen ihres Fahrkomforts gelobt, für enge Kurvenfahrten aber waren sie ungeeignet. In engen Kurven bockten sie jeweils, weshalb sie den Übernamen «Geissbock» erhielten. Die Wagen boten zu wenig Vorteile für eine serielle Beschaffung.

Bereits ein Jahr später kam es deshalb zur Einführung des ersten vierachsigen Grossraumwagen Ce 4/4 mit Fahrgastflusssystem, ein Jahr danach folgte derselbe Wagentyp in Leichtbauweise. Die dazu passenden vierachsigen Anhängewagen folgten 1945.[171] «Der modernste Strassenbahnwagen Europas» jubelte 1942 die Neue Zürcher Zeitung, und sämtliche Fachzeitschriften widmeten dem neuen Tram ausführliche Artikel.[172] Mit dieser Strassen-

Zürcher Tram auf Probefahrt in Basel. Die von der Schweizerischen Waggonfabrik Schlieren, der Maschinenfabrik Oerlikon und der Städtischen Strassenbahn Zürich entwickelten Vierachser waren die ersten Standardwagen der Schweiz und wurden in verschiedenen Städten eingesetzt. (Archiv VHS)

bahn seien die Anforderungen, die an an einen modernen Trambetrieb der Zukunft gestellt werden, zu erfüllen, war man überzeugt. Ihr Leergewicht betrug 13,4 Tonnen, 4,6 Tonnen weniger als der mittelschwere Vorläufer und nur halb so viel wie der «Elefant». «Die Zukunft der Strassenbahnbetriebe liegt in der Verwendung von alleinfahrenden modernen Triebwagen, die die beste Garantie geben für Erleichterung des Strassenverkehrs durch rasches Fahren der Strassenbahnwagen, […] bessere Bedienung des Publikums durch rascher aufeinanderfolgende Züge, Verminderung des Lärms, Erhöhung der Verkehrssicherheit, Erhöhung der Betriebseinnahmen, Ersparnis in den Betriebsausgaben», zählte ab 1942 die BBC als Herstellerin der neuen Wagengeneration die Vorzüge ihrer Kreation auf.[173]

Dieser Strassenbahntyp sollte in Zukunft das Bild aller Strassenbahnen in grösseren Schweizer Städten beherrschen. Der Ce 4/4 wurde zum schweizerischen Standardwagen und wurde auch in Genf, Basel, Bern und Luzern eingesetzt.[174] Mit der Definition eines Standardwagens, der in relativ hoher Stückzahl kostengünstig gebaut werden konnte, gingen die schweizerischen Nahverkehrsunternehmen und die schweizerische Strassenbahnindustrie der Entwicklung im Ausland voraus, wo der Zweite Weltkrieg einen Unterbruch in der Wagenentwicklung erzwungen hatte. Die Städtischen Strassenbahnen beschafften bis 1954 65 mittelschwere Triebwagen und 52 leichte Triebwagen sowie 60 Anhänger dieses Typs.[175]

Die «Geissböcke» und vor allem die Vierachser symbolisieren den Bedeutungswandel des Fahrgastes im Zeichen des Massenverkehrs. Nicht alle teilten die Begeisterung der Neuen Zürcher Zeitung. Der hohe Anteil an Stehplätzen, das «Bitte aufschliessen» des Kondukteurs, das Gedränge in den Spitzenzeiten und die fernbedienten Türen, die verspäteten Fahrgästen das Auf- und Abspringen verunmöglichten, stiessen in verschiedenen Städten zunächst auf Ablehnung. Als man in Basel 1943 versuchsweise Zürcher Tramzüge mit dem Fahrgastflusssystem einsetzte, sprachen Zeitungen von «Vermassung im blauweissen Tank».[176] In Zürich allerdings blieb die Opposition gegen das neue Tram verhältnismässig bescheiden. Klagen wurden erst dann lauter, als die Fahrgastzahlen massiv anstiegen, die Beschaffung neuer Tramwagen im Hinblick auf den U-Bahn-Bau zurückhaltend erfolgte und der Platz in den Strassenbahnen entsprechend knapp wurde.

V. Die fünfziger Jahre beginnen 1920

Noch 1945 hatte die Städtische Strassenbahn Zürich fette Gewinne geschrieben, bereits 1948 schlossen sie jedoch mit negativen Rechnungsabschlüssen ab, seit 1950 waren diese so hoch wie nie zuvor. 1,6 Millionen Franken betrug das Defizit in diesem Jahr, schon im Jahr darauf überstieg es die 2-Millionen-Grenze.[2] Der öffentliche Verkehr steckte in der Krise.
Seit den neunziger Jahren hatte man das Leitbild der dezentralen Stadtentwicklung in der Bevölkerung verankert und die Mobilität der urbanen Bevölkerung als Grundvoraussetzung für ein Häuschen im Grünen und damit für ein erfülltes Leben definiert. An diesen Idealvorstellungen änderte sich auch nach dem Zweiten Weltkrieg nichts. Aber es setzte sich ein Verkehrsmittel durch, mit dem diese Idealvorstellungen viel einfacher durchsetzbar schienen als mit der Strassenbahn: das Automobil. Die Vorstellung von der autogerechten Stadt löste diejenige der Tramstadt ab.
Diese Ablösung des Städtebauers Tram durch den Städtebauer Auto geschah nicht über Nacht. Bereits in den zwanziger und dreissiger Jahren, in denen die Tramstadt vollendet und die Bevölkerung mit billigen Fahrtaxen und dichten Fahrplänen auf das Tram geholt worden war, begannen Planer, Behörden, Interessenverbände und Zeitungen mit der Vorbereitung der autogerechten Stadt. Sie entwickelten eine Planungsideologie, die sich am Automobil orientierte, forcierten die Umgestaltung der städtischen Verkehrsinfrastruktur nach den Bedürfnissen des Individualverkehrs, förderten die Akzeptanz des Autos bei der Bevölkerung und stellten die Tauglichkeit der Strassenbahn als städtisches Massenverkehrsmittel in Frage. Gleichzeitig wurden Auto- und Trolleybusse als Alternativen zum Tram gefördert. Nicht alle Handlungen waren bewusst ausgeführte Planungsschritte; die meisten waren eine logische Folge der Planungsideologie, über die ein breiter Konsens herrschte und deren Verwirklichung dank neuer Verkehrstechnologie greifbarer schien als je zuvor. Im Rückblick aber erscheinen die verschiedenen Handlungsstränge als Kapitel ein und desselben Drehbuchs, in dem das Automobil zum urbanen «Massenverkehrsmittel» modelliert und der öffentliche Verkehr zum komplementären Verkehrsmittel zurückgestuft wurde.

Planung aus der Windschutzscheibenperspektive

Das Automobil nahm in den Projekten der Stadtplaner bemerkenswert früh eine grosse Rolle ein. Schon im Wettbewerb Gross-Zürich planten viele Wettbewerbsteilnehmer breite Strassenzüge quer durch die Altstadt und den Kreis 4 und forderten einen Strassenbau, der sich an den Bedürfnissen des modernen Stadtverkehrs der Automobile und Fahrräder orientierte. In den zwanziger und dreissiger Jahren schliesslich steigerte sich die Verkehrsbegeisterung der Planer und Städtebauer ins unermessliche und führte zu Projekten, die aus heutiger Perspektive teilweise grotesk anmuten. Die Planung der verkehrsgerechten Stadt, die in den fünfziger Jahren in vielen Städten mit General- und Gesamtverkehrsplänen angestrebt wurde, ist die Folge der Planungsideologie aus der Zwischenkriegszeit.

Das Vorbild Amerika

Die Stadtplaner orientierten sich bei ihren Projekten an den USA, wo die verkehrstechnische Entwicklung viel weiter fortgeschritten war als in Europa und die Verbreitung des Automobils in den Jahren 1915 bis 1926 einen sprunghaften Anstieg verzeichnet hatte. In den USA gingen die Fahrgastzahlen bei den öffentlichen Verkehrsunternehmen schon vor dem Ersten Weltkrieg zurück und stagnierten in den zwanziger Jahren. In den dreissiger Jahren beschleunigte sich der Niedergang, während des Zweiten Weltkrieges kam er vorübergehend zum Stillstand und setzte sich nach dem Kriegsende dauerhaft fort.[3] Die Autodichte übertraf dafür diejenige in Europa bei weitem. 550'000 Motorfahrzeuge verzeichnete 1926 allein New York City. 1937 betrug die Autodichte in den USA bereits 222 Motorfahrzeuge pro 1000 Einwohnerinnen und Einwohner, in der Schweiz waren es zu diesem Zeitpunkt zehn Mal weniger. Den Motorisierungsgrad der USA von 1937 erreichte die Schweiz erst Mitte der siebziger Jahre.[4]

Das Automobil ermöglichte das scheinbar grenzenlose Ausgreifen der Städte auf das Umland; die urbanen Raum- und Planungsdimensionen wurden aus der Sicht der Automobilisten neu definiert. Zudem hatten sich in den USA neue Technologien im Hochbau durchgesetzt. Die Stahlskelettbauweise und der Fahrstuhlbau erlaubten Gebäudehöhen, die zuvor undenkbar gewesen waren.[5] Die fortgeschrittene Motorisierung der amerikanischen Bevölkerung und der Bau von Wolkenkratzern führte zu neuen Erlebnisdimensionen des städtischen Raums. In einer Periode, die von allgemeiner Amerikabegeisterung geprägt war, die sich in kulturellen und wirtschaftlichen Werten am amerikanischen Vorbild orientierte, in der die Kleider- und Haarmode, die Musik und das Theater, die Organisation in der Fabrik und im Büro idealerweise «amerikanisch» war, entzog sich auch die Stadtplanung nicht den amerikanischen Werten. Man war überzeugt, dass sich die europäischen Städte in Richtung der amerikanischen Metropolen entwickeln würden. «Von Amerika unstreitig kommt nur der Grossstadtgedanke, es ist das Problem unserer Zeit und selbst im kleinsten Dörflein glüht ein Flämmchen von Grossstadtideal.»[6]

Das amerikanische Grossstadtideal, von Robert Rittmeyer 1910 eindringlich beschworen, floss bereits in die meisten Beiträge des Wettbewerbes Gross-Zürich ein. Es zeigte sich namentlich in einer grosszügigen Ausgestaltung des Strassennetzes, das in seinen Dimensionen die Bedürfnisse des Privatverkehrs bei weitem überstieg und offensichtlich mit einem markanten Anstieg des Motorisierungsgrades rechnete. Anders als in den USA konzen-

Bahnhofquai 1930. Das Automobil beginnt das Stadtbild zu prägen. (BAZ)

trierten sich die Schweizer Planer allerdings nicht allein auf das Individualverkehrsmittel, sondern betrachteten das Auto als Teil des Gesamtverkehrssystems, das es optimal auszubauen galt. Diese Sichtweise wurde den Planern durch die verkehrstechnischen Realitäten nahegelegt. Der städtische Verkehr war bis weit in die dreissiger Jahre hinein hauptsächlich Strassenbahnverkehr. Die frühen Pläne für einen «S-Bahn-Bau» und einen Verkehrsverbund widersprachen nicht den Forderungen nach einem Ausbau des Strassennetzes. Sie waren Teil derselben Denkweise und wurzelten in der allgemeinen Verkehrsbegeisterung der Zeit.

Am radikalsten wollten im Wettbewerb Gross-Zürich der oben zitierte Robert Rittmeyer und seine Partner der Arbeitsgemeinschaft Rittmeyer & Furrer und Karl Zöllig die Stadt Zürich autogerecht umgestalten. In ihrem Projekt schlug die Arbeitsgemeinschaft vor, die Altstadt weitgehend abzureissen und an deren Stelle ein neues, geordnetes Zentrum aus langgestreckten Baublöcken zu errichten. Die schmalen Gässchen wurden in diesem Projekt zu leistungsfähigen Strassen verbreitert, vom Predigerplatz führte ein breiter Strassenzug durch das Neumarktquartier bis zum Heimplatz. Rittmeyer, Furrer und Zöllig schlugen zudem einen leistungsfähigen Strassenzug vom Rechberg durch die Marktgasse über die Limmat bis St. Peter und dann mit einem Durchbruch bis zur Brandschenke vor.[7] Auch Preisträger Hermann Herter plante den Bau monumentaler Strassenachsen. Ein wichtiger Punkt in seiner Verkehrsplanung war der Bau einer 50 Meter breiten Ausfallachse Richtung Basel und Bern durch Aussersihl. Herter opferte in seinen Plänen weite Teile Aussersihls neuen Verkehrsanlagen und Gebieten für die City-Erweiterung.[8] Sowohl die Strassenprojekte Rittmeyer, Furrer & Zölligs als auch diejenigen Herters und vieler anderer Wettbewerbsteilnehmer wurden vom Preisgericht zwar als überrissen abgelehnt. Teile davon wurden aber noch lange weiterverfolgt. Dazu zählte unter anderem die Sanierung der

Zürcher Altstadt nach modernen Gesichtspunkten. Die Forderung beschränkte sich allerdings nicht nur auf verkehrspolitische Ziele; die engen, düsteren und oft feuchten Wohnungen im Niederdorf galten als Schandfleck einer Stadt, die sich an modernen stadtplanerischen Leitbildern orientierte. Es gehörte zu den vorrangigen Zielen von Klöti, Herter und Hippenmeier, welche die Altstadtsanierung in den dreissiger Jahren als vordringliches städtebauliches Ziel definierten, das «Gassenelend» zu beseitigen und Licht und Luft in die Häuserschluchten zu bringen.[9] In den zwanziger Jahren studierte das Bebauungsplanbüro unter Konrad Hippenmeier die Totalsanierung des Niederdorfs durch Abbruch und Neubau des gesamten Quartiers und plante als grosszügige Strassenachse den Bau des Zähringerdurchbruchs.[10] Mit der Totalsanierung hätte sich die Stadt ein zentrales City-Erweiterungsgebiet erschlossen und wäre den Forderungen nach dem «verkehrsgerechten Stadtumbau» einen bedeutenden Schritt nähergekommen. Das Projekt wurde bis 1943 verfolgt; in diesem Jahr erteilte ihm der Zürcher Regierungsrat eine definitive Abfuhr.

Die Verkehrsbegeisterung der Moderne

Die Projekte der Zwischenkriegszeit sind heute oftmals Gegenstand herber Kritik. Aber es zählt zu den herausragenden Merkmalen der städtebaulichen Projekte dieser Periode, dass sie sich nicht auf monofunktionale Zielsetzungen reduzieren lassen. Mit den radikalen Stadtumbauten wollten die Städteplaner sowohl die Wohnverhältnisse in heruntergekommenen und stark verdichteten Quartieren verbessern als auch die Entfaltungsbedingungen der Cityfunktionen optimieren, das heisst neue City-Erweiterungsgebiete schaffen.[11] Neue, breite Strassenachsen sollten beiden Zielen dienen.
Die Begeisterung für die Möglichkeiten des Privatverkehrs widerspiegelt sich am deutlichsten in den städtebaulichen Projekten der Avantgardisten und Modernisten. Allerdings beschritt diese Gilde keine grundsätzlich neuen Wege. Vielmehr dachten sie die städtebaulichen Grundsätze, die seit den 1890er Jahren entwickelt worden waren, konsequent weiter und integrierten in ihre Pläne die Möglichkeiten der neuen Verkehrstechnologien.
1928 fand auf Schloss La Sarraz der erste Congrès International d'Architecture Moderne CIAM statt. Am Schluss dieses Kongresses verabschiedete der CIAM fünf urbanistische Thesen, in denen er seine Auffassung einer neuen, funktionellen Stadt zusammenfasste: «Stadtbau ist die Organisation sämtlicher Funktionen des kollektiven Lebens in der Stadt und auf dem Lande. [...] An erster Stelle steht im Stadtbau das Ordnen der Funktionen: das Wohnen, das Arbeiten, die Erholung (Sport, Vergnügen). Mittel zur Erfüllung dieser Funktionen sind: Bodenaufteilung, Verkehrsregelung, Gesetzgebung.»[12]
Die vierte der urbanistischen Thesen sprach von der wachsenden Diktatur des Verkehrs: «Die Verkehrsregelung hat die zeitliche und örtliche Folge aller Funktionen des Gemeinschaftslebens zu umfassen. Die wachsende Intensität dieser Lebensfunktionen, fortwährend nachgeprüft durch die Mittel der Statistik, zieht die wachsende Diktatur des Verkehrs unumgänglich nach

sich.»[13] Prägender Kopf im CIAM war der Schweizer Architekt Le Corbusier. Le Corbusier hatte bereits in den frühen zwanziger Jahren seine Vorstellungen von der wachsenden Diktatur des Verkehrs in seinen Visionen der neuen Stadt zeichnerisch dargestellt.[14]

In den Projekten der «Ville Tour» (1921), der «Ville Contemporaine pour trois millions d'habitants» (1922) und dem Plan Voisin für die Sanierung von Paris, der nach dem Automobilfabrikanten Gabriel Voisin benannt war, hatte der Verkehr eine zentrale Bedeutung. Die Ideologie, die hinter seinen Stadtprojekten stand, formulierte Corbusier 1925 in der Programmschrift «Urbanisme»: «La ville, qui dispose de la vitesse, dispose du succès.»[15] Im Zentrum der Ville Contemporaine befanden sich übereinander sieben Verkehrsachsen, die als Hauptachsen zwischen zwei Triumphtore eingespannt waren. Die unterste diente den verschiedenen Massenverkehrsmitteln, es folgte eine für die Fussgänger, darüber lag der Kreuzungskreisel für die Schnellverkehrsstrassen (3 Ebenen) und als krönender Abschluss kam der Flughafen. Gewohnt worden wäre in dieser Stadt in bis zu sechzig Stockwerk hohen Wohntürmen, die auf Säulen über grossen Grünflächen thronten. Für Corbusier waren die Geschwindigkeit und der motorisierte Individualverkehr Faktoren der «Poesie des Bauens»; in seiner Ville Contemporaine verband er gesamtstädtische Konzeptionen, die schon im Gartenstadtideal Howards formuliert worden waren, mit einer grenzenlosen Bewunderung der Geschwindigkeit.[16]

Die Faszination für die bau- und verkehrstechnischen Errungenschaften der Zeit führten auch in Zürich zu utopischen Projekten. Ständiger Gegenstand von Erneuerungs- und Verkehrsplanungen waren der Hauptbahnhof und der Bahnhofplatz als eigentliches «Verkehrsherz» der Stadt.[17] 1932 präsentierten die Architekten Oberhollenzer und Doelker ein Bahnhofprojekt, das ähnlich wie Corbusier 1922 Verkehrsinfrastrukturbauten für alle Verkehrsarten zusammenführte und auf verschiedenen Ebenen eine Autobahn, einen monumentalen Bahnhof und einen Flughafen vorsah. Die Strassenbahn war in diesem Projekt durch Trolleybusse ersetzt worden. Die Zürcher Illustrierte präsentierte das Projekt unter dem Titel «Das Bahnhofswunder von Zürich»: «Die verkehrstechnischen Vorteile einer baulichen Zusammenlegung von Bahnhof, Fernstrasse und Flugplatz mit der bereits bestehenden Sihlpost werden jedermann sofort einleuchten. […] Das Bahnhofsgebäude von heute müsste verschwinden, an seine Stelle träte ein mächtiger freier Platz, den man sich am ehesten als idealen Auto-Parkplatz vorstellen mag. Die Hauptzufuhrstrassen zum Fernverkehrshof blieben ausschliesslich den Fahrzeugen vorbehalten. Die Fussgänger haben die zahlreichen Unterführungen zu benützen, wenn sie von einer Strassenseite auf die andere wollen. Die Strassenbahn wird ersetzt durch den Trolleybus, den Oberleitungs-Omnibus, der dicht an die Trottoirs heranfährt, und sich so zweckdienlicher in den wachsenden Strassenverkehr einfügt, als die an starre Geleise gebundene Strassenbahn.»[18] Mit dem Bahnhofswunder verbunden war die bauliche und nutzungsmässige Verdichtung der umliegenden City zu einem «Klein-Manhatten». Das Bahnhofwunder Oberhollenzers ist ein typisches Beispiel eines städtebaulichen Ansatzes, der sich ausschliesslich an den realen oder mutmasslichen Bedürfnissen des Verkehrs orientierte und in dem sich die

Ansprüche des öffentlichen Nahverkehrs bereits klar dem motorisierten Privatverkehr unterzuordnen hatten.

Die Planung solcher monumentaler Verkehrsanlagen lag im Trend der Zeit, utopisch anmutende Projekte tauchten in allen grösseren Städten auf. 1929 beispielsweise präsentierte der Basler Architekt Ferdinand Musfeld «Das Ei des Columbus» (Zitat) zur Lösung der «Basler Verkehrskalamität», womit der Umstand bezeichnet wurde, das der Verkehrsraum in den Städten bereits knapp wurde.[19] Musfeld forderte nichts weniger als «Mehr Raum!» für den wachsenden Verkehr und schlug vor, das Tram in die Kanalisationsschächte der Birsig zu verlegen: «[...] es gibt in Basel eine ideale Möglichkeit, mit vorhandenen Mitteln und relativ geringem Aufwand die Verlegung eines grossen Teils des Strassenverkehrs unter die Erde zu vollziehen und damit die Forderung der modernen Verkehrsentwicklung nach mehr Raum zu verwirklichen. Diese Möglichkeit besteht darin, die Tramlinien der Innerstadt aus den Strassen nach dem bereits vorhandenen Untergrundtunnel, dem Birsiggewölbe zu verlegen und den Wasserlauf der Birsig auf vollkommene und absolut gefahrlose Weise auf direktestem Wege nach dem Rhein abzuleiten.»[20] Projekte wie diejenigen von Oberhollenzer in Zürich oder Musfeld in Basel wurden nicht ernsthaft geprüft und sorgten als utopische Gedankenspielereien allenfalls während einiger Wochen für Schlagzeilen in den Zeitungen. Die Projekte Le Corbusiers, Oberhollenzers, Musfelds und anderer galten als überrissen, nahmen die Entwicklung der Nachkriegszeit aber in radikaler Form vorweg.

Vom Feindbild zum Wunschtraum: der Wandel des Automobils in der Zwischenkriegszeit

Als die Verkehrsplaner die Autostrassen nach den Bedürfnissen der Zukunft planten, war das Automobil noch ein Verkehrsmittel, dem grosse Bevölkerungsteile mit Skepsis, Ablehnung und teilweise mit Feindschaft begegneten. Am Ende der Zwischenkriegszeit aber hatte sich das Auto zu einem Verkehrsmittel gewandelt, dessen Besitz als erstrebenswert und als Ausdruck eines sozialen Aufstiegs galt. Das Auto wurde innert weniger Jahre vom Feindbild zum Wunschtraum.

1910 verkehrten in der Schweiz 2276 Personenwagen, bis zum Ersten Weltkrieg waren es 11'393 Motorfahrzeuge inklusive Lastwagen, Traktoren und Motorräder, 1540 davon waren im Kanton Zürich registriert.[21] Das Auto war vor dem Ersten Weltkrieg ein absolutes Luxusprodukt und einer verschwindenden Minderheit vorbehalten; auf 343 Personen kam eine mit einem Automobil. Bei Verkehrszählungen 1913 wurden auf der Bahnhofstrasse während 24 Stunden lediglich 529 Autos gezählt, auf dem Limmatquai 165.[22]

1929 hatte sich die Situation grundlegend geändert. Eine Verkehrszählung an einem sonnigen Sommertag erfasste von 6.40 Uhr bis 17.45 Uhr 11'521 (67,5 Prozent) Motorfahrzeuge, 4737 (27,7 Prozent) Fahrräder, 480 (2,8 Prozent) Handwagen und 337 (2 Prozent) Pferdefuhrwerke.[23] Das Auto hatte sich zu einem Produkt entwickelt, das zwar noch weit entfernt war vom Massenverkehrsmittel der Nachkriegszeit, das aber bereits in der Reichweite

Zürcher Bahnhofplatz und Bahnhofbrücke 1930. Autos sind noch rar, gehören aber bereits zum gewohnten Strassenbild. (BAZ)

erheblicher Bevölkerungsteile lag. Jeder sechste Haushalt im Kanton Zürich besass Anfang der dreissiger Jahre ein Motorfahrzeug.[24]

Als die wenigen Autofahrer nach 1919 ihre Vehikel wieder aus den Ställen und Garagen holten, waren sie bei ihren Fahrten über Land nicht selten gezwungen, das letzte aus den schwachen Motoren herauszuholen, um sich vor Stein- oder Dreckwürfen in Sicherheit zu bringen. Vor allem die Landbevölkerung war aufgebracht über die «Staub- und Kotplage», den Lärm und Gestank, den die Automobile verursachten. Die Landstrassen waren in den Jahren nach dem Ersten Weltkrieg noch nicht asphaltiert, im besten Fall waren sie geschottert, wenn sie nicht einfach aus Erdreich bestanden. Selbst

Mittagsstossverkehr am Paradeplatz in den dreissiger Jahren. Nicht Automobile sorgten für ein Verkehrschaos, sondern Trams, Velofahrer und Fussgänger, die sich gegenseitig behinderten. (BAZ)

in den Städten beklagte man sich über die Automobilplage, obwohl hier die Strassen immerhin gepflästert waren. Hier war es nicht die Staubplage, die für Unmut sorgte, sondern der Motorenlärm, der in den Strassenschluchten erheblich anschwoll.[25] Noch etwas nährte die Autofeindlichkeit der Bevölkerung: in der Stadt Zürich stiegen die Unfälle von 1919 bis 1930 um das Sechsfache, 1930 wurden in Zürich 3749 Unfälle registriert, 82 mit Todesfolge, ebensoviel wie sechzig Jahre später, obwohl unvergleichlich weniger Fahrzeuge verkehrten und bis 1932 die Höchstgeschwindigkeit auf 18 Stundenkilometer festgesetzt war.[26]

Der Gesetzgeber wies die Automobilisten zunächst in enge Schranken. In Graubünden blieb es bis 1927 gänzlich verboten, die Zürcher Kantonsregierung erliess 1920 ein Sonntagsfahrverbot, das Fussgänger, die die Hauptstrassen als Wanderwege benutzten, vor den Gefahren des motorisierten Verkehrs schützen sollte. Es galt allerdings nur am Sonntagnachmittag und während der Sommermonate, Zürich und Winterthur waren von diesem Verbot ausgenommen. Es bedurfte intensiver Anstrengungen, um das Feindbild Auto ab- und das Wunschziel Auto aufzubauen. Ein wesentlicher Teil dieser Arbeit leistete die Zürcher Strassenverkehrsliga, die sich als Pressure-group für die Interessen des Individualverkehrs verstand.

In der Liga schlossen sich 1921 die Interessenvertreter der Automobil- und Radfahrer zusammen. Diese Allianz mag auf den ersten Blick erstaunen, auf den zweiten ist sie sachlogisch. Automobil- und Radfahrer verbanden in der Zwischenkriegszeit verschiedene gleichgerichtete Interessen. Sie repräsentierten im Gegensatz zum öffentlichen Massenverkehr den Individualverkehr und forderten gemeinsam freie Fahrt und gute Strassen. Das Fahrrad war als das Individualverkehrsmittel der Arbeiter und Angestellten in der Zwischenkriegszeit sogar zum eigentlichen Feindbild der öffentlichen Verkehrsunternehmen avanciert, und zwar in einem sehr viel stärkeren Ausmass als das Automobil. Robert Grimm, Direktor der Industriellen Betriebe der Stadt Bern, bezeichnete «die Konkurrenz der Radfahrer» noch vor Massenarbeitslosigkeit, verschlechterten Erwerbsverhältnissen und Stagnation der Bevölkerungszahlen in einer 1937 veröffentlichten Studie als Hauptgrund für die missliche Lage der Strassenbahnen: «Man muss die Zahlen auf sich wirken lassen, um ihre Bedeutung voll zu erfassen. Es wurden in der Schweiz gezählt: 1929 801'000 Fahrräder, [...], 1936 1'056'000 Fahrräder.»[27] Die Autofahrer waren ihm in diesem Zusammenhang keine Zeile wert.

Die Strassenverkehrsliga wehrte sich erfolgreich gegen jede Einschränkung des Individualverkehrs und gegen Betriebsverteuerungen. Finanziell einschneidende Massnahmen wurden als prohibitiv an den Pranger gestellt und als gesamtgesellschaftlich schädigend gebrandmarkt.[28] 1921 brachte die Liga einen Versuch der Kantonsregierung zum Scheitern, höhere Fahrzeuggebühren einzuführen, 1923 war sie an der Aufhebung des Sonntagsfahrverbotes beteiligt, 1924 scheiterte unter anderem wegen ihrer Öffentlichkeitsarbeit eine Initiative «für vermehrten Schutz vor Motorfahrzeugen».[29] Auf eidgenössischer Ebene unterlag 1926 ein erstes Strassenverkehrsgesetz, das die Rechte der Automobilisten stark eingeschränkt hätte. Als 1932 ein Strassenverkehrsgesetz erfolgreich verabschiedet werden konnte, trug es merklich die Handschrift der schweizerischen Strassenverkehrsverbände. Intensive Öffentlichkeitsarbeit verfehlte schon in den zwanziger Jahren ihre Wirkung nicht.

Asphalt: der Stoff, aus dem die Autoträume sind

Weit wichtiger als die Erfolge bei der Gesetzgebung war für die Akzeptanz des Automobils in breiten Bevölkerungsschichten jedoch das Asphaltieren der Strassen. 2240 Kilometer staubige Landstrassen waren 1919 im Kanton Zürich zu asphaltieren, 361 Kilometer galten als Hauptverkehrsstrassen. 1920 waren erst 21 Kilometer behandelt.[30] 1938 waren 355 des 361 Kilometer umfassenden Hauptverkehrsstrassennetzes asphaltiert, vom gesamten kantonalen Strassennetz 694 Kilometer oder 31 Prozent.[31] Als das Zürcher Strassenbauinspektorat 1946 sein 50-Jahr-Jubiläum feierte, konnte es mit Befriedigung feststellen, dass aus den holprigen, gepflästerten Strassen der Stadt Zürich sauber asphaltierte Fahrbahnen geworden waren. «Mit besonderer Liebe und Aufmerksamkeit wurden auch die Altstadtgässchen behandelt», hielt alt Strasseninspektor A. Bernath anlässlich der Jubiläumsfeierlichkeiten fest. «Möge Zürich für alle Zukunft der gute Ruf einer sauberen Stadt auch ausserhalb unserer Landesgrenzen erhalten bleiben.»[32]

Nun rollten die Automobile auf der ihnen angepassten Unterlage dahin. Die Akzeptanz des Automobils in der Bevölkerung stieg massiv, selbst die Landbevölkerung begann ihre Einstellung zum Auto zu überdenken, die Zahl der zugelassenen Automobile stieg gewaltig an.

Der Bedeutungsgewinn des Autos wurde an der Landesausstellung 1939 deutlich; sie widmete dem Strassenverkehr eine eigene, prächtige Halle.[33] Die Verherrlichung der Strasse und der auf ihr verkehrenden Automobile war eindrücklich: «[...] schon der Vorraum führt in medias res: der Strassengrund, auf dem [der Besucher] sich dem Gebäude nähert, und dann der Boden des Vestibüls selber, hebt sich fast unmerklich zum Bande einer schönen Landstrasse, die als Grossphoto irgendwo im Schweizerlande hineinläuft. [...] Dann betritt der Besucher unter dem Bogen einer gewaltigen Strassenbrücke hindurch den eigentlichen Ausstellungsraum und sieht sich sogleich von verschiedensten Arten flächenhafter oder reliefmässiger Darstellung des schweizerischen Strassenwesens gefesselt.»[34] In einer eigenen Abteilung präsentierten die Städte ihre Leistungen im Strassenbau, informierten über das Verkehrsaufkommen und die Gelder, die sie in den Strassenbau investierten und stellten in Wort und Bild die wichtigsten Strassenausbauten vor. Die Botschaft war überall die gleiche: Dem motorisierten Strassenverkehr gehöre die Zukunft; Bund, Kantone und Gemeinden seien bemüht, die verkehrstechnischen und verkehrspolitischen Leitplanken entsprechend auszugestalten.

«Heute ist die Strasse wieder ein Verkehrsweg von gewaltiger Bedeutung geworden, und weit zurück liegen die Zeiten, da die seltenen Autos auf ihren Fahrten riesige Staubfahnen aufwirbelten, die durch Spaziergänger von aussichtsreichen Hügeln hinunter mit schreckgemischtem Vergnügen verfolgt wurden», schrieb ETH-Professor Thommen anlässlich der Landesausstellung in der Zeitschrift «Strasse und Verkehr», die sich in der Zwischenkriegszeit zu einem kraftvollen Organ der Strassenbauer entwickelt hatte.[35]

Die Disziplinierung der Verkehrsteilnehmer

Um die Akzeptanz des Automobils zu stärken, musste auch die Gefahr, die vom neuen Verkehrsmittel ausging, drastisch reduziert werden. Die Unfallzahlen stiegen seit 1919 in beängstigendem Ausmass an. Für die Fussgänger war die Strasse zu einem lebensgefährlichen Bereich geworden. Der Strassenraum musste neu organisiert werden.
1926 führte Carl Jegher in der Schweizerischen Bauzeitung die Rubrik «Automobilverkehr und Strassenausbildung» ein: «Es scheint nötig, diesen Titel zur ständigen Rubrik zu machen, denn das Verständnis für die Dringlichkeit der Verbesserung auch nur der gefährlichsten, in veralteten Strassenverhältnissen liegenden Kollisionsstellen scheint noch nicht bei allen, die es angeht, erwacht zu sein.»[36] Jegher forderte die Schaffung übersichtlicher Strassen und Kreuzungen. Die Strasse, bislang in ihrer ganzen Breite öffentlicher Raum, der von allen Verkehrsteilnehmern benutzt wurde, wurde zur Fahrbahn umgestaltet. Den schnelleren Verkehrsmitteln wurde die Strassenmitte zugewiesen, den Fussgängern waren nur noch spezielle Trottoirs vorbehalten. Disziplin, Konzentration und Kontrolliertheit waren im Strassenverkehr gefragt, die Strassenüberquerung war nur noch an speziell markierten Stellen, den Fussgängerstreifen, gestattet. 1924 stöhnte ein geplagter Automobilist in der Neuen Zürcher Zeitung: «Immer und immer wieder reitet die Polizei auf den Automobilisten herum und in den meisten Fällen, wenn Unglücke vorkommen, ist der Automobilist schuld. Scharfe Vorschriften werden für die Autos festgesetzt und durch strenge Kontrollen kontrolliert. Was aber wird für die Fussgänger getan, die manchmal wirklich in

Autogerechte Platzumbauten. Trotz vergleichsweise bescheidenem Verkehrsaufkommen passte die Stadt ihre Strassen und Plätze in den dreissiger Jahren den mutmasslichen späteren Bedürfnissen an. 1932 war der Limmatplatz bereits bestens für die automobile Zukunft gerüstet, 1937 wurde das Bellevue autogerecht umgebaut. (BAZ)

stumpfsinniger Weise die Strassen kreuzen und Ursache von so und so vielen Unfälle sind? [...] Es ist deshalb angebracht, dass man alles daran setzt, auch das Publikum zu erziehen, und diese Erziehung muss unbedingt schon in der frühen Jugend beginnen.»[37] Drei Jahre später bekräftigte Zürichs Polizeivorstand Ernst Höhn die Forderung nach der Verkehrserziehung der Fussgänger: «Es werden an alle Strassenbenützer neue, höhere, zum Teil recht ungewohnte Anforderungen gestellt. Diese sind wohl am grössten für den Fussgänger, der aus seiner früheren sorglosen Stassenbenützung aufgescheucht worden und heute sozusagen auf Schritt und Tritt gefährdet ist.»[38] Höhn forderte den zielgerichteten Verkehrsunterricht für Fussgängerinnen und Fussgänger, um diese rasch an die neuen Strassenverhältnisse zu gewöhnen. Im selben Jahr führte die Stadt die erste Strassenverkehrsfibel für Schülerinnen und Schüler ein. Ein weiteres Disziplinierungsinstrument hielt in der Zwischenkriegszeit Einzug in Zürich. 1934 installierte die Stadt Zürich an der Bahnhofstrasse und an der Kreuzung Pelikanstrasse-Talstrasse die ersten beiden automatischen Lichtsignalanlagen.[39] Ihre Befolgung bereitete in den ersten Monaten zwar noch erhebliche Probleme, schon bald soll die Beachtung dieser neuartigen Anlagen jedoch geklappt haben.

Der autogerechte Stadtumbau

Die zwanziger und dreissiger Jahre wurden zur grossen Zeit der Strassenbauer, deren Aufgaben sich bei weitem nicht auf das Asphaltieren der Strassenoberfläche beschränkte.
Die Verkehrsknotenpunkte Bellevue, Paradeplatz und Bahnhofplatz vermochten den Strassenbahn-, Velo- und Autoverkehr kaum mehr zu bewältigen. In den Stosszeiten waren sie regelmässig Schauplatz chaotischer Verhältnisse.

Tramzüge versperrten sich den Weg, Autos und Velos behinderten sich gegenseitig, und dazwischen mussten sich Fussgänger ihren Weg suchen. Von Verkehrskalamität klagten die Zeitungen und Zeitschriften, das Wort «Verkehrsnot» tauchte immer wieder auf.

Vordringliches Anliegen war, den verschiedenen Verkehrsteilnehmern – Fussgängern, Radfahrern, Automobilisten und Strassenbahnen – ihren Platz auf der Strasse zuzuweisen. Damit verbunden war die rationellere Verkehrsorganisation an neuralgischen Punkten der Stadt. 1928 wurde der Paradeplatz umgebaut, 1929 der Löwenplatz, 1933 der Bürkliplatz, 1937 das Bellevue. 1932 wurde der Bahnhofplatz provisorisch den Verkehrsbedürfnissen angepasst; eine definitive Umgestaltung wurde vom geplanten Umbau des Hauptbahnhofs abhängig gemacht.[40] Die grosszügige Sanierung der verschiedenen Verkehrsknotenpunkte verwies klar auf die Bedeutung, die dem ungehinderten Verkehrsfluss beigemessen wurde. Jedem Verkehrsmittel sollte genügend Raum eingeräumt werden, und durch die Einrichtung von Kreiselsystemen wurde der Verkehrsfluss optimiert.[41] Der Schwung, der dem Verkehr durch die Platzumbauten verliehen werden sollte, wurde teilweise von der Architektur aufgenommen. So symbolisierte die von Stadtbaumeister Hermann Herter erstellte Wartehalle des umgebauten Bellevueplatzes das dynamische Fliessen des Verkehrs.[42] Parallel zu den Verkehrsknotenpunkten in der Innenstadt wurden auch die Plätze in den Cityrandgebieten und Nebenzentren den neuen Verhältnissen angepasst: so 1927 der Tessinerplatz im Zusammenhang mit dem neugebauten Bahnhof Enge, 1930 der Schaffhauserplatz und der Bucheggplatz.[43] Kaum eine Strasse, kaum ein Platz, die in den dreissiger Jahren nicht verbreitert und ausgebaut wurden. Von der Dichte der Strassenbauten zeugen die Stadtratsprotokolle dieser Periode, in denen die Strassenbauprojekte Jahr für Jahr allein im Register einige Seiten beanspruchen. Die Strassenbauprojekte lösten kaum Opposition oder Widerspruch aus, an der Urne wurden sie regelmässig mit über 90 Prozent der Stimmen angenommen.

Das gilt auch für eine Achse, die sich Jahrzehnte später als einer der problematischsten Strassenzüge erweisen sollte: die Westtangente. Diese wurde von Stadtplaner Konrad Hippenmeier bereits in den zwanziger Jahren im Zusammenhang mit der Seebahn-Korrektion vorgeschlagen. 1934 baute die Stadt die schnurgerade Rosengartenstrasse als vorerst noch schmales Strässchen quer durch den alten Dorfkern von Wipkingen, bevor sie in den siebziger Jahren zu einer Hochleistungsstrasse ausgebaut wurde, auf der heute täglich bis zu 60'000 Autos verkehren.[44]

Trotz der fast einhelligen Zustimmung zu Strassenbauprojekten beschränkte sich der verkehrsgerechte Umbau der Stadt in der Regel pragmatisch auf Strassenerweiterungen; von den hochfliegenden Umgestaltungsprojekten ganzer Stadtteile konnte kaum eines verwirklicht werden. Das gilt sowohl für den Zähringerdurchbruch wie für das Projekt, den Schanzengraben aufzufüllen und als Strassenraum zu nutzen, wie auch für einen neuen Quai entlang der Schipfe.[45] Verwirklicht wurde allein die Verlängerung der Uraniastrasse und der Ausbau der Sihlporte als Tor zur City. Die Uraniastrasse war bereits um die Jahrhundertwende von Stadtingenieur Victor Wenner nach den Bedürfnissen des Automobilverkehrs angelegt worden. Nun wurde sie in westlicher Richtung als City-Erweiterungsgebiet bis zur Sihlporte weitergezogen. Talacker und Bleicherweg wurden mit einer Vielzahl von Banken- und Versicherungsbauten überzogen, die Sihlporte zwischen 1926 und 1932 mit Grosskomplexen im Stil des Neuen Bauens überbaut, das Warenhaus Jelmoli wurde zum Grosskomplex erweitert, an den Köpfen der Schanzengraben- und Sihlbrücke entstanden die Warenhäuser EPA und Ober: Im Stadtkreis 1 konnte im Zusammenhang mit der Neuerstellung der grossen Geschäftshäuser zum «Schmidhof» und zum «Handelshof» bei der Sihlporte ein Ziel verwirklicht werden, auf das schon seit Jahrzehnten hingearbeitet worden war. Mit der Verlängerung der Uraniastrasse wurde eine Querstrasse mitten durch die Geschäftsstadt vollendet, die von der Sihlbrücke über die Sihlporte nach der Uraniabrücke, dem Prediger- und Heimplatz führt und neben der Quai- und Bahnhofbrücke die dritte gute Verbindung zwischen östlichem und westlichem Stadtteil darstellt.[46] Ergänzt wurde diese Überbauung durch die Inbetriebnahme der neuen Sihlpost im Anschluss an die Hallen des Hauptbahnhofs.[47]

Autobusse im Aufwind, Strassenbahnen im Abwind

Im selben Mass, wie das Automobil zum Wunschtraum modelliert, die Stadt den Bedürfnissen des Individualverkehrs angepasst und die Verkehrsteilnehmer diszipliniert wurden, geriet das Tram in Misskredit. Noch zu Beginn der zwanziger Jahre hatten die schienengebundenen Massenverkehrsmittel praktisch ein Verkehrsmonopol innegehabt, nun sahen sie sich der Konkurrenz des Automobils ausgesetzt. Plötzlich mussten die Strassenbahnunternehmen die Existenzberechtigung des Trams in der Innenstadt öffentlich legitimieren, was noch wenige Jahre vorher undenkbar gewesen wäre. Die Konkurrenz zwischen Auto und Eisenbahn wurde zu einem permanenten Thema in den Fachzeitschriften und Medien, das Ende der Strassenbahn als innerstädtisches Verkehrsmittel wurde vorstellbar. Fachzeitschriften und Tageszeitungen bezeichneten die Strassenbahn zunehmend als Hindernis für den fliessenden Verkehr und verbreiteten so die Argumente, die in den fünfziger Jahren zu ihrer massenweisen Aufhebung angeführt wurden.[48] Parallel dazu wurden der Auto- und vor allem der Trolleybus als das «bessere Tram» aufgebaut. An diesem Bild arbeitete auch die Trolleybusindustrie intensiv und erfolgreich mit.

Das Tram als Verkehrshindernis

Das Tram bestimmte den Verkehrsrhythmus in den Städten. In der Mitte der Strasse und an starre Schienen gebunden, nahm es den grössten Teil des Strassenraums ein. Automobile konnten es nur mit grossen Schwierigkeiten überholen – wenn das Tram an einer Haltestelle stillstand, ruhte der Verkehr. Der Privatverkehr hatte sich der Strassenbahn unterzuordnen. Seit den zwanziger Jahren häuften sich die Klagen über das Tram. Kritisiert wurde seine Schwerfälligkeit, seine Langsamkeit – und sein Lärm: «Wirklich ist es eine Pein, an einer Tramschleife seinen Wigwam zu haben, denn das Pfeifen und Kreischen geht durch Mark und Bein. [...] Jede erspriessliche Arbeit hört auf, wenn dieser Lärm in der Nähe einsetzt, Häuser und Nerven werden gleichermassen erschüttert.»[49] Dieser Leserbrief in der Neuen Zürcher Zeitung löste eine ganze Reihe gleichlautender Reaktionen aus. Das Tram wurde verantwortlich gemacht für die «Verkehrskalamität» an den Verkehrsknotenpunkten und für den Wohnlichkeitsverlust in den Innenstädten, den das erhöhte Verkehrsvolumen mit sich brachte.

Das Bild vom «Verkehrshindernis Tram» wurde in der Zwischenkriegszeit derart intensiv kultiviert, dass selbst Strassenbahnunternehmen und Produzenten ihre Produkte als Hindernisse für den fliessenden Verkehr empfanden und alles daran setzten, die Behinderung des übrigen Verkehrs so klein als möglich zu halten. Die Entwicklung des Grossraumwagens mit Fahrgastflusssystem war wesentlich vom Bestreben geprägt, das Verkehrshindernis Tram zu minimieren. Die Herstellerin des neuen Zürcher Grossraumtrams, die BBC, leitete einen Prospekt über ihr Spitzenprodukt mit den Worten ein: «Es ist mit Sicherheit vorauszusehen, dass über kurz oder lang Automobile jeder Art frei in Betrieb kommen werden und dass sich der Verkehr derselben noch intensiver entwickeln und ausdehnen wird als vor dem Krieg. [...] Die Notwendigkeit, neue Siedlungen zu bauen und die grosse Erfahrung im Bau von billigen und praktischen Wohnhäusern werden viele Stadtbewohner dazu führen, ausserhalb der Stadt zu wohnen; viele davon werden deswegen gezwungen sein, das Automobil zu benützen, was den Automobilverkehr noch vermehren wird. [...] Der starke Zuwachs der Automobile wird schwierige Probleme auslösen und die Behörden zu radikalen Massnahmen zwingen, um den Verkehr im Zentrum noch zu ermöglichen. Schon vor dem Krieg bildeten die Strassenbahnen für die Lösung dieses Problems ein grosses Hindernis.»[50] Nicht der Mehrverkehr, den die Automobile verursachten, wurde als Problem betrachtet, sondern der bestehende Verkehr der Strassenbahnen. Mit den neuen Grossraumwagen verband die Städtische Strassenbahn Zürich die Hoffnung, den Betrieb zu beschleunigen und vor allem die gleichen Beförderungskapazitäten ohne Anhängewagen bewältigen zu können. Das Tram, so lautete die Hoffnung, nähme als modernes Grossraumtram weniger vom knappen Verkehrsraum in Anspruch.

Der Wahrnehmungswechsel vom Tram als allmächtigem Problemlöser zum Verkehrshindernis erfolgte überaus rasch. Mit Akribie wurde der Niedergang der Strassenbahn in den USA verfolgt und von Automobilistenkreisen auch für die Schweiz prophezeit. Die Prophezeiung stand in engem Zusammenhang mit der Entwicklung des Busses in den zwanziger Jahren und vor allem des Trolleybusses in den späten dreissiger Jahren als leistungsfähige Alternativen zur Strassenbahn. Plötzlich mussten die Strassenbahnunternehmen ihre Existenz legitimieren. Sie taten dies mit offensiver Öffentlichkeitsarbeit in den Fachzeitschriften und Tageszeitungen. 1925 veröffentlichte die Schweizerische Bauzeitung «Forderungen an den Strassenbahnwagenbau mit Rücksicht auf den Betrieb und insbesondere die wachsende Autobus-Konkurrenz»: «Wenn heute der Autobus im grossen Publikum viele

Liebhaber hat, so darf man das zu einem guten Teil seiner Neuheit zuschreiben. Die Beliebtheit des Privatautos wird gewissermassen auf den Autobus übertragen. [...] Wollen wir also die in den Strassenbahnen investierten Werte nicht so bald verloren gehen lassen, so müssen wir darnach trachten, die Strassenbahnen, insbesondere die Wagen zu modernisieren, und auf diese Weise das Tram wieder in die Gunst des Publikums zu bringen.»[51] Bevor der Autor dieses Artikels seine Forderungen an moderne Strassenbahnwagen formulierte – es waren die üblichen nach bequemeren Wagen und schnelleren Tramzügen –, wog er die Vorteile des Busses gegenüber denjenigen der Strassenbahn ab. Dabei attestierte er dem Bus zwar durchaus einige Vorteile, die sich gemäss seiner Analyse jedoch sehr schnell in Schall und Rauch auflösten. Einer dieser Vorzüge war die Flexibilität des Busses: «Die grössere Beweglichkeit kann unbedingt als Vorteil gewertet werden. [...] Man darf aber andrerseits auch erwähnen, dass durch die grössere ‹Freiheit› das Gefahrenmoment im Strassenverkehr nicht unerheblich erhöht wird. Man denke nur an die Zahl der Auto-Unfälle. – Die an das Geleise gebundene Strassenbahn bringt schon von selbst Ordnung und Sicherheit in den Verkehr einer Strasse.» Dieser Passus rief den Widerspruch der Redaktion der Schweizerischen Bauzeitung hervor. Die redaktionelle Stellungnahme verdeutlicht die Kritik, mit der sich Strassenbahnunternehmen in der Zwischenkriegszeit zu befassen hatten: «Wir sind [...] nicht in allen Teilen der Ansicht des Verfassers, z. B. hinsichtlich der angeblich ‹von selbst› Ordnung und Sicherheit im Strassenverkehr schaffenden Rolle der Strassenbahn. [...] So lange die Strassenbahn als ‹Eisenbahn› im rechtlichen Sinne die unerlässliche *gegenseitige* Rücksichtnahme *aller* Strassenbenützer ignorieren darf, und es auch tut, bildet sie eine in die Schranken der Vernunft zurückzuweisende Verkehrsgefährdung. Gerade ihr Unvermögen seitlichen Ausweichens muss sie dazu zwingen, durch Geschwindigkeits-Regelung, also in der Längen-Dimension, das ihrige zur Kollisionsverhütung beizutragen. Nur unter dieser Voraussetzung kann sie auch fernerhin ein wertvoller Diener des städtischen Verkehrs sein; als privilegierte Eisenbahn aber wird sie im dichtern Strassenverkehr unmöglich.»[52]

Der Autobus als «Traum des ärmsten Proleten»

Im Gegensatz zum Tram, das als starr und schwerfällig charakterisiert wurde, galt der Autobus als vornehm, flexibel und günstig. Und genauso wie das Privatauto als Ausdruck technischen Fortschritts galt, wurde auch der Bus mit diesem Bild identifiziert. «Ein Auto für alle hat jetzt auch Zürich mit seinen, von der Städtischen Strassenbahn gestern dem Betrieb übergebenen Kraftwagen. Nun besteht die Möglichkeit, dass der Traum des ärmsten Proleten Wirklichkeit wird, nun kann er und seine ganze Familie einmal Auto fahren», schwärmte 1927 das Zürcher Volksrecht, als die erste Zürcher Buslinie eröffnet wurde, um allerdings ironisch anzufügen, «freilich wird er gut tun, sich vorher genau über die Fahrzeit zu unterrichten, sonst kann es ihm passieren, dass er mehr als 20 Minuten warten muss, wenn er Pech hatte und ein Wagen ihm vor der Nase wegfuhr.»[53]

Der unerfüllbare Traum vieler Arbeiter und Angestellten vom eigenen Auto schien dank dem Bus zumindest teilweise erfüllbar; die Autofahrt konnte mit einem Ticket gekauft werden. Sie war allerdings verhältnismässig teuer: das Autobusbillet war auf Strassenbahnlinien ungültig, wer vom Bus auf das Tram umsteigen wollte, musste ein Anschlussbillett lösen. Die Fahrpreise variierten je nach Teilstrecke zwischen 20 und 40 Rappen, lagen also über denjenigen der Strassenbahnen.[54]

Zürich gehörte zu den frühen Städten mit regelmässigem Busbetrieb. Bis in die zwanziger Jahre hinein war der Einsatz von Bussen im öffentlichen Personennahverkehr wegen des schlechten Strassenzustandes praktisch ausgeschlossen. Zwar wurde bereits 1895 die erste Autobuslinie der Welt zwischen Siegen und Deuz in Deutschland eröffnet, wegen Fahrgastmangels musste der Betrieb aber bald wieder eingestellt werden.[55] Es folgen Linienautobusse in London und in vereinzelten anderen Städten und Regionen, auf breiter Ebene durchsetzen konnte sich das Verkehrsmittel indessen nicht. Ein erster Ausbauschub setzte in den zwanziger Jahren ein, seinen grössten Aufschwung erlebte der Autobus jedoch ab 1951, als er sich konstruktiv vom Lastwagen löste und sich die Trennung in Linienbusse und Ausflugsbusse durchsetzte. Die erste städtische Buslinie der Schweiz eröffnete Bern 1924 zwischen Bern-Bümpliz und Ostermundigen, 1927 folgten regelmässige Autobuslinien in Biel, St. Gallen und Zürich, bis 1955 verfügten praktisch alle grösseren und mittleren Städte über Linienbusse.[56] Die erste städtische Trolleybuslinie wurde 1911 in Freiburg eröffnet, 1932 wurde diese Linie auf Autobusbetrieb umgestellt. Im gleichen Jahr nahm in Lausanne der erste, nach modernen Gesichtspunkten konzipierte Trolleybus den Betrieb auf, 1939 folgten Zürich und Winterthur.[57]

In Zürich wurde der Autobusbetrieb gemäss Gemeinderatsbeschluss vom 12. September 1926 als eigenes Unternehmen unter der Bezeichnung «Kraftwagenbetriebe der Städtischen Strassenbahn Zürich» eröffnet.[58] Die erste Zürcher Buslinie führte vom Rigiplatz über den Schaffhauserplatz zur Utobrücke, 1930 wurde sie bis ins Morgental verlängert. Mit dieser Linie erfüllte die Städtische Strassenbahn Zürich die jahrzehntealte Forderung der betroffenen Quartiere nach einer Ringlinie. Um diese Linie bei der Strassenbahnverwaltung endlich durchzusetzen, war der Quartierverein Wipkingen 1926 sogar nach Bern gepilgert, um Autobusse zu testen. Die Quartiere erhofften sich durch die bessere Verkehrsanbindung eine erhöhte Attraktivität als Wohnquartiere.[59] Die Kraftwagenbetriebe der Städtischen Strassenbahn starteten mit fünf zweiachsigen und einem dreiachsigen Autobus, die jeweils 45 Fahrgästen Platz boten. 1928 wurde ein weiterer Autobus hinzugekauft. Der Fahrplan war im Vergleich zu demjenigen der Strassenbahnen locker. In Spitzenzeiten verkehrten die Busse im 12-Minuten-Abstand, in der Zwischenzeit nur alle 24 Minuten, und ab 19.30 Uhr nur noch alle 30 Minuten, Dienstschluss war um 21.30 Uhr. Am Sonntag war der Fahrplan noch dünner: vormittags galt der 20-Minuten-, nachmittags der 15-Minuten- und abends der 30-Minuten-Takt.[60]

1930, als die erste Buslinie bis ins Morgental verlängert wurde, folgte die zweite Linie vom Bezirksgebäude über die Kornhausbrücke zum Bucheggplatz und 1931 eine dritte vom Klusplatz nach Witikon. Die Buslinien wur-

Bus der Kraftwagenbetriebe der Städtischen Strassenbahn Zürich nach Witikon 1931. Die Buslinie nach Witikon wurde 1931 anstelle der ursprünglich geplanten Tramlinie eingerichtet. (Archiv VBZ)

den im Gegensatz zu den Tramlinien mit Buchstaben gekennzeichnet. Die Ringlinie vom Morgental ins Rigiviertel erhielt den Buchstaben A, die Linie zwischen Bucheggplatz und Bezirksgebäude das B und diejenige nach Witikon das C.[61] Der Ausbau des öffentlichen Nahverkehrsnetzes wurde ab den dreissiger Jahren fast ausschliesslich den Bussen, ab 1939 zusätzlich den Trolleybussen übertragen. 1931 umfasste das Autobusnetz bereits 18,14 Kilometer.[62] Nur vereinzelt wurden unrentable Tramlinien durch Busse ersetzt: Bereits 1928 hatte die Limmattal-Strassenbahn den Trambetrieb auf der Strecke Schlieren–Dietikon eingestellt und an deren Stelle einen Busbetrieb eingerichtet.[63] Nach der Übernahme der Limmattal-Strassenbahn und der Strassenbahn Zürich–Oerlikon–Seebach hob die Städtische Strassenbahn Zürich 1931 die stark defizitären Linien Schlieren–Weiningen, Seebach–Glattbrugg und Oerlikon–Schwamendingen auf und richtete darauf einen Busbetrieb ein.[64] Der Ersatz von Strassenbahnlinien durch Autobusse blieb aber die Ausnahme. Die Kapazitäten waren zu begrenzt, als dass man Strassenbahnen im grossen Stil durch Autobusse hätte ersetzen können. Hingegen galten Autobusse als ideale Ergänzung zur Strassenbahn; sie wurden überall dort eingesetzt, wo öffentliche Verkehrsverbindungen zwar wünschenswert schienen, ein Strassenbahnbetrieb aber Defizite einzufahren drohte. Tatsächlich waren es Ringlinien oder Linien in die Aussenquartiere und Vororte, die als Buslinien eingerichtet wurden. Und es waren ab den dreissiger Jahren Überlandlinien. 1931 eröffnete die Städtische Strassenbahn Zürich die Überlandlinien Dietikon–Schlieren–Engstringen–Weiningen, Höngg–Unterengstringen und Seebach–Glattbrugg. Diese Linien waren ursprünglich als Strassenbahnlinien beantragt worden und wurden nun als Buslinien ausgeführt. 1932 wurde die Busverbindung zwischen Schwamendingen und Oerlikon bis Affoltern verlängert und im selben Jahr bis Regensdorf ausgedehnt.

Erstaunlicherweise liess sich die Städtische Strassenbahn Zürich den Kraftwagenbetrieb und vor allem die Überlandlinien etwas kosten. Jahr für Jahr musste die Städtische Strassenbahn die Kraftwagenbetriebe mit Tausenden von Franken quersubventionieren, was das Unternehmen, das immerhin selbsttragend sein musste, offenbar als Selbstverständlichkeit auffasste. Die Erschliessung der Agglomeration und damit die Ausdehnung des Siedlungsraumes war ein Defizitgeschäft.

Tram versus Trolleybus

Ab 1939 ergänzte der Trolleybus das öffentliche Verkehrsnetz in Zürich. Die Städtische Strassenbahn stellte in diesem Jahr den Busbetrieb zwischen dem Bezirksgebäude und dem Bucheggplatz auf Trolleybus um, bis 1951 erfolgte die Umstellung von drei weiteren Teilstrecken. Wie der Autobusbetrieb wurde auch der Trolleybusbetrieb als eigenständiges Unternehmen aufgezogen. Die vierziger und fünfziger Jahre waren von einem starken Ausbauschub des Nahverkehrsnetzes geprägt, der sich fast ausschliesslich auf die beiden Busbetriebe beschränkte. 1952 umfasste das Bus- und Trolleybusnetz bereits 49,5 km, hinzu kamen 27 Kilometer Überlandlinien. Das Strassenbahnnetz umfasste zu diesem Zeitpunkt 63 Kilometer.[65]

Der Trolleybus wurde in den späten dreissiger und in den vierziger Jahren gezielt als Tramersatz aufgebaut. Aktiv daran beteiligt war die Trolleybusindustrie, deren Vertreter landauf landab die Vorzüge des neuen Verkehrsmittels verkündeten. Diese Strategie hatte die amerikanische Autoindustrie unter der Führung von General Motors erfolgreich vorgelebt. 1932 hatte dieses Unternehmen damit begonnen, amerikanische Überlandbahnen aufzukaufen, stillzulegen und die Linien durch Greyhound-Busse aus den eigenen Werken zu ersetzen.[66]

Derart radikal ging die Trolleybusindustrie in der Schweiz nicht vor, aber in den Grundzügen vergleichbar war die Taktik der europäischen Trolleybusindustrie durchaus. In Vorträgen und Fachartikeln warb sie für ihr Produkt, betonte unbescheiden die Vorteile gegenüber der veralteten Strassenbahn und bezeichnete diese als Verkehrsmittel, das es so rasch als möglich abzuschaffen gelte. Zu einem wichtigen Sprachrohr für die Anliegen der Trolleybusindustrie wurde dabei die Fachzeitschrift Strasse & Verkehr, die dem neuen Verkehrsmittel und seinen Herstellern breiten Raum zur Verfügung stellte. «Die Erfahrungen zeigen, dass [...] der Trolleybus wirtschaftlicher ist als die Strassenbahn und der Autobusbetrieb bei Betrieb mit Wagenfolge von ca. 3–30 Minuten. Dank seinem Komfort und seiner Schnelligkeit wirkt er verkehrswerbend und bringt dadurch grössere Einnahmen. Der Trolleybus braucht keine Geleise, so dass die Strassenfahrbahn schienenfrei ist, er bewegt sich auf dieser fast ebenso frei wie der Autobus und kann zum Ein- und Aussteigen der Passagiere bis an den Gehsteig heranfahren. [...] Der Trolleybus ist geräuschlos, entwickelt keine übelriechenden Auspuffgase, verbraucht einheimische Kraft, an der wir in der Schweiz Überfluss haben, und hilft dadurch unsere Handelsbilanz zu verbessern.»[67] Der Autor dieses Fachartikels wusste noch zahlreiche wei-

Der «Urtrolleybus» von Werner von Siemens. 1882 testete Siemens auf einer Versuchsanlage bei Berlin einen elektrischen Wagen auf freier Chaussee ohne Schienen. Dieses Vehikel gilt als der erste Trolleybus der Welt. (Archiv VHS)

Die erste kommerzielle Trolleybuslinie: Am 10. Juli 1901 eröffnete ein Busunternehmen die erste regelmässige Trolleybusverbindung der Welt. Sie lag in der Nähe von Dresden und führte von Königstein nach Bad Königbrunn. 1904 wurde der Betrieb wegen des schlechten Geschäftsganges wieder eingestellt. (Archiv VHS)

tere Vorteile des Trolleybusses gegenüber der Strassenbahn und dem Autobus aufzuzählen – er war leitender Angestellter eines Trolleybusherstellers. Allerdings war die Trolleybusindustrie bei weitem nicht die einzige Partei, die Trolleybusse anstelle von Trams sehen wollte. Support erhielt der Trolleybus unter anderem von den Hochschulen, zum Beispiel von ETH-Professor Thommen, der an einer Tagung der schweizerischen Strassenfachmänner verlangte: «Meine Herren! Bei uns in der Schweiz sind heute die meisten Eisenbahn- und Trambahngesellschaften notleidend geworden. Der Bund will eine Unterstützungsaktion an die Hand nehmen. Irre ich nicht, ist hierzu ein Beitrag von 180'000'000 Franken in Aussicht genommen. Unterstützt sollen nur solche Eisenbahnen werden, deren Vitalität nachgewiesen werden kann. Wäre nun nicht dies der Moment gewesen, einige zusätzliche Bestimmungen aufzunehmen, nach welchen an die Ausrichtung von Unterstützungen der Nachweis geknüpft würde, dass durch eine Betriebsumstellung im Sinne der Einführung eines Trolleybus- oder Autobusbetriebes diese Vitalität auf Jahre hinaus sichergestellt werden könne?»[68] Die Zwangsmassnahmen wurden nicht ergriffen, sie waren auch nicht nötig. Vor allem ab den fünfziger Jahren wurden zahlreiche Strassenbahnlinien aufgehoben und durch Trolleybusse ersetzt.[69]

Auch in Zürich wurde die Frage «Tram oder Trolley?» am Ausgang der dreissiger Jahre intensiv diskutiert. Als 1938 die Städtische Strassenbahn Zürich die Umstellung einer Buslinie (Buchegg–Bezirksgebäude) auf Trolleybusbetrieb prüfte, erreichte die Diskussion einen ersten Höhepunkt. Aus diesem Anlass war im Tages-Anzeiger zu lesen: «Es besteht heute die Tatsache, dass die Strassenbahn in grossstädtischen Verhältnissen zu einem Verkehrshindernis geworden ist. Das gilt auch für Zürich. Kostspielige und teils monströse Umbauten (Bellevue!) haben diese Kalamität nur in beschränktem Masse zu beheben vermocht. Seit Jahren wird deshalb die Frage diskutiert, ob das Tram einmal durch den Autobus oder den Trolleybus zu ersetzen sei.»[70] Schienengebundene Verkehrsmittel, so lautete die Meinung, hätten über kurz oder lang in den engen Innenstädten nichts mehr verloren. «In der Bevölkerung wird nun die Frage erörtert, warum der Trolleybus auf einer Autobuslinie und nicht auf einer Strassenbahnlinie eingeführt werden soll?»[71] Die Frage war berechtigt. Ende der dreissiger Jahre war Zürich bekanntlich bereits weitgehend auf seine automobile Zukunft vorbereitet, an der Massenmotorisierung zweifelte niemand, und das Tram wurde in weiten Kreisen als Auslaufmodell einer überwundenen Epoche gehandelt. Nach Eröffnung der ersten Trolleybuslinie wurde die Modernität des neuen Verkehrsmittels entsprechend gewürdigt. Die Trolleybusse waren bereits als Grossraumwagen konzipiert. Die Fahrgäste mussten hinten beim Billeteur ein- und durch die übrigen Türen, die sich nur auf Knopfdruck des Billeteurs öffneten und schlossen, aussteigen. «Die Ein- und Aussteigetüren kann der Fahrgast nicht mehr selber öffnen», hielt der Tages-Anzeiger einen Tag nach der Betriebseröffnung fest, «dies wird durch den Billeteur besorgt, der die pneumatische Vorrichtung dazu betätigt. Man hat im Ausland mit solchen automatisch schliessenden Türen sehr gute Erfahrungen gemacht und registriert dort seit ihrer Einführung 90 Prozent weniger Unfälle durch Auf- oder Abspringen.»[72] Beim Tram waren diese Türen zum Zeitpunkt der Trolleybuseinführung noch unbekannt. Das erste Grossraumtram mit automatischer Türöffnung und Fahrgastflusssystem wurde erst einige Wochen später vorgestellt.

Bei den Stadtbehörden und bei der Städtischen Strassenbahn war man nie der Meinung, dass das Tram vollständig durch den Trolley- oder Autobus ersetzt werden sollte, und vertrat dies auch vehement in der Presse. Vor allem der Direktor der Städtischen Strassenbahn Zürich Josef Züger erwies sich als geschickter Stratege in der Interessenwahrung seines Unternehmens. In zahlreichen Artikeln vertrat er die Ansicht, dass das Tram noch lange nicht ausgedient hätte. In einem Volksrecht-Artikel verwies er zu-

Limmatplatz vor und nach 1939. 1939 ersetzte die Städtische Strassenbahn den Autobusbetrieb zwischen dem Bucheggplatz und dem Bezirksgebäude durch einen Trolleybusbetrieb. (Archiv VHS)

nächst darauf, dass die Verfasser von «kritischen Abhandlungen verkehrspolitischer Natur» aus «interessierten Industriekreisen» stammten.[73] Nachdem er solchermassen den gemeinsamen Feind von Strassenbahnunternehmung und Volksrecht-Leserschaft geortet hatte, analysierte Züger die Zürcher Situation: «Zusammenfassend muss unter Anwendung auf die in Zürich bestehenden Verkehrsverhältnisse gesagt werden, dass der Autobus sich für schwachen Verkehr auf vornehmlich ebenen Strecken gut eignet, dass der Trolleybus als Mittelding zwischen Autobus und Strassenbahn für mittelstarken Verkehr auf leistungsreichen Strecken in Betracht kommt, während für Massenverkehr die Strassenbahn absolut dominiert.»[74] An dieser Aufgabenteilung für die öffentliche Verkehrsbedienung hielt die Städtische Strassenbahn Zürich stets fest. Als sie zudem 1939 die modernen Grossraumwagen präsentierte, verstummte die Kritik an der Strassenbahn vorübergehend. Die Begeisterung für den technologischen Fortschritt, mit der soeben noch von den Möglichkeiten des modernen Trolleybusses geschwärmt worden war, übertrug sich nun auf die neuen Strassenbahnwagen. Durch die Präsentation der neuen Grossraumwagen gelang es der StStZ, die Strassenbahnen mindestens vorübergehend vom verstaubten Image zu befreien, eine neue Aufbruchstimmung zu erzeugen und die Botschaft, dass eine Stadt von der Grössenordnung Zürichs ohne Strassenbahnen nicht funktionieren könne, bei grossen Teilen der Bevölkerung zu verankern.

VI. Vom Versuch urbaner Mobilitätsbefriedigung

1950 schien es, als habe die Tramstadt keine Zukunft mehr. Die Strassenbahn wurde allenthalben als «Sardinenbüchse» bezeichnet, der Trolleybus und der Autobus als Massenverkehrsmittel der Zukunft gepriesen und die Stadt für eine automobile Zukunft vorbereitet. Vierzig Jahre später hatten die VBZ soeben den grössten Entwicklungsschub ihrer Geschichte hinter sich gebracht und erstmals mehr als 300 Millionen Fahrgäste befördert. Dazwischen lag eine Periode, die an verkehrspolitischen Turbulenzen kaum reicher sein könnte.

Die Jahre ab 1950 bis in die jüngste Zeit sind geprägt vom schwierigen Umgang mit der urbanen Mobilität und vom permanenten Versuch, diese Mobilität zu bewältigen. Die Rezepte, wie dies zu tun sei, erfuhren im Verlauf der letzten vierzig Jahre markante Änderungen. In den fünfziger und in den sechziger Jahren versuchte man durch Projekte, die den massiven Ausbau des Strassennetzes und die Tieferlegung des Trams respektive dessen Ersatz durch eine U-Bahn propagierten, genügend Verkehrsfläche zu schaffen und die wachsende Nachfrage nach Strassenraum zu befriedigen; die siebziger und vor allem achtziger Jahre schliesslich standen im Zeichen einer Renaissance des öffentlichen Nahverkehrs, vor allem der Strassenbahn, und einer Verkehrspolitik, die dem motorisierten Individualverkehr Grenzen zu setzen versuchte. Seit den ausgehenden sechziger Jahren gehörten Verkehrspolitik und Verkehrsplanung zu den umstrittensten Themenbereichen städtischer Planung. Das politische Kräftemessen konzentrierte sich jedoch in erster Linie auf den Strassenbau und die Rahmenbedingungen für den motorisierten Individualverkehr; das öffentliche Verkehrswesen blieb davon weitgehend verschont. Dies war keineswegs selbstverständlich und in den siebziger Jahren noch nicht absehbar: es gehörte zu den genialen Schachzügen der städtischen Verkehrsbetriebe, dass es ihnen gelang, sich spätestens ab den achtziger Jahren aus dem parteipolitischen Kräftemessen herauszuhalten und die Strassenbahn im Zeichen des Umweltschutzes zu einem zukunftsorientierten Verkehrsmittel zu modellieren. Trotz Wirtschaftskrise hält die Renaissance der Strassenbahn auch heute noch an. In den Konzepten städtischer und regionaler Entwicklungsplanung haben Strassenbahnen wieder eine wachsende Bedeutung bekommen. Siedlungs- und Verkehrsplaner gehen davon aus, dass die Erreichbarkeit von Wohn- und Arbeitsplätzen bei steigender Mobilitätsnachfrage in Zukunft nur noch durch den Ausbau schienengebundener Nah- und Regionalverkehrsmittel gelöst werden kann. Mit dieser Perspektive projektieren und realisieren auch kleinere Städte heute wieder Stadtbahnen zur Erschliessung der Region.

Schaffhauserplatz in den fünfziger Jahren. Das Ende der Tramstadt scheint gekommen, die Autolawine rollt, das Tram gilt als Verkehrshindernis, das es aus den Strassen zu beseitigen gilt. (BAZ)

Entwicklungslinien von Stadt und Agglomeration Zürich ab 1945

Die Zeit seit dem Zweiten Weltkrieg ist geprägt von einem raschen Wandel in praktisch allen Lebensbereichen. Schon kurz nach dem Zweiten Weltkrieg trat die Schweiz in eine der längsten wirtschaftlichen Wachstumsphasen ihrer jüngeren Geschichte ein, die erst in den siebziger Jahren unterbrochen wurde. Diese Wachstumsphase führte zu einer weitgehenden Umgestaltung der Arbeitsplatzstruktur und -verteilung und zu einer Konzentration der Wohnbevölkerung um die grossen Städte. Diese Eckpunkte setzten den Rahmen, in dem sich die Verkehrspolitik und Verkehrsplanung entwickelten und in dem das öffentliche Nahverkehrswesen sich behaupten musste.

Von der Industrie- zur Dienstleistungsgesellschaft

Die Schweiz der Nachkriegszeit war geprägt von wirtschaftlichem Wachstum. Die ersten Jahre nach dem Krieg waren noch gekennzeichnet von weitverbreiteter Unsicherheit. Man rechnete mit einer Nachkriegsdepression wie nach dem Ersten Weltkrieg und vermutete, die Wirtschaftsflaute der

In den achtziger Jahren hat sich das Bild gewandelt. Das Tram ist aus dem Stadtbild nicht mehr wegzudenken und erlebt eine ungeahnte Renaissance; das Tram wird zum Identifikationssymbol. (Archiv VBZ)

Jahre 1948/49 könnte der Anfang dieser Rezession sein. Statt dessen aber leitete der sogenannte «Korea-Boom», benannt nach dem im Sommer 1950 ausgebrochenen Krieg in Fernost, zu einem langanhaltenden, nur von geringen Schwankungen betroffenen Wirtschaftswachstum über, das alle westlichen Industrieländer erfasste. Ausmass und Dauer des wirtschaftlichen Aufschwungs übertrafen dabei alle Erwartungen.[1] Im Kanton Zürich vergrösserte sich das Volkseinkommen zwischen 1950 und 1990 um das Achtzehnfache, teuerungsbereinigt – die Teuerung betrug in diesem Zeitraum 363 Prozent – um das Fünffache. Das Pro-Kopf-Einkommen wuchs bei gleichzeitig rasantem Bevölkerungswachstum von 4305 Franken im Jahr 1950 auf

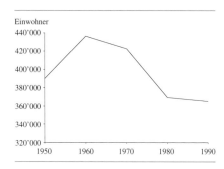

Bevölkerungsentwicklung in Zürich 1950 bis 1990. (Grafik: Galliker. Quellen: Jahrbücher der Stadt Zürich)

14'708 Franken 1970 und auf 52'142 Franken im Jahr 1990. Der Kanton Zürich schritt den anderen Kantonen weit voran, eine Entwicklung, die sich in den achtziger und neunziger Jahren im Zeichen des beschleunigten Übergangs zur Dienstleistungsgesellschaft noch verstärkte. Zwischen 1950 und 1970 überstieg das Pro-Kopf-Einkommen im Kanton Zürich den Landesdurchschnitt jeweils um 16 bis 19 Prozent, 1980 waren es bereits 26 Prozent und zehn Jahre später 31 Prozent.[2]

Das Wirtschaftswachstum der Nachkriegszeit veränderte die schweizerische Erwerbsstruktur gründlich. Die Landwirtschaft verlor an Bedeutung; die Beschäftigtenzahlen im primären Sektor schmolzen von 1940 bis 1990 auf weniger als einen Drittel zusammen. Einen erheblichen Anstieg der Beschäftigtenzahlen verzeichneten dagegen sowohl der zweite wie der dritte Sektor. Die Arbeitsplatzentwicklung in den beiden Sektoren verlief jedoch nicht parallel.

Im Kanton Zürich waren 1950 179'751 Personen in Industrie und Gewerbe beschäftigt, 1970 waren es 250'300.[3] Das industrielle Wachstum der Nachkriegszeit war in erster Linie ein Breitenwachstum: investiert wurde zwar viel, aber nur wenig in die Modernisierung und Rationalisierung der industriellen Betriebe. Dank der Masseneinwanderung wenig qualifizierter und billiger Arbeitskräfte vorab aus dem südlichen Ausland konnten sich auch schwächere Branchen behaupten. Um so schärfer wurden diese Firmen vom Umbruch der siebziger Jahre erfasst. Zahlreiche Industriebetriebe mussten Arbeitsplätze abbauen, verlegten Teile der Produktion ins Ausland oder schlossen ihre Tore ganz. Im Kanton Zürich sank die Zahl der Beschäftigten im zweiten Sektor bis 1990 auf 183'786 Personen. Besonders hart von dieser Entwicklung war die Kernstadt betroffen. Den Höchststand der Beschäftigten im zweiten Sektor erreichte die Stadt Zürich 1965 mit 124'845, bis 1990 gingen 43 Prozent dieser Arbeitsplätze verloren. Noch knapp 20 Prozent aller Beschäftigten in der Stadt Zürich finden heute ihr Auskommen im industriellen und gewerblichen Bereich, 1965 waren es immerhin 42 Prozent.[4]

Der Dienstleistungssektor expandierte im Zeitraum von 1950 bis 1970 von 165'144 auf 286'782 Beschäftigte im Kanton Zürich und übertraf damit bereits vor der Umbruchphase der siebziger Jahre die Industrie. In den zwanzig Jahren bis 1990 jedoch stieg die Beschäftigtenzahl im Dienstleistungsbereich auf 434'016 Personen.[5] Das Wachstum dieses Bereiches hatte für die Arbeitsplatzstruktur und Arbeitsplatzverteilung in der Stadt Zürich nachhaltige Bedeutung. Die Dienstleistungsarbeitsplätze konzentrierten sich in hohem Masse in der Stadt Zürich, diejenigen von Banken und Versicherungen vorab in der City. Mitte der achtziger Jahre waren über ein Drittel des schweizerischen Bank- und Versicherungspersonals im Kanton und zwei Drittel davon in der Stadt Zürich beschäftigt.

290'434 Beschäftigte aus allen Sektoren fanden 1965 ihr Auskommen in der Stadt Zürich, 1991 waren es 358'702, das entsprach zwei Dritteln aller Arbeitsplätze in der Agglomeration und der Zahl der Wohnbevölkerung in Zürich. Die grosse Nachfrage nach Arbeitsplätzen vor allem im Dienstleistungsbereich führte zu einer Verdrängung ertragsschwächerer Nutzungen, insbesondere von Wohnungen an zentralen Lagen. Gleichzeitig stieg das Verkehrsvolumen durch die Zunahme der Arbeitsplätze bei gleichzeitigem Rückgang der erwerbstätigen Wohnbevölkerung stark an. Die Folgen dieser Entwicklung waren eine zunehmend schlechtere Wohn- und Umgebungsqualität, steigende Mietpreise und eine immer stärker belastete Umwelt.[6]

Seit der Wirtschaftskrise der neunziger Jahre stehen grosse Büroflächen leer. 35'000 Arbeitsplätze gingen seit 1991 verloren; die Stadt weist heute weniger Arbeitsplätze auf als 1985. 1996 erklärte der Stadtrat deshalb die Arbeitsplatzerhaltung in der Stadt zu einem der vordringlichen Entwicklungsziele.[7]

Von der Stadt zur Agglomeration

Die Konjunkturperiode der fünfziger und sechziger Jahre und die Veränderung der Wirtschaftsstruktur führte zu einem erheblichen Wachstum der schweizerischen Stadtregionen. Am Ende des Zweiten Weltkriegs lebte erst ein Drittel der schweizerischen Bevölkerung in Städten mit mehr als 10'000 Einwohnerinnen und Einwohnern, 1970 waren es bereits 45 Prozent. 1990 lebten 68,9 Prozent der schweizerischen Bevölkerung in insgesamt 48 städtischen Agglomerationen, während ländliche Regionen auch heute noch Bevölkerung verlieren.[8]

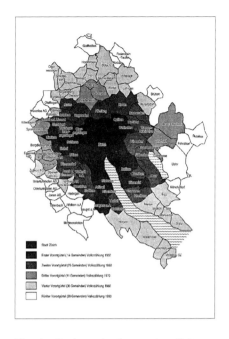

Von der Stadt zur Agglomeration. Seit 1950 bildete sich alle zehn Jahre ein neuer Gürtel von Agglomerationsgemeinden um die Stadt Zürich. (Jahrbuch Stadt Zürich 1995)

Für das Wachstum der Agglomerationen bei gleichzeitiger Schrumpfung peripherer Gebiete hauptverantwortlich war die Konzentration der Arbeitsplätze in und um die urbanen Zentren.[9] Vom Sog in- und ausländischer Arbeitskräfte in die Agglomerationen profitierte unter anderem die Bauwirtschaft, welche die Nachfrage nach neuem Wohnraum kaum befriedigen konnte. Um die grossen und mittleren Städte entstand ein Vorortsgürtel nach dem anderen, und das Mittelland wurde mit einem einheitlichen Siedlungsteppich überzogen. Die Abstände zwischen Wohnen und Arbeiten vergrösserten sich kontinuierlich, da die Dienstleistungsbetriebe in den Stadtzentren immer mehr Raum beanspruchten und den Wohnraum in die Aussenquartiere und Vororte verdrängten.

Um über 50 Prozent wuchs die Bevölkerung des Kantons Zürich zwischen 1950 und 1990. 1950 zählte der Kanton Zürich noch 777'002 Einwohnerinnen und Einwohner, 1990 waren es 1,179 Millionen. Den grössten Wachstumsschub erlebte der Kanton in den fünfziger und sechziger Jahren, allein in den zwanzig Jahren zwischen 1950 und 1970 stieg die kantonale Bevölkerungszahl um 330'786 Personen.[10] Der grösste Teil davon bezog in der rasch wachsenden Agglomeration Zürich Wohnsitz. Alle zehn Jahre zählten die Statistiker einen neuen Siedlungsgürtel zur Agglomeration Zürich. 1950 wohnten in den damals vierzehn Agglomerationsgemeinden des ersten Gürtels 59'324 Personen, 1990 waren es 941'013 Personen in den auf fünf Gürtel aufgeteilten Agglomerationsgemeinden.[11]

Von einer der Bevölkerungsentwicklung von Kanton und Agglomeration entgegensetzten Bewegung war die Stadt Zürich betroffen. Zwar wurde die Stadt Zürich in den ersten Nachkriegsjahren ebenfalls vom Wachstumsschub erfasst und zählte 1950 mit 390'020 Einwohnerinnen und Einwohnern das erste und einzige Mal mehr als die Hälfte der gesamten Kantonsbevölkerung (50,2 Prozent), blieb aber in der Folge deutlich hinter dem Wachstum der Agglomerationsgemeinden zurück. Seit 1962 (Bevölkerungsstand: 440'784 Personen) verlor die Stadt Zürich permanent an Bevölkerung. Das konzentrische Wachstum, welches das Stadtwachstum geprägt hatte, ging in einen konzentrischen Desurbanisationsprozess über: die einzelnen Quartiere wurden davon von innen nach aussen erfasst: Bereits seit den 1890er Jahren wies die Altstadt einen negativen Bevölkerungssaldo aus, ab 1950 waren auch die Zahlen in den 1893 eingemeindeten Quartieren rückläufig, während sie in den 1934 eingemeindeten Quartieren erst ab den siebziger Jahren sanken. Seit 1980 hat dieser Prozess auch den ersten Vorortsgürtel und seit 1990 den zweiten Vorortsgürtel ergriffen.[12] Am stärksten war die Stadt in den siebziger Jahren von der Abwanderung betroffen. Um 1990 stabilisierte sich die Bevölkerung bei rund 360'000 Einwohnerinnen und Einwohnern. Nebst dem Druck der Arbeitsplätze auf den Wohnraum trugen veränderte Bedürfnisse in bezug auf Wohnungsgrösse und Wohnumfeld zur Abwanderung bei. Der Verbrauch an Wohnfläche stieg von 1970 bis 1990 um rund einen Drittel auf 50 Quadratmeter pro Kopf; was in den fünfziger Jahren noch als taugliche Familienwohnung galt, entsprach 1990 längst nicht mehr den Ansprüchen der Bevölkerung.[13] Hinzu kamen die steigende Lärm- und Luftbelastung durch den anschwellenden Autoverkehr und knapper werdender Grünraum; die Städte wurden unwirtlich. Es waren denn auch in erster Linie junge Familien und Gutverdienende, die der Stadt den Rücken kehrten und sich in der Agglomeration ihren Wohnsitz nahmen.[14]

Mobilität als «motorisiertes Urbedürfnis»

Die Konzentration von Arbeitsplätzen in den Zentren und die Verteilung der Wohnbevölkerung über immer grössere Räume führte in allen grossen Stadtregionen zu einem markanten Anstieg des Verkehrsvolumens und der Pendlerzahlen. Der Aufbau der Strassenbahn als Massenverkehrsmittel, die Verankerung der dezentralen Stadtentwicklung und das Leitbild vom «Wohnen im Grünen» in der Bevölkerung hatten ein Mobilitätsbedürfnis geschaffen, das sich in der Nachkriegszeit zu einem der zentralen Probleme der Regional- und Stadtplanung entwickelte. Zur Bewältigung der Wegstrecken zwischen Wohn-, Arbeits- und Konsumort, für die man bis in die dreissiger Jahre hinein gezwungenermassen fast ausschliesslich auf die öffentlichen Verkehrsmittel angewiesen war, stand ab den fünfziger Jahren immer breiteren Bevölkerungsschichten das Auto zu Verfügung.
Die Entwicklung in den fünf grössten Agglomerationen der Schweiz, Zürich, Basel, Bern, Genf und Lausanne, verlief weitgehend parallel. Den stärksten Anstieg der Pendlerquoten verzeichneten die Grossagglomerationen im Zeitraum von 1960 bis 1970; in den siebziger Jahren stiegen die Pendlerquoten zwar weiterhin an, wegen der Wirtschaftskrise aber in langsamerem Tempo. In der Konjunkturphase der achtziger Jahre wuchsen sie wieder schneller. Während die Zahl der Zupendler im gesamten Zeitraum

anstieg, stagnierte die der Binnenpendler, das heisst derjenigen, die den Wohn- und Arbeitsort innerhalb derselben Gemeinde haben, in den Kernstädten seit den sechziger Jahren.[15] In jüngster Zeit hat auch die Zahl der Wegpendler, also derjenigen, die in der Kernstadt wohnen und in der Agglomeration arbeiten, markant zugenommen. Diese Entwicklung überrascht nicht, sie entspricht der Entwicklung der Bevölkerungs- und Arbeitsplatzstruktur, haben doch in der jüngsten Zeit die Arbeitsplätze in der stadtnahen Agglomeration ungleich stärker zugenommen als in der Kernstadt.[16]

Im Kanton Zürich verachtfachte sich die Fahrzeugzahl zwischen 1950 und 1970 von 28'855 auf 243'232, in der Stadt Zürich allein erhöhte sie sich von 17'741 auf 102'588.[17] Auch die öffentlichen Verkehrsbetriebe verzeichneten erhebliche Zuwachsraten bei den Fahrgästen. Bis in die achtziger Jahre hinein blieben diese aber deutlich hinter denjenigen der Autos zurück. Erst in den achtziger Jahren, nach einem massiven Ausbau- und Modernisierungsschub des öffentlichen Verkehrswesens, zogen die Fahrgastzahlen wieder massiv an und überstiegen 1990 die 300-Millionen-Grenze. In diesem Zeitraum war das Wachstum beim öffentlichen Verkehr deutlich grösser als dasjenige des motorisierten Individualverkehrs.[18]

«Die Strassen sind nach Massgabe des Verkehrs auszubauen». In den fünfziger Jahren machte sich die Stadt an die Verbreiterung zahlreicher Plätze und Strassen. Die wichtigsten baulichen Massnahmen waren der Umbau des Bahnhofquais, der Bahnhofbrücke, des Centrals (Leonhardsplatz) und der Bau einer Unterführung beim Central. Die Aufnahme stammt aus dem Jahr 1950. (BAZ)

«Was geschieht eigentlich im Seilergraben?» fragten die Zürcher Medien 1953, während monatelang eine Baustelle den Verkehr behinderte. Baustellen für das Tram stiessen in den fünfziger Jahren auf noch weniger Verständnis als heute. (Archiv VHS)

Das Tram als städtebaulicher Störfaktor

In den fünfziger Jahren galten Strassenbahnen in erster Linie als städtebauliche Störfaktoren, die es zu beseitigen galt. Die rasch wachsende Gruppe der Automobilisten verlangte nach mehr Strassenraum in den engen Städten, und den bekam sie nur, wenn das Tram auf eine zweite Ebene, unter die Erde, verlegt werden konnte. In Zürich entstand das Projekt einer Tiefbahn, das allerdings nicht realisiert werden konnte. Trotzdem hielt man in den sechziger Jahren an der Idee der Trennung der Verkehrsarten durch den Bau einer zweiten Ebene für den öffentlichen Verkehr fest. Man war überzeugt, nur so genügend Verkehrsfläche für den öffentlichen und den privaten Verkehr schaffen zu können. Die sechziger Jahre waren geprägt von der langanhaltenden Hochkonjunktur und den Bestrebungen, Zürich zu einer Metropole von Weltrang auszubauen. Das vielleicht bedeutendste Wachstumsprojekt in diesem Kontext war der geplante Bau eines Untergrund- und Schnellbahnsystems, das die Pendlerströme aus den wichtigsten Agglomerationsgebieten aufnehmen sollte. Die sechziger Jahre waren aber auch geprägt von einem pragmatischeren Umgang mit den real existierenden öffentlichen Verkehrsmitteln. Planer und Behörden erkannten, dass die U-Bahn selbst bei effizientester Projektabwicklung noch Jahre auf sich warten liess, und begannen das öffentliche Verkehrsnetz zu modernisieren. Die Tramstadt erlebte eine frühe, wenn auch halbherzige Rehabilitierung. Am Anfang dieser Entwicklung stand die Absicht, die Raum- und Verkehrsentwicklung durch umfassende Planungsansätze zu beeinflussen.

Die Stadt Zürich als Gartenstadtregion

In den ersten Jahren nach dem Krieg, als eine kurze Wirtschaftskrise zur Vorsicht mahnte und grosse Teile der Bevölkerung mit einer Nachkriegsdepression rechneten, unternahmen die Planer den Versuch, das erwartete räumliche Wachstum von Stadt und Kanton Zürich zu steuern. Dabei griffen die Planer auf die Gartenstadtidee des ausgehenden 19. Jahrhunderts zurück. Ein typisches Beispiel für diesen Ansatz ist die Bauordnung der Stadt Zürich von 1948. Diese Bauordnung und der dazugehörende Zonenplan waren in wesentlichen Teilen das Werk von Stadtbaumeister A. H. Steiner und gliederten das städtische Gebiet in Industrie-, Geschäfts-, Wohn- und Landwirtschaftszonen, in Grünanlagen und Wälder. Sie bedeuteten die Fortführung und Weiterentwicklung der bisherigen Zonenpolitik und wurden als wichtiger Schritt Zürichs auf dem Weg zur Grossstadt interpretiert: die funktionale Gliederung des städtischen Raumes sollte forciert, die Entfaltungsbedingungen für die Geschäftsstadt sollten optimiert und genügend durchgrüntes und lichtdurchflutetes Baugelände für den Wohnungsbau in der Peripherie und Agglomeration sollte erschlossen werden.[19] Auf etwas mehr als eine halbe Million Menschen schätzte Steiner das Aufnahmevermögen der Stadt, und dafür musste auch Verkehrsraum geschaffen werden. Steiner war überzeugt, «dass Zürich ohne Verkehrsführungen im Strassennetz auf zwei Ebenen in sehr naher Zukunft nicht auskommen» könne und dass sich die künftige Mobilitätsnachfrage ohne den massiven Ausbau der öffentlichen Verkehrswege nicht bewältigen liesse: «Von lebenswichtiger Bedeutung für die Stadt wird die Vergrösserung der Geleiseanlagen und der Bau eines neuen Aufnahmegebäudes sein, das zudem im Gebiete des heutigen Engpasses um den Bahnhof die nötigen Verkehrs- und Parkflächen schafft. Beim Ausbau der übrigen Adern des Verkehrsnetzes, wie der Hauptstrassen, der Strassenbahn-, der Trolleybus- und Autobuslinien, wird die zukünftige und gegenwärtige bauliche Entwicklung berücksichtigt.»[20] Die Wohnquartiere sollten weitgehend verkehrsberuhigt, die Hauptachsen dafür massiv für den privaten und öffentlichen Verkehr ausgebaut werden. Steiner konnte sich den Bau so mancher Infrastrukturanlage für die Bewältigung des Verkehrsvolumens vorstellen, eine allerdings nicht: den Bau einer Untergrundbahn. Dazu sei Zürich zu klein und werde immer zu klein bleiben, hielt er 1948 kategorisch fest. Nur acht Jahre später wollte man ein Tieftram in Zürich bauen, und zwanzig Jahre später plante man den Bau einer Untergrundbahn.

Mit einer prognostizierten Bevölkerungszahl von 550'000 ging auch Steiner von einem immensen Wachstumspotential der Stadt Zürich aus und unter Einbezug der Agglomeration von der Vorstellung einer Weltstadt internationalen Formats. Es gab nur wenige, die vom Ausbau Zürichs zur Weltstadt nichts wissen wollten und den grenzenlosen Bau von Verkehrswegen als ein wenig erstrebenswertes Ziel erachteten. Zu den prominenteren «Rufern in der Wüste» gehörten Armin Meili, freisinniger Nationalrat und Direktor der Landesausstellung von 1939, sowie der Geograph Hans Carol, der zusammen mit dem Architekten Max Werner eine Arbeitsgruppe für Landesplanung an der ETH Zürich gegründet hatte. Mit dieser interdisziplinären Arbeitsgruppe führten Carol und Werner ein Raumplanungskolloquium durch, dessen Resultate sie im Buch «Städte, wie wir sie wünschen» publizierten. Meili hatte seine Vorstellungen bereits mehrmals skizziert, unter anderem 1944 in einer Artikelfolge mit dem Titel «Zürich, heute und morgen» in der Neuen Zürcher Zeitung. Die Vorstellungen regionaler Siedlungsentwicklung von Meili und Carol waren weitgehend identisch. Es war die Schaffung einer Gartenstadtregion im ursprünglichen Sinne Howards.[21] Sowohl Meili wie auch Carol und Werner waren überzeugt, dass die Zeit reif war für die Schaffung einer Gartenstadtregion, und sie begründeten dies unter anderem mit dem Stand der Verkehrstechnik, die endlich die Planung grösserer Regionen erlaube. Meili und Carol schwebte die «Verkrustung» der Stadtgrenze vor, und damit eine scharfe Abgrenzung von Stadt und Land. Sie verlangten eine regionale Richtplanung mit Zürich als Hauptzentrum und den Städten Winterthur, Bülach und Wetzikon als Regionalzentren. «Der Vorschlag zur besseren Verteilung der Bevölkerung ist im Prinzip einfach: Abbremsen des fortschreitenden Agglomerierens an die Grossstadt – Verteilung des Bevölkerungsstromes auf mehrere kleinere Städte.»[22] In der Gartenstadtregion Carols wäre der Pendelverkehr weitgehend weggefallen, «da sich in allen Gemeinden Wohn- und Arbeitsplätze die Waage halten. Nur die benachbarten Industriestädte werden in stärkerem Austausch von Arbeitskräften stehen, der aber mit einfachen Mitteln bewerkstelligt werden kann. Die vom Massenverkehr weitgehend entlasteten Bahnlinien sind nun

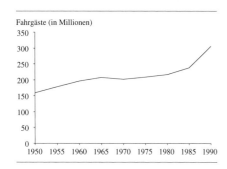

Entwicklung der Fahrgastzahlen 1950 bis 1990. (Grafik: Galliker. Quellen: Geschäftsberichte VBZ)

in der Lage, einen hochqualifizierten Verkehr zu bewältigen.»[23] Auf wenige Pendler, in erster Linie Kaderleute, werde sich der Verkehr reduzieren, waren Carol und Werner überzeugt, das breite Publikum werde die Verkehrsinfrastruktur lediglich zum Besuch kultureller Veranstaltungen im Haupt- und in den Nebenzentren benutzen.[24]

Vom schwierigen Ersatz des Zürcher Trams

Die Ansätze von Meili, Carol und anderen, die der Agglomerationsbildung Grenzen setzen wollten und nur einen geringen und auf den öffentlichen Verkehr zentrierten Ausbau der Verkehrswege verlangten, gingen in den fünfziger Jahren gründlich vergessen. Die rasche Zunahme der Automobile rief nach Sofortmassnahmen und liess die komplexen, die verschiedensten Lebensbereiche betrachtenden Planungsansätze in den Hintergrund treten. Die Planung verfolgte nun eine einzige Zielsetzung: die realen und künftig zu erwartenden Verkehrsströme zu organisieren.

28'000 Automobile waren 1950 im Kanton Zürich registriert, 19'706 davon in der Stadt Zürich.[25] Dies entspricht zwar nur knapp 5 Prozent des heutigen Bestandes, bedeutete aber eine Verdoppelung der Fahrzeugzahl seit dem Kriegsende. Diese Autos waren für ein veritables Chaos auf den Strassen verantwortlich. 6552 Unfälle ereigneten sich 1951 allein in Zürich, ein Drittel davon mit Verletzten. 37 Menschen liessen in diesem Jahr in Zürich infolge Verkehrsunfällen ihr Leben.[26] Noch bestanden erst wenige Regeln im Strassenverkehr, Geschwindigkeitsbegrenzungen waren unbekannt, Ampeln und Fussgängerstreifen die Ausnahme. Der Strassenraum gehörte dem Stärkeren, und das war der Automobilist. Zeitungen und Zeitschriften griffen ein Thema wieder auf, das bereits in den dreissiger Jahren diskutiert worden war und fortan zum Standardrepertoire der Lokalpolitiker gehörte: die Verkehrsnot, die Verkehrskalamität und die Forderung nach Verkehrssanierung. Verkehrsnot bezeichnete allerdings nicht die Gefahren, die von den Automobilen ausgingen, als Notstand empfand man vielmehr den geringen Platz, der dem Individualverkehr zur Verfügung stand. «Die Strasse ist nach Massgabe des Verkehrsvolumens auszubauen», forderte deshalb bereits 1947 der Zürcher Verkehrsplaner Werner Real.[27] Erste Massnahmen zur Verkehrssanierung wurden bereits Ende der vierziger Jahre ergriffen. Einbahnstrassen wurden geschaffen, Abbiegeverbote erlassen, das Bellevue mit Lichtsignalanlagen bestückt. Die wichtigsten baulichen Massnahmen waren aber der Umbau des Bahnhofquais, der Bahnhofbrücke und des Leonhardsplatzes und der Bau einer Unterführung beim Bahnhofplatz. Dieses Projekt bewilligten die Stimmbürger am 12. September 1948 und kostete die Stadt insgesamt 13,5 Millionen Franken.[28] Spürbar entlastende Wirkung auf die Verkehrsmisere hatten diese Massnahmen allerdings nicht, und es schien offensichtlich, wer die Schuld am Chaos auf den Strassen hatte: die Strassenbahn, die den knappen Verkehrsraum belegte, für Kolonnen sorgte und nur starr den Geleisen folgen konnte. Mitte der vierziger Jahre war die Begeisterung über die neuen Grossraumwagen als die modernsten Trams Europas, die 1941/42 die Zeitungsspalten gefüllt und eine kurzfristige Trendwende in der öffentlichen Bewertung der Strassenbahn bewirkt hatte, längst wieder verflogen, und es häuften sich in der Tagespresse die Forderungen, das Tram durch Trolley- oder Autobusse zu ersetzen. Und wie schon in der Zwischenkriegszeit weibelten Strassenbahndirektor Züger und sein Nachfolger Heiniger von Vortrag zu Vortrag, um die Zürcherinnen und Zürcher von den Vorzügen der Strassenbahn gegenüber Trolley- und Autobus respektive von einem aufeinander abgestimmten Betrieb dieser drei Verkehrsmittel zu überzeugen. Der «Kampf um das Tram» steuerte 1953 einem Höhepunkt entgegen, als die Beschaffung von zehn neuen Grossraumwagen zur Diskussion stand. Freisinnige, der Landesring und die Bauern-, Gewerbe- und Bürgerpartei hatten das Referendum gegen den Kredit ergriffen.

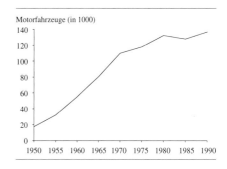

Entwicklung der Motorfahrzeugzahlen 1950 bis 1990. (Grafik: Galliker. Quellen: Jahrbücher Stadt Zürich, Jahrbücher Schweiz)

«Die Enge der Strassen muss in Zürich als Gegebenheit nun einmal in Kauf genommen werden. Mir bleibt deshalb unverständlich, dass von dem geringen vorhandenen Platz noch so viel für ein schienengebundenes Verkehrsmittel reserviert wird. Die Zürcher Strassenbahn, die offenbar eine von der Tradition gewollte Institution ist [...], ist nicht mehr und nicht weniger als ein Verkehrshindernis.»[29] Dies sagte nicht irgendwer, sondern Chief Inspector Weir von der Verkehrsabteilung von Scotland Yard. Der oberste Londoner Verkehrspolizist weilte auf Einladung des Schweizerischen Automobilclubs in Zürich und befasste sich mit den Zürcher Verkehrsverhältnissen. Es gab wenig, was ihn begeisterte: die Zürcher Verkehrsregelung am Bellevue fand er dilettantisch, das Verhalten der Verkehrsteilnehmer arrogant, und Stadtrat Jakob Baumann, «der die Strassenbahn bis zum letzten Blutstropfen verteidigen will» (Zürcher Woche), empfahl er, das Tram aus den Strassen zu entfernen. Weir weilte 1953 nicht zufällig in Zürich. Er war Teil der Propagandaschlacht gegen die geplante Trambeschaffung.

Der Abstimmungskampf wurde zum Schicksalskampf um die Zukunft des Zürcher Trams stilisiert. Auf bürgerlicher Seite federführend war ein «Aktionskomitee für moderne Verkehrsbetriebe», hinter dem der Automobilclub der Schweiz stand. «Schluss mit dem Verkehrschaos», überschrieb das Aktionskomitee eine Propagandaveranstaltung, an der es die Argumente gegen eine Trambeschaffung ausführlich darlegte: man solle erst den Generalverkehrsplan, der sich in Ausarbeitung befand, abwarten, die Verkehrsbetriebe hätten kein klares Konzept, und überhaupt herrsche in der Stadt Zürich ein deutliches Übergewicht gegenüber den Pneufahrzeugen, das zu korrigieren sei. Der sozialdemokratische Stadtrat Jakob Baumann war tatsächlich gewillt, «sein» Tram bis zum letzten Blutstropfen zu verteidigen. In einem flammenden Appell kurz vor der Abstimmung schrieb er: «Lieber Tramfahrer, entscheide Dich nun. Du schimpfst gar gerne über Sardinenbüchsen. Du wirst aber nicht bestreiten können, dass die beste Abhilfe gegen die Überfüllung der Strassenbahnwagen die Beschaffung weiteren Rollmaterials und der Ersatz veralteter kleiner Kisten durch grosse Wagen ist.»[30] Ein Ersatz der Strassenbahnstrecken sei nämlich völlig ausgeschlossen, hätten doch Berechnungen ergeben, dass man durch die Bahnhofstrasse beispielsweise alle 14 Sekunden einen Bus durchfahren lassen müsste, um die Beförderungskapazität des Trams zu erreichen.

Trotzdem entschieden sich die Stimmbürger für die «Sardinenbüchsen», die Neue Zürcher Zeitung triumphierte: «Die Linke hat mit ihrer demagogischen

Aufpeitschung primitiver Hassinstinkte der ‹Massen› gegen den ‹Luxusfahrer› im ‹Luxusautomobil› eine eklatante Niederlage erlitten, und mit ihr ein wildgewordener Zirkel der Christlichsozialen, der sich ebenfalls an einem ‹antikapitalistischen› Feuerlein zu erwärmen gedachte. Die Zeiten sind vorbei, in denen die Fragen des öffentlichen Verkehrs auf den archaischen Nenner eines sozialen Klassengegensatzes reduziert werden können.»[31]

Strassenbahnen gerieten in den fünfziger Jahren in allen Schweizer Städten massiv unter Druck. Eine sehr ähnliche Abstimmung wie in Zürich beschäftigte 1955 die Stadt Basel. 1955 lancierten die in der Basler Verkehrsliga zusammengeschlossenen Automobilverbände ein Referendum gegen eine geplante Erneuerung des Trambestandes. Den Abstimmungskampf führten sie unter dem Schlagwort «Ab dä Schine», ein Schlagwort, das offenbar verfing. Die Verkehrsliga gewann den Abstimmungskampf, das Basler Tram abschaffen konnte sie aber genausowenig, wie dies dem Zürcher Aktionskomitee gelungen war. Was in Zürich und Basel nicht gelang, gelang in den meisten anderen Städten der Schweiz. In der Nachkriegszeit läuteten die mittleren und verschiedene grössere Städte das Ende ihrer Strassenbahnen ein: Biel 1948, La Chaux-de-Fonds 1950, Freiburg 1950, Winterthur 1951, Lugano 1959, Locarno 1960, Lausanne 1964.[32] Die aufgehobenen Linien wurden allesamt durch Auto- oder Trolleybusbetrieb ersetzt. Auch die drittgrösste Stadt der Schweiz, Genf, baute ihr Liniennetz bis auf die Linie 12 ab.

1955 wurde die Tramlinie Nr. 1 durch den Trolleybus Nr. 31 ersetzt. Heute gehört diese Linie der hohen Verkehrsdichte wegen zu den problematischsten der Stadt. (Archiv VBZ)

Nach dem gewonnenen Abstimmungskampf von 1953 und nach der Publikation der Generalverkehrspläne wurde in Zürich die Forderung nach baldiger Aufhebung des Trams besonders laut. Und die Chance dafür schien nicht schlecht. 1955 verschwand die Tramlinie 1, die von der Burgwies bis zum Schlachthof verkehrte. An ihre Stelle trat der Trolleybus Nr. 31. Über diese Umstellung hatten die Zürcher bereits 1944 abgestimmt. In der Abstimmungsweisung argumentierte die Städtische Strassenbahn mit den prekären Platzverhältnissen entlang der fraglichen Strecke: «Von den Strassenbahnlinien weist die Linie 1 ernsthafte Nachteile auf. […] Die Militärstrasse und der Zeltweg besitzen nur 6 m breite Fahrbahnen. Fahrzeuge, welche die zahlreichen Verkaufsläden und Wirtschaften an der Militärstrasse beliefern, müssen stets auf dem Trottoir anhalten, weil sonst die Strassenbahn nicht mehr durchkommen könnte. Ähnlich liegen die Dinge beim Zeltweg.»[33] Um den Verkehrsfluss zu verbessern, sei die Entfernung des Trams aus den engen Strassen unerlässlich, argumentierte die Städtische Strassenbahn Zürich. Die Zürcher stimmten der Umstellung zu, trotzdem wurde noch zehn Jahre lang geprüft, ob lediglich Teilstrecken umgestellt werden könnten, auf eine Umstellung ganz verzichtet werden solle oder ob diese oder jene Linienführung die bessere sei. Am 15. März 1954 wurde die Tramlinie Nr. 1 schliesslich aufgehoben, aber nicht durch einen Trolley-, sondern vorerst versuchsweise durch einen Autobus ersetzt. Diese Umstellung sorgte zu Beginn für erheblichen Ärger. «Seit der Umstellung der Tramlinie 1 vom Strassenbahnbetrieb auf Autobus haben sich für die Fahrgäste unhaltbare Zustände ergeben», schrieb der Sozialdemokrat E. Grimm in einer Interpellation, die im September 1955 im Gemeinderat zur Sprache kam.[34] «Durch unzweckmässige Haltestellen sind Fahrgäste, die umsteigen müssen, um

Nur noch eine Erinnerung: 1964 wurde die Linie 12 (Escher-Wyss-Platz–Sportplatz Hardturm) eingestellt und durch die Linie 4 bedient. Die Strecke Escher-Wyss-Platz–Nordbrücke der Linie 4 wurde aufgehoben. (Archiv VHS)

andere Linien zu erreichen, gezwungen, grössere, verkehrsreiche Plätze zu überqueren. Auch hat es sich gezeigt, dass der Autobusbetrieb, bedingt durch ungünstige Haltestellen und schmale Strassen, zu Verkehrsstauungen führt.» Grimm fragte, ob der Stadtrat die Umstellung nicht wieder rückgängig machen wolle. Dieser aber lehnte ab. Zwar räumte Stadtrat Thomann ein, dass «der Übergang auf schienenfreien Betrieb wohl einige Nachteile gegenüber dem Trambetrieb mit sich bringt, die indessen durch andere Vorzügen aufgewogen werden. Gesamthaft betrachtet kann […] weder wirtschaftlich noch verkehrstechnisch oder betrieblich die eine oder andere Betriebsart eindeutig bevorzugt werden. Der Stadtrat hält daher dafür, dass es beim gefassten Beschluss sein Bewenden haben und […] die Umstellung auf Trolleybus nunmehr erfolgen soll.»[35] Noch im selben Jahr hoben die VBZ die Tramlinie 1 auf und ersetzten sie durch Trolleybusse. Diese Gelegenheit wollten die Autofahrer nutzen. Erstens hatten sie 1953 eine Abstimmung gewonnen und zweitens wussten sie, dass man in Zürich an einem Tiefbahnprojekt arbeitete. Warten, bis die Tiefbahn in ferner Zukunft einmal gebaut sei, wollten sie aber nicht. «Die Verlegung der Strassenbahn in die zweite Ebene dürfte angesichts der grossen Kosten vielleicht noch längere Zeit auf sich warten lassen. Die genannte Reduktion des Strassenbahnbetriebes [um 30 Prozent] hingegen und seine teilweise Umstellung auf Auto- und Trolleybusbetrieb kann und soll sofort in Angriff genommen werden», schrieb die Neue Zürcher Zeitung.[36] Sie forderte die Aufhebung von insgesamt sechs Tramlinien, die das Stadtzentrum durchquerten, und deren Ersatz durch Trolleybusse. Diese Forderung führte zwar zu einigen heftigen Diskussionen und zahlreichen Leserbriefen in den Tageszeitungen, realisiert wurde sie aber nicht. Die Erfahrungen mit dem Trolleybus Nr. 31 in der Innenstadt waren nicht derart berauschend, dass sich weitere Umstellungen aufgedrängt hätten. Zudem zeigte sich bald einmal, dass der raummässig limitierte Trolleybus in der City zu klein war, um gutfrequentierte Strassenbahnen ersetzen zu können.

Auswirkungen zeigten die Angriffe auf das Tram allerdings durchaus. Zwar wurde keine weitere Tramlinie aufgehoben, aber auch keine neue gebaut. 117,7 Kilometer betrug das Strassenbahnnetz der Stadt Zürich 1950, und dabei blieb es abgesehen von unbedeutenden Korrekturen bis 1960. Dafür waren das Trolley- und das Autobusnetz gewachsen, und zwar von 12,3 auf 26,2 Kilometer (Trolleybus) respektive von 31,8 auf 85,0 Kilometer (Autobus).[37] Busverbindungen waren in der Regel die schlechteren Verbindungen zum Stadtzentrum. Sie verkehrten seltener und zwangen zu mehrmaligem Umsteigen. Vor allem für die stark expandierenden Quartiere in Zürich-Nord war das prekär. Am weitesten vom Stadtzentrum entfernt, hatten sie die schlechtesten Verkehrsverbindungen zum Zentrum. Die Verbindungen nach Zürich-Nord sollten denn auch ein permanentes Thema der Nahverkehrsplanung in Zürich bleiben.

Steigende Nachfrage nach Tunnelfläche

1952 leitete die Stadt Zürich eines der grössten Planungswerke der jüngeren Geschichte ein, die Generalverkehrsplanung. Der Stadtrat beauftragte die beiden deutschen Expertenteams Kremer/Leibbrand und Pirath/Feuchtinger mit der Ausarbeitung zweier Vorschläge. Die Entwürfe beider Teams lagen 1955 vor. Die Ansprüche an die beiden Gutachten waren sehr hoch. Die Verkehrsbauten sollten das Zürcher Verkehrsproblem für die nächsten 25 Jahre, also bis in die achtziger Jahre hinein, lösen, und zwar für eine Stadt mit prognostizierten 550'000 Bewohnerinnen und Bewohnern und für eine Agglomeration mit einer Bevölkerung, welche die 1-Millionen-Grenze deutlich hätte übersteigen sollen. Man glaubte an den Ausbau Zürichs zur Metropole und wollte die Stadt verkehrstechnisch darauf vorbereiten.

Zürich war beileibe nicht die einzige Stadt, die sich in den fünfziger Jahren ambitiösen und aus heutiger Sicht grotesk anmutenden Verkehrsprojekten widmete. Zahlreiche Städte beauftragten Verkehrsplaner mit der Ausarbeitung von Gesamt- oder Generalverkehrsplänen. Zentrales Anliegen der Verkehrsplanung in den fünfziger und überwiegend auch in den sechziger Jahren war, die prognostizierte Nachfrage nach Verkehrsfläche zu befriedigen. Der nachfrageorientierte Ansatz beruhte darauf, die Verkehrsbedürfnisse aus der Agglomerationsbildung als gegeben zu betrachten und auf die verkehrstechnisch günstigste Art zu decken. Aus dieser Konzeption resultierten Pläne mit vier-, sechs- oder achtspurigen Achsen, Ringen, Spangen und Radialen, die mit gigantischen Bauwerken verknüpft wurden.[38] Alle diese Pläne orientierten sich in erster Linie an den Bedürfnissen des Autoverkehrs. Dieser wies die stärksten Wachstumsraten auf, für ihn schien deshalb am dringendsten neuer Strassenraum nötig. Und trotzdem stellte auch in der autoeuphorischsten Zeit der fünfziger Jahre kein ernstzunehmender Verkehrsexperte die Bedeutung des öffentlichen Verkehrs für die Städte in Frage. Selbst ETH-Professor Kurt Leibbrand, der in den fünfziger Jahren bei praktisch jeder schweizerischen Generalverkehrsplanung federführend mitwirkte, betonte stets die Bedeutung des öffentlichen Verkehrs: «Da die öffentlichen Verkehrsmittel verhältnismässig weitaus am wenigsten Fläche beanspruchen, verdienen sie im Interesse der Strassenentlastung besondere Förderung. Durch Verbesserungen der öffentlichen Verkehrsbedienung wird die Abwanderung von den städtischen Verkehrslinien verlangsamt. Auf diese Weise kann die Verbesserung von Strassen, der Bau von Lichtsignalanlagen und die Anlage weiterer Parkplätze und Radwege um Jahre hinausgeschoben werden.»[39] Für oberirdische Strassenbahnen war in diesen Projekten allerdings kaum mehr Platz. In den grösseren Städten wurde die Schaffung einer zweiten Ebene für den öffentlichen Verkehr verlangt, in den kleineren und mittleren Städten sollten Strassenbahnen durch Auto- und Trolleybusse ersetzt werden. Und den verschiedenen Verkehrsarten wurden verschiedene Gruppen von Verkehrsnachfragern zugeteilt. So schrieb die Schweizerische Bauzeitung, als sie 1960 über den Zwischenstand der Zürcher Generalverkehrsplanung informierte: «Es zeigte sich notwendig, den Verkehr zu gliedern in Berufsverkehr (zwischen Wohnort und Arbeitsort) einerseits und (individuellen) Besuchsverkehr anderseits. Dem letztgenannten sollen in erster Linie die innerstädtischen Parkierungsgelegenheiten, dem Berufsverkehr hingegen von mehr peripher gelegenen Autoparks aus die öffentlichen Verkehrsmittel, also vor allem die Strassenbahn und auch Autobus und Trolleybus, zugewiesen werden.»[40] Der für die Geschäfte und das Gewerbe lukrative Freizeit- und Konsumverkehr sollte gegenüber dem Berufspendlerverkehr bevorzugt behandelt werden.

Die Vorschläge von Kremer/Leibbrand und Pirath/Feuchtinger für einen Zürcher Generalverkehrsplan glichen sich auffallend stark. Beide schlugen vor, leistungsfähige Durchgangsachsen zu bauen und bei stark belasteten Verkehrsknotenpunkten das Strassennetz durch Über- und Unterführungen, Hochstrassen und Tunneldurchbrüche zu erweitern.[41] Und beide schlugen die Beibehaltung der Strassenbahn als zentrales städtisches Verkehrsmittel vor, was 1955 Hans Marti, damals Redaktor der Schweizerischen Bauzeitung und später Delegierter des neugeschaffenen Zürcher Stadtplanungsamtes, zu folgender freudiger Feststellung veranlasste: «Die Strassenbahn wird für Zürich als wirtschaftlichstes Verkehrsmittel anerkannt. Das wird all jene freuen, die das schöne Züritram ins Herz geschlossen haben und die andern ärgern, die das schienenfreie Fahrzeug bevorzugen oder die richtige Untergrundbahn fordern. Der Nachweis wird beiderseits erbracht, dass schienenfreie Fahrzeuge, also Auto- oder Trolleybus, allein oder sogar in Kombination mit Untergrundbahnen, den zu knappen Verkehrsraum so stark beanspruchen würden, dass Verstopfungen an der Tagesordnung wären.»[42] Allerdings verwiesen beide Experten das Tram in den Untergrund. Trotz dieser weitgehenden Übereinstimmung gab es markante Unterschiede. Pirath/Feuchtinger schlugen die Schaffung einer unterirdischen Schnellbahn mit ausgedehntem Netz vor, die zwar noch nicht den Anspruch erheben konnte, eine ausgewachsene U-Bahn zu sein, die in ihrer Anlage aber eher einer U-Bahn-Konzeption glich denn einem unterirdischen Tram. Kremer/Leibbrand hingegen waren bescheidener: Im dichtbefahrenen Innenstadtbereich sollten die konventionellen Strassenbahnen in einem Tunnelsystem

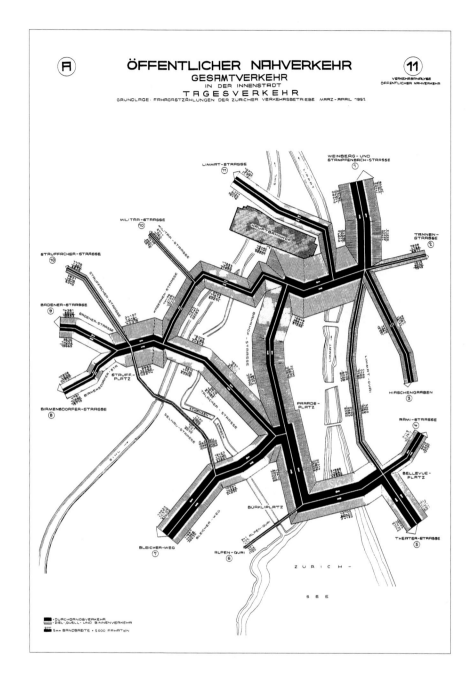

geführt und in den Aussenquartieren durch Busse ersetzt werden. Weil Tief- oder Unterpflastertrams relativ kostengünstig zu realisieren waren, wurden solche Projekte in den fünfziger Jahren vor allem von mittleren Grossstädten intensiv geprüft, allerdings nur selten realisiert.[43]

Die Veröffentlichung der Gutachten löste eine intensive verkehrspolitische Debatte in der Stadt Zürich aus. Fachzeitschriften überboten sich in der Herausgabe von Sonderdrucken, die Tageszeitungen brachten umfangreiche Artikelfolgen über die Zürcher Verkehrssanierung, und Stadt- und Gemeinderat berieten über die prioritären Schritte beim Ausbau der Verkehrsinfrastruktur. Über einen Bereich, der in der Generalverkehrsplanung breiten

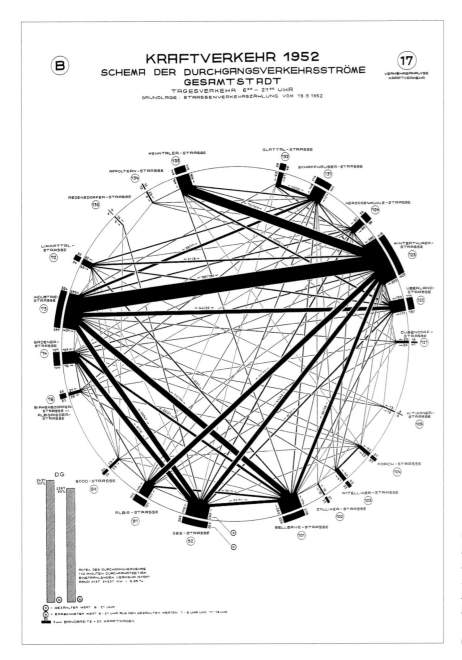

Generalverkehrsplanung in der Stadt Zürich, grafische Darstellung des Verkehrsaufkommens im Gutachten Pirath/Feuchtinger. Mit Planungen für einen Zeithorizont von 25 Jahren wollte die Stadt Zürich in den fünfziger Jahren die Verkehrsprobleme ein für allemal lösen. (Generalverkehrsplan 1955, Archiv VHS)

Raum einnahm, musste in Zürich allerdings nicht beraten werden – über hochleistungsfähige Durchgangsstrassen, sogenannte Expressstrassen oder Stadtautobahnen. Kurz nachdem in Zürich die Debatte über die Linienführung neuer Durchgangsstrassen begonnen hatte, begann der Bund mit der Nationalstrassenplanung. Für die Autobahnplanung im Raum Zürich setzte der Bund eine «Arbeitsgruppe Zürich» ein, und diese schlug vor, drei Autobahnäste aus Westen, Osten und Süden, die sich an einem zentralen Knotenpunkt, dem sogenannten Karussell, treffen sollten, durch Zürich zu bauen. Opposition gegen dieses Projekt gab es praktisch noch keine, und so konzentrierte sich die Diskussion weitgehend auf das Tiefbahnprojekt. Der

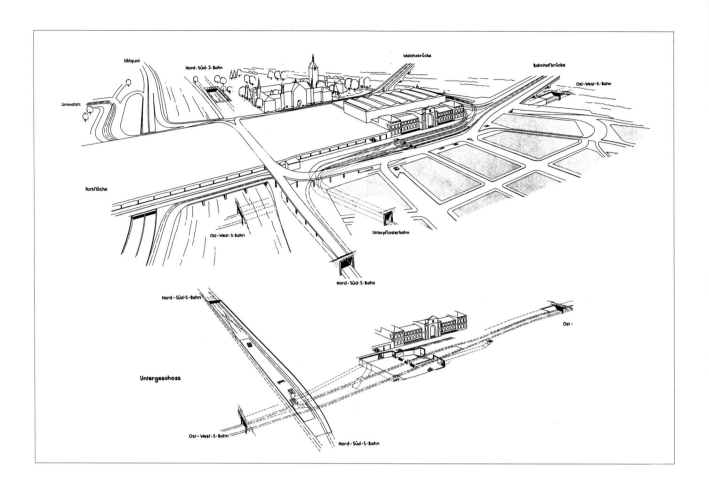

Der Vorschlag für einen neuen Hauptbahnhof im Generalverkehrsplan von Kremer/Leibbrand. Die vorhandene Stadt sinkt hinter den monumentalen Neubauten zur Bedeutungslosigkeit herab, das Bild wird von einer riesigen Parkfläche im Anschluss an die Bahnhofshalle und quer über die Sihl sowie von mehrstöckigen Strassen beherrscht. (Generalverkehrsplan 1955, Archiv VHS)

Das geplante Tiefbahnnetz in der Stadt Zürich in der Stadtratsweisung vom 20. 1. 1961. Das Netz wurde wenige Monate nach der Veröffentlichung dieser Weisung durch eine Tiefbahnlinie nach Zürich-Nord ergänzt. (Stadtratsweisung 1961 I, Archiv VHS)

Bau einer Tiefbahn wurde insbesondere von den Automobilverbänden als dringlich erachtet. Verschleppt wurde das Tieftramprojekt, weil sich Stadt- und Gemeinderat uneins waren, ob das moderate Projekt von Kremer/Leibbrand oder das umfassende von Pirath/Feuchtinger zu bevorzugen sei. Während der Stadtrat das Projekt von Kremer/Leibbrand favorisierte, wollte der Gemeinderat dasjenige von Pirath/Feuchtinger realisieren. Es waren umfangreiche Expertengutachten nötig, bis sich die beiden Gremien einigen konnten, und diese Einigung bestand in der Ausarbeitung eines eigenen Tieftramprojekts.[44] Im Dezember 1961 präsentierte der Stadtrat sein Projekt der Öffentlichkeit. Geplant war zunächst ein Gesamtnetz von 12,3 Kilometern, das die ganze Innenstadt und angrenzende City-Randplätze umfassen sollte (Stauffacher, Bleicherweg/Stockerstrasse, Bürkliplatz, Bellevue, Pfauen, Central, Hauptbahnhof).[45] Nur 18 Prozent des gesamten öffentlichen Verkehrs in der Innenstadt sollten weiterhin oberirdisch bleiben, aber durch Busse bedient werden. Die Baukosten des gesamten Netzes (ohne Grunderwerb) sollten rund 329 Millionen Franken betragen. Bereits im Dezember desselben Jahres legte der Stadtrat eine ergänzende Weisung vor, die den Ausbau des Tieftramnetzes auf 21,15 Kilometer vorsah und den Kreis 11 mit einschloss. Die Kosten erhöhten sich auf 544 Millionen Franken.[46] Der Kreis 11, Zürich-Nord, war der am kräftigsten wachsende Stadtkreis und nur ungenügend an das öffentliche Verkehrsnetz angeschlossen.

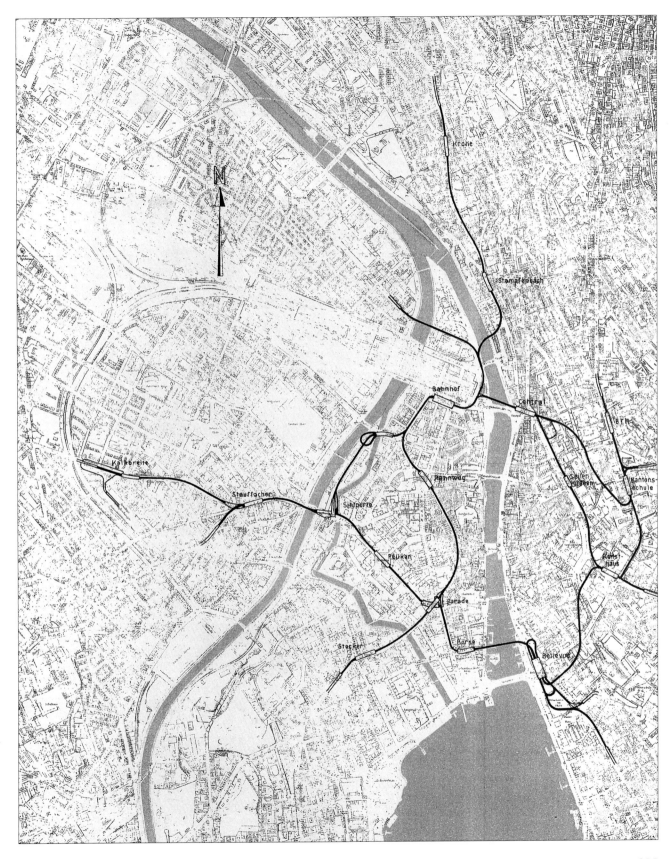

Für dieses Projekt warben die Stadtbehörden nicht etwa mit der Schaffung von neuem Verkehrsraum für den motorisierten Privatverkehr, sondern mit der Leistungssteigerung des öffentlichen Verkehrs: «Bereits heute sind die Verkehrsbetriebe zu den Spitzenzeiten, immer mehr auch während des ganzen Nachmittags, vor allem in der Innenstadt, mannigfachen Behinderungen ausgesetzt, was die Reisegeschwindigkeit beträchtlich herabsetzt. [...] Die Vorteile der kürzeren Arbeitszeit werden dadurch teilweise aufgehoben. Vordringlich ist daher die Wiederherstellung eines zuverlässigen und anziehend wirkenden öffentlichen Verkehrs. Dieses Ziel wird am wirksamsten durch eine Entflechtung, durch Herauslösen des öffentlichen aus den Behinderungen durch den übrigen Verkehr erreicht.»[47] Aber auch den Autofahrern zeigte der Stadtrat auf, welch paradiesische Zustände auf sie zukommen würden, wenn die Tiefbahn erst einmal erstellt sei: «Aus wirtschaftlichen und städtebaulichen Gründen wird man danach trachten müssen, einige wenige Hauptadern des Strassennetzes hochleistungsfähig zu gestalten», schrieb er in der Tiefbahnweisung und kündigte den Bau eines hochleistungsfähigen Cityringes an.[48]

Im Gemeinderat passierte das Geschäft fast oppositionslos; von sämtlichen Parteien wurde es unterstützt – und scheiterte trotzdem am 1. April 1962 an der Urne deutlich. 58'393 Neinstimmen standen 34'307 Jastimmen gegenüber. Was war geschehen? Im Abstimmungskampf fand sich eine bunte Koalition von Tiefbahngegnern aus Tramenthusiasten und Tramgegnern zusammen. Die Tramenthusiasten wehrten sich grundsätzlich gegen die Tieferlegung des Trams. «Müssen Trambenützer und Tram unter den Boden verschwinden, weil die an der Planung beteiligten Instanzen es nicht wagen, den motorisierten Individualverkehr in der überlasteten Innenstadt zu beschränken?» fragte ein überparteiliches Aktionskomitee gegen die Tiefbahn auf einem Flugblatt und skizzierte seine verkehrsplanerischen Visionen: «Was geschieht nach der Ablehnung des Tieftrams? Die Stadt kann sofort mit der Sanierung der Hauptknotenpunkte beginnen: Fussgänger-Unter- und Überführungen, Rolltreppen, Bau des City-Rings, Schnellverbindung Kreis 11–Stadtzentrum, Expressstrassen, Regionalplanung mit den Vorortsgemeinden und den SBB.»[49] Die Tramgegner verlangten die Abschaffung des Trams und die Planung einer richtigen U-Bahn. Als Züritram-Schüttelbecher bezeichneten sie die Strassenbahnen in einem Zeitungsinserat, in dem sie sich ausführlich über die unbequemen Verkehrsmittel ausliessen: «Die Tramfahrt wird immer lästiger und menschenunwürdiger im Pferch der Massenschüttelbecher, genannt Züritram, in denen wir von hinten nach vorn geschoben und durchgeschleust werden. [...] Nur eine richtige U-Bahn kann den gewünschten Komfort bieten.»[50] Ergänzt wurden diese Forderungen auf einem anderen Flugblatt mit dem Auftrag, dass der Stadtrat «vorurteilslos die erste Etappe eines U-Bahn-Projektes ausarbeiten lassen soll».[51]

Der Stadtrat muss geahnt haben, dass die unheilige Allianz von Anhängern des oberirdischen Trams und Befürwortern einer U-Bahn an der Urne eine Mehrheit erzielen könnte. Im Oktober legte er dem Gemeinderat einen umfangreichen Bericht vor, in dem er die Vorteile der Tiefbahn gegenüber der Untergrundbahn erläuterte und in erster Linie mit den nur gut halb so

Mit der Beschaffung von neunzig Gelenkwagen leiteten die VBZ 1968 nach der Verwerfung der Tiefbahnvorlage eine umfassende Erneuerung des Wagenparks ein. Die neuen Gelenkwagen machten die bauliche Anpassung zahlreicher Haltestellen und Strassen an die grossen Tramzüge notwendig. Dazu gehörte auch die Sperrung der unteren Bahnhofstrasse für den Individualverkehr. (Archiv VHS)

hohen Kosten für eine Tiefbahn gegenüber der U-Bahn und dem dichteren Haltestellennetz warb. Trotzdem war der Katzenjammer gross nach der Verwerfung der Tiefbahnvorlage und der Scherbenhaufen der städtischen Verkehrsplanung erheblich. Für kurze Zeit schien der allgemeine Konsens über die künftige Verkehrspolitik zu zerbrechen. Die einen freuten sich darüber, das oberirdische Tram für lange Zeit gerettet zu haben, die anderen forderten den Stadtrat auf, unverzüglich mit dem autogerechten Stadtumbau zu beginnen, den Cityring zu bauen und den Bahnhofplatz zu sanieren, und die dritten verlangten, der Stadtrat habe sofort mit der Planung eines U-Bahn-Netzes zu beginnen.

Halbherzige Rehabilitierung des Zürcher Trams

Die Zürcher Stadtplanung brauchte nach der Verwerfung der Tiefbahnvorlage eine neue Orientierung – und eine Person, welche die Fähigkeit besass, diese Umorientierung zu vollziehen. Diese Person war Hans Marti, seit Jahren einer der schärfsten Kritiker der schweizerischen Stadtplanungsansätze und führende Stimme im noch schwachen Protest gegen die Expressstrassenphilosophie. Marti wurde 1963 zum Delegierten des Stadtplanungsamtes ernannt, das die Nachfolge des darniederliegenden Bebauungs- und Quartierplanbüros angetreten hatte.[52] Marti stand dem Amt bis 1967 vor und formulierte in dieser Funktion die Neukonzeption der Zürcher Verkehrsplanung, die sich an zwei Zielen orientierte: an einem mittelfristigen, das unter anderem den inzwischen leicht reduzierten Bau eines Cityringes und den Bau einer U-Bahn beinhaltete, und an einem kurzfristigen, das aus Sofortmassnahmen bestand. Letztere umfassten den Umbau des Bahnhofplatzes und die Erweiterung des Ulmbergtunnels als Teilstück des künftigen Cityringes.

Rationalisierung! 1963 führten die VBZ die ersten Billettentwerter ein, ab 1966 stellten sie in Auto- und Trolleybussen auf Selbstbedienung um, von 1969 bis 1973 folgten die Strassenbahnen. (Archiv VHS)

Mit diesen Bauwerken nahm Marti den Druck von den Behörden, nach einem Jahrzehnt des Planens nun endlich zu bauen. Vor allem aber leitete er eine neue Ära in der Bewertung des öffentlichen Nahverkehrs ein und brach mit den Vorstellungen der nachfrageorientierten Verkehrsplanung.

Am 18. März 1964 referierte Marti vor dem Zürcher Gemeinderat: «Bis heute herrscht die allgemeine Ansicht vor, jeder Punkt der Stadt müsse mit dem öffentlichen als auch mit dem privaten Verkehrsmittel auf kürzestem Weg erreicht werden können. [...] Ich bin seit Jahren davon überzeugt, dass wir auf dem falschen Weg sind, wenn wir beides gleichzeitig tun wollen. Die Zunahme der Anzahl Motorfahrzeuge ist so gross, dass wir gar nie in der Lage sein werden, alle vom individuellen Verkehr geforderten Anlagen zu erstellen.»[53] Marti forderte eine realistische Planung, die sich pragmatisch an den zu lösenden Problemen orientiere, den ökonomischen und volkswirtschaftlichen Grundsätzen folge und den öffentlichen Verkehr prioritär behandle: «Sofort müssen wir die Strassenbahnen verbessern. Es ist eine Illusion anzunehmen, dass sie in den nächsten Jahrzehnten aus Zürichs Strassenbild verschwunden sein werden. [...] Neue Fahrzeuge, neue Stationen, eventuell sogar neue Linien in neue Quartiere, dazu wo immer möglich vom Individualverkehr befreite Trassen sind bereitzustellen, damit die schöne, blaue Strassenbahn zum Nutzen der Berufstätigen besser zirkulieren kann.»[54] Allerdings forderte Marti auch Massnahmen, die in der städtischen Politik für Jahrzehnte zu heissumstrittenen Themen werden sollten: «Sofort müssen wir Parkplätze am Rande der City zur Verfügung stellen, damit die Auswärtigen nicht immer ins Herz der Stadt fahren. Sofort müssen wir polizeiliche und organisatorische Massnahmen ergreifen, damit wir das vorhandene Strassennetz – eventuell kombiniert mit kleinen Platz- und Strassenkorrekturen – besser ausnützen können.»[55] Die Verkehrsbetriebe der Stadt Zürich befolgten den Rat Martis. Seit 1960

Mit den Rationalisierungsmassnahmen in den sechziger Jahren veränderte sich das Verhältnis zwischen Personal und Fahrgästen deutlich: der Konduktuer wich dem Kontrolleur, die Bedienung des Fahrgastes wich der Suche nach dem Schwarzfahrer. (Archiv VHS)

testeten sie Prototypen von Gelenkfahrzeugen, die deutlich grössere Beförderungskapazitäten versprachen: 1960 ein Versuchsfahrzeug der Schweizerischen Waggonfabrik Schlieren, 1962 eines von SIG Neuhausen. Beide überzeugten nicht vollends.[56] 1966 aber war die Lösung gefunden: dreiteilige Triebwagen mit vier Trieb- und zwei Laufachsen schienen für die kurven- und höhenreichen Zürcher Verhältnisse ideal. Bis zu 330 Personen konnte eine Zugformation, bestehend aus einem Triebwagen und einem Anhänger, befördern; die Beschleunigung übertraf diejenige aller anderen Strassenbahntypen bei weitem. 126 dieser Gelenktriebwagen wurden im Zeitraum von 1966 bis 1969 in Zürich beschafft, sie gehören noch heute zum Zürcher Strassenbild.[57]

Die Sofortmassnahme «Trambeschaffung» ging weit über die Wagenevaluation hinaus. Sie hatte eine Gesichtsauffrischung der gesamten Tramstadt zur Folge. Die neuen Strassenbahnen waren für die kleinen Haltestellen zu lang; bevor sie auf einer Strecke eingesetzt werden konnten, mussten zahlreiche Stationen erneuert werden. Jahr für Jahr wurden Haltestellen ausgebaut und den Anforderungen des gesteigerten Verkehrs angepasst. Zentraler Bestandteil dieser verkehrstechnischen Reorganisation aber war die Entflechtung der Verkehrsarten in der Innenstadt. Grundlage dazu boten unter anderem umfangreiche Verkehrszählungen des Planungsbüros Jud, die eindeutige Schlussfolgerungen zuliessen. «Der Betrieb der VBZ ist bezüglich Leistungsfähigkeit unersetzbar. Zusammen mit den SBB schafft er die Grundlage, dass die City-Arbeitsplätze, die Warenhäuser, die hochspezialisierten Detailhandelsgeschäfte und alle anderen citygebundenen Betriebe überhaupt erreicht werden können. Sein gutes Funktionieren bildet die Grunderfordernis für die Lebensfähigkeit der City. [...] Diese Erkenntnisse werden es gestatten, die beschränkte Verkehrsfläche in der Innenstadt so aufzuteilen, dass Fussgänger, VBZ, Autoverkehr auch in

Zukunft in der Lage sind, durch fruchtbares Zusammenwirken das wirtschaftliche Wachstum in einer dem menschlichen Massstab verpflichteten Stadt zu fördern.»[58] Die Aufteilung der Verkehrsfläche bedeutete Einbahnverkehr für die Automobile, erste Ansätze separater Fahrspuren für den öffentlichen Verkehr zwischen Talwiesenstrasse und Triemli sowie in der Hardturmstrasse und vor allem die Sperrung der oberen Bahnhofstrasse für den privaten Verkehr.[59]

Trotz der Gesichtsauffrischung steckten die Verkehrsbetriebe allerdings in einer tiefen Krise. Theoretisch noch immer der Eigenwirtschaftlichkeit verpflichtet, erreichten sie dieses Ziel schon lange nicht mehr. Seit den fünfziger Jahren schrieben sie rote Zahlen, die sich selbst mittels verschiedener Taxerhöhungen nie langfristig verbessern liessen. Zudem litten die VBZ in der Hochkonjunktur der sechziger Jahre unter akutem Personalmangel. Der Beruf des Tramführers und des Kondukteurs hatte markant an Attraktivität verloren. Wer wollte schon «Rumpelkisten», «Sardinenbüchsen» und «Verkehrshindernisse» durch die Strassen Zürichs chauffieren? Der Personalmangel war zwar keine Eigenheit der VBZ – sämtliche grösseren Unternehmen setzten alle Hebel in Bewegung, um in der Hochkonjunktur genug Personal zu finden –, die VBZ konnten aber anders als die Privatwirtschaft ihre Lohnstruktur nicht dem Markt anpassen und verloren dadurch Personal an die Privatwirtschaft. Im Juni 1965 entschied der Zürcher Gemeinderat, den Verkehrsbetrieben aus dem finanziellen Engpass herauszuhelfen: Die Stadt übernahm den gesamten Fehlbetrag der VBZ von 13,7 Millionen Franken und richtete einen einmaligen Beitrag von 7 Millionen Franken zur Sanierung des Unternehmens aus.[60] Diese Massnahmen waren an eine moderate Taxerhöhung geknüpft sowie an die Auflage, Rationalisierungsmassnahmen durchzuführen. Zu diesen zählten grössere Fahrtintervalle und Abstriche bei den Abendkursen. Zur Hauptsache aber bestanden sie im Ersatz des Kondukteurs durch Billettautomaten und in der Einführung von Sichtkarten. 1963 führten die VBZ erstmals Billettentwerter ein, 1966 stellten sie auf Auto- und Trolleybuslinien erstmals Billettautomaten auf, 1969 schliesslich wurden auch die Strassenbahnen auf Selbstbedienung umgestellt.[61] 1970 sank der Personalbestand der VBZ auf 1893 Mitarbeiterinnen und Mitarbeiter, was dem Stand von 1945 entsprach.

Seit der Einführung von Billettentwertern hatten die Verkehrsbetriebe auch kondukteurlose Anhängerwagen in den Spitzenzeiten eingeführt und dafür die Wochensichtkarte anstelle der Wochenknipskarte geschaffen. Diese Massnahme war bei den Trampassagieren wenig populär. Die Einführung der Wochensichtkarte stiess auf heftige Ablehnung. Sie war teurer als die abgeschaffte Knipskarte, alle anderen Fahrausweise waren gleich geblieben. Das verärgerte die Berufspendler massiv, zumal sie unter den betrieblichen Rationalisierungsmassnahmen am meisten zu leiden hatten: «Ich empfehle den beiden Herren [Stadtrat Thomann und VBZ-Direktor Latscha] einmal eine Woche lang z. B. mit der Linie 13 oder 71 in den Stosszeiten vom Bahnhof nach Höngg zu fahren. Sie werden dann sehen, was man sich als ausgewachsener Mensch und Steuerzahler (und -zahlerin) jeden Tag gefallen lassen muss. Wie man oft zwei oder drei Trams oder Busse vorbeifahren lassen muss, weil man einfach nicht mehr hineinkommt; und wenn man das ‹Glück› hat, endlich hineinzukommen, um nach Hause zu fahren, wird man wie das liebe Vieh hineingepfercht.»[62] Imagemässig waren Tram und Bus auf einem Tiefststand angelangt.

Nochmals Bedarf an Tunnelfläche

1962 hatten die Stimmbürger die Tiefbahnvorlage überaus deutlich verworfen, schon wenige Wochen später machte man sich daran, eine neue Vorlage auszuarbeiten. Die Verkehrsbetriebe und die Stadtbehörden waren überzeugt, dass mittelfristig die Verkehrsbedürfnisse nur gestillt werden könnten, wenn in der Region Zürich ein unterirdisches öffentliches Verkehrssystem zur Verfügung gestellt würde. Dieses Verkehrssystem aber sollte keine Tiefbahn mehr sein, sondern als ausgewachsenes Untergrund- und Schnellbahnsystem in enger Koordination zwischen Stadtgemeinde, Kanton und Bund konzipiert werden.[63]

Die statistischen Kennziffern schienen den Planern und Behörden recht zu geben. Die Bevölkerung der Stadt Zürich war in nur zehn Jahren um 50'000 Personen gewachsen, die Region sogar um 150'000.[64] 1950 hatten die Verkehrsbetriebe 158,7 Millionen Fahrgäste befördert, 1960 waren es 196,4 Millionen. Der Zuwachs allein von 1959 bis 1960 betrug 5,3 Millionen Fahrgäste.[65] Zwar sollten in den späten sechziger Jahren die Zahlen der beförderten Personen bei den VBZ das erste und einzige Mal in der Geschichte des Transportunternehmens sinken (während die Zahl der Autopendler geradezu «explodierte»), aber das war 1963 noch nicht absehbar.

1963 bewilligte der Zürcher Kantonsrat einen Kredit von knapp 1 Million Franken für die Erstellung von Gesamtplänen für die verschiedenen Regionen des Kantons. Diese Gesamtpläne, heute würde man von Richtplänen sprechen, umfassten einen Siedlungsplan, einen Landschaftsplan, einen Versorgungsplan, einen Plan öffentlicher Bauten und als zentraler Bestandteil einen Transportplan. Für die Ausarbeitung des Transportplans setzten Kanton, Stadt Zürich und SBB einen Koordinationsausschuss ein, der 1965 einen ersten Schlussbericht vorlegte, worin unter anderem ein umfassendes U- und S-Bahn-System gefordert wurde.

Noch im selben Jahr setzten der Zürcher Regierungsrat, der Stadtrat und die SBB eine Behördendelegation ein, die aus je drei Personen der beteiligten Körperschaften bestand und deren zentrale Aufgabe in der Projektierung eines Untergrund- und Schnellbahnnetzes und in der Gründung der Verkehrsbetriebe der Region Zürich lag. Die Stadt Zürich war in der Behördendelegation durch den Stadtpräsidenten und zwei Stadträte vertreten.[66]

Zur Bewältigung der Planungsaufgabe waren etwas mehr als 4,25 Millionen Franken vorgesehen, je 2 Millionen Franken hatten Stadt und Kanton Zürich zu tragen, 250'000 Franken übernahmen die SBB. Am 23. März 1969 bewilligten die Stadtzürcher den städtischen Beitrag deutlich.

Die Arbeit der Behördendelegation floss 1971 in eine Version des Transportplans ein.[67] Dieser prognostizierte den Bedarf an Verkehrskapazitäten für die Zeiträume bis 1990 respektive 2030 und für die Planungsgrössen Stadt Zürich, Metropolitangebiet und weitere Region Zürich. Das Metro-

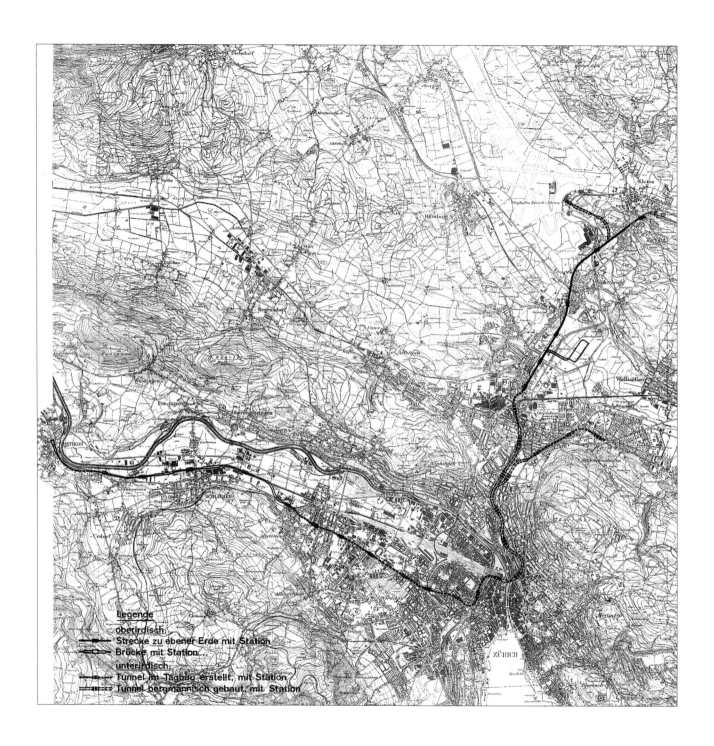

Projektiertes U-Bahn-Netz 1971 und projektiertes U-Bahn-Netz mit Ergänzungsnetz von Tram und Bus. (Stadtratsweisung 1971, Archiv VHS)

politangebiet war durch den Vorortsgürtel Oberrieden–Langnau am Albis–
Bonstetten–Dietikon–Oetwil an der Limmat–Dielsdorf–Oberglatt–Kloten–
Volketswil–Maur–Herrliberg begrenzt, die weitere Region Zürich reichte
bis weit in die Kantone Aargau, Zug, Schwyz und St. Gallen hinein. Der
Transportplan rechnete im Metropolitangebiet um 1990 mit 900'000 Einwohnern und 560'000 Arbeitsplätzen und um 2030 mit 1,16 Millionen Einwohnern und 760'000 Arbeitsplätzen. Im Einzugsgebiet der weiteren Region wurden mehr als 2 Millionen Einwohnerinnen und Einwohner prognostiziert, weshalb man bald vom 2-Millionen-Zürich sprach. Das Volumen für den Gesamtverkehr schätzte der Transportplan für das Jahr 1990
auf 2,7 Millionen tägliche Autofahrten und 1,51 Millionen Fahrten mit
dem öffentlichen Verkehr.[68] Der Transportplan skizzierte das erforderliche
Strassennetz eher rudimentär, die Anforderungen an das öffentliche Verkehrsnetz aber sehr genau. Er schlug die Schaffung eines Schnellbahnsystems für die Verbindung der äusseren Region mit dem Zentrum vor.
Dieses Schnellbahnsystem sollte durch die SBB projektiert und gebaut
werden. Ferner sollte eine U-Bahn als Mittelverteiler die gewachsenen und
erweiterten Aufgaben der Strassenbahn übernehmen. Schliesslich sollten
Buslinien als Feinverteiler das Gesamtnetz ergänzen.[69] Im Endausbau sollte
die U-Bahn zwei Linien umfassen, welche vom Hauptbahnhof ins Limmattal bis Dietikon und durch das Glattal Richtung Flughafen führen sollten. Die S-Bahn folgte zur Hauptsache den Geleisen der SBB, mit einer
Ausnahme: neu sollte die Zürichberglinie in das Netz integriert werden. Der
Strassenbahnbetrieb sollte stark reduziert und, wo immer möglich, durch
Busbetrieb ersetzt werden. Zudem war der Bau eines neuen Bahnhofs
Museumstrasse als Durchgangsbahnhof vorgesehen.[70] Gerechnet wurde
mit einem Gesamtaufwand von 1,71 Milliarden Franken und einer Bauzeit
von rund fünfzehn Jahren. Die Kosten sollten zwischen Bund, Kanton und
Gemeinden zu je einem Drittel aufgeteilt werden, wobei der Bund 87 Prozent der S-Bahn-Kosten getragen hätte und Kanton und Gemeinden sich
die U-Bahn-Kosten geteilt hätten. Es war allerdings geplant, nicht das
ganze Projekt auf einmal zu bauen, sondern zunächst eine erste Etappe
der Volksabstimmung zu unterbreiten. Am 20. Mai 1973 hatte das Stimmvolk über etwa die Hälfte des S-Bahn-Netzes, den Bau der U-Bahn-Linie
zwischen Oerlikon und Dietikon sowie über den Bau des Bahnhofs Museumstrasse abzustimmen.[71]
Die Ausarbeitung des Transportplans und des U- und S-Bahn-Projekts fiel in
eine Periode grenzenlosen Wachstumsglaubens. Zürich sollte zur Metropole
von Weltrang ausgebaut werden, die Stadtplanung sollte sich an den Zielen
der Privatwirtschaft orientieren: «Nur durch gemeinsames Vorgehen von
öffentlicher Verwaltung und privaten Bauinteressen kann die Realisierung
eines weitgesteckten Stadtumbaus in Gang gebracht werden.»[72] Im Sihlraum
sollte neben der alten City ein neues monumentales Geschäftszentrum, ein
Manhatten an der Sihl, entstehen, und Stadtpräsident Sigmund Widmer
wollte Zürich zur Olympiastadt machen. Am Aufbau Zürichs zu einer Wirtschaftsmetropole orientierte sich auch der Zürcher Transportplan.
Zunächst erwuchs dem Projekt kaum Opposition. Im Kantonsrat beschlossen alle Parteien ausser der kleinen Partei der Arbeit die Japarole, in der

Stadt Zürich unterstützten alle Parteien ausser den Sozialdemokraten das Projekt, aber auch die waren gespalten. 1972 ergaben Befragungen eine überwältigende Zustimmung der Bevölkerung zum Bau einer Untergrundbahn, Probleme sah man allenfalls im Bereich der S-Bahn, da diese zu wenig bekannt schien.[73] Dann aber brach ein Sturm des Protests gegen das geplante Grossbauwerk los.

Am Ausgang der sechziger Jahre war die allgemeine Wachstumseuphorie einem Wachstumsüberdruss gewichen. Die Verkehrsflut hatte zu einem spürbaren Verlust an Lebensqualität geführt, die Wirtschaftsexpansion verdrängte Wohnraum, die Unwirtlichkeit der Städte wurde zu einem beherrschenden Thema in der öffentlichen Diskussion. Eine Grundwelle der Opposition gegen neue Wachstumsprojekte, getragen von den Links- und den Rechtsaussenparteien, machte sich breit.[74] Dem Ausbau der Stadt Zürich zur Wirtschaftsmetropole sollte Einhalt geboten werden, die Wohnlichkeit der Stadt habe Vorrang vor den Arbeitsplätzen, wurde gefordert. Vom Stimmungsumschwung wurden auch sämtliche Verkehrsinfrastrukturprojekte erfasst. Hatte in den sechziger Jahren kaum eine Hochleistungsstrasse für Diskussionsstoff gesorgt, war kaum ein Platzumbau Gegenstand von Kontroversen gewesen, so war nun plötzlich alles anders. In kurzer Folge verwarfen die Stimmbürger ein Strassenbauprojekt nach dem anderen: Der Cityring wurde heftig kritisiert, 1970 wurde der Heimplatz-Umbau als erster Teil des Gesamtprojektes verworfen, und ab 1971 wurde das Expressstrassen-Ypsilon bekämpft: die Stadtautobahnen wurden zum politischen Thema Nummer eins.[75]

In diese Stimmung der Wachstumskritik fiel die U- und S-Bahn-Debatte. Als «Projekt des Grössenwahnsinns» bezeichnete SP-Kantonsrat Franz Schumacher im Tages-Anzeiger die U-Bahn, und die Sozialdemokratische Partei der Stadt Zürich fragte auf ihren Flugblättern: «Was bringt die U-Bahn uns, den Einwohnern von Zürich? Steigende Bodenpreise, höhere Mieten, Abbruch von Wohnungen, Büros statt Wohnungen, Verdrängung der Stadtbewohner, längere Arbeitswege, […].»[76] Die Befürworter hatten gegen die geballte Ladung an Kritik einen schweren Stand. Als ein Projekt des Umweltschutzes priesen sie die U-Bahn und als ein Projekt, das die Stadt insgesamt nur wenig koste und schliesslich keinen Wohnraum verdränge: «Zahlreiche flankierende Massnahmen werden vorbereitet, um Wohnraum zu erhalten und zu fördern und um den Bodenmehrwert entlang von U- und S-Bahn allen zugute kommen zu lassen. […] Ohne U- und S-Bahn geschieht auf diesem Gebiet nichts.»[77] Die Befürworter, die ihr Projekt bis kurz vor der Abstimmung auf sicheren Pfaden wähnten, hatten am 20. Mai 1973 keine Chance. Im Kanton Zürich wurde es überraschend deutlich mit 234'230 Nein zu 177'362 Ja abgelehnt. Die Stadt Zürich verwarf es mit lediglich 50'114 Ja zu 123'210 Nein. Die Idee einer unterirdischen ÖPNV-Verbindung war damit vom Tisch, diejenige einer S-Bahn, die im Abstimmungskampf kaum thematisiert worden war, wurde knapp zwanzig Jahre später verwirklicht.

Tramrenaissance zur Sicherung städtischer Mobilität

Nicht nur in Zürich war zu Beginn der siebziger Jahre der Traum von Untergrund- oder Tiefbahnen ausgeträumt. Auch andere Städte hatten ähnliche Projekte ad acta gelegt, unter anderem Basel, das ein jahrelang gehegtes Tiefbahnprojekt still und leise einschlafen liess. Die gescheiterten Grossprojekte im Verbund mit der steigenden Umweltbelastung durch die überbordende Autoflut führte zur Renaissance der Strassenbahn.[78] Die Planer und Kommunalbehörden entdeckten ihre Vorzüge als leistungsstarkes und breit akzeptiertes Verkehrsmittel für die Städte schweizerischer Grössenordnung neu und konnten sich auf gut funktionierende Netze stützen. Wegweisende Entschlüsse, den ÖPNV gegenüber dem Individualverkehr zu favorisieren, fällten 1971 der Basler Grosse Rat, 1973 die Berner Stadtregierung und 1977 die Zürcher Stimmbevölkerung. Der Basler Entscheid war die logische Folge des Entschlusses, auf eine Tiefbahn zu verzichten; Grundlage des Zürcher Entscheids war eine von der Sozialdemokratischen Partei 1973 erfolgreich lancierte Volksinitiative, die 200 Millionen Franken für den Ausbau des oberirdischen öffentlichen Verkehrsnetzes verlangte. Diese Entscheide führten zwar nicht zu einer völligen Umkehr der Verkehrspolitik (schon in den sechziger Jahren hatte man in Zürich zaghaft begonnen, den Strassenbahnen eigene Trassen zuzuweisen), sie lösten aber markante Investitionsschübe in den Ausbau der öffentlichen Verkehrsnetze aus und führten zu einem selbstbewussteren Vorgehen bei der Förderung des ÖPNV. Die Städte markierten für Tram und Bus separate Fahrspuren und bevorzugten das Tram an den Lichtsignalanlagen, schafften neue komfortable Strassenbahnen an und verdichteten den Fahrplan, bauten die Streckennetze wieder aus und schlossen mit Bussen Lücken im Verkehrsangebot. 1984 lancierten die Basler Verkehrsbetriebe das erste Umweltabonnement der Schweiz, es folgten die Zürcher VBZ mit der Regenbogenkarte, die Berner SVB mit dem Bärenabo und viele andere Städte mit vergleichbaren Angeboten. Verkehrsverbünde, die in ganzen Regionen eine koordinierte Palette von Transportleistungen garantierten, steigerten die Attraktivität des öffentlichen Nah- und Regionalverkehrs zusätzlich.[79] Parallel zum Ausbau des öffentlichen Verkehrsnetzes entwickelten die Zürcher Stadtbehörden eine Verkehrspolitik, die sich die Erhöhung der städtischen Lebensqualität durch die Reduktion des motorisierten Individualverkehrs zum Ziel setzte. Die Umsteigefreudigkeit sollte mit einer erschwerten Erreichbarkeit städtischer Punkte für Autofahrerinnen und -fahrer gefördert werden. Diese Politik stiess in Wirtschaftskreisen und bei grossen Teilen der Kantonsbevölkerung auf heftigen Widerstand und konnte nicht im gewünschten Tempo realisiert werden.

Während die allgemeine Verkehrspolitik heftigen Kontroversen ausgesetzt war, erfolgte der Ausbau des öffentlichen Verkehrs verhältnismässig harmonisch. Der Grund für die Harmonie lag zu einem wesentlichen Teil in der überaus geschickten Werbestrategie der Verkehrsbetriebe. Den VBZ gelang es, sich aus dem verkehrspolitischen Gerangel herauszulösen und das Tram als Verkehrsmittel allen politischen Gruppen als modernes und umweltfreundliches Verkehrsmittel darzustellen. Aus dem «Schüttelbecher» und

Das erste Tram 2000 auf separater Fahrspur in der Birmensdorferstrasse Richtung Triemli. Die ab 1978 beschafften Trams 2000 und die separate Fahrspur für das Tram zeugen von der Renaissance der Zürcher Strassenbahn ab den späten siebziger Jahren. (Archiv VBZ)

«Viehwagen» wurde die VBZ Züri-Linie, aus dem Verkehrsmittel für die Arbeiter und Angestellten eines für umweltbewusste Personen. Am Anfang dieser Politik stand allerdings eine unerwünschte Initiative.

200 Millionen für Tram und Bus

«Wir fordern den sofortigen Ausbau des bestehenden öffentlichen Verkehrs (Tram und Bus). [...] Unterschreiben sie bei nächster Gelegenheit unsere Initiative zur Förderung des öffentlichen Verkehrs», forderte die Sozialdemokratische Partei der Stadt Zürich noch während des Abstimmungskampfes gegen die Untergrundbahn die Bevölkerung auf.[80] Mit ihrer Initiative wollten sich die Sozialdemokraten einerseits dem Vorwurf entziehen, dass sie durch ihre U-Bahn-Opposition den Ausbau des öffentlichen Verkehrsnetzes verhinderten, andererseits zeigten sie reale Alternativen zur herrschenden Doktrin der Verkehrsflächenvermehrung auf. Sie forderten die Umsetzung einer Erkenntnis, die Kurt Leibbrand bereits in den fünfziger Jahren öffentlich kundgetan hatte und die Hans Marti in den sechziger Jahren zu betonen nicht müde wurde, der in der Realität aber nur zögerlich nachgelebt wurde, dass nämlich bei begrenzter Verkehrsfläche der öffentliche Verkehr gegenüber dem motorisierten Verkehr bevorzugt werden solle. Nur einen Monat nach der U-Bahn-Abstimmung, am 18. Juni 1973, reichten die Sozialdemokraten ihre Initiative zur Förderung des öffentlichen Verkehrs ein. Sie verlangte einen Pauschalkredit von 200 Millionen Franken, der innert zehn Jahren in jährlichen Teilbeträgen von 15 bis 25 Millionen Franken für Investitionen zu verwenden sei, «die ausschliesslich oder weitgehend dazu dienen, möglichst alle Störungen durch den Privatverkehr und betriebsinterne Störungen zu beseitigen, damit die Fahr-

Innenaufnahme des Trams 2000. Unter anderem durch die komfortable Innenausstattung der neuen Strassenbahnen wurde die Attraktivität des öffentlichen Verkehrs wieder gesteigert. (Archiv VHS)

zeuge der VBZ ihre Spuren beziehungsweise Geleise annähernd so schnell befahren können, wie dies technisch möglich wäre».[81] Der Stadtrat liess sich mit der Behandlung der Initiative Zeit und hielt sie recht eigentlich für überflüssig. Alles, was die Initiative verlange, gehöre schon lange zur praktizierten Politik der Zürcher Stadtregierung, hiess es, als die Initiative am 13. März 1977 endlich zur Abstimmung kam.[82] Unrecht hatte die Zürcher Stadtregierung mit dieser Behauptung nicht. Bereits am 6. Juli 1973, wenige Tage nach Einreichung der Initiative, informierten die drei Stadträte Heinrich Burkhardt, Hans Frick und Adolf Maurer, Vorsteher der Industriellen Betriebe, des Polizeiamtes und des Tiefbauamtes, darüber, wie sie nach der verworfenen U-Bahn-Abstimmung den öffentlichen Verkehr in Zürich zu fördern gedachten.[83] Sie konnten dabei auf Studien aus dem Jahr 1971 zurückgreifen, die anhand der besonders problematischen Tramlinie Nr. 10 durchgeführt worden waren.[84] Die dort vorgeschlagenen Massnahmen waren etwa eine separate Fahrspur für das Tram, Linksabbiegeverbot für den Privatverkehr an neuralgischen Punkten sowie die bevorzugte Behandlung des Trams an Lichtsignalanlagen. Bereits im März 1973 hatten sich die drei Stadträte Frick, Maurer und Burkhardt zu einem Stab zur Förderung des öffentlichen Verkehrs zusammengeschlossen und eine Arbeitsgruppe, bestehend aus Fachleuten der drei Bereiche, gebildet. Es waren diese Gremien, die im Juli 1973 erstmals vor die Medien traten und über die geforderten und eingeleiteten Massnahmen informierten: Die Betriebsüberwachung und -leitung sollte optimiert, der Fahrplan den Kundenwünschen besser angepasst, Sonderspuren für Tram und Bus sollten gebaut, Platzsanierungen und die Ausrichtung gesetzlicher Regelungen auf die Bedürfnisse des ÖPNV angestrebt werden. Mit Stolz verwies Polizeivorstand Frick auf die neue Lichtsignalanlage am Bahnhofplatz, die als Musterbeispiel einer ÖPNV-freundlichen Anlage galt und den ÖPNV bevorzugte. Diese Lichtsignalanlage war die Keimzelle der späteren Regelung mit Priorität für Tram und Bus, die international für Schlagzeilen sorgte. Es stimmte also, dass die Stadtregierung bereits vor der Abstimmung über den 200-Millionen-Kredit den öffentlichen Verkehr förderte, was die Neue Zürcher Zeitung zur Aussage veranlasste: «Eine sinnvolle und zweckmässige Förderung des öffentlichen Verkehrs wird heute von niemandem bestritten. Auch ohne Initiative ist in dieser Richtung seither sehr viel geleistet und erreicht worden.»[85]

Trotzdem wurde sie angenommen. Am 13. März 1977 stimmten die Zürcherinnen und Zürcher mit 61'599 zu 58'588 Stimmen dem 200-Millionen-Kredit zu, und trotz ihrer «Überflüssigkeit» hatte die Initiative erhebliche Signalwirkung für die künftige Zürcher Verkehrspolitik. Erstens, weil der Abstimmungssonntag an Symbolgehalt kaum zu übertreffen war. Am gleichen Urnengang stand im Kanton Zürich die konsultative Standesinitiative zum Expressstrassen-Ypsilon zur Abstimmung, die 1971 eingereicht worden war. Diese von den Progressiven Organisationen Zürich lancierte Initiative wurde zwar im Kanton mit 135'108 zu 184'191 Stimmen verworfen, die Stadt Zürich aber nahm die Initiative mit 63'234 zu 58'835 Stimmen an.[86] Die Zürcherinnen und Zürcher setzten damit ein deutliches Zeichen gegen den weiteren Ausbau des Expressstrassennetzes und gaben mit ihrem

Das Central heute: ein permanenter Zankapfel beim Neubau der Tramstadt. Die Stadt konnte bislang den Verkehrsknotenpunkt nie tramgerecht umbauen, sämtliche Pläne scheiterten am Widerstand der Kantonsregierung. (Archiv VBZ)

Ja zum 200-Millionen-Kredit die Richtung städtischer Verkehrspolitik für die nächsten Jahre vor: der öffentliche Verkehr sollte auch auf Kosten des privaten Verkehrs gefördert werden. Denn dass die bedingungslose Förderung des ÖPNV nur auf Kosten des Privatverkehrs gehen könne, hatten die Initianten im Abstimmungskampf deutlich genug betont.

An diesem Sonntag ging der einstige verkehrspolitische Konsens zwischen Stadt und Kanton Zürich in die Brüche. Dem Anspruch der Kantonsbevölkerung, jeden Punkt in der Stadt mit dem frei gewählten Verkehrsmittel erreichen zu können, stand nun quasi offiziell der Anspruch der Stadtbevölkerung auf Wohn- und Wirtlichkeit gegenüber. Der Abstimmungsausgang hatte aber nicht nur Symbolgehalt, sondern auch praktische Bedeutung für die Förderung des ÖPNV in Zürich: der 200-Millionen-Kredit sicherte den Verkehrsbetrieben in einer Zeit der leeren Kassen während zehn Jahren die nötigen Mittel, um Angebots- und Infrastrukturverbesserungen in die Wege zu leiten. Noch im Abstimmungskampf hatte der neue Vorstand der Industriellen Betriebe, Jürg Kaufmann, im Volksrecht geschrieben: «In den kommenden Jahren der Finanzknappheit der öffentlichen Hand ist es für die VBZ eine unabdingbare Notwendigkeit, über Investitionsmittel sicher verfügen zu können und sie nicht dem Risiko jährlich wiederkehrender Budgetkämpfe aussetzen zu müssen. Zu deutlich hat der Souverän seit langer Zeit die Förderung und den Ausbau des unserer Stadt entsprechenden öffentlichen Verkehrs gefordert, als dass man heute einfach sagen könnte, die VBZ würden das Geld schon irgendwie bekommen.»[87] Der Volksabstimmung folgte 1979 die «Grundsatzweisung für die Bevorzugung des öffentlichen Verkehrs». Seither sind die städtischen Behörden angewiesen, «dem öffentlichen Verkehr im Widerstreit der verschiedenen Verkehrsinteressen Priorität einzuräumen».[88] Damit waren die Grundlagen geschaffen und die finanziellen Mittel gesichert, um den öffentlichen Personennahverkehr massiv zu fördern. Bis Mitte der achtziger Jahre wurden für das Tram auf rund 50 des 60 Kilometer umfassenden Netzes separate Spuren verlegt oder abgegrenzt, 80 Prozent der Lichtsignalanlagen wurden mit einem speziell für Zürich entwickelten System so eingerichtet, dass Tram und Bus sie prioritär passieren und dadurch «Wartezeit Null» erreichen konnten, und eine Betriebsleitstelle zeigt jedem Tram- und Busfahrer an, ob er fahrplanmässig, zu früh oder zu spät fährt.[89] Zürich wurde zur «Hauptstadt der Strassenbahn» ausgebaut und für ihre ÖPNV-Förderung international stark beachtet. Relativ stiefmütterlich wurden zunächst die Busse behandelt, so wiesen Mitte der achtziger Jahre erst 16 des 110 Kilometer umfassenden Busnetzes separate Fahrspuren auf. In den neunziger Jahren wurde das Beschleunigungsprogramm 2000 erarbeitet, das für den Busbetrieb die gleichen Betriebsbedingungen anstrebte wie für die Strassenbahn.[90] Heute sind auch in diesem Bereich wesentliche Fortschritte zu verzeichnen. Neuralgische Staupunkte konnten entflochten und die Betriebssicherheit beim Busbetrieb deutlich erhöht werden. Allerdings können Busse noch lange nicht auf allen Streckenabschnitten separate Spuren befahren. Zudem wurden einige Tangentialverbindungen eingerichtet.

Bereits 1974 hatte man damit begonnen, den Wagenpark zu modernisieren und mit dem Tram 2000 einen neuen, komfortablen Fahrzeugtyp einzuführen, der das Image der Verkehrsbetriebe weiter anhob. 1986 folgte eine modernisierte Version desselben Tramwagens. Sämtliche Massnahmen bewirkten eine grundlegende Wahrnehmungsänderung der Verkehrsbetriebe. Das Tram, das sich 1973 in der öffentlichen Meinung auf einem Tiefpunkt befand, hatte eine deutliche Imagekorrektur erfahren. Immer mehr Fahrgäste nahmen Tramfahren als zukunftsorientierte Verkehrsart war.

Die Massnahmen zur Förderung von Tram und Bus, die in den späten siebziger Jahren eingeleitet und in den achtziger Jahren umgesetzt wurden, stiessen kaum auf Opposition. Zwar ärgerten sich die Autofahrer dann und wann über lange Wartezeiten an Lichtsignalanlagen oder darüber, dass die Erreichbarkeit städtischer Ziele durch viele Einbahnstrassen, Linksabbiegeverbote und separate Tramspuren erschwert waren, grundsätzlicher Art war die vorgebrachte Kritik aber nicht. 1983 änderte dies. Das Ende der Wirtschaftskrise liess ein weiteres Anschwellen des motorisierten Individualverkehrs erwarten, die Luftverschmutzung und Lärmbelastung entlang der Durchgangsstrassen erreichte unerträgliche Werte. 1983 erliess der Zürcher Stadtrat drei Grundsätze zur Verkehrspolitik. Neben der Förderung des öffentlichen Verkehrs definierte er als Hauptpfeiler: «Kanalisierung des Motorfahrzeugverkehrs auf Hauptachsen, Verkehrsberuhigung in den Wohngebieten und damit Fernhalten des quartierfremden Verkehrs, und Beschränkung der Parkplätze für Pendler.»[91] 1987 verschärfte er seine verkehrspolitischen Grundsätze, indem er als weiteren Hauptpfeiler ausdrücklich «Den Motorfahrzeugverkehr reduzieren» in sein Programm aufnahm.[92] Dieser Passus war Ausdruck einer grundsätzlichen Neudefinition städtischer Verkehrspolitik. Das Hauptziel hiess nun: «Rückgewinnung von Urbanität. [...] Dieses Ziel ist nur zu erreichen, wenn entschlossen auf zwei Handlungsebenen vorangeschritten wird: Zum einen ist die Mobilität zu vermindern bzw. die entsprechende Nachfrage zu dämpfen. Und zum anderen ist die gedämpfte

Mobilitätsnachfrage weniger belastend abzuwickeln.»[93] Die Stadtregierung sah sich in ihrer Politik durch die Umweltschutzgesetzgebung des Bundes von 1983, die Luftreinhalteverordnung von 1985 und die Lärmschutzverordnung von 1986 bestätigt, die allesamt Grenzwerte in bezug auf die Luft- und Lärmbelastung vorschrieben, die in der Stadt Zürich bei weitem überschritten wurden. Diese Grenzwerte, so sagten es verschiedene Expertisen, könnten in der Stadt Zürich nur erreicht werden, wenn die Anzahl der in der Stadt zurückgelegten Autokilometer deutlich reduziert würde. Bestärkt sah sich die Stadtregierung auch durch den Massnahmenplan Lufthygiene, der gegenüber dem ersten Entwurf von 1989 zwar moderatere Eingriffe in den Verkehrsfluss vorschlug, aber immer noch weitgehende Massnahmen zur Beschleunigung von Tram und Bus verlangte, die auch zu Lasten des Individualverkehrs gehen durften. So hielt das Luftprogramm unter der Massnahme P3 fest: «Die Zugänglichkeit zu den Haltestellen des öffentlichen Verkehrs soll verbessert werden. [...] Die daraus resultierenden Auswirkungen auf den übrigen Verkehr sind in Kauf zu nehmen.»[94]

Was die Stadtregierung schon seit einigen Jahren moderat betrieb, sollte nun verstärkt werden: die Aufhebung zahlreicher Pendlerparkplätze, der Schutz der Wohnquartiere vor Autoverkehr durch Riegel und Schwellen, die Reduktion von Fahrspuren auf Durchgangsachsen und so weiter. Wirtschafts- und Gewerbekreise, welche die Erreichbarkeit ihrer Geschäfte gefährdet sahen und einen Attraktivitätsverlust der Geschäfte im Stadtzentrum zu Lasten der Einkaufszentren in der Agglomeration befürchteten, liefen Sturm gegen diese Massnahmen. Und die Stadtbehörden sahen sich in wachsendem Gegensatz zur Kantonsregierung, die sich gegen weitgehende bauliche Eingriffe ins Hauptstrassennetz wehrte und von einem «Missbrauch des Luftprogramms» sprach.[95] Der Konflikt erreichte nach der Eröffnung der S-Bahn 1990 einen der zahlreichen Höhepunkte. Mit der Eröffnung des S-Bahn-Netzes verbesserte sich die Verkehrserschliessung des Kantons enorm, die Erreichbarkeit der Stadt Zürich wurde nochmals potenziert. Die Folgen davon waren absehbar: Bodenpreissteigerungen um die S-Bahn-Stationen und ein Anschwellen des absoluten Verkehrsvolumens. Mehrmals hatten die Stadtzürcher Behörden auf den Eröffnungstermin der S-Bahn deshalb flankierende Massnahmen verlangt, damit die Gesamtmobilität in der Stadt Zürich nicht anschwelle, ein echtes Umsteigen erfolge und die Wirkung auf die Bodenpreisentwicklung möglichst schwach ausfalle. Der Kantonsrat lehnte flankierende Massnahmen konsequent ab, weshalb Teile der Linken den S-Bahn-Bau ablehnten. Mit der Eröffnung traten die erwarteten Folgen ein: Um die S-Bahn-Knotenpunkte stiegen die Bodenpreise rasch, und der Autoverkehr blieb trotz markant zunehmender Frequenzen beim öffentlichen Verkehr auf hohen Werten stehen. Von einem «Trauerspiel um flankierende Massnahmen» sprach der Tages-Anzeiger, und Zürichs Polizeivorstand Robert Neukomm führte rund eineinhalb Jahre nach der S-Bahn-Eröffnung aus: «Die Eröffnung des S-Bahn-Netzes ist spurlos an der Stadt Zürich vorbeigegangen. [...] Die Tatsache, dass mehr Passagiere die S-Bahn benützen – einige möglicherweise auch umgestiegen sind – und gleichzeitig der Pendler/innenverkehr gleichgeblieben ist, deutet darauf hin, dass die Mobilität gestiegen ist.»[96] Der Ausbau des öffentlichen Verkehrsnetzes war von diesem Konflikt insofern betroffen, als aufwendige Umbauten von Verkehrsknotenpunkten, welche die Beschleunigung des Trams zu Lasten des Privatverkehrs gebracht hätten, von der Kantonsregierung abgelehnt wurden. So konnten 1994 Pläne zur umfassenden Sanierung des Centrals nicht realisiert werden.

Die Differenzen mit der Kantonsregierung, die starke Opposition aus Wirtschafts- und Gewerbekreisen gegen Strassenrückbauten und politische Niederlagen (1987 verwarfen die Stimmbürger einen Pauschalkredit von 42 Millionen Franken, mit welchem der Stadtrat die verkehrsvermindernden Massnahmen finanzieren wollte) führten zwar nicht zur Reformulierung der städtischen Verkehrspolitik, aber zu einem deutlich moderateren Vorgehen und Tempo bei deren Umsetzung.

«Und was i han, das will i nöd» – Widerstand gegen neue Tramlinien

Der 200-Millionen-Kredit ermöglichte nicht nur den Auf- und Ausbau technischer und betrieblicher Massnahmen, sondern auch die grösste Netzerweiterung der städtischen Strassenbahnen seit den dreissiger Jahren.

Über vierzig Jahre war in Zürich keine neue Tramstrecke mehr gebaut worden. In den siebziger Jahren änderte dies. 1976 konnte als erste neue Tramstrecke eine 2,3 Kilometer lange Verlängerung vom Sportplatz Hardturm bis ins Werdhölzli in Betrieb genommen werden. 1986 schliesslich wurden zwei Tramlinien nach Schwamendingen eröffnet, die über den 200-Millionen-Kredit finanziert wurden. Sowohl die Linie in die Grünau wie diejenige nach Schwamendingen erreichten in den Volksabstimmungen grosse Jastimmenmehrheiten. In den betroffenen Quartieren aber wurden sie abgelehnt. Wieso? Die Geschichte des Schwamendinger Trams zeigt den Konflikt beispielhaft auf.

55 Jahre lang war Schwamendingen nur mit Auto- und Trolleybussen an das öffentliche Verkehrsnetz angeschlossen. Nach der Übernahme der Strassenbahn Zürich–Oerlikon–Seebach durch die Stadt stellte die Städtische Strassenbahn Zürich die Zweiglinie nach Oerlikon ein. Man halte den Betrieb mit Bussen aufrecht, wurde den Schwamendingern versichert, und machte sich gleichzeitig an die Planung einer Strassenbahn zwischen Irchel und Waldgarten.[97] Ein entsprechendes Konzessionsgesuch wurde vom Regierungsrat jedoch mit dem Hinweis auf die seiner Meinung nach unzumutbare Mehrbelastung der ohnehin schon stark befahrenen Winterthurerstrasse abgewiesen.[98] Das Projekt blieb bis zum Beginn der fünfziger Jahre pendent und wurde nach dem Krieg, als die Bevölkerung des peripheren Stadtquartiers anzuschwellen begann, wieder aktueller. Der Stadtrat gab Studien für die Strassenbahnerschliessung von Schwamendingen und Affoltern in Auftrag, am 26. April 1946 erteilte die Stadtregierung den Auftrag, ein konkretes Projekt auszuarbeiten. 1947, als im Gemeinderat die Schaffung einer Ringbuslinie von Schwamendingen bis Affoltern diskutiert wurde, informierte der Stadtrat das Parlament über das Tramprojekt. Sowohl im Gemeinderat als auch in der Stadtverwaltung wuchs Opposition gegen das

Schwamendinger Tram. Vor allem Stadtingenieur Herbert Steiner wandte sich vehement gegen den Trambau und erwirkte, dass ein Gutachten ausgearbeitet wurde, das Klarheit schaffen sollte. Im Gegensatz zu den Intentionen Steiners empfahlen die Gutachter den Bau der Tramlinie. 1950, während einer grossen, drei Gemeinderatssitzungen dauernden Verkehrsdebatte, wurde das Projekt jedoch verworfen. Strassenbahnprojekte hatten in den fünfziger Jahren nur noch wenige Anhänger.[99] Als 1951 die Winterthurerstrasse als hochleistungsfähige Durchgangsstrasse ausgebaut wurde, war das Strassenbahnprojekt aus den Plänen verschwunden.

Schwamendingen, das 1930 noch rund 2460 Einwohnerinnen und Einwohner zählte, war in der Nachkriegszeit eines der Quartiere mit den grössten Wachstumsraten. 1950 verfügte es über eine Bevölkerung von rund 14'000 Personen, 1980 hatte die Einwohnerzahl 30'000 weit überschritten. Immer wieder versuchte man, das Quartier besser in das öffentliche Verkehrsnetz zu integrieren, aber sämtliche Vorlagen, die eine direkte Verbindung zur Innenstadt gebracht hätten, wurden verworfen: 1962 die Tiefbahnvorlage, 1973 die U-Bahn-Vorlage. «Heute sind während der Spitzenzeiten die Fahrzeuge überfüllt, und zwar in einem Ausmass, dass wohl kaum mehr von einem attraktiven Verkehr gesprochen werden kann», hielt die Stadtregierung 1978 fest, als das Schwamendinger Tram zur Abstimmung kam. «Schwamendingen ist von seiner Grösse her betrachtet, reif für ein Schienenver-

Hirschenplatz in Schwamendingen in den dreissiger Jahren. Bis zur Trameröffnung 1986 waren Busverbindungen die einzigen öffentlichen Verkehrsverbindungen dieses stark expandierenden Quartiers mit der Innenstadt. (BAZ)

kehrsmittel mit grösserer Kapazität und besserem Reisekomfort.»[100] Die Überzeugung, dass Schwamendingen «reif für ein Tram» sei, war entscheidend vom Umstand beeinflusst, dass die Stadt Zürich drauf und dran war, eine millionenteure Bauruine zu erstellen. 1971, zwei Jahre vor der U-Bahn-Ab-stimmung hatten die Zürcher Stimmbürger beschlossen, im Hinblick auf die projektierte U-Bahn vorsorglich den grössten Teil der für den Ast Schwamendingen erforderlichen Tunnelanlagen unter der sich im Bau befindlichen Expressstrasse zwischen Milchbuck und Schwamendingen zu erstellen. Als die U-Bahn abgelehnt wurde, war dieser Tunnel bereits im Bau und stand 1978 vor seiner Fertigstellung, «und wird, ob er jemals benützt wird oder nicht, gegen 50 Millionen Franken kosten».[101] Dieser Tunnel sollte nun zum Kernstück der beiden neuen Tramstrecken werden. Das Projekt sah eine Tramlinie durch den Milchbuck vor, die sich auf der Höhe des Schwamendinger Dorfzentrums Hirschen teilen und nach Hirzenbach und Stettbach führen sollte. Auf 123 Millionen Franken projektierten die Stadtbehörden den Bau, das Geld dafür sollte dem 200-Millionen-Kredit entnommen werden. Am 25. Januar 1978 befasste sich der Gemeinderat mit dem Projekt. Bereits damals wurde deutlich, dass dem Projekt nur wenig Opposition widerfahren würde. Gegen das neue Tram stimmte lediglich eine kleine Minderheit, die entweder mehr Zeit für die Vorbereitung wollte, eine verkürzte und günstigere Version bevorzugt hätte oder gar kein Tram nach Schwamendingen bauen wollte.[102] Das Tram nach Hirzenbach und Stettbach sei ein gravierender Eingriff in die Quartierstruktur, rationalisiere Parkplätze weg, führe nach dem Expressstrassenbau zu einer weiteren emissionsträchtigen Baustelle und sei, weil es auf einem Rasenband unmittelbar neben dem Fussgängersteig fahre, überdies gefährlich. Zur Gruppe der Tramgegner gehörte auch EVP-Gemeinderat Rudolf Aeschbacher, der die Einweihung des Schwamendinger Trams acht Jahre später als Tiefbauvorstand feierlich begehen sollte. Er habe mit 1026 Schwamendingern gesprochen, führte Aeschbacher an dieser Gemeinderatssitzung aus, nur gerade 26 Prozent hätten sich für eine Tramverbindung ausgesprochen. Man solle den Schwamendingern nicht aufzwingen, was sie nicht haben wollten.[103] Der Gemeinderat bewilligte das Projekt mit 72 zu 19 Stimmen, bereits im September 1978 stand es zur Abstimmung. Wie schon in der Gemeinderatsdebatte erwuchs im Abstimmungskampf dem Tramprojekt nur aus dem Quartier Opposition. Und wie im Gemeinderat wurde auch in der Volksabstimmung gegen die Schwamendinger entschieden, worauf Quartiervertreter eine Initiative unter dem Titel «Züri-Tram nöd eso» lancierten und verlangten, es sei nur eine reduzierte Tramvariante zu erstellen und insbesondere auf die Zweiglinien nach Hirzenbach und Stettbach zu verzichten. Auch diese Abstimmung wurde deutlich verworfen. «Endlich freie Fahrt für die VBZ nach Schwamendingen», titelte nach der Abstimmung vom 8. Juni 1980 das Volksrecht.[104] Am 1. Februar 1986 konnte das Schwamendinger Tram nach rund sechsjähriger Bauzeit eröffnet werden. Von einem «Markstein in der Zürcher Tramgeschichte» sprach Stadtrat Jürg Kaufmann anlässlich der Linieneröffnung und davon, dass das neue Tram zu einer neuen Kommunikationskultur in Zürich beitragen werde: «Es könnte sich ergeben, dass Stadtquartiere, die bisher fast nichts voneinander wussten, neue

Umnutzung eines gescheiterten Projekts. Der bereits gebaute U-Bahn-Tunnel zwischen Milchbuck und Schwamendingen wurde 1986 für die Tramverlängerung nach Schwamendingen genutzt. Vor der offiziellen Streckeneröffnung wurde der Tramtunnel vom Milchbuck nach Schwamendingen mit Zügen der Forchbahn auf seine Tauglichkeit geprüft. (Archiv VBZ)

Beziehungen entwickeln. Die direkte Verbindung vom Triemli und Wollishofen nach Schwamendingen ist nicht nur ein verkehrstechnischer Fortschritt, sie könnte sogar für die demokratischen Prozesse in unserer Stadt Folgen haben.»[105]

Vom ursprünglichen Unmut über das unerwünschte Verkehrsmittel war im verkehrsgebeutelten Quartier schon bald nichts mehr zu spüren. Zwar beklagten sich die Schwamendinger über Kurvenquietschen, Bremslärm und Vibrationen, missen wollten sie das Tram trotzdem nicht mehr: über 50 Prozent höhere Frequenzen verzeichneten die Tramlinien Ende Oktober 1986 gegenüber der Zeit, als noch Busse zwischen Schwamendingen und dem Milchbuck verkehrten.[106]

Der öffentliche Verkehr als Marketingmassnahme

Zu den heikelsten Themen in der Geschichte des öffentlichen Personennahverkehrs gehörte bis in die jüngste Zeit die Fahrpreisgestaltung. In den siebziger Jahren war die Forderung nach günstigen Fahrpreisen ein von der politischen Linken monopolisiertes Thema, während die bürgerlichen Parteien mindestens einen bestimmten Kostendeckungsgrad wenn nicht Eigen-

1985 führten die Verkehrsbetriebe Zürich als zweite Schweizer Stadt mit der Regenbogenkarte ein Umweltabonnement ein. Dadurch gelang es, den öffentlichen Verkehr als ökologischen Mobilitätsanbieter im Bewusstsein der Öffentlichkeit zu verankern. (Archiv VBZ)

wirtschaftlichkeit verlangten. Die Tarifdiskussion beim ÖPNV war wie die Strassenverkehrspolitik dem klassischen Links-Rechts-Schema verhaftet. Mitte der achtziger Jahre hatte sich dies geändert. Die Verkehrsbetriebe hatten die Tariffrage mit dem Umweltthema verknüpft und Tramfahrerinnen und Tramfahrer zu umweltbewussten Zeitgenossen modelliert.

Seit Beginn der siebziger Jahre gehörte der Nulltarif zu den konstanten Anliegen linker Verkehrspolitik. In Basel lancierte 1969 die «Progressive Studentenschaft», aus der später die Progressiven Organisationen Basel POB hervorgingen, eine «Gratistraminitiative». Um die Unterschriftensammlung für die Volksinitiative anzukurbeln, organisierten die Initianten verschiedene «Tram-Sit-ins»: sie legten abends den Trambetrieb während einigen Stunden lahm.[107] Zu ähnlichen und noch viel heftigeren Demonstrationen kam es in zahlreichen Städten Europas. Auch in Zürich war das Gratistram in den siebziger Jahren ein stark diskutiertes Thema. Wie in Basel versuchten auch hier linke Kreise, eine Gratistram-Initiative zu lancieren. Und wie in Basel stiess in Zürich das Anliegen zeitweilig auf breite Sympathie, die aus einem Unmut über Tariferhöhungen und Leistungsabbau resultierte. Anders als in Basel gelangte der Nulltarif in Zürich nicht zur Abstimmung, aber Tarifrevisionen hatten es schwer im Zürich der siebziger Jahre: gegen jede geplante Erhöhung wurde das Referendum ergriffen und nicht selten wurden die Tarifrevisionen abgelehnt. Noch im Februar 1977 kam es im Zürcher Gemeinderat zu einer überaus heftigen Debatte über den Nulltarif. PdA-Gemeinderat Berthold Rothschild postulierte die Forderung nach dem Gratistram und wurde von der geschlossenen Linken unterstützt. Nicht zum Plausch, sondern weil sie per Bus oder Tram ihre Arbeitskraft zum Unternehmer fahren, seien die Arbeitnehmer mit Tram und Bus unterwegs, meinte beispielsweise SP-Gemeinderat Bruno Kammerer. «Weshalb hat also nicht derjenige für die Kosten des Arbeitsweges aufzukommen, der von dieser Arbeitskraft in erster Linie profitiert, nämlich der Unternehmer. Dies wäre eine wirkliche soziale Lösung», führte Kammerer aus und doppelte später in einem Interview nach: «Es gibt eine klare Tendenz, den öffentlichen Verkehr zu einem selbstverständlichen Stück Infrastruktur werden zu lassen, wie Wasser, Gas und Elektrizität. Damit das aber praktikabel wird, muss die Finanzierung geändert werden.»[108]

«Null-Dynamik» titelte das Volksrecht nach der Verwerfung des Postulats. Davon konnte allerdings keine Rede sein, nur zielte die Dynamik in eine andere Richtung. Als die Zürcherinnen und Zürcher über den 200-Millionen-Kredit abstimmten, mussten sie auch, wenige Wochen nach der Nulltarifdiskussion im Gemeinderat, über eine moderate Taxerhöhung befinden. Stadtrat Jürg Kaufmann, der als Gemeinderat noch vehement für ein Gratistram eingestanden war, verstand es im Vorfeld der Abstimmung, das Kreditbegehren mit der Tariffrage zu verbinden: «Wer in der heutigen Zeit glaubt, vom Steuerzahler einen 200-Millionen-Kredit für die VBZ erhalten zu können, ohne auch dem Fahrgast ein Opfer abverlangen zu dürfen, der versteht entweder nichts von der kommunalen Finanzsituation, oder er muss sich den Vorwurf gefallen lassen, auf dem jetzigen politischen Kampffeld um die Verteilung der Güter eine völlig hoffnungslose Position einzunehmen.»[109] Die Sozialdemokraten nahmen diese «völlig hoffnungslose Posi-

In den neunziger Jahren wird das Marketing zu einem zentralen Unternehmensfaktor im öffentlichen Verkehr: Attraktionen wie das als rollendes Restaurant konzipierte Sushi-Tram und Angebotsverbesserungen für bestimmte Zielgruppen wie der Nachtbus für Nachtschwärmer sollen dem öffentlichen Verkehr neue Kundensegmente erschliessen. (Archiv VBZ)

tion» nicht ein und unterstützten für einmal den Preisaufschlag der VBZ, der mit einer Zweidrittelsmehrheit angenommen wurde. Erstaunlicherweise hatte Kaufmanns Taktik, Fahrpreise und Angebotserweiterungen zu einer Einheit zu verbinden, über den Abstimmungssonntag hinaus Bestand. Die Tarifdiskussion verlor etwas von ihrer Brisanz, der Nulltarif wurde 1982 offiziell durch den Vorstand der Industriellen Betriebe begraben: «Die Eigenwirtschaftlichkeit ist aufgegeben, auch die Idee vom Null-Tarif. Das sind zwei Leichen, die wir aus unsern Schränken räumen und beerdigen müssen.»[110] Die Zürcherinnen und Zürcher stimmten in diesem Jahr der neuen «Verordnung über den Finanzhaushalt der Verkehrsbetriebe» zu.

Kleinbus Nr. 77 an der Haltestelle Altenhofstrasse. Die 1988 lancierten Quartierbuslinien gehören zu den erfolgreichsten Massnahmen zur Attraktivitätssteigerung des öffentlichen Verkehrs in der Stadt Zürich. (Bild VBZ)

Diese übertrug die Kompetenzen für Tarifanpassungen dem Stadtrat. Der Gemeinderat legte nur mehr den anzustrebenden Kostendeckungsgrad und die städtischen Beiträge zur Abgeltung gemeinwirtschaftlicher Leistungen und zur Verbilligung gewisser Ausweiskategorien fest. Damit waren generelle Preisanpassungen dem Referendum entzogen. Der Gemeinderat verlangte einen Kostendeckungsgrad von 65 Prozent, den die VBZ bis 1985 zu erreichen hätten; 1982 lag er noch bei 57 Prozent. Damit war absehbar, dass die Fahrpreise stufenweise angehoben würden.

Im selben Jahr, als die Verkehrsbetriebe erstmals den vorgeschriebenen Kostendeckungsgrad ausweisen mussten, führten sie jedoch eine Fahrkarte ein, die eine massive Preisermässigung bedeutete. «Zahlreiche Projekte von grösserer Bedeutung konnten im Geschäftsjahr 1985 abgeschlossen, weiterverarbeitet oder neu an die Hand genommen werden, und doch ist es ohne jeden Zweifel das kreditkartengrosse, attraktiv gestaltete Stück Kunststoff, das ihm einen bleibenden Stempel aufgedrückt hat, die ‹Regenbogenkarte›», schrieben die VBZ im Geschäftsbericht.[111] Die Regenbogenkarte war das zweite Umweltabonnement der Schweiz, lanciert mit der Zielsetzung, «sofort, ohne zeitraubenden und kostspieligen Ausbau der Betriebsleistungen und ohne Verbesserung des Fahrkomforts, einzig durch die preisliche Ausgestaltung des neuen Fahrausweises und seine freie Übertragbarkeit eine spürbare Verhaltensveränderung der Bevölkerung zugunsten des öffentlichen Verkehrs in der Stadt Zürich zu bewirken».[112] Zürich hatte die Idee eines Umweltabonnements aus Basel importiert, wo ein Jahr zuvor mit grossem Erfolg ein solcher Fahrausweis eingeführt worden war. 45 Franken kostete diese neue Monatskarte in Zürich, und Monat für Monat setzten die Verkehrsbetriebe durchschnittlich 78'000 Regenbogenkarten ab. Der Umsteigeeffekt war dank des neuen Fahrausweises erheblich. 30 Prozent der Regenbogenkartenbenützerinnen und -benützer waren «Umsteiger», und zwar 19 Prozent vom Auto, 4 Prozent vom Motorrad und Motorfahrrad und 6 Prozent vom Fahrrad, 6 Prozent mehr Fahrgäste konnten die VBZ allein 1985 registrieren. «Die wohl bedeutsamste Auswirkung der Einführung der ‹Regenbogenkarte› darf darin gesehen werden, dass es dank dieser gelungen ist, die Stagnation bei den Fahrgastfrequenzen zu überwinden und einen neuen Aufschwung einzuleiten.»[113] Der Regenbogen wurde zum neuen Symbol für Umweltschutz und Wirtschaftskraft stilisiert, die VBZ leiteten eine neue Wachstumsperiode ein.

Im Zeichen des Regenbogens

Als Schicksalsjahr für den öffentlichen Verkehr wurde das Jahr 1990 in der Presse des öftern bezeichnet. 1990 wurde die Zürcher S-Bahn eröffnet, und zwar auf praktisch demselben Netz, das bereits 1973 zur Abstimmung stand. Was 1973 noch als «Projekt des Grössenwahns» abgelehnt worden war, wurde nun als «Projekt des Umweltschutzes» gefeiert. Im selben Jahr konnte ein weiteres Projekt, das jahrelang diskutiert worden war, abgeschlossen werden: der Zürcher Verkehrsverbund nahm als Dachorganisation fast aller Zürcher Verkehrsunternehmen seinen Betrieb auf. Die Geschichte der S-Bahn und des ZVV würde den hier möglichen Rahmen sprengen. Für unseren Zweck wichtig sind einzig die zentralen Eckdaten. Mit der Gründung des Zürcher Verkehrsverbundes ZVV verloren die VBZ einen Teil ihrer Kompetenzen an die übergeordnete Instanz. Der ZVV übernahm als «Managmentholding» die Funktionen der strategischen Zielsetzungen, des Planungs- und Berichtswesens, des Controllings und der Finanzierung.[114] Wesentliche Bereiche verblieben allerdings bei den VBZ als einem von acht marktverantwortlichen Unternehmen, so unter anderem Finanzen, Betrieb, Technik, Personal und Marketing. 1995 wurde eine sanfte Reorganisation veranlasst, indem nun sechs der acht marktverantwortlichen Verkehrsbetriebe des Kantons vom ZVV die Management-Dienstleistungen übernahmen (Verkehrsbetriebe Zürich, Winterthurer Verkehrsbetriebe, Sihltal Zürich Uetliberg Bahn, Postauto Zürich, Verkehrsbetriebe Glattal, Verkehrsbetriebe Zürcher Oberland; von der Reorganisation nicht betroffen: S-Bahn Zürich und Zürichsee-Schiffahrtsgesellschaft). Gegen aussen am sichtbarsten waren 1990 die Neuerungen im Tarifbereich: Der ZVV führte auf dem ganzen Kantonsgebiet einen einheitlichen Zonentarif ein, der es erlaubte, mit einem einzigen Billet das ganze Verkehrsangebot zu benutzen. Die statistischen Eckdaten können sich sehen lassen: 1980 benutzten 52 Prozent aller Binnenpendlerinnen und Binnenpendler die öffentlichen Verkehrsmittel, 1990 waren es 62 Prozent; bei den Zupendlern stieg die Quote allerdings nur von 39 auf 42 Prozent. Die Fahrgastzahlen stiegen von 1989 bis 1995 um 14,7 Prozent oder von 845'182 auf 969'753.[115]

Die Eröffnung der S-Bahn und des ZVV bedeutete für den öffentlichen Verkehr in Zürich einen Quantensprung; seine Auswirkungen auf die räumliche Entwicklung des Kantons ist allerdings noch relativ schlecht erforscht. Auf den Eröffnungstermin des ZZV hin lancierten die VBZ unter dem Schlagwort «Züri-Linie 1990» ihren grössten Entwicklungsschub der jüngeren Geschichte. Der geplante Ausbau sollte den Marktanteil des städtischen öffentlichen Verkehrs durch Kapazitäts- und Attraktivitätssteigerungen erheblich erhöhen. In den Jahren 1988/89 entstanden vier Quartierbuslinien, die Betriebszeiten zahlreicher Tram- und Buslinien wurden ausgedehnt, und auf einzelnen Linien wurde in dichteren Intervallen oder mit grösseren Fahrzeugen gefahren. In weiteren Ausbauetappen folgten die Schaffung neuer Tangentiallinien, der Ausbau des Quartierbusangebots und weiterer Angebotsverbesserungen.[116] Mit dem Konzept «Züri-Linie 1990» setzten die Verkehrsbetriebe aber vor allem konsequent fort, was sie mit der Regenbogenkarte eingeleitet hatten: sie setzten auf ein starkes Marketing. So hält der Geschäftsbericht 1990 fest: «Der Erfolg des öffentlichen Verkehrs wird in Zukunft weniger von weiteren Linienausbauten bestimmt, sondern von der Kompetenz, die Fahrgastprobleme im Alltag zu lösen und den öffentlichen Verkehr wirkungsvoll zu verkaufen.»[117]

Insgesamt hatte die Marktstrategie der VBZ, verbunden mit der übrigen Verkehrspolitik Erfolg. Der motorisierte Individualverkehr stagnierte, während die öffentlichen Verkehrsbetriebe deutlich an Fahrgästen zulegten. Das Verhältnis von öffentlichem zu privatem Verkehr ist in der Stadt Zürich deutlich grösser als in vergleichbaren Städten. Hier werden rund 42 Prozent

aller Wege mit öffentlichen Verkehrsmitteln zurückgelegt, während dieser Wert in vergleichbaren Städten zwischen 16 und 24 Prozent liegt. Fasst man die umweltfreundlichen Fortbewegungsarten «zu Fuss», «Fahrrad» und «öffentlicher Personennahverkehr» zum sogenannten Umweltverbund zusammen, ergibt dies einen Anteil von 71 Prozent.[119]

Tramvisionen

Und heute? Die wirtschaftliche Rezession hat auch beim öffentlichen Verkehr Spuren hinterlassen. Im Zeichen des Spardrucks haben verschiedene Unternehmen ihr Angebot eingeschränkt, die Fahrpläne ausgedünnt und stark defizitäre Strecken stillgelegt. Einzelne Abbaumassnahmen leiteten die Verkehrsbetriebe Zürich bereits 1991 ein, also nur ein Jahr, nachdem der Erfolg der Züri-Linie 1990 feierlich begangen wurde. Parallel zu den Sparmassnahmen bei zahlreichen schweizerischen Verkehrsbetrieben zogen die Fahrpreise wieder stärker an als die Kosten des Privatverkehrs. Der öffentliche Verkehr befindet sich zur Zeit in einem Wellental, allerdings auf hohem Niveau: Die Passagierzahlen, die in den achtziger Jahren enorme

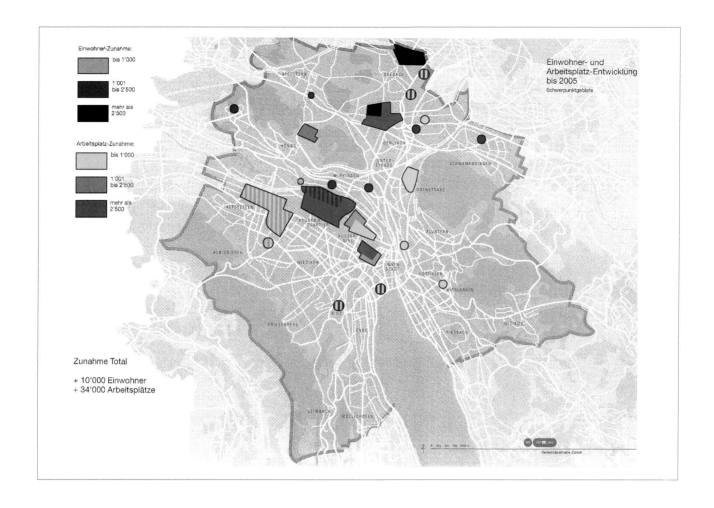

Das Tramnetz wächst wieder. Erste Priorität bei neuen Linienprojekten haben Strecken in Entwicklungsgebiete für gemischte Nutzung sowie Gebiete mit hohem Dienstleistungsanteil. (Archiv VBZ)

Zuwachsraten verzeichneten, sind kaum rückläufig. Die Verkehrsbetriebe sehen sich aber zunehmendem Druck ausgesetzt und müssen im Spannungsfeld zwischen Markt und Politik härter um neue Kundensegmente kämpfen.[118] Die Zürcher Verkehrsbetriebe machen dies ausserordentlich konsequent. Mit Sondertrams, Gastrotrams, einem Nachtbusbetrieb unter der Bezeichnung «Nachtspektakel», mit einer speziellen Fahrkarte für Mitarbeiter von Partnerunternehmen unter der Bezeichnung «Bonuskarte» oder dem Autovermietungsangebot «Züri mobil» versucht das Unternehmen den Wandel vom klassischen Verkehrsbetrieb zum umfassenden Mobilitätsanbieter einzuleiten.

Das Tram bleibt eine zentrale Grösse der städtischen und regionalen Verkehrspolitik. An den Leitsätzen der städtischen Verkehrspolitik hat sich nichts geändert, der regionale Verkehrsplan hält unmissverständlich fest: «Das Verkehrssystem soll die notwendigen, der sozialen, wirtschaftlichen und kulturellen Bedeutung der Stadt Zürich entsprechenden Verbindungen und Beziehungen sowie die Versorgung mit den notwendigen Gütern gewährleisten. [...] Die Sorge zur Umwelt, die beschränkten Platzverhältnisse, die Sicherheit aller Verkehrsteilnehmer und auch die Sorge um die Erhaltung der Lebens- und Wohnqualität in der Stadt setzen aber zukünftigen Mobilitätswünschen Grenzen.»[120] Die Einwohnerzahl soll wieder erhöht, der Anteil an Mehrpersonenhaushalten gefördert, die Arbeitsplätze mit einer gesunden Mischung aus industriellen, gewerblichen und Dienstleistungsberufen erhalten bleiben. Die Verkehrsplanung soll ihren Teil zu dieser Entwicklung beitragen: «Neue Unternehmen mit hoher Arbeitsplatzdichte sollen primär an Lagen mit guter bis hervorragender ÖV-Erschliessung angesiedelt werden. Die gezielte Ausschöpfung der Raumreserven an solchen Standorten unterstützt die Auslastung der öffentlichen Verkehrsmittel und ist ein wirksamer Beitrag zur Umweltentlastung.»[121] In der kantonalen Richtplanung heisst die etwas weniger verbindliche Formulierung, dass neue Verkehrsbedürfnisse nicht zu einer überproportionalen Vermehrung des motorisierten Individualverkehrs führen dürfen. Die Entwicklung der Siedlungsstruktur soll schwerpunktmässig auf den öffentlichen Verkehr ausgerichtet, die regionalen Zentrumsgebiete mit zentralörtlichen Funktionen wie Bildung, Kultur, Gesundheit, Freizeit oder Einkauf sollen gefördert werden.[122] Im neuen kantonalen Richtplan wurden die Baulandreserven reduziert und auf die S-Bahn-Knotenpunkte orientiert. Ansatzweise kommt man mit diesen raumplanerischen Massnahmen auf die Forderungen Meilis, Carols und Werners von 1947/48 zurück, unter Rahmenbedingungen allerdings, die mit denjenigen der Nachkriegszeit nicht mehr zu vergleichen sind: die Zersiedelung ist weit fortgeschritten, die Konzentration zentraler Dienste in der Hauptstadt erheblich, die Strassen für den Automobilverkehr sind ausgebaut und Mobilität ist ein überaus preiswertes Gut. Verkehrsprognosen gehen davon aus, dass der Mobilitätszuwachs in den nächsten Jahren wegen der Wirtschaftskrise lediglich bei 1 Prozent liegen soll, und dieser Mehrverkehr soll so weit als möglich durch die ÖPNV-Betriebe bewältigt werden: «Beim Zupendlerverkehr in die Stadt Zürich soll dabei das gesamte Wachstum auf den öffentlichen Verkehr gebracht werden. In den Nebenverkehrszeiten soll der Marktanteil mindestens gehalten werden.»[123]

Diese Zielsetzungen führen zu einem Bedarf an neuen Tramlinien: «Die ständige Nachfragesteigerung und der enge Verkehrsraum führen zu Kapazitäts- und Qualitätsengpässen, die die Attraktivität des Fahrplanangebots schmälern. Die wichtigsten Kundennutzen – rasche flüssige Fahrt ans Ziel und befriedigendes Platzangebot – können teilweise nur noch ungenügend erfüllt werden.»[124] Am 6. März 1995 beschloss der Kantonsrat die Grundsätze über die mittel- bis langfristige Planung des öffentlichen Verkehrsangebotes in Zürich. Damit bestätigte er die Zielvorstellungen der VBZ, die diese unter der Bezeichnung «Tramvisionen» formuliert hatte. Im Richtplan der Region Stadt Zürich wurde der Bedarf an insgesamt achtzehn neuen oder erweiterten Tramachsen und zahlreichen neuen Buslinien skizziert, die im Endausbau zu einem Netz führen würden, das stark an Ausbaupläne um die Wende zum 20. Jahrhundert erinnert. Die Planung neuer Tramlinien wird koordiniert mit der Erschliessung von Entwicklungsgebieten für gemischte Nutzungen sowie von Gebieten mit hohem Dienstleistungsanteil. Beim Ausbau der Tramstadt am weitesten fortgeschritten sind die Projekte der Tramlinienverlängerung zur «Messe Zürich» (Eröffnung 1998). Weniger weit ausgearbeitet, aber ebenfalls als neue Tramachsen mit hoher Priorität bezeichnet sind Neubauprojekte durch die Langstrasse, nach Affoltern

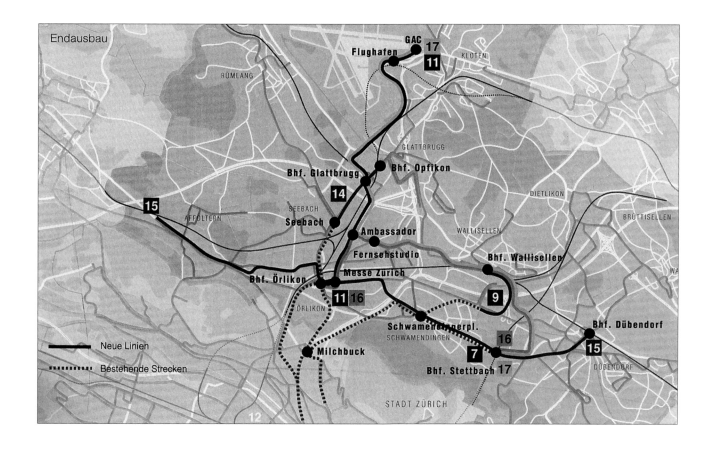

sowie neue Linien über die Pfingstweid- respektive Hohlstrasse nach Altstetten. Von Ausbau- und Umbauplänen betroffen sind ebenfalls zentrale Verkehrsknotenpunkte, die für die Verkehrsabwicklung teilweise an Kapazitätsgrenzen stossen. Zu den prioritären Umbauprojekten gehört die Neugestaltung des Bellevueplatzes und dessen Umgebung. Die Ansprüche sind hoch gesteckt, die Mittel verhältnismässig bescheiden gewählt. Das Bellevue, heute vom Autoverkehr umflutet und für den Tramverkehr ein schwer zu bewältigender Knotenpunkt, soll ein neues Gesicht, einen neuen Charakter erhalten. Die Erlebnisqualität am Bellevue soll erhöht, die Raumgestaltung verbessert, die Attraktivität der umweltschonenden Verkehrsmittel gefördert und die Verkehrsbelastung verringert werden.[125] So schreibt es die departementsübergreifende «Projektgruppe Bellevue» in ihrem Bericht «Gesamtprojekt Bellevue». Überwältigend sind die Massnahmen nicht, mit denen die Projektgruppe diese Ziele erreichen will. Die wichtigste: Die Verkehrsarten sollen entflochten werden, indem das Tram zwischen Bellevue und Bürkliplatz der Stadtseite und der motorisierte Individualverkehr der Seeseite zugeordnet wird. Bestandteil des Gesamtkonzepts ist zudem eine unterirdische Parkierungsanlage im Bereich Stadelhoferplatz-Theaterplatz. Weitergehende Massnahmen, etwa die Tieflegung des Autoverkehrs, seien unrealistisch und zu teuer, schreibt die Projektgruppe. Mehr braucht es wohl zur Zeit auch nicht: Wird realisiert, was die Projektgruppe vorschlägt, bekommt das Bellevue wieder einmal ein neues Gesicht.

Das Tram überschreitet die Stadtgrenze. Bis im Jahr 2005 soll die erste Etappe eines umfassenden Stadtbahnprojekts ins Glattal realisiert sein, der Endausbau folgt anschliessend. (Archiv VBZ)

Cobra und Messe Zürich. Die Tramlinie zur Messe Zürich soll 1998 eröffnet werden, ein Jahr später soll das neue Niederflurtram Cobra auf den Zürcher Strassen verkehren. (Planpartner AG/ZVV)

Das wichtigste Ausbauprojekt ist indessen eine Stadtbahn ins Glattal nach Opfikon, Kloten, Wallisellen und Dübendorf. Das Glattal ist seit Jahren das grösste Entwicklungsgebiet im Grossraum Zürich und dürfte nach neusten Studien an Arbeitsplätzen und Wohnbevölkerung die Stadt Zürich in nicht allzuferner Zukunft übertreffen. Schon heute weisen die Verkehrsstatistiken täglich rund 120'000 Personenfahrten zwischen der sogenannten Glattstadt, begrenzt durch das dichtbesiedelte Gebiet zwischen Stettbach/Dübendorf–Flughafen und Zürich-Oerlikon, und der Kernstadt aus, was etwa 55 Prozent des gesamten Verkehrsaufkommens in der Region entspricht. Weitläufige Siedlungsflächen, die für Dienstleistungsbetriebe ausgeschieden wurden, bieten mehreren tausend Arbeitsplätzen Raum, die durch ein leistungsfähiges öffentliches Verkehrsmittel erschlossen werden müssen, um die Erreichbarkeit dieser Gebiete auch in Zukunft zu gewährleisten.[126] Die Projektleitung beim Stadtbahnprojekt liegt zwar beim Zürcher Verkehrsverbund, der sich nach umfangreichen Vorstudien 1996 für die Stadtbahn und gegen eine Hochbahn entschied, die Projektausführung aber ist den Verkehrsbetrieben Zürich übertragen – aus naheliegenden Gründen: «Die Stadtbahn muss nicht erfunden werden. In Zürich gibt es eine, auch wenn sie noch liebevoll ‹Tram› genannt wird. Es gibt auch die Forchbahn, die ein Beispiel für eine mögliche Weiterentwicklung der Zürcher Stadtbahn ist. Eine gezielte Entwicklung für die Aufgaben in der Glattalstadt ist also möglich.»[127] Bis im Jahr 2005 soll der erste Ast, zum Flughafen Kloten, in Betrieb genommen werden, im Endausbau soll das Stadtbahnnetz 13 Kilometer umfassen. Stadtbahnprojekte, wie sie in Zürich zur Zeit diskutiert und vorangetrieben werden, beschäftigen auch die Verwaltungen zahlreicher weiterer Städte. Umfangreiche Ausbaupläne des schienengebundenen Nah- und Regionalverkehrs hegen auch Bern, Basel und Genf, das nach Jahren des Tramrückbaus 1995 eine neue Tramlinie eröffnet hat und in den nächsten Jahren verschiedene weitere in Betrieb nehmen wird. Selbst in kleineren Stadtregionen, wie beispielsweise Zug, werden in naher Zukunft neue Stadtbahnprojekte für die bessere Erschliessung von Arbeitsplätzen und Wohnorten in die Realisierungsphase treten. Selbst in den USA gilt das Tram in mittleren Städten als zentraler Faktor bei der Revitalisierung verödeter Innenstädte. Die Begründung für alle diese Stadtbahnprojekte ist überall die gleiche, als Beispiel soll die Zuger Stadtbahnstudie zitiert werden: «Die Stadtbahn setzt neue Impulse in der Verkehrspolitik und hat deshalb auch eine positive Signalwirkung für die wirtschaftliche Weiterentwicklung der Region Zug. Die Stadtbahn erhöht die Ausstrahlung des Wirtschaftsstandorts Zug und steigert die Lebensqualität in der Region.»[128] Aber nicht nur die Anlage neuer Tramlinien und Projekte für Platzumbauten zeugen von der Renaissance der Tramstadt. Auch neue und komfortable Schienenfahrzeuge sollen zur Attraktivitätssteigerung des öffentlichen Nahverkehrs beitragen. Ab 1999 fährt eine neue Tramgeneration auf Zürichs Strassen: das Niederflurtram Cobra, hergestellt von einem Schweizer Industriekonsortium unter Federführung der Schindler Waggon AG.

Strassenbahnen waren um die Jahrhundertwende die Voraussetzung, um das Leitbild der dezentralen Siedlungsentwicklung und der funktionalen Trennung von Wohnen, Arbeiten und Freizeit umzusetzen. Hundert Jahre später sind sie wieder Garant für den Weiterbestand dieses Systems, allerdings unter vollständig anderen Voraussetzungen: Mit der Strassenbahn wurde ein Mobilitätsbedürfnis geschaffen, das sich durch die Motorisierung potenzierte und unter dem die städtischen Agglomerationen zu ersticken drohten. Strassen- und Stadtbahnen sollen diesen Kollaps verhindern.

VII. Anmerkungen

I. Einleitung

1 Guggenheim 1996, S. 12.
2 Ebenda, S. 260.
3 Radicke 1983, S. 356.
4 Hilpert 1984, S. 106.
5 Frey 1990, S. 45.
6 Brändli 1992, S. 3; Leibbrand 1980, S. 16.
7 Rebsamen 1984, S. 73.
8 Gaebe 1987, S. 18.
9 Baumeister 1876, S. 1.
10 Alonso 1964; Haig 1928; Von Thünen 1826.
11 Alonso 1975, S. 55–66.
12 Für die folgenden Ausführungen siehe: Alonso 1975, S. 139–157.
13 Friedrichs 1977, S. 81 f.
14 Vgl. zum Beispiel Lichtenberger 1986, S. 129; Herbert 1990, S. 157–161.

II. Ein Luxustram für eine Luxusplanung

1 Züricher Post, Nr. 232/1882.
2 NZZ, Nr. 277/1882.
3 Eisenbahn, Bd. XV, Nr. 22/1881, S. 134.
4 Brändli 1992, S. 60.
5 Boegli 1976, S. 5.
6 Appenzeller 1995, S. 22.
7 Kronig 1988, S. 35; Galliker 1993, S. 29.
8 McKay 1976, S. 13–25.
9 Schwabe 1976, S. 6–15.
10 McKay 1976, S. 23.
11 Borel 1994, S. 10.
12 Eisenbahn, Bd. XV, Nr. 22/1881, S. 134; SEVM 1888, S. 2.
13 Kronig 1988, S. 45–52; McKay 1976, S. 25–53.
14 Rubin 1919, S. 22, 63.
15 Asséo 1990, S. 206; Boegli 1976, S. 19.
16 Kronig 1988, S. 52–59.
17 Fritzsche 1994, S. 164; Bärtschi 1983, S. 293 f.
18 Stadtrat Zürich, Geschäftsbericht 1864, S. 7–9; Regierungsrat Zürich, Rechenschaftsbericht 1862, S. 117.
19 Scharpe 1863, S. 8 f.
20 Wild 1863, S. 2–6.
21 Culmann 1862, S. 18.
22 Stadtrat Zürich, Geschäftsbericht 1864, S. 8.
23 Bürkli 1865, S. 65–67.
24 Ebenda, S. 69–70.
25 Zürcher Strassenbahn AG, Akten: Geschäftsbericht 1882, S. 5, Stadtarchiv Zürich, Sig. VII.27.
26 NZZ, Nr. 283 I/1877.
27 Festschrift 1905, S. 237.
28 Rubin 1919, S. 63–69.
29 Brunner 1875, S. 1–3.
30 Bürkli 1877, S. 17.
31 Ebenda, S. 148 f.
32 Zürcher Strassenbahn AG, Akten: Geschäftsbericht 1882, S. 3, Stadtarchiv Zürich, Sig. VII.27; Stüssi 1877, S. 80.
33 Strassenbahnen 1877 ff. Nicht ausgeführte Projekte, Staatsarchiv Zürich, Sig. III Hf 1.
34 Stüssi 1877, Anhang.
35 Zürcherischer Strassenbahnverband: Römer. M. Schreiben an die hohe Bundesversammlung der Schweizerischen Eidgenossenschaft, 1. Dezember 1877, Stadtarchiv Zürich, Sig. VII.04.
36 Largiadèr 1945, S. 231, 257.
37 Finanzvorstand, Akten betr. Strassenbahnen: Botschaft des Bundesrathes an die Bundesversammlung, betreffend die Konzessionierung von Strassenbahnen. 21. Dezember 1881, Stadtarchiv Zürich, Sig. V.C.c 52.
38 Ebenda.
39 Ebenda.
40 Appenzeller 1995, S. 21.
41 Bürkli 1865, S. 73–75.
42 Bürkli 1877, S. 142 f.
43 Zürcherischer Strassenbahnverband, Akten: Bertschinger, C. E., Rechtsgutachten über die Kompetenzen der Strassenbahnverbandsbehörden veranlasst durch die Rechtsgutachten der HH. Dr. Amsler und Dr. Ryf, Zürich 1890, S. 1–3, Stadtarchiv Zürich, Sig. VII.04
44 Zit. nach Züricher Post, Nr. 48/1881.
45 Ebenda.
46 Finanzvorstand, Akten betr. Strassenbahnen: Tramwayakten, Statut des von den Gemeinden Zürich,

Riesbach, Enge und Aussersihl gebildeten Verbandes zur Erstellung von Strassenbahnen, Zürich 1881, Stadtarchiv Zürich, Sig. V.Gc.52.
47 Strassenbahnkommission, Geschäftsbericht 1883, S. 3, Stadtarchiv Zürich, Sig. VII.04.
48 Schnöller 1927, S. 34 f.; Trüb 1982, S. 9.
49 Ebenda.
50 Ebenda, S. 10–12.
51 Regierungsrat Zürich, Rechenschaftsbericht 1881, S. 263.
52 Strassenbahnkommission, Geschäftsbericht 1881/83, Mai 1883, S. 3 ff., Stadtarchiv Zürich, Sig. VII.04; Zürcher Strassenbahn AG, Akten: Geschäftsberichte 1881–1883, Stadtarchiv Zürich, Sig. VII.27; Regierungsrat Zürich. Rechenschaftsbericht 1884, S. 372–375.
53 McKay 1976, S. 26, 53.
54 Zürcher Strassenbahn AG, Akten: Geschäftsberichte 1882–1896, Stadtarchiv Zürich, Sig. VII.27.
55 Strassenbahnkommission, Geschäftsbericht 1881–1883, S. 16 f., Stadtarchiv Zürich, Sig. VII.04; Regierungsrat Zürich, Rechenschaftsberichte 1881–1895. Abschnitt Strassenbahnen. Zürcher Strassenbahn AG, Akten: Geschäftsberichte 1881–1897, Stadtarchiv Zürich, Sig. VII.04.
56 Zürcherischer Strassenbahnverband, Akten: Bertschinger, C. E., Rechtsgutachten über die Kompetenzen der Strassenbahnverbandsbehörden veranlasst durch die Rechtsgutachten der HH. Dr. Amsler und Dr. Ryf, Zürich 1890, Akte 114/1890, S. 5–7, Stadtarchiv Zürich, Sig. VII.04; Strassenbahnkommission, Akten, Nr. 5/1890, 8/1890, 22/1890, 28/1890, Stadtarchiv Zürich, Sig. VII.04; Trüb 1982, S. 16; Regierungsrat Zürich. Rechenschaftsberichte 1881–1895, Abschnitt Strassenbahnen.
57 Eisenbahn, Bd. XV, Nr. 21/1881, S. 129 f.; Bd. XV, Nr. 22/1881, S. 134.
58 Fritzsche 1985, S. 158.
59 Brändli 1990, S. 60; Fritzsche 1985, S. 155.
60 Bergier 1990, S. 47; Fritzsche 1986, S. 180.
61 Wachter 1995, S. 160; Fritzsche 1986, S. 182.
62 Fritzsche 1983, S. 93.
63 Koch 1992, S. 43.
64 Bergier 1990, S. 47; Fritzsche 1986, S. 180; Fritzsche 1983, S. 93 f.
65 Thünen 1826; Weber 1909; Isard 1956; Christaller 1933; Lösch 1944. Einen ausgezeichneten Überblick über die verschiedenen theoretischen Ansätze vermittelt Schätzl 1978.
66 Haggett 1991, S. 426.
67 Schätzl 1978, S. 145–147.
68 Burkhalter 1990, S. 7–11.
69 Fritzsche 1994, S. 171; Wachter 1995, S. 161 f.
70 Guyer 1967, S. 8 f.
71 Fritzsche 1981, S. 96 f.
72 Jahrbuch Zürich 1995, S. 18.
73 Fritzsche 1981, S. 95.
74 Fritschi 1887, S. 19
75 Vgl. Kap I.3.
76 Fritzsche 1985, S. 195; Fritzsche 1981, S. 99.
77 Thienel 1977, S. 55; Sutcliffe 1980 II, S. 140.
78 Ebenda.
79 Posener 1982, S. 63.
80 Eisenbahn, Nr. 10/1875, Beilage vom 12. März 185, S. 124.
81 Rebsamen 1984, S. 57; Hall 1995, S. 41–56; Koch 1992, S. 49.
82 Baumann 1994, S. 73–75; Ladd 1991, S. 84–103.
83 Baumann 1994, S. 71 f.
84 Maggi 1987, S. 7
85 Hornberger 1980, S. 71; Koch 1992, S. 58.
86 Stadtrat Zürich, Geschäftsbericht 1871, S. 12.
87 Eisenbahn, Nr. 10/1875, Beilage vom 12. März 1875, S. 124.
88 Vgl. zum Beispiel: Die Strassenbahnen und ihre Bedeutung für den Verkehr der Städte, in: SBZ, Bd. 16/1895, S. 6–8.
89 Baumeister 1876, S. 125; Yago 1986, S. 80–93; Radicke 1983, S. 343–355.
90 Brenner 1985, S. 155, 157; Fehl 1995, S. 22.
91 Radicke 1983, S. 356.
92 Ebenda; Escher 1985, 225–231.
93 Fisch 1988, S. 118 f.
94 Warner 1978, S. 52–64
95 Asséo 1990, S. 186–190.
96 Huber-Werdmüller zählt zu den herausragenden Figuren Zürichs im späten 19. Jahrhundert und zu den zentralen Persönlichkeiten der Zürcher Verkehrsgeschichte in den siebziger und achtziger Jahren: 1875 wurde er zum ersten Direktor der Uetlibergbahn ernannt, 1881 zum Direktor der Zürcher Strassenbahn AG, 1894 gehörte er dem Verwaltungsrat der Elektrischen Strassenbahn Zürich an, und als Gründer und Direktor der Maschinenfabrik Oerlikon war er massgeblich an der Verbreitung der elektrischen Trams beteiligt. Rebsamen 1992, S. 282; Bollinger 1983, S. 144–137; Wegmann 1917, S. 23–25.

97 Stüssi 1877, S. III f.
98 Bürkli 1877, S. 143.
99 Zürcher Strassenbahn AG, Akten: Geschäftsbericht 1896, S. 15, Stadtarchiv Zürich, Sig. VII.27; Schnöller 1927, S. 134–136.
100 Gruner 1987, S. 353–396.
101 Gruner 1987, S. 352, 363 f.
102 Strassenbahnkommission, Akten: Geschäftsbericht 1881–1883, Zürich 1883, S. 11, Stadtarchiv Zürich, Sig. VII.04.
103 Zürcher Strassenbahn AG, Akten: Geschäftsbericht 1896, S. 7, Stadtarchiv Zürich, Sig. VII.27.
104 Zürcher Strassebahnverband, Akten, Stadtarchiv Zürich, Sig. VII.04.
105 Strassenbahnkommission, Akten. Geschäftsberichte 1881–1894, Stadtarchiv Zürich, Sig. VII.04.
106 Fritzsche 1981, S. 109.
107 Jahrbuch Zürich 1995, S. 18.
108 Statistik, Nr. 18, S. 19.

III. Die Modellierung eines öffentlichen Massenverkehrsmittels

1 McKay 1976, S. 36.
2 Ebenda.
3 Moik 1993, S. 42.
4 McKay 1976, S. 37; Wismann 1987, S. 36–45.
5 McKay 1976, S. 38 f.
6 Zeitschrift für Kleinbahnen, Januar 1894, S. 23.
7 Zit. nach Posener 1982, S. 53 f.
8 Wismann 1987, S. 36–45; Krabbe 1985, S. 62 f.
9 Wo nichts anderes vermerkt ist, siehe Galliker 1996.
10 Gugerli 1996, S. 43–62.
11 SEVM 1888, S. 5.
12 Lüthi 1995, S. 7.
13 SEVM 1888, S. 2–5; Lüthi 1995, S. 7.
14 SEVM, Firmenarchiv o. A., Rendement pour un brut probable, Vevey 1884.
15 Lüthi 1995, S. 3–6.
16 McKay 1976, S. 40–51; Krabbe 1985, S. 63.
17 McKay 1976, S. 40–51.
18 Gugerli 1996, S. 49.
19 Zeitschrift für Kleinbahnen, Januar 1894, S. 24.
20 Ebenda, S. 25.
21 McKay 1976, S. 47–51.
22 SBZ 11/1893, S. 67.
23 Ebenda.
24 Gugerli 1996, S. 93–132.
25 SBZ, 4. 7. 1896, S. 1, zit. nach Gugerli 1995, S. 139.
26 Gugerli 1995, S. 153.
27 Bauer 1963, S. 437; Wägli 1980, S. 75–79.
28 Bauer 1963, S. 438 f.; Jahrbuch Schweiz 1920, 1930.
29 Brüstlein 1892.
30 Regierungsratsprotokoll, Nr. 2161/1892.
31 Ebenda.
32 Stadtratsprotokoll, Nr. 626/1893.
33 Regierungsratsprotokoll, Nr. 126/1893.
34 Stadtratsprotokoll, Nr. 626/1893.
35 Electrische Strassenbahn Zürich AG, Akten: Maschinenfabrik Oerlikon Zürich, Beilage zum Concessions-Gesuch für eine elektrische Strassenbahn Zürich–Hirslanden. October 1892, Stadtarchiv Zürich, Sig. VII.28
36 Tram-Museum Zürich 1994, S. 4.
37 Gugerli 1996, S. 90.
38 Kamm 1996, S. 19.
39 NZZ, 8. 3. 1894.
40 Fritzsche 1994, S. 167–169.
41 Ebenda.
42 Ebenda, S. 172.
43 Ebenda, S. 170.
44 Bärtschi 1983, S. 391–409.
45 Wegmann 1917, S. 166.
46 Statistik, Nr. 32, S. 5.
47 Bärtschi 1983, S. 321.
48 Rebsamen 1992, S. 256 f.
49 Ebenda, S. 257.
50 Rebsamen 1992, S. 257.
51 Jahrbuch 1995, S. 18.
52 Statistik, Nr. 6, S. 6.
53 Wovon ein nicht unerheblicher Teil mehrmals pro Jahr den Wohnsitz wechselte.
54 Statistik, Nr. 6, S. 7.
55 Künzle 1991, S. 173.
56 Statistik, Nr. 6, S. 9.
57 Ebenda, S. 15.
58 Friedrich Engels, zit. nach Eigenheer 1994, S. 79.
59 Eigenheer 1993, S. 70–79.
60 Kurz 1991, S. 198.
61 Reulecke 1985, S. 143.
62 Kurz 1991, S. 198.
63 Künzle 1991, S. 167.
64 Pflüger Paul, Tagebuch von 1900, o. O. 1900, zit. nach Eigenheer 1993, S. 72.
65 Koch 1988, S. 33; Bärtschi 1983, S. 318.
66 Zurlinden 1915, S. 240–245. Der hohe Jastimmenanteil in Zürich wurde als allgemeine Überraschung gedeutet und unter anderem auf die intensive publizistische Überzeugungsarbeit des Zürcher Stadtschreibers Paul Usteri zurückgeführt, die dieser 1891 in der Neuen Zeitung in einer zwölfteiligen Artikelserie entfaltet hatte.

67 Schenkel 1980, S. 98–104.
68 Ebenda, S. 21.
69 Grundzüge einer Organisation für die neue Stadtgemeinde, Bericht erstattet an die Vereinigung der Kantonsräte und Gemeindebehörden von Zürich und Ausgemeinden vom Bureau dieser Versammlung, Zürich, 3. Mai 1888, S. 43, zit. nach Schenkel 1980, S. 25.
70 Stadtrat 1919, S. 4–6.
71 Kaufhold 1990, S. 231.
72 Stadtrat 1919, S. 61 f.
73 Thienel 1977, S. 55.
74 Wattmann 1910, S. 5.
75 Zurlinden 1915, Bd. II, S. 231–233.
76 Stadtrat Zürich, Abstimmungsweisung 1896; Stadtrat Zürich, Abstimmungsweisung 1894.
77 Zurlinden 1915, Bd. II, S. 232.
78 Ebenda.
79 Wohnungspolitik 1957, S. 10.
80 Zit. nach Wohnungspolitik 1957, S. 9.
81 Stadtrat, Abstimmungsweisung 1896, S. 1.
82 Weisung Arbeiterwohnungsfrage, zit. nach Wohnungspolitik 1957, S. 11.
83 Wohnungspolitik 1957, S. 12–14.
84 Schnüriger 1989, S. 42.
85 Jagmetti 1979, S. 129.
86 Wenner 1899, S. 243.
87 Wenner 1909, S. 45.
88 Stadtratsprotokoll, Nr. 1039/1899; Hornberger 1988, S. 128.
89 Stadtratsprotokoll, Nr. 1039/1899.
90 Stadtrat Zürich, Stadtratsweisung 1894, S. 1.
91 Ebenda, S. 7.
92 Stadtratsprotokoll, Nr. 1029/1894.
93 Zit. nach NZZ, Nr. 251 I/1894.
94 Gugerli 1996, S. 263.
95 Stadtrat 1919, Tab. 12.
96 NZZ, Nr. 351/1894.
97 Finanzvorstand, Akten: Seidel Robert, Der Tramwayhandel oder Wuchergeschäft und Gemeinwohl, Zürich 1894, Stadtarchiv Zürich, Sig. V.Gc.52.
98 Ebenda, S. 3.
99 Ebenda, S. 4.
100 NZZ, Nr. 353/1894. Zum Abstimmungskampf vgl. auch: Stadtrat Zürich, Abstimmungsweisung 1894; Stadtratsprotokoll, Nr. 1378/1894; Züricher Post, Nr. 264/1894, 298/1894, 353/1894; NZZ, Nr. 350/1894, 351/1894, 353/1894; Handelszeitung, Nr. 126/1894, 127/1894, 128/1894.
101 Züricher Post, Nr. 298/1894.
102 Stadtrat 1919, Tab. 10.
103 Stadtrat Zürich, Abstimmungsweisung 1896, S. 8.
104 Ebenda, S. 11.
105 Elektrische Strassenbahn Zürich AG, Akten: Geschäftsbericht 1895, S. 7, Stadtarchiv Zürich, Sig. VII.28.
106 Stadtrat Zürich, Stadtratsweisung 1894 II, S. 1 f.
107 Stadtratsprotokoll, Nr. 860/1895.
108 NZZ, 30. 8. 1891, Beilage zu Nr. 242.
109 NZZ, Nr. 252 I/1891, 253 I/1891.
110 NZZ, Nr. 252 I/1891.
111 Ebenda.
112 NZZ, Nr. 253 I/1891, 252 I/1891.
113 NZZ, Nr. 266 I/1891.
114 Koch 1990, S. 80.
115 Stübben 1924.
116 Sitte 1889.
117 Zit. nach Albers 1975, S. 126.
118 Vgl. Kap. IV.2.
119 Albers 1975, S. 86.
120 Ebenda, S. 117–119
121 Stübben 1890, S. 36.
122 Stübben 1924, S. 41 f.
123 Zum Beispiel: SBZ, Bd. XXI/1893, S. 66–68; Bd. XXXIV/1899, S. 49; Bd. XXXIX/1902, S. 45 ff., 191 ff.; Bd. XL/1902, S. 99 ff.
124 SBZ, Bd. XIX /1892, S. 61 ff.; Bd. XXVI/1895, S. 18 ff., 37 ff.
125 SBZ, Bd. XXVI/1895, S. 6 ff.
126 SBZ, Bd. XXVI/1895, S. 7.
127 Kemmann 1909, S. 380.
128 Zezula 1911, S. 1.
129 Stahl 1910, S. 526.
130 Zezula 1911, S. 1.
131 Krabbe 1988, S. 75.
132 Bauer 1963, S. 433–436; Appenzeller 1995, S. 34–38; Galliker 1993, S. 49.
133 Krabbe 1988, S. 76.
134 Appenzeller 1989, S. 67.
135 Bürkli-Ziegler Arnold, Trambahnen in Basel. Gutachten des vom Regierungsrat ernannten Experten, Basel 5. 8. 1890, zit. nach Appenzeller 1989, S. 72.
136 Appenzeller 1989, S. 71–78.
137 SBZ, Nr. 5/1895, S. 28–38.
138 Pleuler 1970, S. 12–61.
139 Schnöller 1927.
140 Kaufhold 1990, S. 231.
141 Stadtrat Zürich, Stadtratsweisung 1894 I, S. 8.
142 Jahrbuch Zürich 1930, S. 18; Statistik, Nr. 18, S. 19.
143 Strassenbahnverwaltung, Geschäftsbericht 1901, S. 219.
144 Stadtrat Zürich, Abstimmungsweisung 1894, S. 7.
145 Bertschinger 1902, S. 1.
146 Züricher Post, Nr. 148/1896.
147 SBZ, Bd. XXIII/1894, S. 69 ff.
148 Grosser Stadtrat, Kommission Umbau 1898, S. 2, Stadtarchiv Zürich, Sig. V.A.a.39.
149 Stadtrat Zürich, Geschäftsbericht 1897, S. 218.

150 Grosser Stadtrat, Kommission Umbau 1898, S. 19, Stadtarchiv Zürich, Sig. V.A.a.39.
151 Bertschinger 1902, S. 22.
152 Ebenda.
153 Stadtrat Zürich, Geschäftsbericht 1900, S. 219.
154 Kamm 1996, 20–23.
155 Stadtrat Zürich, Geschäftsbericht 1900, S. 216.
156 Statistik, Nr. 18; Beilage: Karte der Gewerbe und Industrien in Zürich und Umgebung nach der Eidgenössischen Fabrikstatistik 1911.
157 Stadtrat Zürich, Abstimmungsweisung 1909, S. 1.
158 Stadtrat Zürich, Stadtratsweisung 1894 I, S. 9.
159 Kruck 1925, S. 5; Winterhalter 1936, S. 7.
160 Trüb 1982, S. 188.
161 Ebenda.
162 Ebenda, S. 23–25, 188 f.; Danuser 1982, S. 16.
163 Grether 1893, S. 10; Adams 1988, S. 80.
164 Elektrische Strassenbahn Zürich AG, Akten: Geschäftsbericht 1894, S. 1–5, Stadtarchiv Zürich, Sig. VII.28.
165 Grether 1893, S. 10.
166 Stadtratsprotokoll, Nr. 128/1894.
167 Regierungsratsprotokoll, Nr. 2161/1892
168 Stadtratsprotokoll, Nr. 474/1894, 1066/1894.
169 Adams 1988, S. 80; Stadtratsprotokoll, Nr. 949/1897, 474/1898, 1488/1897, 346/1901.
170 Jahrbuch Zürich 1901–1930.
171 Statistik, Nr. 18, S. 2*, 3*.
172 Zentrale Zürichbergbahn, Akten: Geschäftsbericht 1903, S. 5 f. und Geschäftsbericht 1905, S. 4 f., Stadtarchiv Zürich, Sig. VII.86.
173 Stadtrat Zürich, Stadtratsweisung 1905, S. 13.
174 Stadtrat Zürich, Stadtratsweisung 1894 II, S. 5.
175 Industriequartier-Strassenbahn, Akten: Geschäftsbericht 1898, S. 4, Stadtarchiv Zürich, Sig. VII.91.
176 Trüb 1982, S. 25.
177 Industriequartier-Strassenbahn, Akten: Geschäftsbericht 1901, S. 11, Stadtarchiv Zürich, Sig. VII.91; Stadtrat Zürich, Abstimmungsweisung 1903, S. 4.
178 Industriequartier-Strassenbahn, Akten, Geschäftsbericht 1901, S. 11, Stadtarchiv Zürich, Sig. VII.91.
179 Ebenda, S. 10.
180 Industriequartier-Strassenbahn, Akten, Geschäftsbericht 1902, Stadtarchiv Zürich, Sig. VII.91, S. 5.
181 Ebenda, S. 4; Stadtrat Zürich, Abstimmungsweisung 1903, S. 6.
182 Trüb 1982, S. 47.
183 Stadtratsprotokoll, Nr. 71/1906.
184 Ebenda.
185 Jahrbuch Zürich 1907–1925.
186 Trüb 1982, S. 47.
187 Stadtratsprotokoll, Nr. 71/1906.
188 Jahrbuch Zürich 1995, S. 19.
189 Statistik, Nr. 32, S. 92; Statistik, Nr. 36, S. 29.
190 Bärtschi 1983, S. 372; Trüb 1982, S. 31.
191 Trüb 1982, S. 31.
192 Ebenda, S. 37.
193 Ebenda; Danuser 1982, S. 16; Bärtschi 1983, S. 373 f.
194 Zum Rückkauf der ZOS vgl. Kap. III.
195 Industrielle Betriebe, Akten Verkehrsbetriebe, Elektrische Strassenbahn Zürich Höngg: Prospekt der Strassenbahn Zürich–Höngg, Stadtarchiv Zürich, Sig. V.Gc.181a.
196 Jahrbuch Zürich 1995, S. 19.
197 Waldburger 1991, S. 10–17; Trüb 1982, S. 30.
198 Trüb 1982, S. 39.
199 Vgl. Kap. III.3.
200 Limmattal-Strassenbahn, Jahresbericht 1902, S. 5, Staatsarchiv Zürich, Sig. III.Hf.2/2.
201 Trüb 1982, S. 44.
202 Schwarzer 1919, S. 5–10.
203 Limmattal-Strassenbahn, Jahresbericht 1928, S. 3, Staatsarchiv Zürich, Sig. III.Hf.2/2.
204 Schwarzer 1919, S. 5–10; Trüb 1982, S. 44–46.
205 Trüb 1982, S. 185.
206 Schnöller 1927, 138–140; Winterhalter 1936, S. 25–27.
207 Stadtratsprotokoll, Nr. 1509, 15. 12. 1897.
208 Kruck 1925, S. 26.
209 Stadtratsprotokoll, Nr. 559, 4. 4. 1918.
210 Kruck 1925, S. 15 f.
211 Die Fahrgastzahlen stützen sich auf die kumulierten Daten der Geschäftsberichte der Städtischen Strassenbahn Zürich, der Zentralen Zürichbergbahn, der Industriequartier-Strassenbahn und der Albisgüetli-Bahn. Die Zentrale Zürichbergbahn und die Industriequartier-Strassenbahn verschmolzen bis 1906 mit der Städtischen Strassenbahn Zürich, die Albisgüetli-Bahn wurde von der StStB betrieben. Die Daten sind insofern zu hinterfragen, als ein Teil der Fahrgäste mehrfach in der Statistik auftaucht, nämlich alle die, welche für eine Fahrt verschiedene Unternehmen benutzten. Nicht berücksichtigt wurden die Limmattal-

Strassenbahn, die Strassenbahn Zürich–Höngg und die Strassenbahn Zürich–Oerlikon–Seebach, also alle regionalen Strassenbahn, die sich auf ein erweitertes oder geographisch anderes Einzugsgebiet stützten. Für die Bevölkerungsentwicklung siehe: Jahrbuch Zürich 1995, S. 18/19.
212 Autorengruppe 1982, S. 71.
213 Gruner 1987, S. 352, 363 f.; Autorengruppe 1982, S. 51.
214 Lohnangaben: Gruner 1987, S. 352, 363 f. Nach Gruner verdiente ein Maurer 1890 42 Rappen pro Stunde, 1910 67 Rappen pro Stunde. Fahrpreise: Zürcher Strassenbahn AG, Jahresbericht 1890; Kruck 1925, S. 24–28. 1890 kostete die längste Einzelfahrt 25 Rappen, ein Generalabonnement 16 Rappen pro Fahrt, 1910 kostete die längste Fahrt 20 Rappen, ein allgemeines Abonnement 9 Rappen pro Fahrt, ein Frühabonnement 6 Rappen pro Fahrt.
215 Strassenbahnverwaltung, Geschäftsbericht 1910, S. 7.
216 Wägli 1980, S. 79.
217 Festschrift 1905, S. 136.
218 Ebenda, S. 135–140.
219 Galliker 1993, S. 36–39.
220 Statistik, Nr. 9; Statistik, Nr. 32.
221 Statistik, Nr. 9, S. 5.
222 Statistik, Nr. 9, S. 6.
223 Statistik, Nr. 9, S. 18.
224 Statistik, Nr. 32, S. 28. Zum ersten Vorortsgürtel zählen hier diejenigen Ortschaften, die 1926 eingemeindet werden sollten. Neben den 1934 tatsächlich eingemeindeten acht Vororten Albisrieden, Altstetten, Höngg, Affoltern, Oerlikon, Schwamendingen, Witikon waren dies Oberengstringen, Schlieren, Kilchberg und Zollikon.
225 Statistik, Nr. 32, S. 31.
226 Statistik, Nr. 18, S. 40 f.
227 Statistik, Nr. 18, S. 43.
228 Klöti 1959, S. 20.

IV. Auf dem Höhepunkt der Tramstadt

1 Fritzsche 1994, S. 245.
2 Lendenmann 1994, S. 20.
3 Kurz 1995, S. 17.
4 Lendenmann 1994, S. 19.
5 Schnüriger 1989, S. 10.
6 Ebenda, S. 12.
7 Horber 1937, S. 36.
8 Ebenda, S. 62.
9 Statistik, Nr. 46, S. 28 f.
10 Horber 1937, S. 67.
11 Ebenda, S. 83.
12 Kurz 1940, S. 130.
13 Schmid-Amann 1965, S. 136.
14 Ebenda, S. 136.
15 Jost 1986, S. 744.
16 Ebenda.
17 Fritzsche 1994, S. 245.
18 Siegenthaler 1987, S. 495.
19 Ebenda, S. 491.
20 Jost 1986, S. 744; Koch 1994, S. 156.
21 Siegenthaler 1987, S. 489; Jost 1986, S. 742.
22 Jost 1986, S. 742.
23 Quellenwerk, Heft 326; Eidgenössische Volkszählung, 1. Dezember 1941, Bd. 9: Kanton Zürich, Bern 1961, S. 18.
24 Ebenda, S. 39.
25 Ebenda.
26 Jahrbücher Zürich, 1918–1932.
27 Kreiseinteilung 1934 (in Klammern Änderungen gegenüber Einteilung 1913): Kreis 1: Altstadt (unverändert); Kreis 2: Wollishofen, Leimbach, Enge (unverändert); Kreis 3: Wiedikon (unverändert); Kreis 4: Aussersihl (unverändert); Kreis 5: Industriequartier (ohne äusseren Teil); Kreis 6: Unterstrass, Oberstrass (seit 1934 ohne Wipkingen); Kreis 7: Fluntern, Hottingen, Hirslanden, Witikon (1913 ohne Witikon); Kreis 8: Riesbach (unverändert); Kreis 9: Altstetten, Albisrieden (1934 neu); Kreis 10: Höngg, Wipkingen (1934 Höngg neu, Wipkingen 1913 Kreis 6); Kreis 11: Affoltern, Seebach, Oerlikon, Schwamendingen.
28 Statistische Mitteilungen, Heft 117: Hauptergebnisse der Eidgenössischen Volkszählung vom 1. Dezember 1910 im Kanton Zürich, Winterthur 1914; Statistisches Bureau des Kantons Zürich, Bevölkerung, Ortschaften und Gemeindeeinteilung des Kantons Zürich, Zürich 1934.
29 König 1994, S. 296.
30 Klöti 1956, S. 50.
31 Kurz 1994, S. 39.
32 Klöti 1956, S. 50.
33 Kurz 1994, S. 39.
34 Statistik, Nr. 36, S. 3.
35 Statistik, Nr. 39, S. 73.
36 Statistik, Nr. 39, S. 69–72.
37 Akeret 1977, S. 10–14.
38 Ebenda, S. 7–14.
39 Ebenda, S. 77 f.
40 Ebenda, S. 111–113.
41 Zit. nach Klöti 1959, S. 31.
42 Herter 1929, S. 33.
43 Ebenda, S. 8 f.
44 Akeret 1977, S. 129.
45 Ebenda, S. 142.
46 SBZ, Bd. 62, Nr. 6/1913, S. 73.
47 Klöti 1927, S. 5.

48 Kurz 1991, S. 199.
49 Howard 1968, S. 179.
50 Ebenda, S. 141.
51 Ebenda, S. 141 f.
52 Ebenda, S. 152.
53 Albers 1975, S. 87.
54 Eberstadt 1920, S. 479–487.
55 Koch 1988, S. 204 f.; Kurz 1990, S. 78 f.
56 Kurz 1991, S. 198.
57 Stadtrat Zürich, Stadtratsweisung 1912, S. 1 f.
58 Schlussbericht 1919, S. 9. In das Wettbewerbsgebiet einbezogen wurden neben der Stadt Zürich: Adliswil, Affoltern, Albisrieden, Altstetten, Dietikon, Oberengstringen, Unterengstringen, Höngg, Kilchberg, Küsnacht, Oerlikon, Rüschlikon, Schlieren, Schwamendingen, Seebach, Uitikon, Ober-Urdorf, Nieder-Urdorf, Weinigen, Witikon, Zollikon, Zumikon.
59 Schlussbericht 1919, S. 9.
60 Konter 1995, S. 268–271.
61 Ebenda.
62 Schlussbericht 1919, S. 19.
63 Ebenda, S. 63.
64 Kurz 1995, S. 17.
65 Schlussbericht 1919, S. 21.
66 Ebenda.
67 Ebenda, S. 22.
68 Ebenda, S. 21.
69 Ebenda.
70 Ebenda, S. 23.
71 Vgl. Kap. V.
72 Stadtpräsident, Akten Verkehr: Städtische Verkehrskommission, Protokoll I/1914, S. 3, 8, Stadtarchiv Zürich, Sig. V.Bc.54.2S.
73 Verkehrswesen im Kanton Zürich: Kommission für Verkehrsfragen, Protokoll 1913, S. 2 f., Stadtarchiv Zürich, Sig. H.d.1.
74 Ebenda, S. 4.
75 NZZ, Nr. 1662/1915.
76 Ernst 1916, S. 5–32.
77 Ebenda, S. 27.
78 Ebenda, S. 31 f.
79 Verkehrswesen im Kanton Zürich: Kommission für Verkehrsfragen, Protokoll, 29. 5. 1917, S. 16, Staatsarchiv Zürich, Sig. H.d.1.
80 Ebenda.
81 NZZ, Nr. 1662/1915.
82 Stadtpräsident Akten: Städtische Verkehrskommission, Protokoll III/1916, Thesen, S. 1–3, Stadtarchiv Zürich, Sig. V.Bc.54.2.
83 Ebenda.
84 Stadtratsprotokoll, Nr. 1006/1919.
85 Stadtrat, Abstimmungsweisung 1919 II, S. 3.
86 Koch 1989, S. 162–173.
87 Hornberger 1980, S. 167 f.
88 Strassenbahnverwaltung, Geschäftsbericht 1926, S. 7.
89 Stadtratsprotokoll 1213/1922.
90 Strassenbahnverwaltung, Geschäftsbericht 1927, S. 3.
91 Stadtratsprotokoll, Nr. 193/1928.
92 Stadtratsprotokoll, Nr. 2063/1927, Nr. 193/1928.
93 Trüb 1982, S. 38.
94 Industrielle Betriebe, Akten Verkehrsbetriebe, Electrische Strassenbahn Zürich–Oerlikon–Seebach, Geschäftsberichte 1898–1930, Stadtarchiv Zürich, Sig. V.G.c.181/4.
95 Stadtratsprotokoll, Nr. 2063/1927.
96 Stadtratsprotokoll, Nr. 193/1928.
97 Schreiben des Oerlikoner Gemeinderates an den Regierungsrat des Kantons Zürich, zit. nach: Stadtratsprotokoll, Nr. 193/1928.
98 NZZ, 26. 1. 1928, zit. nach: Protokoll des Stadtrates, Nr. 193/1928, S. 75.
99 Stadtratsprotokoll, Nr. 193/1928; Ernst 1927, S. 24–29.
100 Stadtratsprotokoll, Nr. 2156/1928; Winterhalter 1936, S. 7.
101 Koch 1989, S. 160 f.
102 Industrielle Betriebe, Akten Verkehr, Electrische Strassenbahn Zürich–Oerlikon–Seebach, Geschäftsberichte 1930, S. 3, Stadtarchiv Zürich, Sig. V.Gc.54/4.
103 Schmid-Ammann 1965, S. 120.
104 Ebenda.
105 Stadtratsprotokoll, Nr. 1213/1922.
106 Stadtratsprotokoll, Nr. 193/1928, S. 75.
107 Archiv der Verkehrsbetriebe der Stadt Zürich: Kauf der Seilbahn Rigiviertel, Stadtarchiv Zürich, Sig. V.G.c.202.
108 Stadtrat Zürich, Geschäftsbericht 1927, S. 171.
109 Ebenda, S. 292.
110 Ebenda.
111 Höhn 1927, S. 49.
112 Ebenda, S. 30.
113 Vgl. zum Beispiel Weber Adolf, Die Grossstadt und ihre sozialen Probleme, Berlin 1916, S. 51.
114 Höhn 1927, S. 31.
115 Ebenda, S. 33.
116 Steffen 1953, S. 14–21.
117 Stadtratsprotokoll, Nr. 559, 4. 4. 1918.
118 Vgl. Kapitel IV.5.
119 Stadtratsprotokoll, Nr. 559, 4. 4. 1918.
120 Ebenda.
121 Schnöller 1927, S. 129 f., 174 f.
122 Stadtratsprotokoll, Nr. 559, 4. 4. 1918.
123 Suter 1935, S. 22 f.
124 Giese, Die Tarifverhältnisse und die Wirtschaftlichkeit der Berliner Verkehrs-Aktiengesellschaft, Berlin 1931, S. 27, zit. nach: Suter 1935, S. 26.

125 Stadtratsprotokoll, Nr. 559, 4. 4. 1918.
126 NZZ, Nr. 646/1918.
127 Ebenda.
128 Stadtratsprotokoll, Nr. 1753, 30. 10. 1918.
129 Kruck 1925, S. 25–32
130 Volksrecht, Nr. 292/1918.
131 NZZ, Nr. 333, 6. 3. 1919.
132 Winterhalter 1936, S. 25–27; Schnöller 1927, S. 138–140.
133 Schnöller 1927, S. 123–125.
134 Winterhalter 1936, S. 25–27; Schnöller 1927, S. 138–140.
135 Strassenbahnverwaltung, Geschäftsberichte 1918, 1922.
136 Stadtratsprotokoll, Nr. 1/1923, 2/1923.
137 Stadtrat Zürich, Geschäftsbericht 1923, S. 320.
138 Stadtratsprotokoll, Nr. 798, 16. 6. 1923; Stadtrat Zürich, Geschäftsbericht 1923, S. 277.
139 Stadtratsweisung, 1. 7. 1925, S. 3 f.
140 Stadtrat Zürich, Geschäftsbericht 1926, S. 287.
141 Stadtrat Zürich, Geschäftsbericht 1927, S. 301.
142 Stadtratsprotokoll, Nr. 2104, 27. 9. 1930.
143 Steffen 1953, S. 18 f.
144 SBZ, Bd. 62, Nr. 6/1913, S. 73.
145 Steffen 1953, S. 29.
146 Stadtratsweisung, Nr. 112, 13. 4. 1935. S. 6–8.
147 Stadtratsweisung, Nr. 112, 13. 4. 1935, S. 25.
148 NZZ, Nr. 1700/1935.
149 NZZ, Nr. 1276/1935.
150 Inseratetext in: Volksrecht, Nr. 166/1935.
151 NZZ, Nr. 1700/1935.
152 Volksrecht, Nr. 280/1935, 282/1935.
153 Stadtrat Zürich, Geschäftsbericht 1935, S. 431.
154 NZZ, Nr. 2102/1935.
155 Stadtratsprotokoll, Nr. 680, 827, 898, 1259, 28. 3.–13. 6. 1936.
156 Matter 1935.
157 Pleuler 1970, S. 74, 80; Winterhalter 1936, S. 25–27.
158 Strassenbahnverwaltung, Geschäftsberichte 1900–1950.
159 Steffen 1953, S. 29.
160 Die Entwicklung der Fahrzeugtechnologie ist reichhaltig dokumentiert. Vgl. dazu beispielsweise: Trüb 1982; Kamm 1996; Pleuler 1970.
161 Galliker 1996.
162 Jahrbuch Schweiz 1915, 1930.
163 Kamm 1996, S. 85 ff.
164 Trüb 1982, 82.
165 Ebenda, S. 82–84.
166 Kamm 1982, S. 41 f.
167 Trüb 1982, S. 84.
168 Ebenda, S. 86.
169 NZZ, Nr. 2213/1936.
170 NZZ, Nr. 2004/1939.
171 Trüb 1982, S. 94–96
172 NZZ, Nr. 1898/1942; SBZ, Nr. 20/1940.
173 BBC o. J., S. 7.
174 Trüb 1982, S. 96.
175 Ebenda.
176 Appenzeller 1995, S. 131.

V. Die fünfziger Jahre beginnen 1920

1 Steffen 1953, S. 29, 43.
2 Ebenda, S. 53.
3 Yago 1987, S. 36.
4 Brändli 1992, S. 74.
5 Brändli 1990, S. 119.
6 Rittmeyer Robert, Die deutsche Städtebau-Ausstellung in Berlin, in: Die schweizerische Baukunst, 1910, S. 211, zit. nach Koch 1990, S. 119.
7 Schlussbericht 1919, S. 863.
8 Kurz 1991, S. 201.
9 Kurz 1994, S. 37.
10 Klöti 1940.
11 Koch 1988, S. 275.
12 Hilpert 1984, S. 105.
13 Ebenda, S. 106.
14 Rebsamen 1984, S. 72.
15 Zit. nach Rebsamen 1984, S. 73.
16 Rebsamen 1984, S. 74.
17 Maggi 1990.
18 Zürcher Illustrierte, Nr. 53/1932, zit. nach Koch 1988, S. 300.
19 Musfeld 1929, S. 4, 18.
20 Ebenda, S. 14.
21 Nussbaum 1989, S. 2.
22 Blanc 1991, S. 6.
23 Ebenda; Nussbaum 1989, S. xiii. Nussbaum, S. 26 f., empfiehlt, die absoluten Zahlen mit Vorsicht zu geniessen. Bund, Kantone und Gemeinden führten in dieser Periode unabhängig voneinander Verkehrserhebungen durch; und der Bund, der Kanton Zürich und die Stadt Zürich gelangten zu unterschiedlichen Resultaten. Die Grössenordnung der erhobenen Daten war allerdings vergleichbar.
24 Nussbaum 1989, S. 34.
25 Ebenda, S. 63.
26 König 1994, S. 308; Nussbaum 1989, S. 94.
27 Grimm 1937, S. 17.
28 Nussbaum 1989, S. 281 f.
29 König 1996, S. 306.
30 Keller 1939, S. 149; König 1996, S. 309.
31 Ebenda, S. 152.
32 Strasse und Verkehr 1946, S. 63.
33 Thommen 1939, S. 145.

34 Ebenda, S. 145.
35 Ebenda, S. 145.
36 SBZ, Bd. 88/1926, S. 314.
37 NZZ, Nr. 1916/1924.
38 Höhn Ernst, Die Verkehrsnot in der Stadt Zürich, Zürich 1927, Separatdruck aus: Züricher Post, S. 4, zit. nach König 1994, S. 308.
39 SBZ, Bd. 103, Nr. 9 und Nr. 15, S. 179 ff.
40 Stadtratsprotokoll, Nr. 1436, 9. 7. 1932.
41 Blanc 1993, S. 20.
42 König 1994, S. 308.
43 Stadtrat Zürich, Geschäftsberichte Bauamt I, 1920–1940.
44 Kölble 1993, S. 40–43.
45 Kurz 1994, S. 37.
46 Rebsamen 1992, S. 1927.
47 Stadtrat Zürich, Geschäftsbericht 1930, S. 218.
48 Galliker 1996, S. 20.
49 NZZ, Nr. 1337/1923.
50 BBC o. J., S. 3.
51 SBZ, Bd. 89, Nr. 12/1927, S. 158.
52 SBZ, Bd. 89, Nr. 12/1927, S. 161.
53 Volksrecht, Nr. 185/1927.
54 Gerbig 1977, S. 2.
55 Brändli 1992, S. 80.
56 Ebenda.
57 Ebenda, S. 81.
58 Gerbig 1977, S. 2 f.
59 Galliker 1993, S. 37.
60 Gerbig 1977, S. 2.
61 Ebenda, S. 3.
62 Ebenda.
63 Limmattal-Strassenbahn, Jahresbericht 1928, S. 3 f., Staatsarchiv Zürich, Sig. III.Hf.2/2.
64 Trüb 1982, S. 194.
65 Steffen 1953, S. 13.
66 Yago 1987, S. 43.
67 Strasse & Verkehr 1936, S. 26.
68 Strasse & Verkehr 1938, S. 261.
69 Galliker 1997.
70 Tages-Anzeiger, Nr. 174/1938.
71 Ebenda.
72 Tages-Anzeiger, Nr. 187/1939
73 Volksrecht, Nr. 274/1937.
74 Ebenda.

VI. Vom Versuch urbaner Mobilitätsbefriedigung

1 König 1994, S. 357.
2 Ebenda.
3 Ebenda, S. 374.
4 Jahrbuch Zürich 1995, S. 129.
5 Jahrbücher Schweizer Städte 1951, 1971, 1991.
6 Ziele 1996, S. 35.
7 Ebenda, S. 7
8 Gilg 1986, S. 881; Jahrbuch Schweiz 1995, S. 32.
9 Gilg 1986, S. 881 f.
10 Jahrbücher Schweiz 1950, 1970, 1990.
11 Jahrbücher Schweiz 1950–1995.
12 Jahrbuch Zürich 1995.
13 Verkehrspolitik, S. 14.
14 Ebenda.
15 Hidber 1989, S. 17.
16 Jahrbücher Zürich 1960–1995.
17 Jahrbücher Schweiz 1950–1995.
18 Jahresberichte VBZ 1950–1995.
19 Waldvogel 1948, S. 1.
20 Steiner 1948, S. 8.
21 Vgl. Kap. IV.
22 Carol 1949, S. 101.
23 Ebenda, S. 95.
24 Ebenda.
25 Städtestatistik 1951, S. 49.
26 Ebenda, S. 50.
27 Zit. nach Blanc 1994, S. 67.
28 Blanc 1994, S. 51.
29 Zürcher Woche, Nr. 28/1953.
30 Volksrecht, 1. 12. 1953.
31 NZZ, 7. 12. 1953.
32 Galliker 1996.
33 Stadtrat Zürich, Abstimmungsweisung 1944, S. 3.
34 Zit. nach NZZ, Nr. 2387/1954.
35 Ebenda.
36 NZZ, Nr. 2357/1955.
37 Geschäftsbericht Stadtrat 1952, S. 435.
38 Frey 1990, S. 252.
39 Generalverkehrsplan 1955.
40 SBZ, Nr. 18/1960, S. 303.
41 Feuchtinger 1955; Kremer 1954.
42 SBZ, Nr. 18/1960, S. 305.
43 Stadtrat Zürich, Stadtratsweisung 1961.
44 Gutachtliche Äusserung von Professor Dr. Ing. Walter Lambert, Stuttgart über die Vorschläge zu unterirdischen Schnellstrassenbahnen in Zürich, Zürich 1957, Akten der Verkehrsbetriebe Zürich, Stadtarchiv Zürich, Sig. V.G.c.20.
45 Stadtrat Zürich 1961.
46 Stadtrat Zürich 1961 I.
47 Stadtrat Zürich 1961.
48 Ebenda.
49 Flugblatt «Zehn Gründe gegen das Tieftram». Akten der Verkehrsbetriebe Zürich, Stadtarchiv Zürich, Sig. V.G.c.20.
50 Register Tiefbahn Weisungen, Inserat «Züritram-Schüttelbecher». Akten der Verkehrsbetriebe Zürich, Stadtarchiv Zürich, Sig. V.G.c.20.
51 Flugblatt «Zu Abstimmung über die Tiefbahn (Tieftram) vom 1. April 1962». Akten der Verkehrsbetriebe Zürich, Stadtarchiv Zürich, Sig. V.G.c.20.

52 Blanc 1993, S. 103.
53 Marti 1964, S. 15.
54 Ebenda, S. 26.
55 Ebenda.
56 Trüb 1982, S. 102; Kamm 1996, S. 60, 71.
57 Trüb 1982, S. 102.
58 Planungsbüro Jud, Verkehrsbelastung der Zürcher Innenstadt. Fussgänger, Tram und Autopassagiere, Zürich 1967, S. 5.
59 Blanc 1993, S. 103; Trüb 1982, S. 56.
60 Volksrecht, Nr. 147/1965.
61 Trüb 1982, S. 66 f.
62 Tages-Anzeiger, 7. 10. 1963.
63 NZZ, Nr. 356/1971.
64 Jahrbuch Zürich 1995, S. 339.
65 Stadtrat Zürich, Geschäftsberichte 1950–1960.
66 NZZ, Nr. 356/1971.
67 Behördendelegation, S. 3.
68 Ebenda, S. 7.
69 Marti 1966, S. 2.
70 Schilling 1973, S. 6–8.
71 Ebenda, S. 6 f.
72 Stadtplanungsamt Zürich, Metron Brugg, Entwicklungsprognose für den Geschäftskern von Zürich, Zürich 1969, zit. nach Blanc 1994, S. 129.
73 Gesellschaft 1972, S. I.
74 Blanc 1994, S. 167.
75 Ebenda, S. 142–144.
76 Tages-Anzeiger, 9. 5. 1973; Flugblatt «U-Bahn-Nein der Sozialdemokratischen Partei der Stadt Zürich». Akten der Verkehrsbetriebe Zürich, Stadtarchiv Zürich, Sig. V.G.c.20.
77 Flugblatt «Arbeitsgruppe U- und S-Bahn Ja». Akten der Verkehrsbetriebe Zürich, Stadtarchiv Zürich, Sig. V.G.c.20.
78 Köstlin 1987, S. 7–34.
79 Galliker 1995, S. 44.
80 Flugblatt «U-Bahn-Nein» der Sozialdemokratischen Partei der Stadt Zürich. Akten der Verkehrsbetriebe Zürich, Stadtarchiv Zürich, Sig. V.G.c.20.
81 Abstimmungszeitung, Gemeindeabstimmung 13. 3. 1977.
82 Ebenda.
83 NZZ, Nr. 308/1973.
84 Joos 1984, S. 54.
85 NZZ, Nr. 127/1977.
86 Ebenda.
87 Volksrecht, 10. 3. 1977.
88 Stadtratsprotokoll 3093/1979, in: Beschleunigungsprogramm 2000, Beilage 2; Verkehrspolitik 1994.
89 Joos 1984, S. 55.
90 Beschleunigungsprogramm 2000, S. 13.
91 Verkehrspolitik 1983.
92 Verkehrspolitik 1994, S. 18.
93 Ebenda, S. 18.
94 Baudirektion 1990, Massnahme P3.
95 NZZ, Nr. 126/1990.
96 Volksrecht, 3. 12. 1991.
97 NZZ, Nr. 26/1986.
98 Ebenda.
99 Ebenda.
100 Stadtrat Zürich, Abstimmungsweisung 1978, S. 1.
101 Ebenda, S. 2.
102 NZZ, Nr. 21/1978.
103 Ebenda.
104 Volksrecht, 9. 6. 1980.
105 NZZ, Nr. 26/1986.
106 Tages-Anzeiger, Nr. 257/1986; NZZ, Nr. 249/1986.
107 Appenzeller 1995, S. 186.
108 Volksrecht, 25. 2. 1977; Danuser 1982, S. 112 f.
109 Volksrecht, 10. 3. 1980.
110 Tages-Anzeiger, 2. 9. 1982.
111 Stadtrat Zürich, Geschäftsbericht 1985, S. 379.
112 Ebenda.
113 Ebenda.
114 Stadtrat Zürich, Geschäftsbericht 1990, S. 487.
115 ZVV 1995, S. 21.
116 NZZ, Nr. 235/1989.
117 Stadtrat Zürich, Geschäftsbericht 1990, S. 488.
118 Brändli 1996, S. 7; Güller 1996, S. 17.
119 Joos 1990, S. 2.
120 Stadtrat Zürich 1996, S. 20.
121 Ebenda, S. 9.
122 Stadtrat Zürich 1994, S. 43.
123 ZVV 1995, S. 11.
124 VBZ 1992, S. 4.
125 Projektgruppe Bellevue, S. 5.
126 VBZ 1994, S. 4.
127 Ebenda, S. 14.
128 Volkswirtschaftsdirektion Zug 1996, S. 4.

VIII. Bibliographie

1. Protokolle, Akten

1.1 Stadtarchiv Zürich

Elektrische Strassenbahn Zürich AG, Protokolle, Akten, Pläne 1893–1897, Stadtarchiv Sig. VII 28.
Finanzvorstand, Akten betreffend Strassenbahnen, Sig. V.Gc 52.
Gemeindearchiv Aussersihl, Eisenbahn- und Strassenbahn-Akten 1860–1892, Sig. VI.AS, D.28, D.33, D.35.
Gemeindearchiv Hottingen, Tramwayakten 1889–1893, VI.HO.D.12.
Gemeindearchiv Oerlikon, Akten zur Elektrischen Strassenbahn ZOS 1896–1933, VI.OE.D.02.
Gemeindearchiv Riesbach, Akten der Omnibuskommission und Tramwayakten 1867–1884, Sig. VI.RB.D7.
Grosser Stadtrat, Expertenkonferenz über den Umbau der Strassenbahn, 1898 Sig. V.A.a.38.
Grosser Stadtrat, Kommission für den Umbau der Pferdebahn und die Einrichtung von Strassenbahnlinien, 1898, Sig. V.a.39.
Industrielle Betriebe, Akten der Verkehrsbetriebe, Pferdebahn-Umbau 1896–1905, Sig. V.G.c.181/1.
Industrielle Betriebe, Akten der Verkehrsbetriebe, Elektrische Strassenbahn Zürich–Höngg A.-G., 1895–1925, Sig. V.G.c.181/2.
Industrielle Betriebe, Akten der Verkehrsbetriebe, Albisgüetlibahn AG 1907–1925, Sig. V.Gc 181/3.
Industrielle Betriebe, Akten der Verkehrsbetriebe, A.-G. Elektrische Strassenbahn Zürich–Oerlikon–Seebach (Z. O. S) und Limmattalstrassenbahn A. G. 1900–1931, Sig. V.G.c.181/4.
Industrielle Betriebe, Sachakten der Verkehrsbetriebe 1897–1980, Sig. V.G.c.202.
Industrielle Betriebe, Verkehrsbetriebe der Stadt Zürich, U-Bahn-Projekt, Sig. V.G.c.205.
Industriequartier-Strassenbahn Zürich III AG, Akten 1896–1907, Sig. VII.91.
Stadtpräsident. Akten betr. die industriellen Betriebe 1893–1952, Sig. V.B.c.60.
Stadtpräsident, Akten Verkehr:
– Kantonale Verkehrskommission 1911–1932, Sig. V.Bc.54.2.
– Städtische Verkehrskommission 1911–1933, Sig. V.Bc.54.3.
Stadtrat der Stadt Zürich, Geschäftsberichte 1862–1950.
Stadtrat der Stadt Zürich, Protokolle 1894–1946. (Stadtratsprotokolle).
Stadtrat der Stadt Zürich, Weisungen an die Gemeinde (Abstimmungsweisungen) 23. 12. 1894, 28. 6. 1896, 19. 3. 1899, 22. 2. 1903, 29. 1. 1905, 3. 12. 1905, 13. 9. 1908, 14. 3. 1909, 10. 8. 1919, 28. 9. 1919, 9. 3. 1924, 12. 9. 1926, 10. 2. 1929, 29. 1. 1930, 6. 4. 1930, 21. 5. 1944, 6. 7. 1952, 6. 12. 1953, 14. 2. 1960, 28. 2. 1965, 24. 9. 1967, 23. 3. 1969, 14. 3. 1971, 3. 12. 1972, 20. 5. 1973, 17. 3. 1974, 7. 9. 1975, 26. 9. 1976, 13. 3. 1977, 24. 9. 1978, 8. 6. 1980, 28. 11. 1982, 23. 9. 1984, 21. 6. 1987, 6. 9. 1987, 12. 6. 1988, 24. 9. 1989, 1. 4. 1990, 10. 6. 1990, 12. 3. 1995.
Stadtrat der Stadt Zürich, Weisungen an den Grossen Stadtrat resp. Gemeinderat

(Stadtratsweisungen), 29. 7. 1893, 23. 8. 1894, 14. 7. 1894, 9. 10. 1894, 26. 2. 1896, 1. 4. 1896, 5. 7. 1905, 7. 8. 1912, 12. 6. 1912, 4. 4. 1918, 29. 4. 1926, 13. 4. 1935, 4. 9. 1959, 20. 1. 1961, 15. 12. 1961, 21. 1. 1971, 22. 1. 1988, 8. 3. 1989.
Strassenbahnkommission, Geschäftsberichte 1883–1894 in: Zürcherischer Strassenbahnverband, Akten und Protokolle, Sig. VII.04.
Strassenbahnverwaltung, Städtische Strassenbahnen Zürich, Geschäftsbericht 1897–1949.
Verkehrsbetriebe Zürich, Geschäftsberichte 1950–1996.
Zentrale Zürichbergbahn AG, Protokolle und Akten 1891–1907, Sig. VII.86.
Zürcher Strassenbahn-Actiengesellschaft, Protokolle und Akten 1882–1897, Sig. VII.27.
Zürcherischer Strassenbahn Verband, Protokolle und Akten (1881–1892), Sig. VII.04.

1.2 Staatsarchiv des Kantons Zürich

Kommission für Verkehrsfragen des Kantons Zürich, Protokolle, 1913–1932, in: Verkehrswesen im Kanton Zürich, Sig. H.d.1.
Limmattal-Strassenbahn, Jahresberichte 1900–1931, Sig. III.Hf.2/2.
Regierungsrat des Kantons Zürich, Rechenschaftsberichte 1862–1950.
Regierungsrat des Kantons Zürich, Protokolle 1876–1926.
Strassenbahnen 1877 ff., Nicht ausgeführte Projekte, Sig. III Hf 1.
Verkehrsfragen der Stadt Zürich 1913–1986 Sig. Pb 10.1/4.

1.3 Diverse Archive

Société Electrique Vevey-Montreux, Rapport du Conseil d'Administration 1886–1888, Montreux 1888, Firmenarchiv Société électrique Vevey-Montreux.
Stadtarchiv der Stadt Bern, Strassenbahnakten.
Städtische Strassenbahnen Basel, Firmenarchiv.
Tramway de Neuchâtel, Firmenarchiv.
Verkehrshaus der Schweiz, Dossiers betreffend Städtische Strassenbahnen Zürich/VBZ, Genfer, Basler und Berner Strassenbahnen.

2. Amtliche Publikaktionen und Publikationen mit Quellencharakter

2.1 Amtliche Publikationen und Publikationen mit Quellencharakter bis 1950

Baumeister Reinhard, Stadt-Erweiterungen in technischer, baupolizeilicher und wirthschaftlicher Beziehung, Berlin 1876.
Bernoulli Hans, Martin Camille, Städtebau in der Schweiz. Grundlagen, hg. v. Bund Schweizer Architekten, Zürich 1929.
Bernoulli Hans, Schweizerische Städtebauausstellung Zürich 1928, Zürich 1928.
Bernoulli Hans, Die Organische Erneuerung unserer Städte. Ein Vorschlag, Zürich 1942.
Bernoulli Hans, Die Stadt und ihr Boden, Erlenbach-Zürich 1946.
Bertschinger Arnold, Dick Wilhelm, Bericht über den Bau der Zürcher Pferdebahn auf Meterspur für elektrischen Betrieb, erstattet von der Direktion der städtischen Strassenbahn und vom Strasseninspektorat der Stadt Zürich, Zürich 1902.
Bickel-Schirmer Otto, Eingemeindungs- und Vororts-Probleme von Stadt und Kanton Zürich. Studien zu einem neuen Projekt zur Lösung der Zürcher Eingemeindungsfrage. Ihre Ursache und Wirkung für Stadt und Kanton Zürich, Zürich 1930.
Binder U., Möglichkeiten für den Trolleybus in der Schweiz, in: Schweizerische Zeitschrift für das Strassenwesen 1/1936, S. 26–29.
Brown, Boveri & Cie., Die Zukunft der modernen Strassenbahnwagen, Baden o. J.

Brunner Gebr., Dampf-Omnibus-Bahn. Erste Sektion Zürich–Unterstrass–Wipkingen–Höngg, Zürich 1875, Faksimile in: Verein Tram-Museum Zürich 8/1974.

Brüstlein John E., Riggenbach; E., Bericht betreffend Zürcher Strassenbahnen, Zürich 1892.

Bürkli Arnold, Bericht an den tit. Stadtrath Zürich über Strassenbahnen und Eisenbahnen in Städten, Zürich 1865.

Bürkli Arnold, Huber Peter Emil, Bericht über Strassenbahnen, Tramways und deren Einführung in Zürich. Im Auftrage der Gemeindekommission der Stadt Zürich und Ausgemeinden, Zürich 1877.

Culmann C., Strassenbahnen. Gutachten an die hohe Regierung des Kantons Zürich, Zürich 1863.

Direktion der Städtischen Strassenbahn, Strasseninspektorat der Stadt Zürich. Bericht über den Umbau der Zürcher Pferdebahn auf Meterspur für den elektrischen Betrieb, Zürich 1902.

Eberstadt Rudolf, Handbuch des Wohnungswesens und der Wohnungsfrage, Jena 1920 (4. überarb. u. umgearb. Aufl.).

Ernst H., Zürcherische Strassenbahnen. Referat gehalten vor der kantonalen Verkehrskommission, Zürich 1916.

Festschrift zur Feier des fünfzigjährigen Bestehens des Eidgenössischen Polytechnikums in Zürich, Bd. 2: Die bauliche Entwicklung Zürichs in Einzeldarstellungen, Zürich 1905.

Fritschi-Zinggeler Benjamin, Die Vereinigung von Zürich und Ausgemeinden. Ein Beitrag zur Lösung dieser Tagesfrage, Aussersihl 1887.

Grether A. & Co., Konzessions-Gesuch für eine elektrische Strassenbahn in Oberstrass-Zürich, Oberstrass-Zürich 1893.

Grimm Robert, Die städtischen Verkehrsunternehmungen der Schweiz in der Krise, Zürich 1937.

Guyer-Freuler, Ed., Bericht und Anträge der Kommission für den Umbau der Pferdebahn, Zürich 1899.

Herter Hermann, Für die Eingemeindung der Zürcher Vororte, hg. v. Aktionskomitee für Eingemeindung, Zürich 1929.

Hausheer-Welti Joh., Bucher J. J., Konzessionsgesuch für Erstellung einer elektrischen Strassenbahn in Zürich II, Zürich 1896.

Hippenmeier Konrad, Zürich und Vororte. Bebauungspläne und Grünflächen, in: Der Städtebau 1929, S. 12 ff.

Hippenmeier Konrad, Die Sanierung der Altstadt in Zürich. Hektografierter Bericht, Zürich 1937.

Höhn Heinrich, Die Personentarife der städtischen Bahnen und ihre Wirkungen auf das Verkehrs-, Wohnungs- und Finanzwesen, Diss., Köln 1927.

Horber Emil, Wohnungsbauförderung in Zürich, Affoltern a. A. 1937.

Initiativ-Komitee Untergrundbahn Zürich, Exposé zum Projekt einer Untergrundbahn Zürich. Auszug aus dem Konzessionsbegehren, Zürich 1949.

Keller K.. Die Strassenverbesserungen des Kantons Zürich von 1917–1938, in: Strasse & Verkehr 1939, S. 149–152.

Kemmann G., Das englische Handelsamt über den Londoner Verkehr, in: Zeitschrift für Kleinbahnen 6–8/1909, S. 378–527.

Klöti Emil, Die Zürcher Eingemeindungsfrage. Vortrag gehalten vor der Zürcher Volkswirtschaftlichen Gesellschaft am 24. Januar 1927, Zürich 1927.

Klöti Emil, Die Altstadtsanierung in Zürich, in: Wohnungswesen und Städtebau III–IV/1940, S. 16–20.

Klöti Emil, Zürichs zweite Eingemeindung vom Januar 1934, Zürich 1956.

Kruck Gustav, Die Entwicklung der städtischen Strassenbahn Zürich 1897–1924. Grundlagen zur Revision der Taxordnung 1925, Zürich 1925.

Kruck Gustav, Zürichs Verwaltung und industrielle Gemeindebetriebe, nach Vorträgen in der Zürcher Volkshochschule, Zürich 1927.

Matter, Inspektor, Bericht über die Personal- und Dienstverhältnisse bei der Strassenbahn und beim Autobusbetrieb in Zürich, Zürich 1935.

Meili Armin, Zürich heute und morgen – Wille oder Zufall in der baulichen Gestaltung, Separatdruck aus: NZZ vom 10./12./14./15. Dez. 1944, Zürich 1945.

Musfeld-Imhof Ferd., Der Tram im Birsigtunnel, Basel 1929.

Scharpe Edmund, Projekt einer Pferdebahn vom Bahnhof durch die Stadt Zürich bis an den See, Zürich 1863.

Schenker P., Die Wahl des Betriebssystems für die Strassenbahnen in Zürich und Vorschläge betreffend den Bau neuer Linien, Zürich 1896.

Schläpfer U., Über die Ergebnisse der Wohnungserhebung in Zürich im Jahre 1896, Zürich 1900.

Schlussbericht über den Internationalen Wettbewerb für einen Bebauungsplan der Stadt Zürich und ihrer Vororte, durchgeführt 1915 unter der Leitung der städtischen Bauverwaltung, Zürich 1919.

Schwarzer Heinrich, Zum 20jährigen Bestehen der Limmattal-Strassenbahn-Gesellschaft, 1899–1919, Altstetten-Zürich 1919.

Sitte Camillo, Der Städtebau nach seinen künstlerischen Grundsätzen, Wien 1889, 4. Aufl. 1908.

Stahl, Dir., Beschleunigter Verkehr auf Strassenbahnen, in: Zeitschrift für Kleinbahnen 8/1910, S. 526–529.

Städtische Strassenbahn Zürich, Zur Eröffnung des Trolleybusbetriebes in Zürich, unver. Manuskript, Zürich 1939.

Stadtrat von Zürich, Die Gesundheits- und Wohlfahrtspflege der Stadt Zürich, Zürich 1909.

Stadtrat von Zürich, Geschichte der Zürcher Stadtvereinigung von 1893. Ein Rückblick anlässlich des 25jährigen Jubiläums, Zürich 1919.

Steiner A. H., Die Stadt Zürich, Separatdruck aus: Plan 3/1948.

Strasse & Verkehr, Offizielles Organ der Vereinigung Schweizerischer Strassenfachleute (bis 1936: Schweizerische Zeitschrift für Strassenwesen und verwandte Gebiete).

Stübben Joseph, Städtebau, Darmstadt 1890, 3. erw. Aufl. Darmstadt 1924.

Stüssi Hans, Strassenbahnen. Einiges über deren Konzession und Gesetzgebung, Zürich 1877.

Thommen H. W., Der Trolleybus, in: Strasse und Verkehr 16/1938, S. 255–261.

Thommen H. W., Der Strassenbau an der Landesausstellung, in: Strasse und Verkehr 12/1939, S. 143–148.

Von Thünen Johann Heinrich, Der isolierte Staat in Beziehung auf Landwirtschaft und Nationalökonomie, Hamburg 1826 (Neudruck Jena 1930).

Waldvogel H., Ein Beitrag zum Ausbau der Verkehrsanlagen der Grossstadt Zürich, Sonderdruck aus: Strasse und Verkehr 34/1948.

Wattmann, Beziehungen zwischen Strassenbahnen und Bebauungsplänen. Bericht des Direktors der Städtischen Strassenbahnen Cöln zum XVI. Internationalen Strassenbahn- und Kleinbahn-Kongress Brüssel, Brüssel 1910.

Weber Adolf, Untergrundbahn Zürich, Projekt Weber 1947, Zürich 1947.

Wenner V.; Der Bebauungsplan der Stadt Zürich, in: Schweizerische Bauzeitung 52/1899, S. 243 ff.

Wenner Victor, Bebauung, in: Gesundheits- und Wohlfahrtspflege der Stadt Zürich 1909, S. 40–52.

Wild Johann, Wetli K., Gutachten über die Frage der Schienen-Verbindung zwischen Nordostbahnhof und See, an den hohen Regierungsrath, Zürich 1863.

Winterhalter Ulysses, Senti Alfred, Städtische Strassenbahn Zürich 1896–1936, Zürich 1936.

Zezula F., Die Wirtschaftlichkeit städtischer Strassenbahnen, mit besonderer Berücksichtigung schweizerischer Strassenbahnen, in: Zeitschrift für Kleinbahnen 1/1911, S. 1–16.

Züger Josef, Strassenbahn, Trolleybus und Autobus in der Bedienung des innerstädtischen Verkehrs, in: Schweizerisches Archiv für Verkehrswissenschaft und Verkehrspolitik 4/1944, S. 309–332.

2.2. Amtliche Publikationen und Publikationen mit Quellencharakter 1951–1996

Bauamt I der Stadt Zürich, Stadtplanung Zürich. Entwurf Bebauungsplanung, Berichte und Pläne, Zürich 1966.

Bauamt I der Stadt Zürich, Verkehrspolitik der Stadt Zürich. Probleme, Grundsätze, Massnahmen, Zürich 1983.

Baudirektion des Kantons Zürich, Luftprogramm für den Kanton Zürich. Massnahmeplan Lufthygiene, Zürich 1990.

Behördendelegation für den Regionalverkehr, Transportplan, weitere Region, Zürich 1971.

Behördendelegation für den Regionalverkehr, Regionalverkehr Zürich, Zürich 1971.

Brändli Heinrich, Planung und Projektierung des öffentlichen Verkehrs im Raume Zürich, Zürich 1972.

City-Vereinigungen, 33 Thesen zur raschen Verbesserung der Verkehrsverhältnisse in Zürich, Zürich 1965.

Entwicklungskoordination der Stadt Zürich, Die Region Zürich im Rahmen der schweizerischen Volkswirtschaft, Zürich 1972.

Entwicklungskoordination der Stadt Zürich, Harald Jürgensen, Rudolf Koller, Möglichkeiten einer Stabilisierung der Stadtentwicklung, Zürich 1973.

Entwicklungskoordination der Stadt Zürich, Harald Jürgensen, Rudolf Koller, Vorschläge für ein Entwicklungsprogramm der Stadt Zürich, Zürich 1973.

Feuchtinger Max Erich, Pirath Carl, General-Verkehrsplan für die Stadt Zürich. Gutachten, Stuttgart 1955.

Frei Rudolf E., Tiefbahn oder U-Bahn, Zürich 1961.

Furrer A., Über die Anfänge der Stadtplanung in Zürich, Bebauungs- und Quartierplanbüro 1934–1961, unver. Manuskript, Zürich 1961.

Gemeinderat der Stadt Zürich, Ein Beitrag zur Zürcher Verkehrsreform. Bericht der gemeinderätlichen Verkehrskommission über die Studienreise nach Stuttgart und München, Zürich 1957.

Generalverkehrsplan für die Stadt Zürich, Kurzfassungen der Gutachten Pirath/Feuchtinger und Kremer/Leibbrand, Sonderdruck aus Schweizerische Bauzeitung August/Oktober 1955.

Gesellschaft, schweizerische, für Sozialforschung, Die Bevölkerung des Kantons Zürich und die U-Bahn/S-Bahn im November/Dezember 1972, Zürich 1972.

Gubler Theo, Der Kampf um die Strasse, Bern 1953.

Hochbaudepartement der Stadt Zürich (Hg.), Stadt Zürich – Ziele der Stadtentwicklung 1996. Ausgangslage, Entwicklungen, Ziele, Massnahmen.

Joos Ernst, «Züri-Linie» – Unsere Zukunfts-Linie, in: Zürich 2004, Festschrift zum 30-jährigen Bestehen der Zürcher Studiengesellschaft für Bau- und Verkehrsfragen, Zürich 1984.

Joos Ernst, Ökonomie und Ökologie sind keine Gegensätze. Drei Zürcher Botschaften zur neuen Verkehrspolitik, Zürich 1990.

Joos Ernst, Hat der Regierungsrat eine Verkehrspolitik?, in: Regenbogen, Zeitschrift der Verkehrsbetriebe Zürich 3/1994, S. 22–25.

Jucker Hans-Ulrich, U- und S-Bahn: die beste aller möglichen Lösungen, in: Tages-Anzeiger Magazin 17/1973, S. 20–23.

Jud Planungsbüro, Verkehrsbelastung der Zürcher Innenstadt, Fussgänger, Tram und Autopassagiere, Zürich 1967.

Kammerer Bruno, Planung – gestern und morgen, in: Ginsburg Theo et al., Zürich ohne Grenzen, Zürich 1986, S. 55 ff.

Kremer Philipp, Leibbrand Kurt, General-Verkehrsplan für die Stadt Zürich. Gutachten, Zürich 1954.

Lambert Walter, Gutachtliche Äusserung über die Vorschläge zu unterirdischen Schnellstrassenbahnen in Zürich, Zürich 1957.

Latscha Werner, Das Projekt der Zürcher Tiefbahn, Zürich 1961.

Lawinenverbauungen, Kommentar der Stadtverwaltung Zürich zum Arbeitsprogramm der Zürcher Arbeitsgruppe für Städtebau, Zürich 1972.
Marti Hans, Zürich wird Grossstadt, Zürich o. J.
Marti Hans, Zu den Zürcher Verkehrsgutachten, Schweizerische Bauzeitung 41/1955, S. 587–589.
Marti Hans, Vortrag im Gemeinderat vom 18. März 1964, unver. Manuskript, Zürich 1964.
Marti Hans, Bericht an den Stadtrat Zürich über den Stand der Verkehrsplanung, Zürich 1966.
Marti Hans, Der heutige Stand der Verkehrsplanung in der Stadt Zürich, in: Schweizer Journal für öffentlichen Bau und Industrie 12/1966, S. 26–29.
Neue Zürcher Zeitung (Hg.), Die Zürcher U-Bahn, Separatdruck, Zürich 1971.
Neue Zürcher Zeitung (Hg.), Zürich setzt auf das Tram. Eröffnung der Linien nach Stettbach und Hirzenbach, Beilage in der Neuen Zürcher Zeitung, Nr. 26/1986.
Projektgruppe Bellevue, Gesamtkonzept Bellevue, Zürich 1996.
Regierungsrat des Kantons Zürich, Verordnung über das Angebot im öffentlichen Personenverkehr (Angebotsverordnung), Zürich 1988.
Regierungsrat des Kantons Zürich, Antrag 3419. Beschluss des Kantonsrates betreffend Grundsätze über die mittel- und langfristige Entwicklung von Angebot und Tarif im öffentlichen Personenverkehr, Zürich 1994.
Schmid Otto, Das Zürcher Verkehrskonzept am Prüfstand, in: Stadtentwicklung und Verkehr. Dokumentation der internationalen Fachtagung am 2. Oktober 1991, Wien 1992, S. 30–44.
Sidler Gerhard, Stadterneuerung, Erfahrung aus der Sicht der kommunalen Verwaltungspraxis, Zürich 1976.
Stadtplanungsamt Zürich, Metron Brugg, Entwicklungsprognose für den Geschäftskern von Zürich, Zürich 1969.
Stadtrat der Stadt Zürich, Zwischenbericht des Stadtrates zum Generalverkehrsplan, Zürich 1956.
Stadtrat der Stadt Zürich, Tiefbahn oder Untergrundbahn? Bericht an den Gemeinderat, Zürich 1961.
Stadtrat der Stadt Zürich, Zur Verkehrspolitik der Stadt Zürich, Zürich 1987.
Stadtrat der Stadt Zürich, Verkehrspolitik der Stadt Zürich. Probleme, Grundsätze, Massnahmen, Zürich 1994.
Stadtrat der Stadt Zürich, Richtplan der Region Stadt Zürich. Neufestsetzung, öffentliche Auflage 1996, Zürich 1996.
Stirnemann Peter, «Tramvisionen». Die Weiterentwicklung des Tramnetzes der Stadt Zürich, In: Tram Museum Zürich Revue 3/1996, S. 50–56.
Studienbüro Transportplan Zürich, Transportplan Region Zürich 1965, Zürich 1965.
Tages-Anzeiger (Hg.), S-Bahn Zürich, Sonderdruck, Zürich 1990.
Tarifverbund Region Bern, Evaluation Bäre Abi. Zwischenbericht zur Vorerhebung 1990 und der Nacherhebung 1991, Bern 1992.
Verkehrsbetriebe Zürich, Ausdehnung der Selbstbedienung im Autobusdienst der VBZ, unver. Manuskript, Zürich 1967.
Verkehrsbetriebe Zürich, Tram-Anzeiger, Jubiläums-Extrablatt der VBZ-Fahrgastleitung, Zürich 1982.
Verkehrsbetriebe Zürich, Zürich mobil. Portrait der VBZ Züri-Linie, Zürich 1984.
Verkehrsbetriebe Zürich, Wir sind die Nr. 1 im Zürcher Verkehr. Immer mehr Fahrgäste wechseln auf die Umweltspur, Zürich 1990.
Verkehrsbetriebe Zürich, Beschleunigungsprogramm 2000, Zürich 1991.
Verkehrsbetriebe Zürich, Perspektiven der VBZ-Angebotsentwicklung. Medienorientierung vom 22. Oktober 1991, Pressedokumentation, Zürich 1991.
Verkehrsbetriebe Zürich, Standortbestimmung zum Ausbauprogramm «Züri-Linie 1990». Medienorientierung vom 22. Oktober 1991, Pressedokumentation, Zürich 1991.

Verkehrsbetriebe Zürich, Nordstadt Glattal – Zürich, Angebotsentwicklung Öffentlicher Verkehr, unver. Studie, Zürich 1992.

Verkehrsbetriebe Zürich, Tramvisionen. Grundlage zur Langfristplanung des Tramsystems, unver. Studie, Zürich 1992.

Verkehrsbetriebe Zürich, Die integrale Stadtbahn, unver. Studie, Zürich 1994.

Volkswirtschaftsdirektion des Kantons Zug, Abteilung Öffentlicher Verkehr. Vorstudie für ein Stadtbahnkonzept in der Region Zug, Zug 1996.

Volkswirtschaftsdirektion des Kantons Zug, Alternative Verkehrssysteme im Kanton Zug, Zug 1994.

Zürcher Arbeitsgruppe für Städtebau, Arbeitsprogramm zum Konzept Lawinenverbauungen, Zürich 1972.

Zürcher Handelskammer (Hg.), Das Zürcher Verkehrsproblem. Vorträge 1955 und 1956, Zürich 1956.

Zürcher Verkehrsverbund, «AboPlus». Das erste Angebot des Zürcher Verkehrsverbundes. Medienkonferenz vom 16. August 1988, Pressedokumentation, Zürich 1988.

Zürcher Verkehrsverbund, Jahresbericht 1993–1995, Zürich 1995.

Zürich plant und baut, Ausstellungskatalog, Zürich 1961.

Zürichs Verkehr – heute und morgen. Auf dem Weg zu einem Generalverkehrsplan. Thematische Darstellung der beiden Gutachten Kremer/Leibbrand und Pirath/Feuchtinger, Sonderdruck NZZ, Zürich 1955.

3. Literatur

Adams Hans, Oberstrass. Seine Entwicklung von der oberen Strasse zum Stadtquartier von Zürich. Zürich 1983.

Akeret Walter, Die zweite Zürcher Eingemeindung von 1934, Diss., Bern 1977.

Albers Gerd, Entwicklungslinien im Städtebau. Ideen, Thesen Aussagen. 1875–1945, Düsseldorf 1975.

Alonso William, Das Gleichgewicht des Haushalts, in: Barnbrock Jörn, Materialien zur Ökonomie der Stadtplanung, Braunschweig 1975, S. 139–157.

Alonso William, Location and Land Use. Towards a general theory of land rent, Cambridge (Mass.) 1964.

Alonso William, Eine Theorie des städtischen Grund und Bodenmarktes, in: Barnbrock Jörn, Materialien zur Ökonomie der Stadtplanung, Braunschweig 1975, S. 55–66.

Amstad H., Die Geschichte des Albisriedertrams 1923–1988, Zürich 1988.

Appenzeller Stephan, Vom Rösslitram zur Pferdestärke. Die Anfänge des öffentlichen Verkehrs in Basel in der zweiten Hälfte des 19. Jahrhunderts, unveröffentl. Lizentiatsarbeit, Basel 1989.

Appenzeller Stephan, Basel und sein Tram, Basel 1995.

Asséo David, Transports en commun et nouvelles technologies. Les cas de Genève au XIXe siècle, in: SZG 40/1990, S. 185–206.

Autorengruppe Universität Zürich, Reallöhne schweizerischer Industriearbeiter von 1890–1921, Zürich 1982.

Barnbrock Jörn (Hg.), Materialien zur Ökonomie der Stadtplanung, Braunschweig 1975.

Bärtschi Hanspeter, Industrialisierung, Eisenbahnschlachten und Städtebau. Die Entwicklung des Zürcher Industrie- und Arbeiterstadtteils Aussersihl. Ein vergleichender Beitrag zur Architektur- und Technikgeschichte, Zürich 1983.

Baumann Walter, Bürkli Arnold 1833–1894, Zürich 1994.

Bauer Hans, Kunz Robert, Die Nahverkehrsmittel 1862–1962, in: Eidgenössisches Amt für Verkehr (Hg.), Ein Jahrhundert Schweizer Bahnen 1847–1947, 5. Bd., Bern 1962, S. 431–456.

Bergier Jean-François, Wirtschaftsgeschichte der Schweiz. Von den Anfängen bis zur Gegenwart, Zürich 1990.

Bergmaier Rolf, Die Bedeutung des öffentlichen Verkehrs in der Raumerschliessung der Stadt Zürich von 1850–1976, Diplomarbeit, Zürich 1980.

Benevolo Leonardo, Die Geschichte der Stadt, Frankfurt, New York 1975.

Blanc Jean-Daniel, Ganz Martin, Die City-Macher, in: Ginsburg Theo et al. (Hg.), Zürich ohne Grenzen, Zürich 1986, S. 86 ff.

Blanc Jean-Daniel, Die Stadt ein Verkehrshindernis? Leitbilder städtischer Verkehrsplanung und Verkehrspolitik in Zürich 1945–1975, Zürich 1994.

Bodenschatz Harald, Moderne Infrastruktur und die Produktion städtischer Lage. Das Beispiel des deutschen Eisenbahnbaus bis 1875, in: Fehl Gerhard, Rodriguez-Lores Juan (Hg.), Stadterweiterungen 1800–1875. Von den Anfängen des modernen Städtebaus in Deutschland, Hamburg 1983, S. 81–100.

Boegli Werner, Le Tram à Genève, Histoire imaginée de la Compagnie Genevoise des Tramways Electriques et de ses Précurseurs 1862–1976, Genf 1976.

Bösch Hans, Wandlungen in den Zielvorstellungen der Verkehrsplanung, in: DISP 83/1986, S. 28 ff.

Bollinger Armin, Örlikon. Geschichte einer Zürcher Gemeinde, Zürich 1983.

Brändli Heinrich, Grundlagen des öffentlichen Verkehrs, unveröffentl. Vorlesungsskript ETH Zürich, Zürich 1992.

Brändli Heinrich, Bollinger Fredi, Öffentlicher Verkehr im Clinch. Die Unternehmung des öffentlichen Verkehrs im Spannungsfeld zwischen Markt und Politik, Zürich 1996.

Brecht Eberhard, Zürich – Verkehr. Quer durch die Vergangenheit, Zürich 1977.

Brenner Michael, London, in: Friedrichs Jürgen (Hg.), Stadtentwicklungen in West- und Osteuropa, Berlin, New York 1985, S. 149–254.

Büchi Arnold, Die Genfer Strassenbahnen. Compagnie des Tramways Electriques. Ein Beitrag zur schweizerischen Verkehrspolitik, Diss., Elgg 1924.

Burgess Ernest W., The Growth of the City; in: Park Robert E., Burgess Ernest W., McKenzie Roderick D., The City, 4. Aufl., Chicago 1925, S. 47–62.

Burkhalter R., Steiner R. et al., Siedlung und Verkehr. Arbeitsteilige Produktionsprozesse, Mobilität, Ausbau der Verkehrsinfrastruktur und Bodenverbrauch, Bericht 49 des NFP «Nutzung des Bodens in der Schweiz», Liebefeld-Bern 1990.

Butz R., Die Dreiachsmotorwagen Ce 2/3 31 u. 32, in: Tram-Museum Zürich, Mitteilungsblatt 3/1969, S. 2–8.

Carter Harold, Einführung in die Stadtgeographie, Stuttgart 1980.

Carol Hans, Städte, wie wir sie wünschen, Zürich 1949.

Christaller Walter, Die zentralen Orte in Süddeutschland. Eine ökonomisch-geographische Untersuchung über die Gesetzmässigkeit der Verbreitung und Entwicklung der Siedlungen mit städtischen Funktionen, Darmstadt 1968.

Compagnie Genevoise des Tramways Electriques. Les transports en commun à Genève 1862–1962, Genf 1962.

Conze Werner, Eberhardt Ulrich (Hg.), Arbeiterexistenz im 19. Jahrhundert, Stuttgart 1981.

Corboz André, Stadt der Planer – Stadt der Architekten, Zürich 1988.

Danuser Hanspeter, Das Trambuch. 100 Jahre Züri Tram, Zürich 1982.

Dünki Robert, Verfassungsgeschichte und politische Entwicklung Zürich 1814–1893, Zürich 1990.

Eigenheer Susanne, Bäder, Bildung, Bolschewismus. Interessenkonflikte um das Zürcher Volkshaus, 1890–1920, Zürich 1993.

Eidgenössisches Amt für Verkehr (Hg.), Ein Jahrhundert Schweizer Bahnen 1847–1947, 5. Bd., Bern 1962.

Ernst Andreas et al. (Hg.), Kontinuität und Krise. Sozialer Wandel als Lernprozess. Beiträge zur Wirtschafts- und Sozialgeschichte der Schweiz, Zürich 1994.

Escher Felix, Berlin und sein Umland. Zur Genese der Berliner Stadtlandschaft bis zum Beginn des 20. Jahrhunderts, Berlin 1985.

Ernst Andreas et al. (Hg.), Kontinuität und Krise. Sozialer Wandel als Lernprozess. Beiträge zur Wirtschafts- und Sozialgeschichte der Schweiz, Zürich 1994.

Fehl Gerhard, Rodriguez-Lores Juan (Hg.), Stadterweiterungen 1800–1875. Von den Anfängen des modernen Städtebaus in Deutschland, Hamburg 1983.

Fehl Gerhard, Rodriguez-Lores Juan (Hg.), Stadt-Umbau. Die planmässige Erneuerung europäischer Grossstädte zwischen Wiener Kongress und Weimarer Republik, Basel, Berlin, Boston 1995.

Fisch Stefan, Stadtplanung im 19. Jahrhundert. Das Beispiel München bis zur Ära Theodor Fischer, München 1988.

Frey René L., Städtewachstum, Städtewandel. Eine ökonomische Analyse der schweizerischen Agglomerationen, Basel 1990.

Friedrichs Jürgen, Stadtanalyse. Soziale und räumliche Organisation der Gesellschaft, Hamburg 1977.

Friedrichs Jürgen (Hg.), Stadtentwicklungen in West- und Osteuropa, Berlin, New York 1985.

Fritzsche Bruno, Städtisches Wachstum und soziale Konflikte, in: Schweizerische Zeitschrift für Volkswirtschaft und Statistik 4/1977, S. 446–473.

Fritzsche Bruno, Grundstückpreise als Determinanten städtischer Strukturen, in: Zeitschrift für Stadtgeschichte, Stadtsoziologie und Denkmalpflege 4/1977, S. 36–54.

Fritzsche Bruno, Das Quartier als Lebensraum, in: Conze Werner, Eberhardt Ulrich (Hg.), Arbeiterexistenz im 19. Jahrhundert, Stuttgart 1981, S. 92–113.

Fritzsche Bruno, Der Verkehr plant unsere Städte, in: Tages-Anzeiger Magazin 37/1981, S. 6–11.

Fritzsche Bruno, Mechanismen der sozialen Segregation, in: Teuterberg Hans Jürgen (Hg.), Homo habitans. Zur Sozialgeschichte des ländlichen und städtischen Wohnens in der Neuzeit, Münster 1985, S. 155–168.

Fritzsche Bruno, Eisenbahnbau und Stadtentwicklung in der Schweiz, in: Teuteberg Hans Jürgen (Hg.), Stadtwachstum, Industrialisierung, sozialer Wandel. Beiträge zur Erforschung der Urbanisierung im 19. und 20. Jahrhundert, Wien 1986, S. 175–194.

Fritzsche Bruno, Vorhänge sind an die Stelle der alten Lumpen getreten. Die Sorgen der Wohnungsfürsorger im 19. Jahrhundert, in: Schweiz im Wandel. Studien zur neueren Gesellschaftsgeschichte, Festschrift für Rudolf Braun zum 60. Geburtstag, Basel, Frankfurt a. M. 1990, S. 383–396.

Fritzsche Bruno, Lemmenmeier Max, Die revolutionäre Umgestaltung von Wirtschaft, Gesellschaft und Staat 1780–1870, in: Geschichte des Kantons Zürich, Bd. 3: 19. und 20. Jahrhundert, Zürich 1994, S. 20–156.

Fritzsche Bruno, Lemmenmeier Max, Auf dem Weg zu einer städtischen Industriegesellschaft 1870–1918, in: Geschichte des Kantons Zürich, Bd. 3: 19. und 20. Jahrhundert, Zürich 1994, S. 158–249.

Fröhlich Martin, Steinmann Martin, Imaginäres Zürich. Die Stadt, die nie gebaut wurde, Zürich 1978.

Gaebe Wolfgang, Verdichtungsräume. Strukturen und Prozesse im weltweiten Vergleich, Stuttgart 1987.

Galliker Hans-Rudolf, Stadtplanung und Strassenbahn, die Leitbilder beim Bau des Zürcher Trams 1881–1930, Zürich 1993.

Galliker Hans-Rudolf, Das Tram lässt auf sich warten, in: Jakob Ursina, Kurz Daniel, Wipkingen – Lebensräume, Verkehrsräume, Zürich 1993, S. 36–39.

Galliker Hans-Rudolf, Stammleistung allein zieht nicht mehr, in Kommunalmagazin 10/1995, S. 44–50.

Galliker Hans-Rudolf, Tramstädte. Das Tram und sein Einfluss auf die Entwicklung der Schweizer Städte, erscheint in: Verkehrshaus der Schweiz (Hg.), Die Schweiz und die Eisenbahn, Zürich 1997.

Gerbig Richard jun., 50 Jahre Bus in Zürich, Zürich 1977.

Geschichte der Schweiz und der Schweizer, Basel, Frankfurt a. M. 1986.

Geschichte des Kantons Zürich, Bd. 3: 19. und 20. Jahrhundert, Zürich 1994.

Gilg Peter, Hablützel Peter, Beschleunigter Wandel und neue Krisen (seit 1945), in: Geschichte der Schweiz und der Schweizer, Basel, Frankfurt a. M. 1986, S. 821–968.

Glauser Hermann, Industriekultur und Alltagsleben. Vom Biedermeier zur Postmoderne, Frankfurt a. M. 1981.

Gruner Erich (Hg.), Arbeiterschaft und Wirtschaft in der Schweiz 1880–1914. Soziale Lage, Organisation und Kämpfe von Arbeitern und Unternehmern, politische Organisation und Sozialpolitik, Bd. 1: Demographische, wirtschaftliche und soziale Basis und Arbeitsbedingungen, Zürich 1987.

Ginsburg Theo et al. (Hg.), Zürich ohne Grenzen, Zürich 1986.

Guggenheim Kurt, Alles in Allem, Zürich 1996.

Gugerli David, Redeströme. Zur Elektrifizierung der Schweiz 1880–1914, Zürich 1996.

Gugerli David, Technikbewertung zwischen Öffentlichkeit und Expertengemeinschaft. Zur Rolle der Frankfurter elektrotechnischen Ausstellung von 1891 für die Elektrifizierung der Schweiz, in: Ernst Andreas et al. (Hg.), Kontinuität und Krise. Sozialer Wandel als Lernprozess. Beiträge zur Wirtschafts- und Sozialgeschichte der Schweiz, Zürich 1994, S. 139–160.

Güller Peter, Breu Thomas (Hg.), Städte mit Zukunft – Ein Gemeinschaftswerk. Synthese des Nationalen Forschungsprogrammes «Stadt und Verkehr», Zürich 1996.

Guyer Paul, Zürich auf dem Weg zur Grossstadt. Die bauliche Entwicklung von 1830 bis 1870, Zürich 1967.

Haggett Peter, Geographie. Eine moderne Synthese, Stuttgart 1991.

Hall Thomas, Paris – Napoleon III. – Hausmann. Unerreichbares Vorbild für den Umbau zur Metropole, in: Fehl Gerhard, Rodriguez-Lores Juan (Hg.), Stadt-Umbau. Die planmässige Erneuerung europäischer Grossstädte zwischen Wiener Kongress und Weimarer Republik, Basel, Berlin, Boston 1995, S. 41–56.

Hartmann Roger, Hitz Hansruedi, Schmid Christian, Wolff Richard, Theorien zur Stadtentwicklung, Oldenburg 1986.

Heinze G. W., Drutschmann H.-M., Raum, Verkehr und Siedlung als System, dargestellt am Beispiel der deutschen Stadt des Mittelalters, Göttingen 1977.

Heuer Hans, Sozioökonomische Bestimmungsfaktoren der Stadtentwicklung, Stuttgart 1975.

Herbert David, Thomas Colin J., Cities in Space, City as Place, London 1990.

Hidber Carl, Meyer Bruno (Red.), Pioniere des Verkehrs. Eine Auswahl von Kurzbiographien zur Einführung in die Verkehrsgeschichte, Zürich 1993.

Hidber Carl, Berufspendlerverkehr 1950–1990. Entwicklung des Berufspendlerverkehrs der schweizerischen Agglomerationen, Zürich 1989.

Hilpert Thilo (Hg.), Le Corbusiers «Charta von Athen». Texte und Dokumente, Kritische Neuausgabe, Braunschweig 1984.

Hofmeister Burkhard, Die Stadtstruktur. Ihre Ausprägung in den verschiedenen Kulturräumen der Erde, Darmstadt 1980.

Hornberger Klaus-Dieter, Interdependenzen zwischen Stadtgestalt und Baugesetz. Untersuchung des Spannungsfeldes zwischen der stadträumlichen und der baurechtlichen Entwicklung im Verlauf des 20. Jahrhunderts, dargestellt am Beispiel der Stadt Zürich, Zürich 1980.

Huber Benedikt et al., Urbanisationsprobleme in der Ersten und in der Dritten Welt. Festschrift für Walter Custer, Zürich 1979.

Huber Benedikt, Der Wandel in den Zielvorstellungen schweizerischer Landesplanung 1900 bis 1979, in: Huber Benedikt et al., Urbanisationsprobleme in der Ersten und in der Dritten Welt. Festschrift für Walter Custer, Zürich 1979, S. 142–151.

Isard Walter, Location and Space-Economy. A General Theory Relating to Industrial Location, Market Areas, Land Use, Trade, and Urban Structure, Cambridge 1956.

INSA, Inventar der neuen Schweizer Architektur 1850–1920, Zürich 1984 ff.

Jacobs Jane, Leben und Sterben grosser amerikanischer Städte, Berlin 1963.

Jagmetti Riccardo L., Planungsrecht und Staatsorganisation als Begleiter des Urbanisationsprozesses, in: Huber Benedikt et al., Urbanisationsprobleme in der Ersten und in der Dritten Welt. Festschrift für Walter Custer, Zürich 1979, S. 127–141.

Jäger Edwin, Der Personennahverkehr der Stadt Zürich. Eine Untersuchung über die Probleme des Vorortverkehrs, Zürich 1946.

Jakob Ursina, Kurz Daniel (Hg.), Wipkingen – Lebensräume, Verkehrsräume, Zürich 1983.

Jost Hans-Ulrich, Bedrohung und Enge (1914–1945), in: Geschichte der Schweiz und der Schweizer, Basel, Frankfurt a. M. 1986, S. 731–820.

Kamm Peter, Zürich Transport 1882–1996. Von der Pferdebahn zur Züri-Linie. Ein historisch-technischer Rückblick über das Rollmaterial auf Zürichs Schienen und Strassen, Obstalden 1996.

Kappeler Hans, Die Zürcher Verkehrsmittel von den Anfängen bis zur Gegenwart, in: Schweizerische Technische Zeitschrift 20–21/1951, S. 381–389.

Kaufhold Karl Heinrich, Strassenbahnen im Deutschen Reich von 1914. Wachstum, Verkehrsleistungen, wirtschaftliche Verhältnisse, in: Petzina Dietmar, Reulecke Jürgen (Hg.), Bevölkerung, Wirtschaft, Gesellschaft seit der Industrialisierung, Festschrift für Wolfgang Köllmann, Dortmund 1990, S. 219–238.

Kesselring, H.-C. Halbherr P., Maggi R., Strassennetzausbau und raumwirtschaftliche Entwicklung. Eine Potentialanalyse am Beispiel ausgewählter schweizerischer Regionen, Bern 1982.

Koch Michael, Leitbilder des modernen Städtebaus in der Schweiz 1918–1939. Ein Beitrag zur Genese des Städtebaus als Disziplin und ein Versuch, die jüngere Geschichte für die heutige Städtebaudiskussion nutzbar zu machen, Zürich 1988.

Koch Michael, Städtebau in der Schweiz 1800–1990. Entwicklungslinien, Einflüsse und Stationen, Zürich 1992.

Koch Michael, Somandin Mathias, Süsstrunk Christian, Kommunaler und genossenschaftlicher Wohnungsbau in Zürich. Ein Inventar der durch die Stadt geförderten Wohnbauten 1907–1989, Zürich 1989.

Kölble Christine, Eine Strasse wird begradigt, ein Quartier zweigeteilt, in: Jakob Ursina, Kurz Daniel (Hg.), Wipkingen – Lebensräume, Verkehrsräume, Zürich 1993, S. 40–53.

König Mario, Kurz Daniel, Sutter Eva, Klassenkämpfe, Krisen und ein neuer Konsens – Der Kanton Zürich 1918–1945, in: Geschichte des Kantons Zürich, Bd. 3: 19. und 20. Jahrhundert, Zürich 1994, S. 250–349.

König Mario, Auf dem Weg in die Gegenwart – Der Kanton Zürich seit 1945, in: Geschichte des Kantons Zürich, Bd. 3: 19. und 20. Jahrhundert, Zürich 1994, S. 350–479.

Konter Erich, Verheissungen einer Grossstadt-City. Vorschläge zum Umbau «Alt-Berlins» in den preisgekrönten Entwürfen des Wettbewerbes Gross-Berlin von 1910, in: Fehl Gerhard, Rodriguez-Lores Juan (Hg.), Stadt-Umbau. Die planmässige Erneuerung europäischer Grossstädte zwischen Wiener Kongress und Weimarer Republik, Basel, Berlin, Boston 1995, S. 249–271.

Köstlin Reinhart, Wollmann Hellmut (Hg.), Renaissance der Strassenbahn, Basel, Boston, Stuttgart 1987.

Köstlin Reinhart, Bartsch Lutz Joachim, Die Renaissance der Strassenbahn, in: Köstlin Reinhart, Wollmann Hellmut (Hg.), Renaissance der Strassenbahn, Basel, Boston, Stuttgart 1987, S. 7–34.

Krabbe Wolfgang R., Kommunalpolitik und Industrialisierung. Die Entfaltung der städtischen Leistungsverwaltung im 19. und frühen 20. Jahrhundert. Fallstudien zu Dortmund und Münster, Stuttgart 1985.

Krabbe Wolfgang R., Die Entfaltung der kommunalen Leistungsverwaltung in deutschen Städten des späten 19. Jahrhunderts, in: Teuteberg Hans Jürgen (Hg.), Urbanisierung im 19. und 20. Jahrhundert, historische und geografische Aspekte, Köln, Wien 1983, S. 374–391.

Krayenbühl Frank, Untersuchung über die Entstehung und das Wachstum der Zentren der Stadt Zürich, Diss., Zürich 1983.

Kronig Karl, Innerstädtischer öffentlicher Verkehr und Stadtentwicklung. Die Strassenbahnen der Stadt Bern 1890–1923, unveröffentl. Liz.arbeit, Bern 1988.

Künzle Daniel, City, Millionenvorstadt und Arbeiterquartier, demographische und baulich-soziale Entwicklung in Zürich 1914–1930, in: Unsere Kunstdenkmäler 41/1991, S. 164–177.

Kurz Daniel, «Gross-Zürich». Der Ideen-Wettbewerb für einen Bebauungsplan der Stadt Zürich und ihrer Vororte 1915–1933, Zürich 1990.

Kurz Daniel, Leitbilder zur Stadtentwicklung im Städtebau der Schweiz und Deutschlands 1900–1940. Wettbewerb für einen Bebauungsplan Zürich und Vororte 1915–1918 im Kontext der Zeitgeschichte, unveröffentl. Liz.arbeit, Zürich 1990.

Kurz Daniel, Die Organisation von Gross-Zürich. Der Bebauungsplanwettbewerb 1915–1918, in: Unsere Kunstdenkmäler 42/1991, S. 198–207.

Kurz Daniel, Städtebau, Verkehrs- und Siedlungsentwicklung, in: Hundert Jahre Gross-Zürich, 60 Jahre 2. Eingemeindung, Zürich 1994, S. 29–41.

Ladd Brian, Urban Planning and Civic Order in Germany 1860–1914, Cambridge (Mass.) 1991.

Landes David S., Der entfesselte Prometheus. Technologischer Wandel und industrielle Entwicklung in Westeuropa von 1750 bis zur Gegenwart, Köln 1973.

Largiadèr Anton, Geschichte von Stadt und Landschaft Zürich, Bd. 2, Erlenbach 1945.

Lehrer Ute, Wandel und Handel in der Kaserne Zürich. Die städtebaulichen Vorstellungen dargestellt an verschiedenen Projekten für das Kasernenareal 1864–1988, Zürich 1988.

Leibbrand Kurt, Stadt und Verkehr. Theorie und Praxis der städtischen Verkehrsplanung, Basel, Boston, Stuttgart 1980.

Lendenmann Fritz, Maggi Pietro, Der öffentliche Verkehr in Zürich 1830–1930. Begleitpublikation zur Ausstellung des Stadtarchivs Zürich in Zusammenarbeit mit dem Baugeschichtlichen Archiv der Stadt Zürich, Zürich 1990.

Lendenmann Fritz, Maggi Pietro et al., Hundert Jahre Gross-Zürich, 100 Jahre 1. Eingemeindung 1893.

Lendenmann Fritz, Kurz Daniel, Haas Beat, Hundert Jahre Gross-Zürich, 60 Jahre 2. Eingemeindung 1934, Zürich 1994.

Lendi Martin, Elsasser Hans, Raumplanung in der Schweiz. Eine Einführung, 2. Aufl., Zürich 1986, S. 13–15.

Lichtenberger Elisabeth, Stadtgeographie. Begriffe, Konzepte, Modelle, Prozesse, Stuttgart 1986.

Lösch August, Die räumliche Ordnung der Wirtschaft, 3. Aufl., Stuttgart 1940/62.

Luthi-Graf Evelyne, Desponds Liliane, Le Tramway Vevey–Montreux–Chillon, unveröffentl. Manuskript, Montreux 1995.

Maggi Pietro, Die Erschliessung der wachsenden Stadt durch den öffentlichen Verkehr und die Auswirkungen auf die Siedlungsentwicklung 1880–1930, in: Lehrer Ute, Wandel und Handel in der Kaserne Zürich. Die städtebaulichen Vorstellungen dargestellt an verschiedenen Projekten für das Kasernenareal 1864–1988, Zürich 1988, S. 16–28.

Maggi Pietro, Zürcher Hauptbahnhofsprojekte 1846–1990, Zürich 1990.

Maggi Pietro, Arnold Bürkli, Zürich 1987.

Maurer Jakob, Stadtplanung und Sprache, in: Huber Benedikt et al., Urbanisationsprobleme in der Ersten und in der Dritten Welt. Festschrift für Walter Custer, Zürich 1979, S. 3–19.

McKay John P., Tramways and Trolleys. The rise of urban masstransport in Europe, Princeton 1990.

Mitscherlich Alexander, Die Unwirtlichkeit unserer Städte. Eine Anstiftung zum Unfrieden, Frankfurt a. M. 1965.

Moik Peter, Werner von Siemens (1816–1892), in: Hidber Carl, Meyer Bruno (Red.), Pioniere des Verkehrs. Eine Auswahl von Kurzbiographien zur Einführung in die Verkehrsgeschichte, Zürich 1989, S. 41–45.

Nussbaum Urs, Motorisiert, politisiert und akzeptiert. Das erste Bundesgesetz über den Motorfahrzeug- und Fahrradverkehr von 1932 als Lösungsversuch moderner Strassenverkehrsprobleme, Diss., Zürich, Bern 1989.

Petzina Dietmar, Reulecke Jürgen (Hg.), Bevölkerung, Wirtschaft, Gesellschaft seit der Industrialisierung. Festschrift für Wolfgang Köllmann, Dortmund 1990.

Pleuler Rudolf, 75 Jahre Basler Verkehrs-Betriebe, Basel 1970.

Posener Julius, Vorlesungen zur Geschichte der Neuen Architektur, IV: Soziale und bautechnische Entwicklungen im 19. Jahrhundert, in: Arch+ 63–64/1982.

Posener Julius (Hg.), Gartenstädte von morgen. Ebenezer Howard. Das Buch und seine Geschichte, Frankfurt 1968.

Radicke Dieter, Öffentlicher Nahverkehr und Stadterweiterung. Die Anfänge einer Entwicklung, beobachtet am Beispiel Berlin zwischen 1850 und 1875, in: Fehl Gerhard, Rodriguez-Lores Juan (Hg.), Stadterweiterungen 1800–1875. Von den Anfängen des modernen Städtebaus in Deutschland, Hamburg 1983, S. 343–355.

Rebsamen Hanspeter, Stadt und Städtebau in der Schweiz 1850–1920. Entwicklungslinien und Schwerpunkte, in: INSA 1/1984, S. 54–77.

Rebsamen Hanspeter, Bauer Cornelia, Capol Jan et al., Zürich, in: INSA 10/1992, S. 197–456.

Reulecke Jürgen, Geschichte der Urbanisierung in Deutschland, Frankfurt a. M. 1985.

Rönnebeck T., Stadterweiterung und Verkehr im neunzehnten Jahrhundert, Stuttgart 1971.

Rubin Ferdinand, Die Trambahnen der Schweizerstädte, ihre Entwicklung und heutige wirtschaftliche Bedeutung, Diss., Bern 1919.

Ruffieux Roland, Die Schweiz des Freisinns, in: Geschichte der Schweiz und der Schweizer, Basel, Frankfurt a. M. 1986, S. 639–730.

Schätzl Ludwig, Wirtschaftsgeographie, I: Theorie, Paderborn 1978.

Scheidegger Peter, Neue Stadtbahnen an der Westküste der USA, unveröffentl. Manuskript, Worblaufen 1992.

Schenkel Christian, Die erste Zürcher Stadtvereinigung von 1893, Diss., Zürich 1980.

Schiess Rita, Loderer Benedikt, Zürichs Karriere 1825–1990. Stadtwanderkarte Nr. 02, Zürich 1990.

Schilling Rudolf, Zürichs grosse Vorhaben. U-Bahn und S-Bahn, in: Tages-Anzeiger Magazin 13/1973.

Schilling Rudolf, Ideen für Zürich, Zürich 1982.

Schmid-Ammann Paul, Emil Klöti, Stadtpräsident von Zürich und ein schweizerischer Staatsmann, Zürich 1965.

Schnöller Etienne, Die Städtische Strassenbahn Zürich. Ihre geschichtliche Entwicklung und volkswirtschaftliche Bedeutung, Diss., Davos 1927.

Schnüriger Benno, Entwicklungslinien in der Wohnbauförderung in Zürich, in: Koch Michael, Somandin Matthias, Süsstrunk Christian, Kommunaler und genossenschaftlicher Wohnungsbau in Zürich. Ein Inventar der durch die Stadt geförderten Wohnbauten 1907–1989, Zürich 1989.

Schönauer Roman G., Von der Stadt am Fluss zur Stadt am See, 100 Jahre Zürcher Quaianlagen, Zürich 1987.

Schwabe Hansrudolf, Schweizer Strassenbahnen damals, Basel 1976.

Schwager Christoph, Die Anfänge des öffentlichen Verkehrs in Zürich von 1874–1871, unveröffentl. Liz.arbeit, Zürich 1984.

Schwippe Heinrich Johannes, Zeidler Christian, Die Dimensionen der sozialräumlichen Differenzierung in Berlin und Hamburg im Industrialisierungsprozess des 19. Jahrhunderts, in: Teuteberg Hans Jürgen (Hg.), Urbanisierung im 19. und 20. Jahrhundert, historische und geografische Aspekte, Köln 1983, S. 197–260.

Siegenthaler Hansjörg, Wachstumsschwankungen und sozialer Wandel im 19. und 20. Jahrhundert. Vorlesung an der Uni Zürich 1990/91, Skript, Zürich 1990/91.

Siegenthaler Hansjörg, Die Schweiz 1914–1984, in: Fischer Wolfram, Van Houtte Jan et al. (Hg.), Handbuch der europäischen Wirtschafts- und Sozialgeschichte, Bd. 6, Stuttgart 1987, S. 482–512.

Socialdata, Einschätzung zur Mobilität in Europa, München 1992.

Staehelin-Witt Elke, Umweltbelastungen durch den städtischen Verkehr. Ökonomische Lösungsansätze für die Schweiz, Basel 1991.

Steffen Hans, Der innerstädtische öffentliche Verkehr Zürichs. Entwicklung und aktuelle Probleme der Verkehrsnot einer Grossstadt, Winterthur 1953.

Steiner A. H., Die Situation des Städtebaus in unserer Zeit, Zürich 1958.

Sutcliffe Anthony, The Rise of Modern Urban Planning, 1800–1940, London 1980.

Sutcliffe Anthony, Zur Entfaltung von Stadtplanung vor 1914: Verbindungslinien zwischen Deutschland und Grossbritannien, in: Fehl Gehrhard Rodriguez-Lores Juan (Hg.), Städtebau um die Jahrhundertwende, Materialien zur Entstehung der Disziplin Städtebau, Köln 1980, S. 139–170.

Suter Helmut, Die Stassenbahntarifbildung und ihre Handhabung in der Schweiz, Diss., Zürich 1935.

Teuteberg Hans Jürgen (Hg.), Urbanisierung im 19. und 20. Jahrhundert, historische und geografische Aspekte, Köln, Wien 1983.

Teuteberg Hans Jürgen (Hg.), Homo habitans. Zur Sozialgeschichte des ländlichen und städtischen Wohnens in der Neuzeit, Münster 1985.

Teuteberg Hans Jürgen (Hg.), Stadtwachstum, Industrialisierung, sozialer Wandel. Beiträge zur Erforschung der Urbanisierung im 19. und 20. Jahrhundert, Wien 1986.

Thienel Ingrid, Verstädterung, städtische Infrastruktur und Stadtplanung. Berlin zwischen 1850 und 1914, in: Zeitschrift für Stadtgeschichte, Stadtsoziologie und Denkmalpflege 1/1977, S. 55–84.

Tram Museum Zürich, Mitteilungsblätter 1968–1996.

Tram Museum Zürich, Was Zürich bewegte, Zürich 1994.

Trüb Walter, 80 Jahre Zürcher Strassenbahnen, ein historisch-technischer Rückblick, Separatdruck aus: Eisenbahn-Amateur 8/1960–11/1961, o. O. 1961.

Trüb Walter, Balen Josef, Kamm Peter, Ein Jahrhundert Strassenbahnen, Zürich 1982.

Verein zur Förderung des öffentlichen Verkehrs im Kanton Zürich, 25 Jahre Verein «Pro Zürichberglinie», Uster 1995.

Wachter Daniel, Schweiz – eine moderne Geographie, Zürich 1995.

Wägli Hans, Jacobi Ernst et al., Trambahnen grösserer Städte, in: Schienennetz Schweiz, Bern 1980, S. 75–79.

Waldburger Hans, Aus Hönggs Tramgeschichte, Zürich 1991.

Waldvogel Hans, Ein Beitrag zum Ausbau der Verkehrsanlage der Grossstadt Zürich, Sonderdruck aus: Strasse und Verkehr 34/1948.

Warner Sam Bass Jr., Streetcar Suburbs, The Process of Growth in Boston 1870–1900, Cambridge (Mass.), 2. Aufl., London 1978.

Wegmann A., Die wirtschaftliche Entwicklung der Maschinenfabrik Oerlikon 1863–1917, Diss., Zürich 1917.

Winkler Ernst et al. (Hg.), Dokumente zur Geschichte der schweizerischen Landesplanung, Zürich 1979.

Wismann Hans, Aus der Entwicklungsgeschichte zum modernen elektrischen Strassenbahnmotorwagen in der Schweiz, in: Verkehrstechnik in der Schweiz 21/1987, S. 36–45.

Wohnungspolitik, 50 Jahre, in der Stadt Zürich, 1907–1957, Zürich 1957.

Yago Glenn, The Decline of Transit. Urban transportation in German and US cities 1900–1970, New York 1984.

Yago Glenn, Der Niedergang des Nahverkehrs in den Vereinigten Staaten und in Deutschland, in: Köstlin Reinhart, Wollmann Hellmut (Hg.), Renaissance der Strassenbahn, Basel, Boston, Stuttgart 1987, S. 35–46.

4. Statistische Publikationen

Berichte, statistische, des Kantons Zürich.
Jahrbuch, statistisches, des Kantons Zürich.
Jahrbuch, statistisches, der Stadt Zürich.
Jahrbuch, statistisches, der Schweiz.

Mitteilungen, statistische, des Kantons Zürich.
Statistik der Stadt Zürich, Nr. 4/1907, Nr. 6/1906, Nr. 7/1907, Nr. 9/1908, Nr. 18/1915, Nr. 32/1929, Nr. 36/1931, Nr. 39/1932, Nr. 43/1934, Nr. 46/1938, Nr. 49/1939.
Statistik der Schweizer Städte (bis 1962: Statistisches Jahrbuch des Schweizerischen Städteverbandes).

5. Zeitungen und Fachzeitschriften

Neue Zürcher Zeitung und schweizerisches Handelsblatt.
Schweizerische Bauzeitung, Wochenschrift für Bau-, Verkehrs- und Maschinentechnik. Organ des SIA und der GEP (bis 1883: Die Eisenbahn, ab 19.., Schweizerischer Ingenieur und Architekt).
Strasse & Verkehr, Offizielles Organ der Vereinigung Schweizerisches Strassenfachleute (bis 1936: Schweizerische Zeitschrift für Strassenwesen und verwandte Gebiete).
Tages-Anzeiger der Stadt Zürich.
Volksrecht.
Zeitschrift für Kleinbahnen, Berlin 1894–1920.
Züricher Post mit Handelszeitung und Tagesanzeiger.